Ullstein Sachbuch

DAS BUCH:

Nach der Ermordung Indira Gandhis am 31. Oktober 1984 erlebte eine staunende Weltöffentlichkeit, wie reibungslos die Machtübergabe an ihren Sohn Rajiv über die Bühne ging. Nach Jawaharlal Nehru und seiner Tochter Indira wird Indien damit bereits in der dritten Generation von derselben Familie regiert – seit der Unabhängigkeit 1947, nun schon bald vier Jahrzehnte lang, mit nur zwei kurzen Unterbrechungen. Und bereits Nehrus Vater Motilal war – damals noch unter britischer Kolonialherrschaft – Vorsitzender der Kongreß-Partei gewesen.

In bestechender Weise schildert der in London lebende pakistanische Politikwissenschaftler Tariq Ali den Aufstieg dieser in der demokratischen Welt einzigartigen Dynastie, deren Machtausübung durch Rajiv Gandhis glänzenden Wahlsieg vom Dezember 1984 neuerlich legitimiert worden ist.

Im Mittelpunkt dieses faszinierenden Buches steht die kenntnisreiche und einfühlsame Porträtierung der beiden Hauptakteure des modernen Indien, Vater Jawaharlal und Tochter Indira. Daneben gelingt Ali ein ebenso sachkundiger wie farbiger Abriß der indischen Geschichte dieses Jahrhunderts, vom Kampf um die Unabhängigkeit über das Ringen zwischen Nehru und Mahatma Gandhi um den einzuschlagenden Weg bis hin zum Aufbau der Republik und ihrem wachsenden Gewicht in der Weltpolitik.

DER AUTOR:

Tariq Ali wurde 1943 in Lahore (damals Britisch-Indien, heute Pakistan) geboren. Er studierte Politik und Zeitgeschichte an der Punjab University und in Oxford. 1968 wurde er zu einer Zentralfigur der britischen Studentenbewegung. Lebt heute als Publizist und Buchautor in London. Unter anderem Verfasser von zwei vielbeachteten Büchern über Pakistan. Reist regelmäßig nach Indien und führte dort eines der letzten Interviews mit Indira Gandhi vor deren Ermordung.

Tariq Ali

Die Nehrus und die Gandhis

Eine indische Dynastie

Mit einem Vorwort von
Salman Rushdie
Mit 13 Abbildungen

Ullstein Sachbuch

Ullstein Sachbuch
Ullstein Buch Nr. 34421
im Verlag Ullstein GmbH,
Frankfurt/M – Berlin
Titel der englischen Originalausgabe:
The Nehrus and the Gandhis
Published by Pan Books Ltd. London, 1985
Übersetzt von
Erwin Duncker und Martin Pfeiffer

Ungekürzte Ausgabe

Umschlagentwurf:
Hansbernd Lindemann
Fotos: Jawaharlal Nehru
(Ullstein Bilderdienst),
Indira Gandhi (dpa),
Rajiv Gandhi (Transglobe Agency)
Alle Rechte vorbehalten
© der englischen Ausgabe
by Tariq Ali
© der Einleitung 1985 by
Salman Rushdie
© der Übersetzung 1985 by
Verlag Ullstein GmbH,
Frankfurt/M – Berlin
Karte: Jean-Claude Lézin
Printed in Germany 1987
Satz: Helmut Ernst, Hessisch Lichtenau
Druck und Verarbeitung:
Ebner Ulm
ISBN 3 548 34421 6

Oktober 1987

CIP-Kurztitelaufnahme
der Deutschen Bibliothek

Ali, Tariq:
Die Nehrus und die Gandhis: e. ind.
Dynastie / Tariq Ali. Mit e. Vorw. von
Salman Rushdie. – [Übers. von Erwin
Duncker u. Martin Pfeiffer]. –
Ungekürzte Ausg. – Frankfurt/M; Berlin:
Ullstein, 1987.
   (Ullstein-Buch; Nr. 34421: Ullstein-
   Sachbuch)
   Einheitssacht.: The Nehrus and the
   Gandhis «dt.»
   ISBN 3-548-34421-6
NE: GT

Danksagung

Ich habe Indien in den Jahren 1983 und 1984 dreimal besucht. Viele Menschen aus den verschiedensten Lebensbereichen waren mir behilflich und widmeten mir ihre kostbare Zeit, bisweilen mehrere Tage lang. Ihnen allen bin ich sehr zu Dank verpflichtet, doch besonders erwähnen möchte ich folgende Gesprächspartner: M. J. Akbar und alle Mitarbeiter von *Sunday* und *The Telegraph* in Kalkutta, denen ich für all ihre Hilfe danke; Pritish Nandy, Indira Jaising, Anand Grover und Vinod Mehta in Bombay; Nikhil und Sumit Chakravarty, Kewal Varma, Tavleen Singh, Madhu Jain und Mohammed Yunus in Delhi; Bhupen Khakhar und Gulam Sheikh in Baroda; Chandralekha und Sadanand Menon in Madras und die Mitarbeiter des Centre for Development Studies in Kerala. Besonderer Dank gilt Bipin Chandra von der Jawaharlal Nehru University in Delhi, seinen Kollegen und Studenten; mit ihnen hatte ich einige der anregendsten politischen Diskussionen meiner Indienreisen.

Dieses Buch (ebenso wie ein weiteres über Indien) war seit langem geplant, doch es wäre ohne die Hilfe und Ermutigung von Carmen Callil bei Chatto, Sonny Mehta und Tim Binding bei Picador und Susan Watkins bei mir zu Hause nicht geschrieben worden.

Tariq Ali
London, Dezember 1984

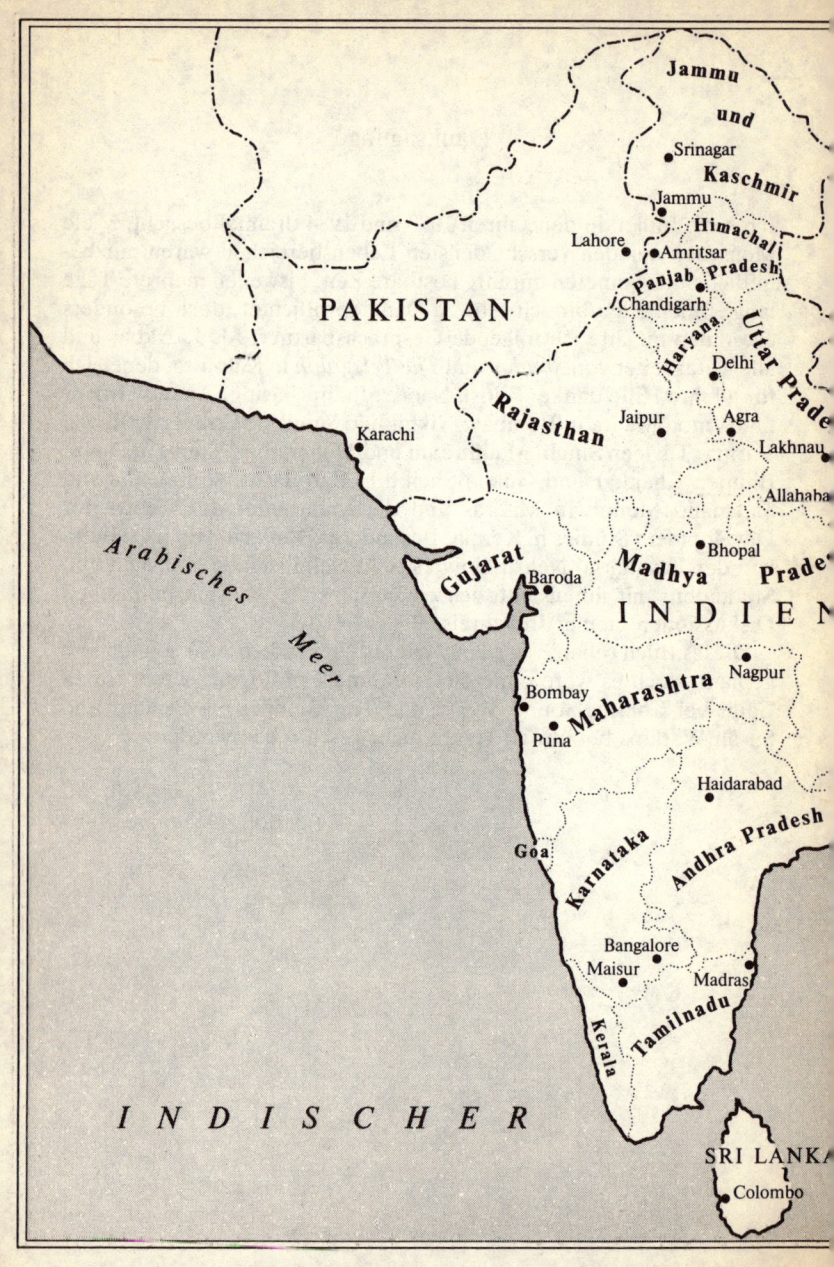

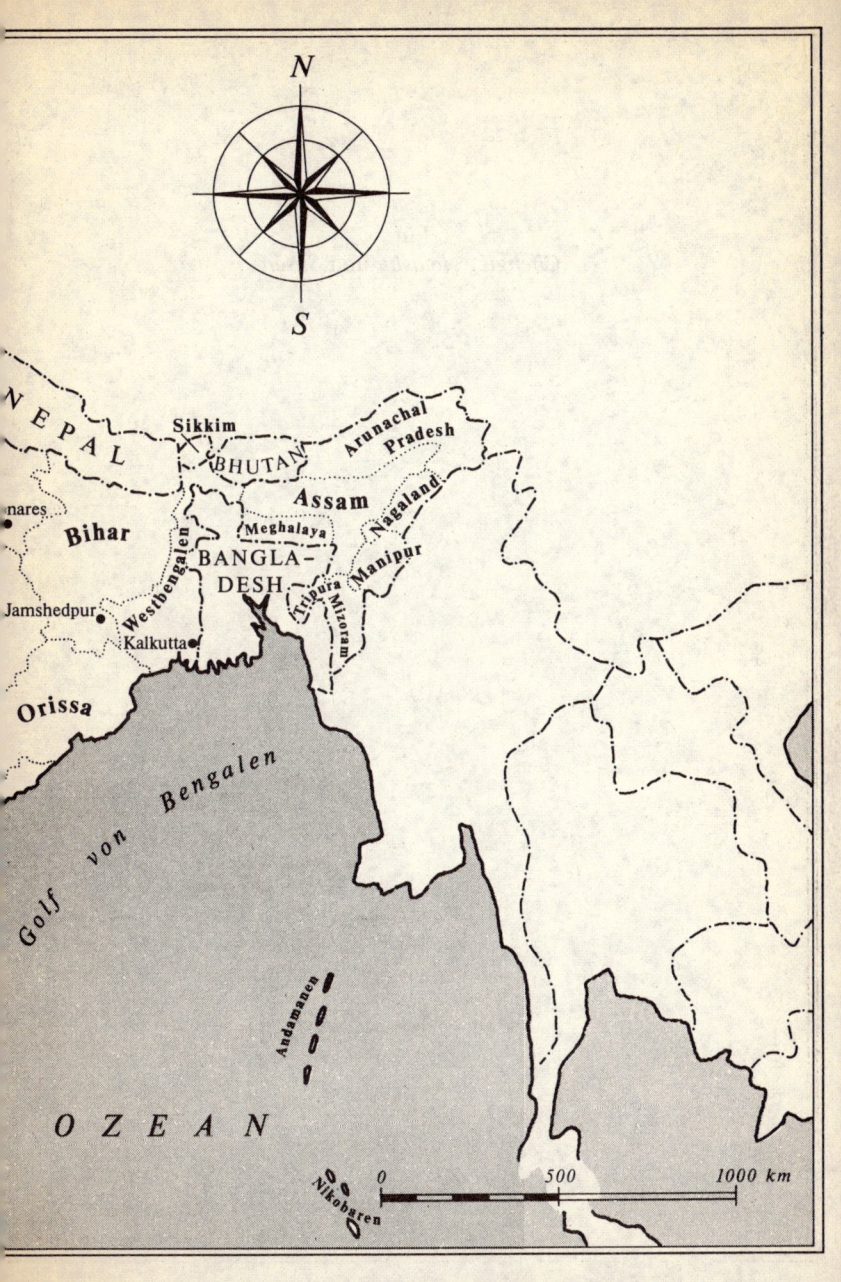

Für
Chengiz, Natasha und *Susan*

Inhalt

TEIL III
Die Brüder Gandhi
Sanjay (1946–1980)
Rajiv (geb. 1944)

Vorwort

Rajiv Gandhi wurde vierzig Minuten, nachdem die Nachricht von der Ermordung seiner Mutter über die indischen Rundfunk- und Fernsehanstalten verbreitet worden war, als neuer Ministerpräsident Indiens vereidigt; an jenem Tag, als nichts in der Welt sicher zu sein schien, waren sich alle wenigstens in einem einig – daß er, Rajiv, die *einzig mögliche Wahl* gewesen sei. Immer wieder wurde er als der »rechtmäßige Erbe« bezeichnet. Man teilte uns mit, daß er »sein Erbe antritt«; die »Nachfolge« sei reibungslos verlaufen; die »dynastische Übergabe« sei »folgerichtig« gewesen.

Das klingt eher nach der Sprache von Höflingen als nach derjenigen politischer Kommentatoren. Aber damit einher ging noch eine andere Art von Rhetorik: Die längst hohl gewordene Beschreibung Indiens als »größte Demokratie der Welt« wurde in den Stunden und Tagen nach Indira Gandhis Ermordung noch weiter ausgehöhlt. Und niemand schien die grelle Dissonanz zwischen den beiden Formen des Diskurses wahrzunehmen. Diese nationale Taubheit war ein Indiz dafür, welche Machtfülle die Nachkommen Motilal Nehrus erlangt hatten. Am 31. Oktober 1984 war Rajiv Gandhi in der Tat die einzig mögliche Wahl, nachdem ihm die Drahtzieher seiner Partei und die wenigen Männer, die seine Rivalen im Wettstreit um den Posten hätten sein können, das Plazet gegeben hatten. Es war, als hätte etwas zutiefst Natürliches, irgendein organischer Prozeß des Corpus politicum stattgefunden. Und in der ironischsten aller Verdrehungen wurde diese imperiale Besteigung des indischen »Throns« der Welt als Beweis für die Geschmeidigkeit des indischen demokratischen Systems dargestellt.

In Wirklichkeit war das Geschehen alles andere als natürlich: Ein vierzigjähriger Mann, ein politischer Neuling, den man zuvor als Stimmenverlierer, als schwach, ja als politisch desinteressiert angesehen hatte, war innerhalb einiger weniger chaotischer Augenblicke zur automatischen Wahl für den wichtigsten Posten im Lande geworden. War das derselbe Rajiv Gandhi, der voller Nervosität überlegt hatte, ob er beiden bevorstehenden Parlamentswahlen nicht lieber in mehr als einem Wahlkreis kandidieren sollte, um dem Verlust von Amethi, dem alten Wahlkreis seines tödlich verunglückten Bruders, an seine mit der Familie verfeindete Schwägerin, Sanjays Witwe Maneka, vorzubeugen? Welcher Zauber war am Werke gewesen, um diesen auf den Boden zurückgeholten Flugkapitän in den potentiellen Erlöser der Nation zu verwandeln?

Mir scheint, daß die Antworten auf solche Fragen den Bereich von Politik und Geschichte verlassen und in die Sphäre des Mythischen vorstoßen müssen. Der Nehru-Gandhi-Clan ist mittlerweile gründlich mythologisiert worden; seine Geschichte ist, um einen Terminus von Lvi-Strauss zu benutzen, »gekocht« worden. Und in diesem Vorgang des Kochens mögen wir den Ursprung des Zaubers entdecken.

Die Materie ist, wie wir heute wissen, nichts als komprimierte Energie; unser kleiner Finger enthält viele Nagasakis. Analog dazu können wir sagen, daß sich Mythen aus komprimierten Bedeutungen zusammensetzen. Jede belicbige mythologische Erzählung kann tausendundeine Deutung befördern, weil die Menschen, die mit der Geschichte gelebt und sie benutzt haben, im Laufe der Zeit alle diese Bedeutungen in sie hineingefüllt haben. Dieser Reichtum an Bedeutungen ist das Geheimnis der Macht eines jeden Mythos.

Die unendliche Geschichte der Familie Nehru, der Wechselfälle im Leben Jawaharlals, Indiras, Sanjays und Rajivs, ist für Hunderte von Millionen von uns eine sich nun schon über fast vier Jahrzehnte erstreckende Obsession. Wir haben uns selbst in diese Geschichte hineinverströmt, haben ihre handelnden Personen erfunden, wie Seifenblasen zerplatzen lassen und neu erfunden. In unseren unerschöpflichen Spekulationen liegt eine der Quellen ihrer Macht über uns. Wir sind süchtig geworden nach diesen Spekulationen, und es kann nicht überraschen, daß sie sich unsere Sucht zunutze gemacht haben. Oder: Wir haben sie geträumt, so intensiv, daß sie zum Leben erwacht sind. Und nun, da der Traum vergeht, können wir uns nicht dazu entschließen, ihn loszulassen, zu erwachen.

In dieser Version – die Dynastie als kollektiver Traum – stellt Jawaharlal Nehru den kostbarsten Teil des Traumes dar, seine trunkenste Phase. Indira Gandhi, die – oftmals skrupellose – Pragmatikerin, wird zu einer Gestalt der Ernüchterung, und der brutale Sanjay bedeutet eine weitere Auflösung der Traumwelt. Es ist bislang schwer zu sagen, wofür Rajiv Gandhi in dieser Deutung steht. Vielleicht markiert er den Augenblick vor dem Erwachen. In den Augenblicken, da ein Traum vergeht, beginnen die Geräusche der wirklichen Welt in das Bewußtsein des Träumers einzudringen; und ganz gewiß sind im heutigen Indien die Geräusche der Wirklichkeit aufdringlich und schrill. Vielleicht ist Rajiv nicht Sandmann genug, um die Menschen im Schlaf zu halten. Wir werden sehen.

Jawaharlal Nehru hat sich mit aller Entschiedenheit gegen Mahatma Gandhis bizarren Versuch gewandt, die menschliche Sexualität zu marginalisieren, indem er verkündete, daß »die natürliche Affinität zwischen Mann und Frau die Anziehung zwischen Bruder und Schwester, Mutter und Sohn, Vater und Tochter« sei. Und doch haben sich in Jawaharlals eigener Familie solche Affinitäten des Blutes als dauerhafter erwiesen als die Ehe. Diejenigen, die einen Nehru geheiratet haben – Jawaharlals Kamala, Indiras Feroze, Sanjays Maneka –, waren nur selten ein glücklicher Ehepartner. Die maßgeblichen Beziehungen waren diejenigen zwischen Vater und Tochter (Jawaharlal und Indira) sowie Mutter und Sohn (Indira und Sanjay). Diese nach innen gewandte, nach außen abgeschirmte Atmosphäre war, so meine ich, der Fels, auf den sich die Anziehungskraft der Dynastie als Mythos gründete. Ein Mythos braucht ein geschlossenes System; und hier haben wir ein weiteres Indiz dafür, daß Rajiv, dessen Familienleben allem Anschein nach glücklich ist und der Indira nie besonders nahegestanden zu haben scheint, einfach keine mythische Gestalt ist. (Man könnte natürlich einwenden, daß das so übel nicht ist.)

Die öffentliche Spekulation in Indien hat in diesen familiären Beziehungen geschwelgt; sie hat sich des vorhandenen Rohmaterials bedient und alle möglichen Vorstellungen daraus zusammengebraut. Aber es gab auch genügend Skandale aus dem »wirklichen Leben«, um die Spekulationsküchen in Betrieb zu halten – schließlich benötigen Mythen, ebenso wie Schmierenkomödien, die das Mythische in seiner heruntergekommensten Form enthalten, ein beträchtliches Maß an Würze. Da haben wir die öffentlichen Querelen zwischen Jawaharlal Nehru und seinem Schwiegersohn Feroze Gandhi gehabt; wir haben Indira nach der Verkündung des Ausnahmezustandes in Schimpf und Schande gesehen, wir waren Zeuge des Tods von Sanjay Gandhi, der sein Leben – einige sagen, durch einen Akt göttlicher Vergeltung – bei einem Flugzeugabsturz verlor. Wir haben auch den außerordentlich giftigen Streit zwischen Indira und Sanjays Witwe, Maneka Gandhi, erlebt. Schon beginnt sich die Spekulation auf die nächste Generation zu richten. Wer wird der nächste Kandidat der

Dynastie sein? Sanjays und Manekas Sohn Feroze Varun, oder Rajivs und Sonias Rahul? Was halten die beiden kleinen Prinzen voneinander? Und so weiter. Oft schien die Geschichte der Nehrus und Gandhis ungleich fesselnderes Material zu liefern als alles, was Kino und Fernsehen zu bieten haben: eine wirkliche Dynastie, die »Denver« in den Schatten stellt, ein Delhi, das »Dallas« Konkurrenz macht.

Vergessen wir jedoch nicht, daß die indische Öffentlichkeit keineswegs die einzige mythologisierende Kraft am Werke war. Die Familie selbst hat mit großer Zielstrebigkeit ihre eigene Mythologisierung betrieben. Allerdings müssen wir hier Jawaharlal Nehru ausnehmen, der einmal, wie Tariq Ali uns in Erinnerung ruft, vor einer großen Versammlung von Inder gesagt hat, daß *sie*, das Volk, und nicht Mutter Erde oder irgend etwas sonst Indien seien. Welch ein Gegensatz zu dem notorischen Wahlkampfslogan seiner Tochter: »Indien ist Indira und Indira ist Indien«. Im Gegensatz zu ihrem Vater litt Frau Gandhi ganz offenkundig an den anmaßenden *l'état c'est moi*-Wahnvorstellungen eines Ludwig XIV. Ihre Ausnutzung des Mutterkults – der hinduistischen Überlieferung und Symbolik der Mutter-Göttin – und der Tatsache, daß das dynamische Element im Hindu-Pantheon als weiblich dargestellt wird, war berechnend und klug, aber man hat das Gefühl, daß auch dies ihren Vater beunruhigt hätte, der von Mahatma Gandhis Art, sich den Hindu-Mystizismus zunutze zu machen, nie angetan war. Jawaharlal hatte die Sprengkraft, die jedweder Erhebung der einen indischen Ethik über die anderen innewohnt, erkannt; Indira, weit weniger zimperlich, wurde am Ende zu sehr eine Hindu- und zu wenig eine nationale Führerin. Und weil es ihrem Mythos dienlich war, beutete sie den Zufall ihrer Verheiratung mit einem ganz anderen Gandhi nach Kräften aus: Dieser Nachname und die sich mit ihm einstellenden Konfusionen waren nicht ohne Nutzen. (Am Abend ihres Todes erschien in der ersten Ausgabe der Londoner *Times* ein Photo des Mahatma und der jungen Indira mit der Unterschrift »Die Enkelin«; in der zweiten Ausgabe hatte man diesen Schnitzer abgeändert in »Die Schülerin«, was kaum zutreffender war.)

Auch Sanjay Gandhi inszenierte um sich einen Persönlichkeitskult; und nun hat Rajiv, getreu seinem Bild als der Unprätentiöseste, der Prosaischste des Clans, eine neue Ikone in seinem Quartier aufgestellt: einen Computer. Schon wird das Bild vom »Computer-Kid« Rajiv, dem Schrittmacher der technologischen Revolution, auf Hochglanz gebracht. Jawaharlal Nehru hat einmal gesagt, daß Indien soeben in das Zeitalter des Fahrrades eingetreten sei; Rajiv – oder, genauer gesagt, der Mythos des Rajiv – hat da eindeutig andere Ideen.

Das dritte Element in der Mythos-Küche ist der Westen gewesen. In der Berichterstattung der westlichen Medien über Indien spielte die Familie eine so zentrale Rolle, daß ich bezweifle, ob viele Europäer oder Amerikaner einen einzigen indischen Politiker nennen könnten, der weder Nehru noch Gandhi heißt. Diese Art der Berichterstattung hat den Eindruck erweckt, als habe es keine anderen möglichen Führer gegeben; das aber trifft auf Jawaharlals ganze Amtszeit und auf den größten Teil derjenigen Indiras einfach nicht zu. Selbst heute, wo die politische Bühne Indiens ein wenig verwaist aussieht, gibt es Anzeichen dafür, daß eine neue Generation von Politiker heranwächst; es gibt eine Reihe politischer Figuren – Farooq Abdullah, Ramakrishna Hegde, sogar Chandrashekhar –, mit denen Rajiv und seine Leute in naher Zukunft zu rechnen haben werden. Doch in der westlichen Presse lesen wir kaum je etwas über sie.

Auch die politischen Führer des Westens haben ihre Rolle gespielt. Das war besonders auffällig in der Zeit seit 1979, als der Zerfall der Janata-Partei Indira Gandhi an die Macht zurückkehren ließ. Ihr Hauptziel in den folgenden Jahren bestand darin, ihre persönliche Rehabilitierung zu erreichen, die Erinnerung an den Ausnahmezustand und seine Greuel zu tilgen, gereinigt zu werden von seinen Makeln, den Ablaß der Geschichte zu erwirken. Mit Hilfe zahlreicher, vor allem auch westlicher Regierungschefs und Präsidenten war dieses Ziel zur Zeit ihres Todes so gut wie erreicht. Sie erzählte der Welt, daß die Horrorgeschichten über den Notstand samt und sonders erdichtet seien; und die Welt ließ es zu, daß man ihr diese Lüge abnahm. Es war ein Triumph des schönen Scheins über das häßliche Sein. Es ist schwer, sich der Schlußfolgerung zu entziehen, daß der Westen – insbesondere das westliche Kapital – den großen Nutzen einer rehabilitierten Mrs. Gandhi erkannt hatte und sich deshalb ans Werk machte, sie in gewünschter Reinheit zu erfinden.

Natürlich wäre es möglich, sich Gegenmythen auszudenken und sie der mythologisierten Familie als Kontrastbild entgegenzuhalten. Als ein solcher Mythos würde sich die Geschichte von Pandora und ihrer Büchse anbieten. Der Ausnahmezustand ist mir seit seiner Verhängung im Juni 1975 stets als ein Akt der Torheit erschienen, vergleichbar mit dem Öffnen jener legendären Büchse; und ich glaube, daß sich viele der Übel, die Indien heute plagen – insbesondere das Wiederauflodern des religiösen Extremismus –, auf jene Tage der Diktatur und des staatlichen Gewaltmißbrauchs zurückverfolgen lassen. Der Ausnahmezustand stellte den Triumph des Zynismus im indischen öffentlichen Leben dar; und man kann kaum behaupten, daß dieser Triumph seither rückgängig gemacht worden sei. Indira Gandhi hat großes internationales Lob dafür geerntet, daß sie sich demokratisch gebärdete und die Macht abtrat, als sie die Wahlen von 1977 verlor; das erscheint etwa so, als gratulierte man Pandora dazu, ihre Büchse geschlossen zu haben, lange nachdem die Übel der Welt aus ihr entfleucht waren.

Aber es ist besser, den Mythen Tatsachen entgegenzusetzen. Und die Tatsachen lassen darauf schließen, daß die lange Herrschaft einer Familie die indische Demokratie nicht in sonderlich guter Verfassung zurückgelassen hat. Das Zusammenraffen aller Macht im Zentrum hat in den Bundesstaaten tiefe und manchmal gewaltsam geäußerte Ressentiments geschaffen. Daß Nehrus Idealismus durch die Politik der Macht um jeden Preis, die seine Nachkommen betreiben, ersetzt wurde, hat zu einem drastischen Niveauverlust des öffentlichen Lebens geführt; und die Errichtung einer Art königlichen Hofes in Delhi, einer herrschenden Elite von Vertrauten der Familie, die nicht gewählt und niemandem außer dem Ministerpräsidenten verantwortlich ist, hat die Struktur der indischen Demokratie zusätzlich beschädigt. Die Möglichkeit beginnt sich abzuzeichnen – oder irre ich mich? –, daß die Interessen der »größten Demokratie der Welt« und diejenigen ihrer herrschenden Familie doch nicht ganz dasselbe sind.

Salman Rushdie

TEIL I

DER GRÜNDERVATER

Jawaharlal Nehru
(1889–1964)

Frühe Jahre
1889–1912

Die Anfänge der altindischen Stadt Prayag reichen bis in das Jahr 600 n. Chr. zurück. Ihre Bedeutung verdankte sie ihrer Lage am Zusammenfluß der beiden heiligen Ströme Ganga und Yamuna (Ganges und Jamna), denen der Volksglaube des Altertums als dritten Fluß noch die Saraswati hinzugesellt hatte, die nur in der Phantasie existierte. Kaiser Harsha hatte Prayag zu einer seiner Hauptstädte erkoren. Er ließ dort im 7. Jahrhundert n. Chr. einen umfriedeten Platz anlegen, an dem alle fünf Jahre Bedürftige mit Mitteln aus der Staatskasse bedacht wurden. Allerdings kann das Leben in jenen Tagen auch für die höheren Kasten nicht ganz befriedigend gewesen sein. Viele Menschen kamen nach Prayag, traten unter den alten Feigenbaum und begingen Selbstmord, indem sie in die vereinten Wasser von Ganga und Yamuna sprangen. Der jetzt unter der Erde gelegene Patal-Puri-Tempel war damals ein bedeutendes Kultzentrum.

Wie viele andere Zentren des Altertums verfiel Prayag und fristete jahrhundertelang ein Dasein als Ruinenstadt. Bis dann der Mogulkaiser Akbar den Zusammenfluß der beiden Ströme besuchte und hier eine neue Stadt erbaute, Allahabad (wörtlich ›Stadt Gottes‹). In den Wellen der Ganga spiegelt sich Indiens Geschichte. Dies war der Fluß, den die Arier um 1500 v. Chr. erblickten und von dem sie sich bezaubern ließen. In der indischen Mythologie entsprang die Ganga den Locken des Gottes Shiva, der offensichtlich die Bergketten des Himalaya verkörperte.

Die Stadt hatte ihre eigenen Gerüche; sie empfing Pilger aus dem ganzen Land, die hierher kamen, um sich geistig und körperlich in dem heiligen Fluß zu reinigen. Wie alle Städte in Britisch-Indien hatte Allahabad eine Altstadt und getrennt davon die modernen ›Civil Lines‹, eine Stadt in der Stadt. In den alten Vierteln lebten die einfachen Leute, hier lag der Basar, hier herrschten der Lärm und die Geschäftigkeit des städtischen Alltags. Die Gerüche des Landes waren immer gegenwärtig in diesen alten Stadtkernen, in denen nicht nur die Armen lebten. Auch einige reiche Inder wohnten lieber in der Nähe dieser Gerüche als in den sterilen ›Civil Lines‹. Die Nehrus hatten zuerst in Cheoki, der Altstadt Allahabads, gewohnt. Dann waren sie in den englischen Teil der Stadt gezogen, der viele Jahre später von Jawaharlal Nehru, der dort das Licht der Welt erblickte, sehr treffend beschrieben wurde:

Diese Civil Lines sind das Wohngebiet der englischen Beamten und Geschäftsleute, und hier wohnen auch viele Inder der oberen Mittelklasse, Akademiker, Beamte usw. Die Stadtverwaltung bezieht aus der eigentlichen Stadt höhere Einnahmen als aus den Civil Lines, aber die Ausgaben für letztere sind weit höher als für die übrige Stadt. Denn für die größere Fläche, die die Civil Lines einnehmen, braucht man mehr Straßen, die instandgehalten, gesäubert, begossen und beleuchtet werden müssen; und die Kanalisation, die Wasserversorgung und die sanitären Einrichtungen müssen viel umfangreicher sein. Der Stadtbereich wird immer erheblich vernachlässigt, und um die ärmeren Viertel der Stadt kümmert man sich natürlich fast überhaupt nicht; die Stadt hat wenige gute Straßen, und die meisten der engen Gassen sind schlecht beleuchtet und haben kein richtiges Abfluß- oder Kanalisationsnetz. Sie findet sich mit all diesen Unzulänglichkeiten geduldig ab und klagt selten; und wenn sie klagt, geschieht nicht viel. Fast alle großen Tiere und nicht ganz so großen Tiere wohnen in den Civil Lines.[1]

In einem Haus in den Civil Lines von Allahabad kam Jawaharlal Nehru am 14. November 1889 zur Welt. Einige Monate nach seiner Geburt wurde er im Verlauf einer traditionellen Zeremonie mit Weizen und Reis aufgewogen. Das Getreide wurde sodann an die Armen verteilt. Je älter der kleine Nehru wurde, desto mehr Menschen sammelten sich vor dem Haus seiner Eltern, um zu einer Gratisration zu kommen.

Die Familie stammte von kaschmirischen Brahmanen ab, den höchsten der hochkastigen Hindus; sie war recht wohlhabend. Wahrscheinlich wäre sie im Norden geblieben, wenn nicht Raj Kaul, einer ihrer Vorfahren, einen verlockenden Ruf erhalten hätte. Man schrieb das Jahr 1716. Das einst so mächtige Mogulreich war schon vom Verfall gezeichnet, aber der Kaiser hatte immer noch Pfründe zu vergeben. Der damalige Herrscher, ein charakterloser Fürst namens Farrukhsiar, hatte Kaul eingeladen, nach Delhi zu ziehen. Der Einwanderer aus Kaschmir erhielt ein Stück Land und ein Haus, das an einem Kanal stand. Das Urdu-Wort für Kanal ist *nahar*. Für andere Höflinge müssen die Kauls die *naharis* (die Leute vom Kanal) gewesen sein, und wahrscheinlich taten sie ihren Bekannten in Delhi den Gefallen, ihren Namen in Kaul-Nahari (oder Nehari) zu ändern. Der Vorgang entspricht in etwa dem, was in England oder den Vereinigten

Staaten Einwanderern vom europäischen Kontinent widerfuhr. So wie Obstbaum zu Hobsbawm werden konnte, wurde Kaul zu Kaul-Nehari, dann zu Kaul-Nehru, und schließlich ließ man »Kaul« ganz weg. Das bedeutete keineswegs eine Verleugnung der Vergangenheit. Die Vergangenheit war Kaschmir, und die Bürger dieses Landes haben stets darauf bestanden, daß Kaschmir der Himmel auf Erden ist. Nie hätten die Nehrus ihren kaschmirischen Ursprung vergessen. Zumal sie anfangs fast nur unter Brahmanen verkehrten, die wie sie kaschmirischer Herkunft waren.

Indien war 1889 verhältnismäßig ruhig, es durchlebte damals seine eigene Version der Belle Epoque. Soweit politische Aktivitäten existierten, konzentrierten sie sich auf die drei von den Briten erkorenen Präsidentschaftshauptstädte Kalkutta, Bombay und Madras. Der Aufstieg einer indischen Mittelklasse führte jedoch dazu, daß sich auch an anderen Orten Aktivitäten entwickelten. 1885 war der Indische Nationalkongreß von einem Engländer namens Hume gegründet worden; er sollte die Inder ermutigen, beim *Raj* auf demokratische Reformen zu dringen, die ihnen die Beteiligung an der Politik ihres Landes ermöglichen würden. Das politische Indien betrachtete dies als eine Chance, und viele indische Rechtsanwälte traten der Organisation bei. Als Jawaharlal geboren wurde, hatte der Kongreß schon eine stattliche Mitgliederzahl, war aber noch weit davon entfernt, eine nennenswerte Vertretung der indischen Bevölkerung zu sein.

Jawaharlal (sein Name bedeutet »Edelstein«) war der Sohn der zweiten Frau seines Vaters. Im Alter von zwanzig Jahren war Motilal mit einer Kaschmirifrau aus Lahore verheiratet worden, die bald nach der Geburt eines Sohnes gestorben war; auch der Sohn starb bald. Motilal heiratete wieder. Diesmal fiel seine Wahl auf ein fünfzehnjähriges Mädchen namens Thussu, ebenfalls aus Lahore. Nach der Hochzeit nahm sie den Namen Swaruprani an und zog in den Haushalt der Nehrus, dem nach wie vor Motilals damals schon betagte Mutter vorstand. Das Verhältnis zwischen Swaruprani und ihrer Schwiegermutter war gespannt. Oft gab es Differenzen, und jedesmal gab die Schwiegertochter nach.

Dann kam Jawaharlal zur Welt. Er wurde von beiden Eltern über die Maßen geliebt und beschützt. Seine Mutter erzählte ihm endlose Geschichten über Kaschmir. Die Küche dort war die beste auf der Welt. Die kaschmirischen Frauen waren die schönsten in ganz Indien, eher den 21 Feen gleich, die jenseits des Kaukasus wohnen. Doch am bemerkenswertesten waren das Klima und die Landschaft.

»Kaschmir«, so erzählte Swaruprani ihrem dreijährigen Sohn, »ist das wunderbare Bergland im Norden von Indien. Auf den Berggipfeln dort liegt weißer Schnee, und unten im Tal sieht man wunderschöne Felder mit Tulpen und anderen Blumen, aber vor allem mit Tulpen. Wir Kaschmiris sind ein stolzes und altes Volk.«[2]

Motilal Nehru hatte von seinem älteren Bruder eine gutgehende Anwaltspraxis geerbt, die ihn vollständig in Anspruch nahm. So verbrachte Jawaharlal seine ersten zehn Lebensjahre weitgehend mit der Mutter sowie mit Privatlehrern, Erzieherinnen und dem Dienstpersonal. Motilal hatte sich von den traditionellen hinduistischen Riten abgewandt, aber Swaruprani war eine orthodoxe Brahmanin. Sie bestand darauf, Jawaharlal in ihre religiösen Riten und Gebräuche einzuführen. Im Verein mit seinem Vater mokierte sich der junge Nehru über den Aberglauben seiner Mutter. Er entwickelte eine Überheblichkeit, die sie zugleich amüsierte und schmerzte.

Seine Kindheit erlebte Jawaharlal in fast gänzlicher Abgeschiedenheit von der Außenwelt. Elf Jahre lang blieb er Einzelkind und verbrachte seine Zeit fast ausschließlich in Gesellschaft Erwachsener. Anand Bhavan (Haus des Glücks), wie das Haus der Familie in Allahabad genannt wurde, war eine große, weitläufige viktorianische Villa mit breiten Veranden ringsum. Sie war geschmückt mit eindrucksvollen Säulen, Bögen und Balkonen und anmutig gestalteten Terrassen. Über dem Dach thronte eine Kuppel. Unter ihr befand sich eine Aussichtsplattform. An den Sommerabenden kurz nach Sonnenuntergang hatte man von hier aus einen unvergleichlichen Rundblick auf den Rosengarten, die gepflegten Rasenfächer, die säuberlich gemähte Krocketbahn und den Tennisplatz. Zum Haus des Glücks gehörte auch ein Schwimmbecken – in Allahabad eine vielbeachtete Neuheit. Diese prachtvollen Anlagen wurden jeden Abend von großen Scheinwerfern angestrahlt. So konnte die ganze Nachbarschaft sehen, daß Motilals Praxis gut ging.

Die Atmosphäre im Hause war ausgesprochen viktorianisch und blieb es auch über den Tod der Witwe von Windsor hinaus: Britisch-Indien brauchte immer mindestens ein Jahrzehnt, um die Veränderungen im Mutterland nachzuvollziehen. Nehrus englischer Hauslehrer war ein junger Mann namens F. T. Brooks. Er war ein Schützling von Annie Besant, einer kämpferischen Irin, die sich durch Kampagnen gegen die Armut im Londoner East End einen Namen gemacht hatte. Wie Bernard Shaw war sie Mitglied der Fabian Society und eng mit dem atheistischen Parlamentsabgeordneten Charles Bradlaugh

befreundet. Sie hatte jedoch noch eine andere Seite. Sie war Mystike-
rin und stand unter dem Einfuß der theosophischen Lehren von
Madame Blavatsky, die mit ihren Auslassungen über außerirdische
Erscheinungen, göttliche Offenbarungen und erfüllte Prophezeiun-
gen gewisse Kreise Indiens in Aufregung versetzt hatte. Brooks war
ebenfalls Theosoph, und seine Anschauungen verfehlten ihren Eindruck auf seinen jungen Schüler nicht. Als er wieder einmal eine
seiner Reden über die Freuden des »Großen Geistes« schwang, sah
Jawaharlal, wie sich die Stirn seines Vaters zunehmend runzelte.
Schließlich fiel er Brooks ins Wort: »Ich stelle fest, Herr Brooks, daß
Sie in der Lage wären, in meinem Sohn eine blühende Phantasie zu
entfachen. Nun, dagegen ist nichts zu sagen. Es wäre mir jedoch
lieber, wenn mein Sohn lernt, sich im Leben nicht so sehr von
Gefühlen als vielmehr vom Verstand leiten zu lassen, damit ihn seine
Phantasie nicht davon abhält, die Realität zu sehen.«[3] Brooks blieb
nichts anderes übrig, als einzulenken.

Wie viele liberale Inder seines Standes war Motilal Nehru Mitglied
des Indischen Nationalkongresses. Diese Vereinigung stand damals
noch in ihren Anfängen, doch der Konflikt zwischen Gemäßigten und
Extremisten, der ihre spätere Geschichte durchziehen sollte, machte
sich schon bemerkbar. Die Gemäßigten, unter der Führung von G. K.
Gokhale und Dadabhai Naoroji, beschränkten ihre Forderungen auf
soziale Reformen: Abschaffung der Kinderehen, der Abgeschlossen-
heit der Kasten (nicht aber des Kastensystems als solchem) und des
Verbots der Witwenheirat. Anführer der Extremisten war Tilak, ein
leidenschaftlicher Redner, der die Kolonialbehörden auf der Straße
herausfordern wollte. Er warnte davor, den Kongreß zu einer Partei
von »Bettlern« verkommen zu lassen, der nichts als Bitten, Protestieren und Abwiegeln übrigbliebe. Diese Debatten fanden größtenteils
in Privathäusern statt, und der junge Jawaharlal beobachtete seinen
Vater und dessen Freunde bei solchen Anlässen voller Neugier und
Staunen.

Gelegentlich hörte der Sohn den Vater laut lachen, wenn dieser
seinen Bordeaux trank. Jawaharlal erinnerte sich, wie er zu seiner
Mutter lief, als er seinen Vater zum erstenmal Rotwein trinken sah,
und ihr verstört erklärte, Vater trinke Blut. Ohne Zweifel war Motilal
im Leben seines Sohnes die beherrschende Figur. Er war ein gutmü-
tiger Patriarch, doch er besaß ein heftiges Temperament und duldete
keinerlei Widerspruch. Für Jawaharlal war dies der frustrierendste
Aspekt seiner frühen Jahre. Es war eine Art Einzelhaft.

Unter dem Druck dieser erzwungenen Einsamkeit entwickelte Nehru eine Leidenschaft für das Lesen, die er sich bis an sein Lebensende bewahrte. Er verschlang alles, was er bekommen konnte: Lewis Carroll, Rudyard Kipling, Conan Doyle, Scott, Dickens, Thackeray und, etwas später, die phantastischen Erzählungen von H. G. Wells. Sein Lehrer Brooks hatte ihn stark beeinfußt. Sollte die Theosophie den Schlüssel zum Universum bereithalten? Er verwarf zwar diesen Gedanken, doch er beschäftigte ihn weiter. Ein wiederkehrender Traum beunruhigte ihn.

Ich träumte von Astralkörpern und stellte mir vor, ich fliege über riesige Entfernungen. Träume dieser Art, vom Fliegen ohne irgend welche Vorrichtung zum Beispiel, habe ich sehr häufig gehabt. Manchmal so lebhaft, daß die Landschaft deutlich wie ein gewaltiges Panorama in der Tiefe zu liegen schien. Ich weiß nicht, wie die modernen Traumanalytiker, Freud und andere, diesen Traum deuten würden.[4]

Jawaharlal Nehru war ein junger Mann geworden. Der Traum mochte ein Ausdruck seiner erwachenden Sexualität gewesen sein, doch kehrte er auch später immer wieder. Stets flog er »ohne Vorrichtungen«, wie die alten Götter der griechischen und hinduistischen Mythologie. Und wie die Götter schaute er auf das große Panorama, das sich unter ihm auftat. Dieser Flugtraum könnte daher ebensogut von Macht und politischen Landschaften gehandelt haben.

Merkwürdig, welche Faszination das Fliegen immer wieder auf die Familie Nehru ausgeübt hat. Jawaharlal und sein Vater beobachteten später einmal voller Staunen, wie Graf Zeppelin mit seinem Luftschiff auf dem Flughafen Berlin-Tempelhof landete. Sie waren tief beeindruckt von diesem neuen Wunderwerk der Technik. Und auch im Leben der beiden Enkel Jawaharlals spielte das Fliegen eine große Rolle. Sanjay Gandhi kam ums Leben, als er die Kontrolle über sein Privatflugzeug verlor und mitten in Delhi abstürzte. Sein älterer Bruder Rajiv ist ein erfahrener Flugpilot; nach dem Tod Sanjays gab er die Fliegerei auf, um seiner Mutter in der politischen Arena zur Seite zu stehen.

In vieler Hinsicht aufschlußreicher als Jawaharlals Traum ist ein tatsächlicher Vorfall, den er in seiner Autobiographie beschreibt. Diesmal verweist er nicht auf Freud; nicht etwa, daß die Schlußfolgerungen auf der Hand gelegen hätten, aber das Geschehen war für die viktorianisch geprägte städtische Oberschicht Britisch-Indiens alltäglich. Gleichwohl hinterließ es ein Gefühl der Furcht beim kleinen Jawaharlal.

> Eine meiner frühesten Erinnerungen hängt mit seiner [Motilals] Heftigkeit zusammen, denn ich war das Opfer. Ich muß damals etwa fünf oder sechs Jahre alt gewesen sein. Eines Tages bemerkte ich zwei Füllfederhalter auf seinem Schreibtisch und betrachtete sie mit Habgier. Ich sagte mir, daß Vater unmöglich gleichzeitig zwei gebrauchen könne, und nahm den einen. Später gab es eine große Suche nach dem verschwundenen Halter, und ich begann mich über die Folgen meiner Tat zu sorgen. Doch gestand ich nicht. Die Feder wurde gefunden und meine Schuld bekanntgegeben. Vater war sehr böse und züchtigte mich gründlich. Fast blind vor Schmerz und Demütigung eilte ich zur Mutter, und während mehrerer Tage wurde mein wunder und zitternder Körper mit zahlreichen Salben behandelt.
> Ich kann mich nicht erinnern, daß ich meinem Vater die Strafe nachgetragen habe ... Doch obwohl meine Bewunderung und Liebe gleich groß blieben, gesellte sich nun Furcht dazu. Anders war es mit meiner Mutter. Ich fürchtete sie nicht, denn ich wußte, daß sie mir alle Taten vergeben würde, und gerade weil sie mich so übermäßig und unvernünftig liebte, versuchte ich sie ein wenig zu tyrannisieren.[5]

So sehr Jawaharlal an seinem Vater hing, seine Zuneigung war nicht frei von Ambivalenz. Im Jahre 1905 – Jawaharlal hatte inzwischen eine vierjährige Schwester, Vijayalakshmi, die er innig liebte, die aber als Spielgefährtin zu jung war – änderte sich seine Welt von Grund auf. Eine liebende Mutter und ein besorgter Vater entließen ihren nun fünfzehnjährigen »Edelstein« in das rauhe und erniedrigende Klima einer englischen Public School. Motilal und Swaruprani glaubten, daß dies für ihren Sohn das beste sei, ja, daß es für einen jungen Inder eine besondere Ehre sei, einen Platz an einer der privilegiertesten Schulen Englands zu erhalten. Denn Jawaharlal wurde nicht einfach irgendwohin geschickt. Er kam nach Harrow, einer Schule, die 1572 für die Kinder der britischen Aristokratie gegründet worden war. Sie hatte dem britischen Empire vier Premierminister geschenkt: Pitt, Palmerston, Baldwin und Winston Churchill.

Swaruprani war wieder schwanger und fühlte sich nicht wohl,

Motilal hatte geschäftlich in Paris zu tun, und so fuhr die Familie, nachdem der geliebte Jawaharlal in England abgeliefert war, für kurze Zeit nach Frankreich, bevor sie nach Indien zurückkehrte. In einem Brief, den er aus Frankreich an seinen Sohn richtete, beschreibt Motilal seine Gefühle:

> Mit Dir verlassen wir den teuersten Schatz, den wir auf dieser Welt und vielleicht auch in zukünftigen Welten haben . . . Es geht nicht darum, Vorsorge für Deinen Lebensunterhalt zu treffen, da ich das möglicherweise aus dem Einkommen eines einzigen Jahres schaffen kann. Es geht darum, einen richtigen Mann aus Dir zu machen, der Du nun einmal werden mußt. Es wäre außerordentlich selbstsüchtig, ja sogar eine Sünde, Dich bei uns zu behalten und Dir ein Vermögen in Gold zu hinterlassen, doch wenig oder gar keine Ausbildung . . . Ich hatte nie gedacht, daß ich Dich so sehr liebte, bis ich mich von Dir trennen mußte.

Jawaharlals Antwort war nicht minder deutlich: »Mein lieber Vater, wie gern würde ich wieder bei Dir sein. Ich wünschte, die Tage vergingen rascher und brächten den glücklichen Tag, an dem ich Dich wiedersehen werde . . .«[6]

Die Nehrus kehrten ohne Jawaharlal nach Indien zurück. Bald darauf, an Jawaharlals Geburtstag, gebar Swaruprani einen zweiten Sohn. Der ältere Bruder war überglücklich, doch als seine Glückwünsche bei den Eltern eintrafen, war das neugeborene Kind bereits tot. Motilal und Swaruprani waren erschüttert. Mehr denn je hegten sie nun ihren einzigen Sohn.

Jawaharlal empfand das Leben in Harrow als hart und quälend. Auf Fotos aus dieser Zeit macht er in seiner Schuluniform einen unglücklichen Eindruck und klammert sich verlegen an seinen Strohhut; selten sieht man ein Lächeln auf seinem Gesicht. Vor allem war er sehr einsam. Die Heimmutter als das einzige weibliche Wesen in der Anstalt war kein Ersatz für eine indische Mutter. In seiner Autobiographie finden sich hin und wieder Sätze, die seine damaligen Gefühle beschreiben: »Ich gehörte nie ganz dazu«; »ich blieb ein wenig mir selbst überlassen«; »ich hatte stets das Gefühl, ein Außenseiter zu sein.«

Zu jener Zeit – das britische Weltreich befand sich auf seinem Höhepunkt – waren Rassismus und Antisemitismus auf allen Public Schools verbreitet. Nehru ließ sich zeitweilig zu antisemitischen

Äußerungen hinreißen, um die Anerkennung seiner Kameraden zu finden. Er schildert keine entsprechenden Vorfälle, aber die verschämte Darstellung dieser Episode in seiner Autobiographie zeigt deutlich, daß ihm dies lediglich als ein Weg erschien, um sich bei seinen Altersgenossen beliebt zu machen. Der Zwang zu Konformität und Uniformität war in jenen Tagen besonders stark. Nehru suchte Trost in der Lektüre belletristischer und historischer Literatur. Auch spielte er Kricket und besonders gern Schach. Aber als er Harrow ein paar Jahre später verließ, war er erleichtert und froh – er empfand dieselbe Freude, die er Jahre später empfinden sollte, wenn er aus britischen Gefängnissen in Indien entlassen wurde. Die Schultradition gebot allerdings, beim Abschied Trauer vorzutäuschen; er schaffte es sogar, ein paar Tränen zu vergießen. Doch die Quälerei war endlich vorüber.

Nehru sah Harrow erst als Ministerpräsident des unabhängigen Indien wieder, als er eine Einladung zum Besuch seiner alten Schule erhielt. Vielleicht war es seine unheilbare Sentimentalität, die ihn diese Einladung annehmen ließ, vielleicht auch der Wunsch, Rache zu nehmen. Es gibt ein aufschlußreiches Foto von diesem Besuch. Darauf sieht man Jawaharlal in seinem makellosen, strahlend weißen indischen Anzug (enge Hosen, langer Rock und Baumwollmütze), wie er durch die Reihen ihm zujubelnder Harrow-Eleven schreitet, die ihre Zylinderhüte schwenken und »For he's a jolly good fellow« singen. Nehrus erhobene Hand erwidert ihre Begrüßung, aber er blickt sie nicht an. Fast ist es, als dächte er an seine Erlebnisse aus vergangenen Tagen und wäre froh, den Spieß endlich umgedreht zu haben.

Während der Jahre in Harrow hielt sich Jawaharlal ständig über die Ereignisse in Indien auf dem laufenden. Von zu Hause erhielt er regelmäßig Zeitungsausschnitte aus der indischen Presse, und er verfolgte die politischen Entwicklungen aufmerksam. Sein Interesse war damals zwar eher akademischer Natur, aber es war sehr stark. Schon als Kind hatte Nehru immer begierig zugehört, wenn seine auf Besuch weilenden Vettern Geschichten über Begegnungen mit Angehörigen der britischen Kolonialmacht erzählten. Wann immer sie von einem über einen Briten erzielten Triumph zu berichten wußten, war er begeistert, denn selbst für privilegierte Inder war das Leben in Indien nicht ohne Schattenseiten. Der Alltag war in vieler Hinsicht durch mehr oder minder offene Rassentrennung geprägt. Trotz seiner wohlbehüteten Kindheit war Nehru für diese Realitäten nicht blind.

Sein Hauslehrer Brooks hatte oft auf den Rassismus und das Spieß-
bürgertum seiner englischen Landsleute geschimpft, und auf diese
Weise hatte Nehru früh ein Gespür für politische Frontstellungen
bekommen, auch wenn er noch nicht ganz zu begreifen vermochte,
warum die Dinge so waren, wie sie waren. Sein Vater stand kritischen Fragen keineswegs ablehnend gegenüber, aber er wollte nicht,
daß sich Jawaharlal in England allzu sehr auf »extremistische Politik« einließe. Dem Empire gegenüber galt es stets loyal zu bleiben.

Diese Loyalität sollte bald auf eine harte Probe gestellt werden,
selbst für Motilal. Der Vizekönig von Indien, Lord Curzon, dem die
Gesetzgebung des Landes unterstand, hatte beschlossen, die große,
politisch sehr rege Provinz Bengalen zu teilen. Seine Motive waren
klar. Er betrachtete die Bengalen als unbequeme Störenfriede, sah,
daß das übrige Indien auf der Suche nach politischer Führung ständig
nach Bengalen blickte, und beobachtete, daß die Bewohner dieser
Provinz die Neigung hatten, sich selbst als moralisch, intellektuell
und kulturell den Briten ebenbürtig, wenn nicht gar überlegen zu
betrachten. Curzons Schwert schnitt Bengalen entzwei, doch die
Teilung war darauf angelegt, Moslems von Hindus zu trennen.
Curzon machte sich den Unmut der unterdrückten moslemischen
Bauern zunutze und ließ ganz offen seine Abneigung gegen die
Bengalen als Rasse erkennen. Die Folge war eine politische Ver-
stümmelung. Die bengalische Intelligenz blies zum Widerstand;
überall im Land wurden britische Waren boykottiert oder gingen in
Flammen auf.

Der indische Nationalismus war nun geweckt. Gemäßigte und
Extremisten im ganzen Land diskutierten die Teilung Bengalens.
Einig waren sie sich, daß diese Maßnahme falsch war, doch darüber,
wie deren Rücknahme zu bewirken sei, gingen die Meinungen aus-
einander. Motilal tat die Forderung nach Selbstregierung als Wahn-
vorstellung ab. Tilak, der Führer der extremistischen Richtung des
indischen Nationalismus, forderte mit seiner *Swadeshi*-Bewegung die
Indisierung der Industrie, was ihm die Unterstützung zahlreicher
indischer Unternehmer eintrug, die unter den ihnen von den Kolonialbehörden auferlegten Beschränkungen litten. Jawaharlal verfolgte all dies von seiner englischen Public School aus. Seine Sympathie
gehörte den Extremisten – trotz zahlreicher Briefe seines Vaters, in
denen er deren Verirrungen in den grellsten Farben malte. 1907 hielt
der Kongreß seine Jahresversammlung in Surat ab. Es kam zu einer
Spaltung zwischen den Anhängern Tilaks und Gokhales. Jawaharlal

schrieb seinem Vater, daß er auf seiten Tilaks stehe. Motilal war so schockiert, daß er erkrankte.

In England hatte es 1906 einen Erdrutschsieg für die Liberale Partei gegeben, und eine der ersten Amtshandlungen der neuen Regierung war die Entlassung Lord Curzons. Der Vizekönig hatte die indischen Patrioten durch seine Arroganz und Verachtung immer wieder gereizt. In einem Brief an einen guten Freund schrieb Curzon, was er mehrfach auch öffentlich erklärt hatte:

Sie können sich den völligen Mangel an Verhältnismäßigkeit, Mäßigung oder Vernunft kaum vorstellen, der die Agitation in diesem Land kennzeichnet. Mit irgendeiner lächerlichen Erfindung oder Übertreibung fängt der Bengale an, und wenn er sie ein paarmal wiederholt hat, glaubt er schließlich fest an ihre Wahrheit. Über die unbedeutendsten Fragen gerät er in Rage, und er schwelgt in seinem eigenen Theaterdonner in der glücklichen Überzeugung, daß er angesichts der Umstände mit keiner Antwort zu rechnen braucht.[7]

Ein paar Wochen später erklärte Curzon vor Studenten der Universität Kalkutta, wahrscheinlich der politisch bewußtesten Gruppe im Lande: »Ich hoffe, keine falsche oder überhebliche Behauptung aufzustellen, wenn ich sage, daß das höchste Ideal der Wahrheit weitgehend ein im Westen entwickelter Begriff ist. «[8] Die liberale Regierung in London entfernte Curzon ohne Zeremonie. Sein Nachfolger, Lord Minto, war von ganz anderer Statur. Viel eher geneigt, sich die Klagen der Einheimischen anzuhören, zeigte er sich zugänglicher für die Gemäßigten und ihr Reformbegehren. Minto und Lord Morley, der britische Indienminister, arbeiteten eine Reihe von Reformen aus, darunter ein System für die Wahlen zu indischen gesetzgebenden Räten (die bis dahin aus vom Vizekönig ernannten Mitgliedern bestanden hatten und rein beratender Natur gewesen waren). Der Teufel saß jedoch im Detail. Leitendes Prinzip des neuen Systems waren »gesonderte Wahlbezirke« für Moslems. Mit anderen Worten, es gab speziell für Moslems reservierte Sitze, um die sich Kandidaten einer anderen Religion nicht bewerben konnten. Das war ein geschickteres Verfahren als das von Curzon, aber das Resultat war das gleiche: die Teilung von Hindus und Moslems. In Bengalen kursierte damals ein Flugblatt mit der Überschrift: »Wer regiert uns?« Irgend jemand schickte es dem jungen Nehru nach England, der es begierig las, da es seinen eigenen nationalistischen Neigungen entsprach. Der folgende Abschnitt erregte ihn besonders:

> Können diese Diebe wirklich unsere Herrscher sein, diese Diebe, die unser Handwerk vernichtet und unseren Webern und Schmieden die Arbeit genommen haben, die unzählige, in ihrer Heimat produzierte Güter importieren und sie durch unsere Landsleute auf unseren Basaren verkaufen, die unseren Reichtum stehlen und uns das Leben nehmen? Können diese Gangster, die die Ernte unserer Felder plündern und uns zu Hunger, Fieber und Pest verdammen, wirklich unsere Herrscher sein? Können Fremde wirklich unsere Herrscher sein, Fremde, die uns ständig neue Steuern auferlegen? Brüder, je mehr Geduld ihr zeigt, desto brutaler werden euch diese heimtückischen Schinder unterdrücken. Wir müssen auf unseren eigenen Füßen stehen und uns auf die Suche machen: gibt es keine Mittel zur Befreiung? Wir sind Brüder, wir alle hier auf Erden. Sie mästen sich mit unserem Geld, ohne zu arbeiten. Sie trinken unser Blut. Warum ertragen wir es?[9]

Jawaharlal war der Ansicht, man sollte es nicht länger ertragen. Die Briefe seines Vaters waren ihm immer willkommen, begannen ihn jedoch politisch zu stören. In einem dieser Briefe führte Motilal bittere Klage über die Verwandlung der indischen Studenten von passiven Bildungsempfängern in aktive Teilnehmer am politischen Leben ihres Landes. Es heißt dort:

> Sie haben in letzter Zeit eine beachtliche Neigung zum Rowdytum entwickelt, und kein nüchterner und ernsthafter Denker kann je damit rechnen, sich ungestört Gehör zu verschaffen, wenn das Publikum aus derartigen Elementen besteht. Tilak war neulich eigens hier, um zu den Studenten zu sprechen. Er impfte ihnen seine ganze wilde und revolutionäre Propaganda ein und war derart erfolgreich, daß die Studenten des Muir College gegenüber den gemäßigteren Führern dieser Provinzen nunmehr offene Verachtung an den Tag legen. Sundarlal und Malaviya [zwei gemäßigte Kongreßpolitiker] werden öffentlich beschimpft. Ich bin bisher verschont geblieben, doch lange wird das nicht mehr andauern, da meine Ansichten noch gemäßigter sind als die der sogenannten Gemäßigten.[10]

Jawaharlal äußerte ein gewisses Mitgefühl für die Probleme, denen sich sein Vater gegenübersah, aber er konnte nicht völlig verbergen, wo seine wirklichen Sympathien lagen. »Rowdytum ist natürlich eine höchst unerwünschte Sache, und dennoch schmeckt es nach Westen und beweist ein gewisses Maß von Unabhängigkeit.«[11]

Nehrus Gedanken waren abwechselnd von den Unruhen in der Heimat und dem bevorstehenden Eintritt in die Universität Cambridge beherrscht. Er wollte in die begehrten Reihen des Indian Civil Service eintreten, doch Motilal hatte anderes im Sinn. Von Allahabad aus ließ er wissen, Jawaharlal möge sich mit einer Karriere als Jurist anfreunden. Zwei Vettern waren schon aus England heimgekehrt und in den Civil Service eingetreten, hier gab es also für Jawaharlal nichts Neues zu erreichen. Er hatte Motilal in den Anwaltsberuf zu folgen. Der Hohe Gerichtshof von Allahabad ohne einen Nehru? Undenkbar.

Es ging nicht nur um Sentimentalität. Motilal hatte eine lukrative Praxis, und sein Sohn sollte die Früchte seiner harten Arbeit ernten. Zögernd und wider bessere Einsicht gab Jawaharlal nach, bestand aber darauf, in Cambridge einen naturwissenschaftlichen Studiengang zu belegen. Auf der Universität fühlte er sich glücklicher als erwartet. Im Trinity College gab man ihm das schlechteste Zimmer – düster, mit halbverdunkelten Fenstern und Blick auf einen Innenhof. Doch es machte ihm nicht viel aus. Er war achtzehn Jahre alt und begann das Leben zu genießen.

1907 besuchte der Student Nehru in Begleitung seines Vetters Brijlal Nehru zum erstenmal Irland. Sie verbrachten dort über einen Monat, und Nehrus Sympathien gehörten ganz und gar den Iren. Die Parallelen zwischen Indien und Irland sprangen ihm ins Auge. Beide hatten das gleiche Empire zum Feind, und Nehru stellte befriedigt fest, daß Sinn Fein (die irische Nationalistenorganisation) in gleicher Weise über taktische Fragen diskutierte wie der Kongreß in Indien. Doch in Irland hatte der Extremistenflügel die Oberhand. Aufgeregt schrieb er an Motilal: »Hast Du von Sinn Fein in Irland gehört? Das ist eine höchst interessante Bewegung, die große Ähnlichkeiten mit der sogenannten extremistischen Bewegung in Indien hat. Ihre Politik ist es, nicht um Vergünstigungen zu betteln, sondern sich diese mit Gewalt zu nehmen.«[12]

Während seines naturwissenschaftlichen Studiums in Cambridge (Geologie, Botanik und Chemie) ging Jawaharlal unvermindert seinen eigentlichen Interessen nach. So studierte er weiterhin Geschichte und Literatur, las Bernard Shaw und entdeckte Havelock Ellis. In der Öffentlichkeit hörte er lieber zu als selbst zu reden, auch wenn er Debatten genoß. Er trat dem Debattierclub des Trinity College bei, der sich ›› The Magpie and Stump‹‹ nannte. Dort mußte ein Mitglied, das ein ganzes Semester lang nicht sprach, Strafe bezahlen. Nehru mußte ständig zahlen. Auch später war der Stil seiner Reden eher ruhig und bescheiden, und die rhetorischen Tricks der Zunft waren ihm zuwider.

Natürlich gab es in Cambridge auch andere indische Studenten. Zum erstenmal bewegte sich Jawaharlal in einem größeren Kreis von Bekannten, die nicht mit ihm verwandt waren. Unter seinen indischen Kommilitonen machte er zwei Richtungen aus. Zum einen die ›› Salonradikalen‹‹, die in Indien meist in britischen Staatsdiensten endeten, zum anderen jene, die sich eher zurückhielten, in ihren Ansichten aber gefestigter waren – junge Männer, die Jawaharlal in Temperament und Stil nicht unähnlich waren. Bei ihnen fand er Wärme und Freundschaft, und einige blieben gute Freunde bis an sein Lebensende.

Von Cambridge zog Nehru nach London und begann seine juristische Ausbildung am Inner Temple. Sein Kopf nahm die Jurisprudenz auf, aber sein Herz war gleichgültig. Er tat seine Pflicht, wozu er später bemerkte: ›› Juristische Studien nahmen nicht allzu viel Zeit in Anspruch, und ich absolvierte die Prüfungen eine nach der anderen, weder mit Glanz noch mit Schande.‹‹[13] In dieser letzten Phase in London genoß er eine Zeitlang die Freuden des Londoner Lebens vor dem Ersten Weltkriege. Er traf einige seiner englischen Bekannten aus Cambridge wieder, und gemeinsam gaben sie sich allen möglichen Eskapaden hin, spielten, tranken, suchten Sexabenteuer und gingen auf kostspielige Zechtouren. Motilal, der die Rechnungen begleichen mußte, rief seinen Sohn aus dem fernen Allahabad zur Ordnung. Das war kaum nötig. Nehru junior war seines neuen Lebenswandels schon bald überdrüssig und setzte seinen Exzessen selbst ein Ende. Nunmehr beunruhigte ihn die Aussicht auf eine arrangierte Heirat.

Seit seiner Ankunft in England im Jahre 1905 war es Jawaharlal nicht gelungen, den Zwiespalt zwischen traditionellen und modernen Ansichten hinsichtlich seiner persönlichen Verhältnisse zu lösen. Sein Kopf war voll von modernen Ideen, doch sein Herz? Da war er sich durchaus nicht im klaren. Bevor er Indien verließ, hatten ihm seine Mutter und seine Tanten unmißverständlich erklärt, sie würden ihm alle seine Sünden im voraus verzeihen, wenn er sich nur nie in eine

Engländerin verlieben oder gar eine heiraten würde. Sie bestürmten seine Phantasie mit Bildern von Vampiren, die auf den Straßen auf der Lauer lagen und nur darauf warteten, sich auf Unschuldige wie ihn zu stürzen. Schon damals war es ihm seltsam vorgekommen, daß sich sein Vater, angeblich ein moderner Mann, diesen Mahnungen und Warnungen anschloß. Später sollte Motilal seine Ansichten zu diesem Thema noch nachdrücklicher zum Ausdruck bringen. Er gestand seinem Sohn, daß ihm schon der bloße Gedanke an Kinder »gemischtrassiger« oder »eurasischer« Herkunft zuwider war. Und er warnte Jawaharlal, daß er sich im Falle des Eintretens eines derart schrecklichen Ereignisses nicht imstande sehen würde, für seine eigenen Enkel Zuneigung zu empfinden.

Jawaharlal war diesen Äußerungen nicht entgegengetreten, aber sie hatten ihn doch etwas verwirrt. Er fragte sich, was sie wohl bezwecken sollten. Er war jung und hatte andere Dinge im Sinn. Er dachte an die schönen Kaschmirimädchen, die er auf Parties getroffen hatte. Die nicht unbedingt zufällige Berührung von Armen oder Schultern, manchmal sogar Händen, die sich bei solchen Gelegenheiten ergeben hatte, war ihm in süßer Erinnerung geblieben. Vor seiner Abreise aus Indien hatte Jawaharlal unter Druck eingewilligt, auf jeden Fall ein Kaschmirimädchen zu heiraten, welcher Kaste auch immer sie angehöre. Dies, obwohl der Hinduismus eine Heirat über die Kastengrenzen hinweg nicht zuließ.

Jawaharlal war kaum ein Jahr in Harrow, als seine Eltern nach einer Braut Ausschau zu halten begannen. In den beiden letzten Jahren seines Aufenthalts in England, zwischen 1910 und 1912, bereitete ihm der bloße Gedanke an eine Heirat Verdruß. Er hatte mehrere Affären, sich aber nie auf etwas Ernstes eingelassen, da er wußte, daß sein Vater aus der Ferne ein Auge auf ihn hatte. Der Briefwechsel mit seinen Eltern über diese Frage nahm bald an Umfang und Deutlichkeit zu. Seiner Mutter schrieb er: »Es sollte keine Heirat ohne gegenseitige Liebe geben. Ich finde, es ist ein Verbrechen und richtet ein Leben zugrunde, wenn man heiraten muß, nur um Kinder zu bekommen.«[14]

Als Jawaharlal ein Foto erhielt, das man ihm in der Hoffnung geschickt hatte, er werde sich in das Original verlieben, schrieb er seinem Vater:

In der Art und Weise, wie Du Mädchen für mich suchst und sie bis zu meiner Ankunft warten läßt, liegt nicht ein Funke von Romantik. Schon der Gedanke ist äußerst unromantisch. Und ständig erwartest Du, daß ich mich in ein Foto verliebe. Die Zeiten für so etwas sind vorbei. Das Mädchen, dessen Foto Du mir schicktest, ist sehr wahrscheinlich ein netter Mensch, doch ich kann nicht gerade sagen, daß ich aufgrund des Fotos in sie verliebt wäre.[15]

Motilal witterte Widerstand und verstärkte seinen Druck. Er zog das Foto zurück, begann aber, die Vorzüge einer Zwölfjährigen zu preisen, die er in Delhi ausfindig gemacht hatte. Ihr Alter wurde für nebensächlich befunden. Ein *hakim* (traditioneller indischer Arzt) hatte Motilal davon überzeugt, daß sie eine ideale Partie für Jawaharlal wäre und daß der Altersunterschied unter gesundheitlichen Gesichtspunkten genau richtig sei. Er würde Jawaharlals Blutdruck stabil halten. Jawaharlal war dieses transkontinentale Tauziehen leid. Er versuchte nun, eine Entscheidung überhaupt zu verschieben. In seinem letzten Brief aus England schrieb er:

Was das Mädchen aus Delhi angeht, so ist sie sicher zu jung für mich. Ich bin fast zehn Jahre älter, und das ist ein ziemlich großer Unterschied. Ich könnte sie wahrscheinlich nicht heiraten, bevor sie achtzehn oder neunzehn ist, und bis dahin sind es noch sechs bis sieben Jahre. Es würde mir nichts ausmachen zu warten, da mir momentan nicht nach Heiraten zumute ist.[16]

Im Sommer 1912 wurde Jawaharlal Nehru als Anwalt zugelassen. Wenige Wochen später kehrte er nach Indien zurück, ein »dünkelhafter Pedant«, wie er viele Jahre später selbstironisch bemerkte.

Heirat, Politik, Gefängnis
1912–1926

Bei seiner Rückkehr wurde Jawaharlal von einer erwartungsvollen Familie begrüßt. Er hatte eine neue Schwester, Krishna, die er nun erstmals zu Gesicht bekam. Seine Mutter hatte ihn viele Jahre nicht gesehen. Ihr Sohn war ein Mann geworden, Seine Züge hatten die Gestalt angenommen, die sie für den Rest seines Lebens behalten sollten. Sein Haar, das nie besonders dicht gewesen war, hatte sich gehörig gelichtet und ließ seine Stirn scharf hervortreten. Die Familie erwartete ihn in Massuri, einem Luftkurort in den Vorbergen des Himalaya, wo sie den Sommer verbrachte, wenn die stickige Hitze in Allahabad unerträglich wurde. In den ersten Wochen nach seiner Ankunft stand Jawaharlal im Mittelpunkt der Aufmerksamkeit. Die ganze Familie hörte gespannt seinen Geschichten zu. Nur der ebenfalls interessiert zuhörende Motilal hielt es für notwendig, die Monologe des Sohnes durch ein paar gezielte Fragen zu unterbrechen. Jawaharlal seinerseits interessierte sich ausgiebig für Familienklatsch, gemeinsame Freunde und die neuesten politischen Entwicklungen; doch schon bald begann er, an seine Zukunft zu denken.

Bevor irgend etwas anderes (etwa das Thema Heirat) zur Diskussion stand, wurde Jawaharlal in die Anwaltspraxis seines Vaters aufgenommen. Er arbeitete gewissenhaft, las aufmerksam seine Akten und befragte die Klienten mit einer Penibilität, die die indischen Verwaltungsbeamten in späteren Jahren das Fürchten lehren sollte. In seinem Auftreten übte er bescheidene Zurückhaltung. Nachdem er die anfängliche Schüchternheit vor Gericht abgelegt hatte, beherrschte er bald die Kunst des Prozeßauftritts, ohne je theatralisch zu wirken. Motilal beobachtete ihn aufmerksam. Er war außerordentlich stolz und glücklich, daß Jawaharlal nun dabei war, sich zu etablieren. Als der Sohn sein erstes Honorar erhielt, einen Scheck über fünfhundert Rupien, frohlockte Motilal: »Das erste Honorar, das dein Vater bekam, betrug nur fünf Rupien. Ich wünschte, ich wäre mein eigener Sohn.«

Jawaharlal hätte das Kompliment nicht zurückgeben können. Ihm kam die Atmosphäre in und um den Gerichtssaal schal und geisttötend vor. Er fand seinen neuen Beruf alles andere als anregend, und die monotone Alltagsroutine wurde ihm unerträglich. Ob in der Gerichtsbibliothek oder im Klub, stets traf er die gleichen langweiligen Leute, »die immer wieder dieselben Probleme wälzten, gewöhnlich ihren Anwaltsberuf betreffend. Kaum etwas ist trostloser, als mit hochgestellten Beamten zusammenzusitzen und ihrem endlosen Gerede über Beförderungen, Pensionsregelungen, Versetzungen und die neuesten Skandalgeschichten aus dem Dienst zuzuhören.«[1] Mitunter hatte er das Gefühl, daß diese Muffigkeit jeden Lebensfunken in ihm abtöten würde.

Er beschloß, an der Jahrestagung des Indischen Nationalkongresses in Bankipur im Dezember 1912 teilzunehmen. Tilak saß im Gefängnis, und seine Anhänger blieben der Versammlung fern. So waren ausschließlich Gemäßigte vertreten, die wiederum überwiegend den besitzenden Klassen zugehörten. Nehru war empört über ihre gekkenhaften europäischen Anzüge und ihr in Selbstparodie ausartendes Gehabe, mit dem sie europäische Konventionen nachäfften. Der monolithische Charakter des Kongresses war ihm zuwider, ebenso die Tatsache, daß es keine politischen Spannungen gab, keine Diskussionen. Das war mehr ein geselliges Beisammensein von Gleichgesinnten, und seinem Vater gegenüber sparte er nicht mit Kritik: »Eine feine Gesellschaft! Freizeitbeschäftigung für Stammtischpolitiker!« Motilal mahnte ihn, toleranter zu sein, fand aber kein Gehör. Den jungen Nehru schockierte vor allem, daß diese »Kerle« so weit von der indischen Realität entfernt waren, daß sie eine Selbstregierung nicht einmal ins Auge fassen konnten.

Enttäuscht wandte er sich wieder seinen Büchern zu, seinen treusten Gefährten. Wieder und wieder las er Bertrand Russells *Religion and Science* und A *Free Man's Worship* (»Was der freie Mensch verehrt«). Der militante Atheismus dieses Rebellen aus dem Adelsstand machte auf Nehru tiefen Eindruck, und er fragte sich oft, wie Russell, Sproß einer der ältesten und angesehensten Familien Englands, wohl Atheist, Pazifist und Sozialist geworden war. Neben seiner Lektüre verfolgte Nehru aufmerksam das Weltgeschehen. Der italienische Angriff auf die Türkei hatte die indischen Moslems vor den Kopf gestoßen, denn der Kalif oder Khalifa, der Herrscher des Ottomanischen Reiches, war gleichzeitig das nominelle Oberhaupt der islamischen Gemeinschaft. Der italienischtürkische Krieg weitete sich bald aus und führte zu den Balkankriegen von 1912–13.

Die indischen Moslems standen auf seiten der Türkei und sammelten Geld für eine medizinische Hilfssendung. Doch schon bald begann der Krieg zu eskalieren. Aus einem Gerangel um die Herrschaft auf dem Balkan entwickelte sich der Erste Weltkrieg, jenes fürchterliche und blutige Ringen um Kolonien und Rohstoffe zwischen den mächtigsten imperialistischen Ländern der Welt. Indien wurde zwangsläufig in den Konflikt hineingezogen. Es war, wie Lord Curzon taktvoll bemerkte, die »Dame auf dem englischen Schachbrett«. Es kann nicht verwundern, daß viele Inder mit den Deutschen sympathisierten: Für die Moslems gab es den einfachen Grund, daß Deutschland Verbündeter der Türkei war, die übrigen folgten schlicht dem alten nationalistischen Grundsatz »Der Feind meines Feindes ist mein Freund«. Jawaharlal war an dem Konflikt als solchem nicht sonderlich interessiert; aber aufgrund seiner Sympathien für die Franzosen und ihre Kultur hatte er das Gefühl, daß sie diejenigen waren, die am meisten litten.

Viele Gemäßigte im Kongreß riefen die Inder dazu auf, England im Krieg zu unterstützen. Sie hofften, Loyalität würde mit weiteren Reformen belohnt werden. Selbst der alte Extremist Tilak warb um Unterstützung für die Briten, nachdem er sechs Jahre im Gefängnis verbracht hatte.

Indien tat seine Pflicht. Kanonenfutter wurde reichlich geliefert. Über eine Million Inder kämpften im Nahen Osten und in Afrika, im Iran und in Afghanistan. Rohstoffe aus Indien – Manganerz, Glimmer und Salpeter – wurden auf Schiffe verladen und zu Spottpreisen nach Europa verkauft. Indiens aufstrebende Unternehmen erlebten in dieser Zeit einen enormen Aufschwung. Jamshedji Tata lieferte Schienen für den Eisenbahnbau an der Nahostfront und legte so den Grundstein für die indische Schwerindustrie nach der Unabhängigkeit. Die von Hungersnot geplagten Bauern mußten zusehen, wie Weizen, Reis, Jute, Tee und Kopra, die Früchte ihrer harten Arbeit, zu Schleuderpreisen nach England gesandt wurden, während man in Indien die Steuern verdoppelte. Lord Birkenhead, der spätere Indienminister (1924–28), räumte ein, daß der Krieg ohne Indien erheblich länger gedauert hätte, sofern er überhaupt ohne seine Hilfe zu einem siegreichen Ende hätte gebracht werden können.

Annie Besant, jene leidenschaftliche irische Nationalistin, rief aus: »Wenn eine Emporkömmlingsnation wie die Buren, die gegen die Briten kämpften, die Freiheit verdient hat, dann haben die Inder, die für England kämpften, jetzt bestimmt ihre Freiheit verdient. «[2] Aus dem India Office kam keinerlei Reaktion, und so gründeten Besant und Tilak im April 1916 je eine sogenannte Home-Rule-Liga. Ihr Vorbild waren die Iren, die ebenfalls für »Home Rule« kämpften, worunter sie ein unabhängiges Parlament verstanden, das über die Zukunft ihres Landes bestimmen sollte. Jawaharlal trat sogleich beiden Ligen bei. Endlich gab es eine politische Organisation, in der er aktiv mitarbeiten konnte. Die britischen Behörden reagierten zunächst ziemlich gelassen. Sie glaubten, die Ligen würden eine auf die städtischen Mittelklassen beschränkte Erscheinung bleiben und für die Stabilität der politischen Ordnung keine Bedrohung darstellen. Tilak jedoch öffnete sie für Bauern, Arbeiter und kleine Händler. Viele dieser Neuzugänge standen dem ohnmächtigen Konstitutionalismus des Kongresses äußerst feindselig gegenüber. Es kam zu Zusammenstößen zwischen militanten Home-Rule-Anhängern und den Kolonialtruppen. In mindestens drei Fällen gelang es den Nationalisten, Waffen zu erbeuten; die Kolonialbehörden gerieten in Panik. Tilaks Popularität wuchs ständig, und die Briten erkannten klar, daß seine Verhaftung massive Reaktionen hervorrufen würde. Statt seiner verhafteten sie andere Führer der Home-Rule-Ligen, darunter Annie Besant, und erließen ein Verbot für Studenten, deren Versammlungen zu besuchen.

Die Politik in Indien verfiel in eine neue Gangart. Die gegen die Ligen entfesselte Repression führte zu einer Spaltung unter den Gemäßigten der Kongreßpartei. Motilal Nehru war über die Verhaftung Annie Besants empört. Sie war oft in seinem Haus in Allahabad zu Gast gewesen und wurde als Freundin der Familie betrachtet. Motilal gelangte zu der Überzeugung, daß die Gemäßigten unfähig waren, Indien je zum *swaraj* (Selbstregierung) zu führen; in einem trotzigen Entschluß trat er der von Annie Besant gegründeten Home-Rule-Liga bei. Dennoch hielt er deutlich Abstand zu den radikalen Gruppierungen der Liga, die unter Tilaks Einfluß standen.

Auf der familiären Bühne rückte die Frage nach Jawaharlals Heirat in den Mittelpunkt. Beide Eltern vertraten nachdrücklich die Ansicht, daß ihr Sohn nunmehr eine Frau brauchte. Er war jetzt sechsundzwanzig Jahre alt. Das Mädchen aus Delhi, Kamala Kaul, war sechzehn. Wie die Nehrus war sie eine kaschmirische Brahmanin. Der Orthodoxie zumindest würde Genüge getan sein. Jawaharlal fühlte, daß er in der Falle saß. Es gab keinen Ausweg, und zögernd willigte er in die Heirat ein. Das Element Liebe, das er früher einmal als wesentlich für die Ehe bezeichnet hatte, fehlte zweifellos. Jawaharlals jüngere Schwester beschrieb Kamala Kaul immerhin so: »Sie war sechzehn und ganz entzückend; sie war schlank und ziemlich groß für ein indisches Mädchen, mit der typischen hellen Haut der Brahmanen kaschmirischer Abkunft. Ihr Haar war dunkelbraun, sie hatte große braune Augen und ein sehr sanftes Wesen..., sie war eine der schönsten Frauen, die ich kannte oder je gekannt hatte. «[3]

Die Hochzeit war eine pompöse Veranstaltung; sie fand in Delhi statt, wo rings um das Haus der Braut ein »Nehru-Hochzeitslager« errichtet wurde, und dauerte neun Tage lang. Anschließend gingen die Feierlichkeiten im Anand Bhavan in Allahabad noch mehrere Wochen weiter. Am Abend nach der Hochzeit ging das junge Paar hinaus, um den Polarstern zu suchen, nach altem Hinduglauben ein Symbol der Beständigkeit. Jawaharlal muß diese ganze Zeit zweifellos mit recht gemischten Gefühlen erlebt haben. Seine neugewonnene kosmopolitische Einstellung, seine Abneigung gegen die rückschrittlichen Aspekte der Tradition und sein tiefverwurzelter Rationalismus müssen sich gegen die Farce aufgelehnt haben, die da aufgeführt werden sollte. Kamala ihrerseits hatte keine Wahl. Wie andere junge indische Frauen ihrer Zeit gehorchte sie ihren Eltern. Jawaharlal hätte sich widersetzen können, aber er zog es vor, sich zu fügen; andernfalls wäre es zu einem ernsthaften Bruch mit seinem Vater und zu einer Entzweiung mit seiner Mutter gekommen, ein Gedanke, der ihm unerträglich war. Sein Vater stand ihm jetzt politisch näher, und die Einheit der Familie war ihm heilig. In seiner Autobiographie geht er auf diesen Zwiespalt nicht ein. Zwar enthält dieses Buch, das mehr als 600 Seiten umfaßt, ein Kapitel mit der Überschrift »Meine Heirat und ein Abenteuer im Himalaya«. Doch es geht dort hauptsächlich um besagtes Abenteuer, die Hochzeit wird mit einem einzigen Satz erwähnt: »Ich heiratete im Jahre 1916 am Vasanta Panchami, dem Tage des indischen Frühlingsanfanges, in Delhi. «[4] In den Annalen der autobiographischen Literatur ist dies sicherlich die kürzeste Beschreibung eines für den Autor entscheidenden Ereignisses, die es je gab. Nicht einmal Kamalas Name wird erwähnt. Später, nach ihrem Tode, holte er dieses Versäumnis nach und widmete seine Autobiographie ihrem Andenken.

Inzwischen neigte sich der Erste Weltkrieg seinem Ende zu. In Rußland kam es zur Revolution; ein Jahr später waren Deutschland und seine Verbündeten, darunter die Türkei, besiegt. Beide Ereignisse sollten, jedes auf seine Weise, Bewegung in die indische Politik bringen. Die russische Oktoberrevolution übte natürlich besondere Faszination aus. Mit angehaltenem Atem lasen die indischen Nationalisten Lenins Bekanntmachung, daß der junge Sowjetstaat auf alle zaristischen Gebietsansprüche gegenüber anderen Ländern verzichte. Sie waren wie vom Donner gerührt, als der neue sowjetische Außenminister Trotzki die Kanzleitüren öffnete und die geheimen Protokolle der imperialistischen Mächte veröffentlichte, die ihre Pläne zur Aufteilung der Welt nach dem Kriege offenbarten. In diesem aufregenden Monat kam die kleine Indira zur Welt, und ihr Vater neckte sie später immer damit, daß sie genauso alt sei wie die russische Revolution.

Das zweite Ereignis beeinflußte Indien unmittelbar. Die indischen Moslems waren empört über die Behandlung, die der Türkei zuteil wurde; der Sturz des Kalifen wurde als imperialistische Perfidie schlimmster Sorte betrachtet. Es bildete sich die Khilafat-Bewegung, die die indischen Moslems gegen die Briten mobilisieren und letztere dazu veranlassen sollte, das Kalifat (Khilafat) wieder in seine frühere Pracht einzusetzen. Dies war das erste wirkliche Erwachen der gewaltigen moslemischen Bevölkerung Indiens. Tatsächlich hatten sich nur wenige indische Moslems je Gedanken über den Kalifen oder seine Aktivitäten gemacht, aber durch seinen Sturz, den man als Affront gegen den Weltislam betrachtete, wurde er zu einem Symbol.

Der Kongreß nutzte diese Entwicklung und fällte die bedeutsame Entscheidung, sich mit der Khilafat-Bewegung zu verbinden. Der Mann, der für diese Entscheidung in erster Linie verantwortlich war, war Mahatma Gandhi. Er erkannte, daß die Einigkeit zwischen Hindus und Moslems entscheidend war, wenn eine wirklich *nationale* Bewegung aufgebaut werden sollte. Eine erste Belastungsprobe wurde bald von der Kolonialregierung geliefert. Der Montagu-Chelmsford-Bericht schlug 1918 eine weitere Verfassungsreform für Indien vor, die aber von einer Selbstregierung weit entfernt war und die getrennten Wahlkreise für Hindus und Moslems beibehielt.

Der Kongreß traf sich im September 1918 zu einer Sondersitzung in Bombay, um die Vorschläge zu erörtern. Er war wieder einmal uneins. Die Gemäßigten wollten das Angebot annehmen. Eine große Mehrheit war für totale Zurückweisung. Beide Nehrus standen diesmal auf derselben ablehnenden Seite. Nach ihrer Rückkehr nach Allahabad gründete Motilal eine unabhängige Zeitung, den *Independent,* der dem Einfluß der Gemäßigten und ihres Blattes *The Leader* entgegenwirken sollte.

Jawaharlal stellte nun seine Tätigkeit als Rechtsanwalt ein, um sich ganz der politischen Arbeit zu widmen. An Geld mangelte es nicht, zumal Nehru mittlerweile bescheidener lebte und die ganze Familie im Anand Bhavan wohnte. Am 18. März 1919 wurden die Rowlatt-Gesetze, die der Kolonialverwaltung unbeschränkte Vollmachten für Verhaftungen und Repressionsmaßnahmen verliehen, in London verabschiedet. Gandhi schlug einen Generalstreik gegen die neuen Gesetze vor; der 30. März wurde zum Aktionstag bestimmt und sollte nach Gandhis Auffassung mit Fasten und Beten begangen werden. In letzter Minute verschob der Kongreß unsinnigerweise den Streik und legte als neues Datum den 6. April fest. In mehreren großen Städten beschloß man jedoch, nicht zu warten. In Delhi und Allahabad, Lahore und Multan (wie auch in zahlreichen kleineren Städten) kam es zu Streiks, Demonstrationen und Versammlungen.

Binnen weniger Tage wurde Indien durch einen schleichenden

Generalstreik gelähmt. Die schlimmsten Zusammenstöße fanden im Panjab statt, wo Militär eingesetzt und das Kriegsrecht verhängt wurde. Der ganze Panjab war ein großes Gefangenenlager; im übrigen Land kursierten Berichte über Erniedrigungen und Folterungen, mit denen die Briten die Nationalisten des Panjab terrorisierten.

Die britische Regierung sah sich gezwungen, eine offizielle Untersuchungskommission unter der Leitung von Lord Hunter einzusetzen. Ihre Zusammensetzung, fünf Engländer und drei von London ernannte Inder, wirkte auf die indischen Nationalisten wie eine neuerliche Ohrfeige. Der Kongreß forderte, einen Vertreter aus seinen Reihen in die Kommission zu entsenden, sämtliche Zeugen anzuhören und rechtsgültige Verfahrensweisen zu befolgen. Falls diese Forderungen abgelehnt würden, so Jawaharlal Nehru, würde Indien die Kommission boykottieren. Sie *wurden* abgelehnt, folglich wurde die Hunter-Kommission von den Indern boykottiert. Der Kongreß bildete einen eigenen Untersuchungsausschuß, der nicht nur Fakten überprüfen, sondern auch Lebensmittel und Geld für die Opfer der Repression sammeln sollte.

Der Kongreß-Ausschuß bestand aus Gandhi, Motilal Nehru, C. R. Das (einem prominenten Rechtsanwalt aus Kalkutta) und zwei Anwälten aus Bombay. Nehru junior erhielt die Aufgabe, Das bei seiner Arbeit in Amritsar zu helfen. Nach seiner Ankunft unternahm er in Begleitung örtlicher Kongreßanhänger einen Rundgang durch die Stadt. Man erzählte ihm, wie rasch sich der Streik ausgebreitet hatte. Streikende Arbeiter waren zur Post, zur Bank, zum Bahnhof und zu den Geschäften gezogen. Plötzlich hatten überall Parolen an den Mauern gestanden, die Hindus, Moslems und Sikhs aufforderten, »sich zusammenzutun und die europäischen Affen rauszuschmeißen«. Am Abend hatte sich die Stadt in der Hand der Bevölkerung befunden, Gleichzeitig war der britische General Dyer eingetroffen und hatte Amritsar von seinen Truppen besetzen lassen.

Am 13. April 1919, drei Tage nach Dyers Eintreffen, fand das Massaker von Jallianwala Bagh (einem von Mauern umgebenen Platz mit nur einem Ausgang) statt. Dort hatten sich 20000 Menschen versammelt, um gegen die Rowlatt-Gesetze zu demonstrieren und die Entlassung eingekerkerter Nationalistenführer zu fordern. Auf dem Höhepunkt der Veranstaltung marschierten vierzig Soldaten auf den Platz, auf dem die Menschen dichtgedrängt standen, und bezogen Stellung. Plötzlich und grundlos gaben die Offiziere Feuerbefehl, woraufhin die Soldaten wahllos in die Menge schossen. Unter den

Toten befanden sich zahlreiche Kinder. Ein Entkommen war unmöglich gewesen. Nehru weinte mehrfach, als er in Amritsar immer wieder dieselbe Geschichte hörte. Die Stadt stand unter einem Trauma. Jawaharlal gab später seine Eindrücke so wieder: »Mir wurde damals klarer als je zuvor, wie brutal und unmoralisch der Imperialismus war und wie er sich in die Seelen der britischen Oberklassen gefressen hatte.«[5]

Nach offiziellen Angaben hatte es bei dem Massaker 379 Tote und 1200 Verletzte gegeben; inoffizielle Quellen multiplizierten beide Zahlen mit drei. Indien war betäubt, doch die Betäubung wich bald der Wut. Dyer, der von den Briten in Indien als Held gefeiert wurde, erklärte ungerührt vor der Hunter-Kommission:

Ich feuerte und setzte das Feuer fort, bis sich die Menge zerstreute; für mich war es das Mindestmaß an Schußwaffengebrauch, das die notwendige moralische und nachhaltige Wirkung erzielen würde, welche zu erzielen meine Pflicht war, wenn ich meine Aktion rechtfertigen sollte. Wenn mehr Truppen zur Verfügung gestanden hätten, wären die Verluste entsprechend größer gewesen. Es ging nicht mehr allein darum, die Menge zu zerstreuen, sondern vielmehr darum, eine hinreichende moralische Wirkung unter militärischen Gesichtspunkten zu erzielen, und zwar nicht nur auf die Anwesenden, sondern mehr noch im ganzen Panjab.[6]

Im privaten Gespräch zeigten sich britische Offiziere stolz auf den Vorfall und verherrlichten die Niedermetzelung unbewaffneter Zivilisten. Nehru wurde selbst Zeuge davon, als er einmal mit einem Nachtzug von Amritsar nach Delhi fuhr; in seiner Autobiographie beschreibt er das Erlebnis folgendermaßen:

Das Abteil, das ich betrat, war fast besetzt, und es blieb nur ein einziger oberer Schlafplatz. Ich legte mich dort nieder. Am Morgen entdeckte ich, daß alle meine Mitreisenden Ofüziere waren. Sie unterhielten sich mit lauter Stimme, und ich verstand, was sie sagten. Einer von ihnen sprach in aggressivem und triumphierendem Ton, und ich entdeckte bald, daß es Dyer war, der Held von Jallianwala Bagh. Er beschrieb seine Erlebnisse in Amritsar. Er wies darauf hin, daß die ganze aufständische Stadt in seiner Macht gewesen wäre und er Lust verspürt habe, sie in einen Aschenhaufen zu verwandeln, sich dann aber ihrer erbarmt und darauf verzichtet habe ... Ich war über diese Unterhaltung und seine rohe Art sehr empört. In Delhi verließ er in rosa gestreiftem Pyjama und Morgenrock den Zug.[7]

Der Schlächter von Jallianwala Bagh und der künftige Ministerpräsident Indiens in einem gemeinsamen Schlafwagenabteil – ein Treppenwitz der Weltgeschichte. Jawaharlal, dessen Temperament ebenso heftig sein konnte wie das seines Vaters, muß es enorme Überwindung gekostet haben, zu schweigen. Die Demütigung, als die er sein sicherlich ratsames Schweigen empfunden haben wird, wird ihm nachdrücklich die zahllosen seelischen Qualen vor Augen geführt haben, die die Menschen eines unterjochten Volkes zu erleiden haben.

1920 setzte der Kongreß auf Anraten Gandhis die berühmte Ungehorsamkeitsbewegung *(Satyagraha)* in Gang. Motilal legte nun demonstrativ seine europäische Kleidung ab, boykottierte die Gerichte und agitierte für die Selbstregierung. Die neue Bewegung war die Reaktion der Kongreßführer auf die erzürnte Volksstimmung, die sich im Gefolge der Ereignisse im Panjab breitmachte und bereits zu zahlreichen Ausschreitungen geführt hatte. Gandhi wollte eine Bewegung, die strikt gewaltlos blieb, gleichzeitig aber eine Brücke zwischen Extremisten und Gemäßigten baute. Mit den Extremisten stimmte er darin überein, daß die Bevölkerung auf den Straßen mobilisiert werden müsse, doch das hatte, so beharrte er, gewaltlos zu geschehen mit dem Ziel, sich freiwillig verhaften zu lassen. Den Gemäßigten versicherte er, daß dieses Vorgehen ein wesentliches Druckmittel darstelle, um immer weitergehende Forderungen durchzusetzen, an deren Ende die Selbstregierung stehen werde. Einige, wie der Bombayer Rechtsanwalt Mohammed Ali Jinnah, verließen jetzt den Kongreß. Jinnah gründete später als kommunalistisches Gegengewicht zum Kongreß die Moslemliga.

Jawaharlal Nehru begann nun, im ganzen Lande umherzureisen und Reden zu halten; den Schwerpunkt seiner Agitation für die neue Bewegung bildete allerdings seine Heimatprovinz. Er sprach auf zahllosen Versammlungen, kam mit Bauern und Arbeitern zusammen, begeisterte Studenten und brachte die Angestellten bei den Kolonialbehörden dazu, ihre Stellen aufzugeben. Er fand an der neuen Tätigkeit, die seine ganze Zeit in Anspruch nahm, zunehmend Gefallen.

Ich wurde ganz und gar von der Bewegung aufgesogen und eingefangen. Einer großen Zahl anderer Menschen erging es ebenso. Ich gab meine sämtlichen übrigen Verbindungen und Beziehungen auf, alte Freunde, Bücher, selbst Zeitungen, mit Ausnahme derer, die sich auf unsere augenblickliche Tätigkeit bezogen. Bis dahin hatte ich noch immer etwas an der Lektüre von Büchern über die Strömungen der Zeit festgehalten und mich bemüht, den Entwicklungen der Weltpolitik zu folgen. Aber jetzt gab es keine Zeit mehr dazu. Trotz der Stärke meiner Familienbande vergaß ich meine Familie fast ganz, meine Frau, meine Tochter...[8]

Mit der Absicht, dem Kongreß die Show zu stehlen, lud der damalige Vizekönig, Lord Reading, den Prinzen von Wales, Edward, zu einem Besuch nach Indien ein. Man dachte, daß das loyale Indien den jungen Prinzen willkommen heißen und der Welt demonstrieren würde, daß der Kongreß eine winzige Minderheit darstelle. Im November 1921 trat der Arbeitsausschuß des Kongresses zusammen; Jawaharlal trat nachdrücklich für die Annahme einer Resolution ein, die den totalen Boykott aller Festlichkeiten zu Ehren des Mitglieds des Königshauses verlangte. Als Edward am 17. November 1921 in Bombay eintraf, gab es eine gewaltige Demonstration und zahlreiche Zusammenstöße. Kalkutta und Allahabad dagegen verwandelten sich in Geisterstädte – die überwältigende Mehrheit der Inder blieb während des Prinzen-Besuchs zu Hause. Der zukünftige Herzog von Windsor war überaus irritiert, und der Vizekönig war entschlossen, den Protestlern eine Lektion zu erteilen. Noch während der Prinz in Indien weilte und mit den einheimischen Fürsten Tiger jagte, setzten Massenverhaftungen ein; im Dezember 1921 wurden auch beide Nehrus, Vater und Sohn, verhaftet. Beide weigerten sich, mit dem Gericht zusammenzuarbeiten, und bestritten ihm das Recht, sie abzuurteilen. Motilal, der fast drei Jahrzehnte lang vor Gerichten als Anwalt aufgetreten war, dürfte es nicht leicht gefallen sein, nun diese Institution zu boykottieren. Vater und Sohn wurden zu je sechs Monaten Gefängnis verurteilt und in Lakhnau inhaftiert. Hier erfuhren sie von den Vorfällen in Chauri Chaura.

Das Dorf Chauri Chaura liegt in der Nähe von Gorakhpur. Im Laufe einer Demonstration hatte die Polizei mit Revolvern und Gewehren auf die Bauern geschossen. Die wütende Menge hatte die Beamten sodann in die Polizeistation zurückgetrieben. Dort hatten sie sich verbarrikadiert, die Bauern hatten das Gebäude angezündet, und die Polizisten waren verbrannt. Drei Kongreßanhänger, zwei Hindus und ein Moslem, waren verhaftet, vom Hohen Gerichtshof in Allahabad, an dem die Nehrus vor dem Boykott tätig gewesen waren, zum Tode verurteilt und gehängt worden.

Nach den Ereignissen von Chauri Chaura blies Gandhi die Bewegung ab, und der Arbeitsausschuß des Kongresses folgte wie üblich seiner Entscheidung. Jawaharlal war wütend. »Sollte schließlich ein entlegenes Dorf und ein Haufen aufgeregter Bauern in einer fernen Gegend unserem nationalen Kampf um die Freiheit ein Ende bereiten?« empörte er sich.[9] Das Dorf mag entlegen gewesen sein, doch was Gandhi beunruhigte, war die allgemeine Neigung zu Gewalt. Er war außerordentlich besorgt, daß die Bewegung außer Kontrolle geraten, den vorgegebenen Rahmen von Gewaltlosigkeit und Nationalismus sprengen und eine ganz andere Richtung einschlagen könnte. Es war die Spontanität der Bauern in Chauri Chaura gewesen, die Gandhi beunruhigt hatte. Während des Chauri Chaura-Prozesses hatten die Richter in Allahabad erklärt, der Ruf des Kongresses nach Selbstregierung hätte nur die Hoffnungen der Bauern auf eine Senkung von Steuern und Pacht geweckt. Das stimmte sicherlich, war aber von Gandhi nie ausgesprochen worden. So stellten sich die Bauern die Unabhängigkeit vor. Gandhi war es um andere Probleme gegangen. Auf einer großen Bauernversammlung in Gorakhpur, auf der er vor den Geschehnissen von Chauri Chaura gesprochen hatte, hatte er den Bauern lediglich geraten, Selbstdisziplin zu üben: kein Spielen, kein Trinken, kein Ganjarauchen und keine Hurerei mehr. Versprechungen hatte er nicht geboten.

Jawaharlal wurde am 3. März 1922 entlassen, Motilal am 6. Juni. Bereits am 19. Mai wurde Jawaharlal jedoch erneut verhaftet und zu achtzehn Monaten Gefängnis wegen »Anstiftung zum Aufruhr« verurteilt. Er benutzte die Anklagebank als Forum für einen Angriff auf den *Raj:*

Einschüchterung und Terror sind die Hauptinstrumente der Regierung geworden. Mit diesen Methoden versucht man, ein Volk geduckt zu halten und seine Unzufriedenheit zu unterdrücken. Glaubt man etwa, auf diese Weise die Bevölkerung gewinnen oder zu einem loyalen Werkzeug seiner imperialistischen Ziele machen zu können? Zuneigung und Loyalität kommen aus dem Herzen. Sie

sind auf dem Markt nicht feil und lassen sich erst recht nicht mit
Bajonetten erzwingen.[10]

Sein Gesundheitszustand verschlechterte sich. Schmerzen in der
Brust und Schlaflosigkeit quälten ihn. Doch schon bald ging es ihm
wieder besser, nachdem er das Rauchen aufgegeben, sich ein tägli-
ches Programm von Yogaübungen einschließlich Kopfstand verord-
net und eine vegetarische Diät begonnen hatte. Seine Hauptbeschäftigung im Gefängnis war Lesen: geschichtliche Werke von Car-
lyle, G. M. Trevelyan, Wells, Blunt, Ruskin und Romain Rolland;
aber auch Gedichte und Prosa des bengalischen Dichters Rabindranath Tagore, Shakespeare und Bernard Shaw, Victor Hugo und
Edgar Allan Poe sowie Fitzgeralds Übersetzung von Omar
Khayyam. Besonders gern las er romantische Dichter wie Byron,
Keats, Tennyson und Shelley. Shelley beeindruckte ihn vor allem,
und in späteren Jahren zitierte Jawaharlal oft Zeilen des Dichters.
    Am 31. Januar 1923, nach acht Monaten Haft, wurde Nehru
vorzeitig entlassen. Der Grund dafür war offenkundig: Die Unabhängigkeitsbewegung hatte sich erschöpft. Doch Jawaharlal war
entschlossen, sich von ihrem Niedergang nicht irre machen zu lassen. Angewidert von dem Gezänk der verschiedenen Richtungen
innerhalb des Kongresses beschloß er, wieder auf Reisen zu gehen
und Kontakt zur Bevölkerung zu suchen. Am 21. September 1923
wurde er in der Stadt Jaito im Fürstenstaat Nabha erneut verhaftet. Die Briten hatten die loyalen Fürsten dadurch zu schützen
versucht, daß sie ihnen erlaubten, in ihren Staaten alle politischen
Aktivitäten zu verbieten. Diesmal wurde Nehru in Handschellen in
das örtliche Gefängnis abgeführt, das für seinen schlechten Zustand bekannt war. »Im Gefängnis von Nabha«, schrieb er später,
»wurden wir alle drei in einer höchst unhygienischen Zelle gehalten. Sie war klein und feucht und so niedrig, daß wir die Decke
fast berühren konnten. In der Nacht schliefen wir auf dem Fußboden, und gelegentlich schreckte ich auf, weil mir gerade eine Ratte
oder Maus über das Gesicht gelaufen war.«[11] Er wurde vor Gericht gestellt und zu weiteren dreißig Monaten Gefängnis verurteilt, aber die Behörden von Nabha hoben das Urteil auf und
wiesen ihn aus. Nach seiner Rückkehr erkrankte er ernstlich. Der
Hausarzt in Allahabad stellte Typhus fest. Nehru war zu krank,
um an einer Provinzkonferenz des Kongresses teilzunehmen, aber
seine Rede wurde an die Delegierten verteilt. Darin erklärt er,

das einzige maßgebliche Ziel des Kongresses müsse die vollständige Unabhängigkeit sein.

Jawaharlal Nehru erkannte klarer als die meisten Führer der indischen Unabhängigkeitsbewegung, daß man den Kampf früher oder später würde wiederaufnehmen müssen. Es durfte kein Zurückweichen geben. Die britische Kolonialmacht würde nicht ein einziges Zugeständnis machen, wenn nicht ständig und systematisch Druck ausgeübt würde. Das war Nehrus feste Überzeugung. Sorgen bereitete ihm die Frage, wie man verhindern könne, daß Gandhi seinen Schritt von 1922 wiederholen und die Bewegung nach irgendeinem Zwischenfall stoppen würde. Sollte man versuchen, eine Bewegung aufzubauen, die er nicht zur Umkehr zu bewegen vermöchte? Oder sollte man ihm persönlich entgegentreten und herauszufinden versuchen, was er wirklich wollte? Ohne die erste Möglichkeit auszuschließen, traf sich Nehru mit Gandhi in Juhu, einem Vorort von Bombay. Auf der persönlichen Ebene verlief das Treffen harmonisch. Politisch war Jawaharlal enttäuscht. Gandhi hatte seine Zweifel nicht zerstreuen können.

Ende 1925 bekam Kamala Nehru einen Sohn; es war eine Frühgeburt. Zur maßlosen Enttäuschung der kleinen Indira, die sich sehnlichst einen Bruder gewünscht hatte, starb das Kind schon nach zwei Tagen. Kamala selbst wurde schwer krank; sie hatte Tuberkulose. Die Ärzte empfahlen einen Sanatoriumsaufenthalt im Schweizer Hochgebirgsklima. Da auch die Familie eine Behandlung im Ausland für richtig hielt, bestiegen Kamala, Jawaharlal und die neunjährige Indira im März 1926 in Bombay ein Schiff nach Europa.

Nehru und Gandhi –
zwei Wege, ein Ziel.
1926–1936

Jawaharlal Nehru stand vor dem entscheidenden Jahrzehnt seines politischen Lebens. Die in diesen Jahren gefällten Entscheidungen legten den Grundstein für die künftige indische Politik. Jawaharlal sah sich quälenden Alternativen gegenüber. Vor dem Hintergrund einer ständigen Überprüfung seiner politischen Konzepte begann er ein Ringen mit Gandhi um die Herzen des Kongresses; vom Ausgang dieses Ringens hing die Zukunft des Subkontinents ab.

In Europa angekommen, fuhren die Nehrus direkt nach Genf weiter, mieteten eine Wohnung am Stadtrand und richteten sich auf einen langen Aufenthalt ein. Kamala begann mit ihrer Behandlung. Jawaharlal haßte Untätigkeit. In kürzester Zeit lernte er Skifahren und Schlittschuhlaufen, doch hielt er dergleichen für Zeitverschwendung, und so fühlte er sich zutiefst unausgelastet. Im Frühsommer kam seine jüngste Schwester Krishna nach Genf. Das verschaffte ihm die Gelegenheit, in Europa herumzureisen und zahlreiche Auslandsinder zu treffen, von denen einige damals politisch tätig waren.

Im folgenden Winter verschlechterte sich Kamalas Befinden, und die Ärzte empfahlen, sie in ein Sanatorium in dem schweizerischen Luftkurort Montana zu bringen. Als ihr Geld knapp wurde, entschied Jawaharlal, Kamalas Schmuck zu verkaufen, da er es nicht zulassen wollte, Geld zu borgen. Als Motilal von der Zwangslage seines Sohnes hörte, schickte er ihm etwas Bargeld. Kamala, Krishna und Nehru fuhren nach Montana; Indira wurde auf eine schweizerische Schule geschickt.

Sobald es Kamala gesundheitlich besser ging, fuhr Nehru nach Berlin, um einige dort lebende Inder zu treffen, darunter auch ein paar Kommunisten. Einer von ihnen, Virendranath Chattopadhyaya (kurz Chatto), machte großen Eindruck auf ihn. Er war Marxist, hatte wenig für Gandhi übrig und erklärte dem geduldig zuhörenden Jawaharlal, daß für Indien eine Revolution die einzige Lösung wäre. Es gebe keinen anderen Weg, das Land zu modernisieren, und moralische Ermahnungen könnten das Kastensystem nicht beseitigen.

Chatto informierte Nehru über eine bevorstehende Konferenz in Brüssel, auf der eine Liga gegen den Imperialismus gegründet werden sollte. Er empfahl Nehru nachdrücklich, daran teilzunehmen. Jawaharlal war zu diszipliniert, als daß er einen solchen Schritt ohne Absprache mit den heimatlichen Kongreßführern unternommen hätte. Die Einladung wurde an eine in Gaukhat tagende Kongreßversammlung geschickt, die einmütig beschloß, einen Delegierten nach Brüssel zu entsenden. Man nominierte Jawaharlal und schickte ihm einen Scheck über 500 Pfund für seine Unkosten. Am 6. Februar 1927 traf er in Brüssel ein, um sich auf die Konferenz vorzubereiten. Er verfaßte Artikel und entwarf eine Resolution zu Indien, die mit den Worten schloß: »>. . . dieser Kongreß ist überdies zuversichtlich, daß die indische nationale Bewegung ihr Programm auf die volle Emanzipation der Bauern und Arbeiter Indiens stützen wird, ohne die es keine wirkliche Freiheit geben kann.«<[1]

Zehn Tage Konferenzbetrieb erschöpften Nehru. Einem Freund schrieb er, das Essen sei fürchterlich und er habe keine Zeit zum Ausruhen. Doch die Konferenz stellte für ihn eine wichtige Erfahrung dar. Aus erster Hand konnte er die Schwäche europäischer Solidarität mit den Befreiungsbewegungen in den Kolonien erleben; zugleich traf er gleichgesinnte Nationalisten aus den arabischen Ländern, aus Afrika und Indochina, darunter einen jungen Vietnamesen namens Nguyen Ai Quoc. Dieser vermied öffentliche Auftritte und war von der Vorstellung besessen, daß ihn ausländische Geheimdienste verfolgten; gleichwohl beeindruckte er Jawaharlal sehr. Beide trafen sich 1954 in Delhi wieder, als Nehru indischer Ministerpräsident war und der Vietnamese Präsident von Nordvietnam, allerdings unter anderem Namen – Ho Chi Minh.

Nehrus Bericht an die Brüsseler Konferenz hatte die Kongreßführung beunruhigt. Man hatte Sorge, daß er zu sehr unter den Einfluß der Komintern gerate, und Motilal, der diese Befürchtungen teilte, begab sich nach Europa, um nach dem Rechten zu sehen. Vater und Sohn trafen sich in Venedig. Jawaharlal verhehlte seine Bewegung nach links nicht, konnte seinen Vater aber davon überzeugen, daß er kein Agent Moskaus geworden war. Zugleich überredete er ihn, eine russische Einladung nach Moskau zum zehnjährigen Jubiläum der Revolution im November 1927 anzunehmen. Die Nehrus, Motilal, Jawaharlal, Kamala und Krishna, bestiegen einen Zug nach Berlin und fuhren von dort in die sowjetische Hauptstadt, von wo sie vier Tage später tief beeindruckt zurückkehrten. Kurz darauf, Anfang Dezember 1927, trat Jawaharlal mit seiner Familie die Rückreise nach Indien an, während Motilal noch drei Monate in Europa blieb.

Ihr Schiff legte Ende Dezember im südindischen Madras an. Dort tagte gerade eine Kongreßversammlung, zu der sich Jawaharlal sogleich begab, um einige Resolutionen vorzulegen, die sich mit Fragen der Unabhängigkeit, der Kriegsgefahr usw. befaßten. Zu seiner großen Überraschung wurden sie nahezu einmütig angenommen. Die Diskussionen drehten sich hauptsächlich um die geplante Simon-Kommission, eine Gruppe von sieben Engländern, die nach Indien geschickt werden sollten, um dessen politisches System zu untersuchen und gegebenenfalls Veränderungen zu empfehlen. Der Kongreß beschloß, die Kommission zu boykottieren. Das politische Indien folgte ihm. Wohin die Kommission auch kam, überall wurde sie von Tausenden von Demonstranten empfangen. Menschen, die kein einziges Wort Englisch sprachen, lernten in diesen Monaten drei Worte: »Simon go back«.

Die Behörden waren wütend über diese Reaktion und beschlossen, ihre Macht zu demonstrieren. In Lakhnau stand Jawaharlal Nehru an der Spitze einer gewaltigen Demonstration, als die Kommission die Stadt besuchte. Anstatt auf die Kommissionsmitglieder traf man jedoch auf berittene Polizei, die zur Attacke überging. Während sich die Pferde in die Menge drängten, prügelten die Polizisten mit Gummiknüppeln auf die vollkommen friedlichen Demonstranten ein. Auch Nehru wurde getroffen. »Ich dachte«, schrieb er später, »es wäre leicht, den Polizisten vor mir vom Pferd zu zerren und mich selbst darauf zu setzen, doch hielten mich lange Schulung und Disziplin davon ab. Ich erhob meine Hand nur, um mein Gesicht vor einem Schlag zu schützen. Überdies wußte ich, daß jeder Akt unsererseits zu einer fürchtbaren Tragödie und zu Schießereien führen würde, die einer großen Zahl unserer Leute das Leben kosten würden.«[2]

In Lahore schlug ein junger britischer Polizeibeamter Lala Lajpat Rai, einen angesehenen älteren Politiker aus der Unabhängigkeitsbewegung, zu Boden. Wenige Wochen später starb er. Die ganze Bewegung war tief erschüttert, denn Lajpat Rai war sehr beliebt gewesen. Zwei Aktivisten, Bhagat Singh und Batukeshwara Dutt, warfen daraufhin am 8. April 1928 selbstgefertigte Bomben in die Gesetzgebende Versammlung. Der Anschlag, der nicht viel Schaden anrichtete, hatte nach Aussage der Attentäter »Indien wachrütteln und Lajpat Rais Tod rächen« sollen. Bhagat Singh wurde vor Gericht gestellt und zum Tode verurteilt. Jawaharlal besuchte ihn im Gefängnis. In der Kongreßpartei forderten Studenten und Bauern eine Kampagne zu seiner Rettung. Er war über Nacht zum Nationalhelden geworden. Allein Gandhi weigerte sich, für ihn einzutreten.

Überall begann man sich zu fragen, warum Gandhi keinen Finger zur Rettung Bhagat Singhs rührte. Nehru jedoch wußte um Gandhis Motive. Der große Mann war ein skrupelloser Politiker. Er hatte eine feste Vorstellung davon, wie die Unabhängigkeit erreicht werden würde, und er tolerierte nichts, was dieser Vorstellung zuwiderlief. Für Gandhi war von Anfang an ein auf dem Verhandlungswege erreichter Rückzug der Briten die einzig mögliche Marschrichtung. Das bedeutete einen friedlichen Übergang in die Unabhängigkeit. In diesem Punkt ließ Gandhi nicht mit sich reden.

Jawaharlal war schon vor seiner letzten Reise nach Europa von Zweifeln geplagt gewesen, ob Gandhis Weg der richtige sei, und die

Diskussionen, die er mit Freunden im Ausland geführt hatte, hatten zur Klärung seiner eigenen Position beigetragen. In wachsender Sorge über die zunehmenden religiösen Spannungen auf dem Subkontinent suchte er nach Alternativen zur Strategie der Kongreßführer, die gewöhnlich Gandhi ohne viel Aufhebens folgten. Vor allem beschäftigte ihn die Frage, wie man verhindern könne, daß die Unabhängigkeitsbewegung von den Moslems als reine Hindubewegung angesehen werde. In Berlin hatte Chatto heftig kritisiert, daß Gandhi zu sehr auf die Bildersprache der Hindumystik zurückgreife; das leiste jahrhundertealter Rückständigkeit Vorschub. Nie werde man das indische Volk unter religiösen Symbolen einigen, wie gut sie auch immer gemeint seien. Jawaharlal, dem unerschütterlichen Rationalisten, fiel es nicht schwer, Chatto hierin recht zu geben. Im Geiste führte er lange Diskussionen mit Gandhi. Er sah ihn als »einen großen Bauern mit einer bäurischen Sicht der Dinge und mit der Blindheit eines Bauern in Hinblick auf einige Lebensanschauungen. In jedem anderen Land wäre er gerade heute wohl fehl am Platze, aber Indien versteht offensichtlich noch Menschen von orakelhaft-religiösem Schlag, die von Sünde, Erlösung und Gewaltlosigkeit sprechen, oder es schätzt sie zumindest . . . «[3] Diese Einschätzung war nur zum Teil korrekt. Gandhi war nicht so sehr ein Bauer als vielmehr ein Fuchs, ein äußerst geschickter und intelligenter politischer Führer. Er hatte Jawaharlal in vielen Fragen an Schlauheit übertroffen, aber in einer Frage, die Nehru zu schaffen machte, in der Frage des Verhältnisses zwischen Nationalismus und Klassenkampf, wußte er keine Antwort. Wann immer Jawaharlal fragte, ob denn Bauer und Grundbesitzer, Arbeiter und Kapitalist dieselbe Vorstellung von Freiheit hätten, erhielt er von Gandhi nur Antworten, die von Mystizismus erfüllt waren.

Die Reaktion auf die Simon-Kommission hatte London davon überzeugt, daß kosmetische Maßnahmen nicht länger ausreichten. Man war jetzt bereit, grundlegendere Reformen zu erwägen. Der Vizekönig, seinerzeit Lord Irwin, lud Gandhi zu Gesprächen über Verfassungsfragen ein, die am 5. März 1931 mit einer Vereinbarung abgeschlossen wurden, woraufhin man nach London eine »Konferenz am Runden Tisch« einberief. 1931 also ging Indien nach London – aber welches Indien? Es gab viele Vertreter des indischen Adels, juwelengeschmückt und in prachtvollen Brokatgewändern; es gab die loyalen Ritter des Empire, Inder, die dem *Raj* gedient hatten und jetzt nach einem Platz an der Sonne strebten; und da war Gandhi, der den

Kongreß vertrat. Seine Ziege und sein Lendentuch lieferten Stoff für zahlreiche Varietéwitze und politische Beleidigungen (Winston Churchill beschimpfte ihn als »halbnackten Fakir«), doch ungeachtet dieser Unverschämtheiten war Gandhi derjenige, der die Konferenz beherrschte. Alle anderen waren bloße Dekoration. Die Konferenz von 1931 brachte die ersten wirklichen Diskussionen zwischen den Briten und dem indischen Nationalkongreß über die Zukunft Indiens. Indien war natürlich ein kulturell, politisch und religiös vielgestaltiger Subkontinent, aber in den dreißiger Jahren symbolisierte Gandhi das Indien, das unter der Oberfläche lag.

Mohandas Karamchand Gandhi wurde 1869 in Porbandar in Gujarat als Sohn einer Händlerfamilie, die zu einer mittleren Hindukaste gehörte, geboren. Das Wort *gandhi* bedeutet wörtlich Parfümhändler, was über viele Generationen hinweg das Familiengewerbe gewesen war. Gandhis Großvater jedoch war aufgestiegen. Er hatte dem Herrscher von Porbandar, einem Zwergstaat im westlichen Indien (heute Gujarat), als Regierungschef gedient. Dieser Posten war erblich. Gandhis Vater Karamchand hatte ihn übernommen und dann an seinen Bruder übergeben. 1888 war Gandhi zum Jurastudium nach England gegangen, hatte mit dem Agnostizismus geliebäugelt, eine typisch spätviktorianische Lebensweise angenommen und sich den Freuden der Großstadt hingegeben. Ein Bekannter, der ihn auf dem Piccadilly Circus in London getroffen hatte, berichtete, er sei »ein Geck, ein Herzensbrecher, ein Lebemann – ein Student, dem Mode mehr bedeutet als seine Studien«.[4] Dies ist eine der sympathischsten Beschreibungen Gandhis, die es gibt. 1891 kehrte er nach Indien zurück, wo er als Rechtsanwalt und Lehrer ein totaler Versager war. Seine Familie begann an ihm zu verzweifeln, und alle atmeten auf, als ihm eine Stelle bei einer Handelsfirma in Südafrika angeboten wurde, die einen jungen Rechtsberater suchte.

1893 begab er sich nach Südafrika, wo er die nächsten zwanzig Jahre seines Lebens verbrachte. Hier hatte er viel Zeit, seine früheren Anschauungen und Gewißheiten zu überdenken. Er wurde von Tolstoi gefesselt und begann einen Briefwechsel mit ihm, aus dem die politische Taktik hervorging, die er gegen übermächtige Feinde anwenden würde. Er führte Kampagnen gegen die erdrückenden Beschränkungen, die Indern in Südafrika auferlegt wurden. Die hierbei gemachten Erfahrungen sollten ihn für immer prägen. Seine ersten Aktionen waren vom Glauben an die Segnungen des Empire durchdrungen; sein einziger Einwand war, daß dessen Untertanen nicht alle gleich behandelt wurden. Später schilderte er seine damalige Haltung mit erfrischender Aufrichtigkeit und versuchte nie, seine Vergangenheit zu verklären – im Gegensatz zu manchen seiner Schüler. So schrieb er freimütig:

> Ich bot meine Hilfe nicht erst während der Zulu-Revolte an, sondern schon vorher, im Burenkrieg, und im letzten Krieg (dem Ersten Weltkrieg) hob ich nicht nur in Indien Rekruten aus, sondern ich stellte 1914 in London ein Sanitätskorps zusammen. Wenn ich also gesündigt habe, so ist das Maß meiner Sünden übervoll. Ich ließ keine Gelegenheit aus, der (britischen) Regierung jederzeit zu dienen. Zwei Fragen stellten sich mir während dieser Krisen. Was war meine Pflicht als Bürger des Empire, für den ich mich damals hielt, und was war meine Pflicht als entschiedener Anhänger der Religion der *Ahimsa* – der Gewaltlosigkeit?
> Ich weiß heute, daß ich unrecht hatte, als ich meinte, ein Bürger des Empire zu sein. Doch bei jenen vier Anlässen glaubte ich aufrichtig, daß sich mein Land trotz vieler Unzulänglichkeiten, unter denen es zu leiden hatte, auf dem Weg zur Freiheit befände und daß die (britische) Regierung vom Standpunkt meines Volks aus betrachtet nicht völlig schlecht sei ... Mit dieser Haltung ging ich daran, zu tun, was ein gewöhnlicher Engländer unter den gegebenen Umständen getan hätte.[5]

In Südafrika passierte noch etwas anderes mit Gandhi. Er entwickelte einen tiefen Abscheu gegen die europäische Zivilisation – nicht so sehr gegen das Empire als vielmehr gegen die Industrialisierung, die er als die Wurzel allen Übels anzusehen begann. Auf einer kurzen Reise nach London im Jahre 1909 stellte er fest, daß es im Westen keine Zeit mehr zum Beten gebe. Das Lebenstempo sei zu schnell geworden. Immer wieder betonte er, daß sich seine Abneigung nicht gegen England richte, sondern gegen die moderne Zivilisation, gegen die »ganze Maschinerie« der industrialisierten Gesellschaften. Und er schrieb: »Falls die britische Herrschaft durch eine indische auf der Basis moderner Methoden ersetzt würde, ginge es Indien nicht besser, außer daß ihm etwas von dem Geld verbliebe, das durch England abgezogen wird. Aber die Inder wären dann bloß eine zweite oder fünfte Auflage Europas oder Amerikas.«[6]
  Gandhi begann, das Bild eines Utopia zu entwerfen, von dem er

behauptete, es liege in Indiens Vergangenheit verschüttet. Er idealisierte die Vorgeschichte des Hinduismus, in der Fakten und Mythologie zumeist nicht auseinanderzuhalten sind. Für Nehru war dies ein reaktionäres Utopia, und er tat Gandhis Haß auf die städtische Zivilisation als exzentrisch ab. Tatsächlich aber sollte diese Einstellung, eine seltsame Mischung aus viktorianischem Liberalismus und indischem Mystizismus, Gandhis Politik immer stärker beherrschen.

Als Gandhi 1915 nach Indien zurückkehrte, war er 46 Jahre alt. Ein Jahr lang reiste er im ganzen Land umher, sah sich um und informierte sich in zahllosen Gesprächen. Bald nach seiner Ankunft wurde ihm die Kaisar-i-Hind-Medaille in Gold verliehen, und zwar von Lady Willingdon, der Gattin des Vizekönigs, die ihn als »den bekannten südafrikanischen Führer, der jetzt nach Indien zurückgekehrt ist, wo er fast als Heiliger betrachtet wird«, beschrieb. Nur vier Jahre später meinte Lord Willingdon über denselben Mann, er sei »aufrichtig, aber ein Bolschewik und aus diesem Grunde sehr gefährlich«. Lord und Lady hatten beide unrecht. Gandhi wurde ein maßgebendes Bindeglied zwischen dem alten und neuen Indien, zwischen den Bauern und dem kolonialen Staat, zwischen Jawaharlal Nehru und Indiens erstarkender Unternehmerklasse. Er war der Mann, der alles zusammenhielt. In dieser Funktion war er ein einzigartiger Glücksfall für das Land. Seine Marotten und Irrtümer sah man ihm nur deshalb nach, weil seine politischen Fähigkeiten immens waren. Nicht zuletzt besaß er die eher seltene Gabe, über sich lachen zu können. Sarojini Naidu, eine bedeutende Dichterin und Kongreßpolitikerin, hatte für sein Heiligenimage nicht viel übrig. Für sie war Gandhi weder Jesus noch Buddha, sondern schlicht Mickymaus. Das war ihr Name für ihn, den sie halb liebevoll, halb spöttisch gebrauchte, und er reagierte gelassen. Doch er war wahrscheinlich nicht sehr erbaut, als sie der Kongreßführung einmal in seiner Gegenwart erklärte: »Es kostet uns eine Menge, Gandhi in Armut zu halten.«[7]

Daß sich Gandhi selbst als unentbehrlichen Vermittler an allen Fronten betrachtete, erklärt einige Sonderbarkeiten und Kehrtwendungen in seiner politischen Taktik. Wenn der Dunst der Weihrauchwolken, die um seinen Namen schweben, weggeblasen wird, erscheint er als überaus fähiger politischer Führer mit einem Hang zum Bekennertum. Religion war nach Nehru die Achillesferse des Mahatma, und daraus ergaben sich Hindernisse für alle, die einen weltlichen Nationalismus zu artikulieren versuchten. Gandhi war weit entfernt von dem plumpen Kommunalismus der Hindu Mahasabha (einer religiöspolitischen Organisation, die Hinduinteressen zu verteidigen vorgab) oder anderer religiöser Sekten. Er war zutiefst tolerant. Dennoch erschwerte sein Beharren auf der Verwendung eines religiösen Symbolismus, der die Bauernschaft ansprechen sollte, die Suche nach einem weltlichen Weg. Vier Jahre nach seiner Rückkehr aus Südafrika definierte er in einem Brief an einen englischen Freund sein Glaubensbekenntnis so:

> Meine Neigungen sind nicht politischer, sondern religiöser Natur, und ich beteilige mich an der Politik, weil es meiner Meinung nach keinen Lebensbereich gibt, der sich von der Religion trennen ließe, und weil Politik fast überall die Existenz Indiens berührt. Es ist daher absolut unerläßlich, daß die politische Beziehung zwischen Engländern und uns auf eine solide Basis gestellt wird. Ich bin nach besten Kräften bestrebt, diesen Prozeß zu unterstützen.[8]

Die »solide Basis«, von der Gandhi sprach, bedeutete zweierlei: einen geordneten und planvollen britischen Rückzug aus Indien *und* eine wirtschaftliche Kontinuität in der Zeit nach dem Rückzug. So legte Gandhi in einer ziemlich frühen Phase die Grenzen des großen Spiels fest. Nicht, daß er selbst alle Regeln eingehalten hätte: Immer wieder mißachtete er sie ungestraft und entfaltete eine Propaganda, die dem Zeitalter von Fernsehen und Medienrummel gemäßer gewesen wäre. Seine Bedeutung für Indien wie für England lag darin, daß er überhaupt eingewilligt hatte, das Spiel zu spielen. Seine Strategie, die er Ende der zwanziger und im Verlauf der dreißiger Jahre gegen Nehru durchzusetzen bemüht war, ließ sich in einem Satz zusammenfassen: Das Problem mit dem kolonialen Staat ist, daß er kolonial ist; die Aufgabe lautet daher, ihn zu indisieren. Nicht mehr und nicht weniger.

Die Briten waren mitunter verwirrt über Gandhis taktische Schachzüge, aber sie wußten ganz genau, wie wichtig er war, wenn einmal ein friedlicher Übergang in die Unabhängigkeit auf der Tagesordnung stehen sollte. 1921 schickte Lord Reading, der damalige Vizekönig, dem Indienminister in London einen Bericht, der die Haltung des *Raj* Gandhi gegenüber recht gut zusammenfaßt:

> Seine Erscheinung hat nichts Auffälliges an sich... Wenn er spricht, ist der Eindruck anders. Er ist geradezu und drückt sich sehr gewählt in ausgezeichnetem Englisch aus. Seine Haltung ist

frei von Zögern, und alles, was er äußert, klingt aufrichtig, außer wenn er einige politische Fragen erörtert. Seine religiösen Ansichten sind, glaube ich, echt, und er ist in einem Maße, das fast an Fanatismus grenzt, davon überzeugt, daß Gewaltlosigkeit und Liebe Indien die Unabhängigkeit bringen und es befähigen werden, der britischen Regierung zu widerstehen. Seine religiösen und moralischen Anschauungen sind bewunderungswürdig..., doch ich muß gestehen, daß es mir schwerfällt zu verstehen, wie er sie in die politische Praxis umsetzt. Um es auf einen Nenner zu bringen, wie jedermann möchte auch er, wenn er sich für eine politische Bewegung engagiert, alle unter seinem Schirm sammeln, verändern und zu seinen Ansichten bekehren. Er muß folglich viele akzeptieren, mit denen er nicht übereinstimmt, und muß versuchen, das Bündnis, so gut es geht, zusammenzuhalten.[9]

Das war eine kluge Einschätzung. Die Engländer wußten genau, was sie in Indien taten und daß sie dort nicht ewig bleiben konnten. Gandhi gefiel ihnen ausnehmend, weil er sich, anders als Nehru, an einschneidenden sozioökonomischen Umwälzungen nicht im geringsten interessiert zeigte. Kurz gesagt, er war gegen sozialistische Konzepte jedweder Art. Das schaffte ihm gewisse Probleme. Er wußte, daß die Großgrundbesitzer, die vor allem in Nordindien eine maßgebliche Rolle spielten, gemeinsame Sache mit den Briten machten. Sie hatten ihre eigenen Grundbesitzerverbände zur Verteidigung ihrer Klasseninteressen; und sie hatten sogar eine politische Partei. Die Unionistische Partei im Panjab ging aus der Verbindung von Moslem-, Hindu- und Sikh-Grundbesitzern hervor, die sich gegen Geldverleiher, Bauern, Nationalisten und Kommunisten zusammengetan hatten. Diese Operation war äußerst erfolgreich, einer der wenigen Fälle kommunaler Harmonie auf politischer Ebene. Diese Grundbesitzer waren nicht dumm. Sie sahen vorher, daß der *Raj* gezwungen sein würde, sich mit den Nationalisten auseinanderzusetzen, und sie wollten lediglich sicherstellen, daß alte Loyalisten wie sie zu gegebener Zeit bei der Schlußabrechnung nicht übergangen würden. Schließlich hatten sie für die Verteidigung des *Raj* ihr Leben eingesetzt (und, könnte man hinzufügen, so ihr Vermögen gemacht). Sie wollten sicher sein, daß beide Errungenschaften auch in Zukunft erhalten blieben.

Gandhi griff die Grundbesitzer an, aber selten verteidigte er die Interessen der armen Bauern. Seit Chauri Chaura war er noch weiter zurückgewichen. Die Zeiten hatten sich geändert. Anfang der zwanziger Jahre hatte er beabsichtigt, den *Raj* herauszufordern und zu Kompromissen zu zwingen. Bedauerlicherweise hatte die Bewegung andere, gefährlichere Richtungen eingeschlagen. Er hatte sie daraufhin gebremst, aber das Ergebnis war eine Niederlage gewesen, und es hatte sechs Jahre gebraucht, um die Bevölkerung erneut zu mobilisieren. Für eine neuerliche Herausforderung des *Raj* war die Einheit des Kongresses von zentraler Bedeutung. Der Schirm, unter dem er sie alle versammelt hatte, durfte keine Löcher haben. Wenn die Bewegung außer Kontrolle geriete und Jawaharlal sich in einer seiner romantischen Anwandlungen an ihre Spitze setzte, dann könnten die Dinge aus der Hand gleiten. So dachte Gandhi. Er wußte, daß die Unterstützung durch Jawaharlal für seine eigene politische Strategie unentbehrlich war. Das war eine Vorstellung, von der er in dieser Zeit besessen war.

Der Kontrast zwischen Nehru und Gandhi, diesen beiden herausragenden Führern der indischen Unabhängigkeitsbewegung, hätte nicht größer sein können. Ersterer war ein kaschmirischer Brahmane, der sich von allen religiösen Zwängen befreit hatte. Letzterer war ein *bania* (Angehöriger einer Kaufmannskaste) aus Gujarat, der nach einer Phase des Zweifelns auf den Pfad der Orthodoxie zurückgekehrt war. Nehru war durch die Erziehung in Harrow und Cambridge geprägt und durch seine langen Aufenthalte in britischen Gefängnissen ernüchtert. Gandhi war viel stärker dem hinduistischen Indien verhaftet, wenngleich seine Politik von seinen Erfahrungen in Südafrika geprägt war. Gandhi betrachtete Religion als entscheidend für das Alltagsleben. Nehru sah in ihr Indiens tödlichsten Feind, der die Saat der Zerstörung in sich trug. Diese Konfrontation zwischen Modernismus und Tradition hätte völlig akademischen Charakter gehabt, wenn die britischen Kolonialherren die Hoffnungen von Karl Marx und John Stuart Mill erfüllt hätten. Sowohl Marx als auch die Utilitaristen glaubten, daß die Briten »Indien erneuern«, die Dörfer umwandeln, neue Kommunikationsweisen etablieren und allgemeine Bildung durchsetzen würden. Die Briten jedoch verzichteten bewußt auf Eingriffe in die ländlichen Gebiete Indiens, da sie damit, wie sie glaubten, nur die Bedingungen für ihre eigene Vertreibung aus dem Lande schaffen würden. In einem Memorandum aus dem Jahre 1834 machte der britische Historiker Lord Macaulay, seinerzeit Beamter in Indien, deutlich, daß Bildung für die Massen nicht in Frage komme. Vorrangiges Ziel sei vielmehr die Schaffung »einer Klasse, die als

Mittler zwischen uns und den von uns regierten Millionen fungieren kann... indisch in Abstammung und Hautfarbe, doch englisch in Geschmack, Anschauung, Moral und Geist«. Und genau dies geschah.

Das politische Indien war lange Zeit auf die drei Städte beschränkt, denen die Briten als erste ihren Stempel aufgedrückt hatten: Kalkutta, Bombay und Madras. Die neuen indischen Mittelklassen dominierten ungeachtet der ihnen auferlegten sozialen und rassischen Apartheid das zivile Leben. In ihnen führten Gemäßigte das Wort – Männer wie der junge Motilal Nehru –, und sie hofften, eines Tages ein gewisses Maß an Selbstregierung zu bekommen, wenn sie nur gemäßigt blieben, nicht so viel wie Australien oder Kanada vielleicht, aber doch wenigstens fünfzig Prozent. Sie waren alle Fünfzigprozentler. Anfangs waren sie von Gandhi verwirrt gewesen. Warum verbrachte er so viel Zeit auf dem Lande, fragten sie sich? Sie konnten ihn noch nicht einmal zu einem Gläschen einladen, geschweige denn als vierten Mann zum Bridge. Ihre Einstellung zu dem Mann, der doch immerhin sein Bestes gab, um ihre Zukunft zu sichern, war von tiefer Verachtung gekennzeichnet. Gegenüber ihren englischen Vorgesetzten machten sie Witze über ihn, und wenn die Engländer die Witze machten, sahen sie zu, daß sie am lautesten lachten. Am Ende erkannten sie Gandhis wahren Wert, und verspätet, halb zögernd, schlossen sie ihn in die Arme. Dann sahen sie sich um und entdeckten in Jawaharlal Nehru ihr neues Schreckgespenst.

Gandhi erklärte, Indien habe genug von Westlertum und westlicher Bildung. Es sei an der Zeit, diesen Einflüssen Einhalt zu gebieten. Er vergaß, daß er selbst die *Gita* und andere heilige Texte zum erstenmal auf englisch gelesen hatte. Nehru hingegen war ein glühender Verfechter universeller Bildung. In seiner Vorstellung sollte jeder Inder Bertrand Russell lesen können. Gandhi forderte eine Rückkehr zum Ramarajya, jenem Paradies auf Erden, das nach Hindu-Glauben einmal existiert hat. Er wollte eine Gesellschaft ohne Maschinen, mit einem nichtindustriellen Dorf als Mittelpunkt. Wie, fragte Jawaharlal, könnte Indien je zu einem primitiven Agrarzustand zurückkehren? Nehru räumte ein, daß eine Industrialisierung nach westlichem Muster verhängnisvoll sein konnte, doch er glaubte fest, daß Indien bei sorgfältig geplanter Entwicklung weit besser dastehen würde als je zuvor.

Nehru verwarf das westliche Modell des Kapitalismus. Damit stand er nicht allein, denn der amerikanische Börsenkrach von 1929 hatte

57

Europa und Amerika erschüttert und zu massiver Arbeitslosigkeit und unglaublicher Not geführt. Nehru wollte eine grundlegende Erneuerung Indiens. Er erkannte, daß der Kampf an zwei Fronten gleichzeitig geführt werden mußte – nicht nur gegen den britischen Imperialismus, sondern auch gegen den Einfluß des indischen Konservativismus. Er war überzeugt, daß Reaktion und Religion Hand in Hand marschierten. Von Hindu-Kommunalisten war er heftig angegriffen worden, weil er den heiligen Schriften keine Beachtung schenkte, Urdu sprach und aus persischen Gedichten zitierte. Jawaharlal war entschlossen, nicht in der Defensive zu bleiben und den Reaktionären keinerlei Zugeständnisse zu machen.

Wann immer Nehru religiöse Naivität oder Irrationalität witterte, reagierte er mit Hohn, Sarkasmus und Verachtung. Als er in jener Zeit einmal Gandhi und seine Frau Kasturbai besuchte, sagte diese angesichts einer bevorstehenden Verhaftung Nehrus teilnahmsvoll: »Gott beschütze dich!« Nehru antwortete höhnisch: »Wo ist *er*, Ba? Er scheint ständig zu schlafen!« Gandhi, der von weitem zugehört hatte, schmunzelte und bedeutete seiner Frau, daß Auseinandersetzungen über dieses Thema sinnlos wären. Jawaharlal sei zu festgelegt in seinem Denken. Über das Thema Industrialisierung jedoch stritt Gandhi mit Nehru. Wenn Nehru die Segnungen des industriellen Fortschritts beschwor, wobei er mit Vorliebe Marx zitierte, kamen von Gandhi Gegenargumente, die von der Zerstörung der Seele handelten. »Mystizismus«, antwortete Nehru. Sie waren sich einig, daß sie verschiedener Meinung waren.

1929 war Motilal Nehru Kongreßpräsident gewesen. Gandhi bestand darauf, daß Jawaharlal für das kommende Jahr die Nachfolge seines Vaters antreten sollte. Seine Motive waren von irgendwelchen dynastischen Erwägungen weit entfernt; vielmehr wollte er Jawaharlal in die Kongreßführung integrieren, weil er auf diese Weise dessen Aktivitäten unter Kontrolle zu halten und dessen Abdriften nach links zu vermeiden hoffte. Jawaharlal nahm das Amt zögernd an und beschloß, eine scharfe Antrittsrede zu halten. Sie ließ Indien aufhorchen und rief in London beträchtliche Unruhe hervor.

Die Sitzung, auf der Nehru seine Rede hielt, fand im Dezember 1929 in Lahore statt. Nehru wurde wie ein Held empfangen. Seine Rede war die radikalste und kompromißloseste, die je ein Präsident des Indischen Nationalkongresses gehalten hatte. Erstmals forderte er, der Kongreß müsse die völlige Unabhängigkeit Indiens anstreben. Selbst die Delegierten waren verblüfft. War Jawaharlal zu weit gegangen? Alles blickte gespannt auf Gandhi. Er bekräftigte, daß dies in der Tat die neue Linie des Kongresses sei: kein Gerede mehr von Reformen oder Selbstregierung, sondern Kampf für die völlige Unabhängigkeit. Doch Gandhi war nicht bereit, sich dem sozialen Inhalt der Rede Nehrus anzuschließen;, der hatte es nämlich nicht dabei bewenden lassen, nach Unabhängigkeit zu rufen, sondern er hatte den Delegierten eine Lektion über die Notwendigkeit erteilt, Armut und Klassenunterschiede zu beseitigen, hatte für Arbeiterkontrollen in der Industrie plädiert und für die Übereignung des Bodens an die, die ihn bebauen. »Ich bin Sozialist und Republikaner«, hatte er in seiner ruhigen, aber festen Art erklärt, »und glaube nicht an Könige oder Fürsten oder an die Ordnung, die die modernen Könige der Industrie hervorbringt, die über Leben und Schicksal der Menschen sogar noch größere Macht besitzen als die Könige von ehedem, und deren Methoden ebenso räuberisch sind wie die der alten Feudalaristokratie.«

Sodann erläuterte er seine Einstellung zur Gewaltlosigkeit, und auch hier war der Kontrast zu Gandhi deutlich: »Der Kongreß verfügt weder über die Mittel noch über die Eignung für organisierte Gewalt, individuelle und sporadische Gewalt aber ist ein Eingeständnis von Verzweiflung ... Doch wenn dieser Kongreß oder die Nation zu irgendeinem künftigen Zeitpunkt zu dem Schluß kommen, daß Methoden der Gewalt uns von der Sklaverei befreien werden, dann zweifle ich nicht, daß ich sie anwenden werde. Gewalt ist schlecht, aber Sklaverei ist weit schlimmer.«[10]

Nachdem die Delegierten ihren ersten Schock überwunden hatten, applaudierten sie lange. Am 31. Dezember 1929 um Mitternacht beschloß der Indische Nationalkongreß einstimmig, für vollständige Unabhängigkeit zu kämpfen. Viele Jahre später, als Nehru zum letztenmal in seinem Leben Lahore besuchte (es war inzwischen eine pakistanische Stadt), erinnerte er sich vor Journalisten nicht ohne Bewegung an den Kongreß von 1929. »Wenn wir in jenem Jahr auch noch nicht die Unabhängigkeit erlangten«, erklärte er, »so wurden doch unsere Herzen frei.«

Der Kongreß beschloß des weiteren, den 26. Januar zum Unabhängigkeitstag zu erklären, und rief die Bevölkerung ganz Indiens dazu auf, sich zum Kampf für die Unabhängigkeit zu verpflichten. Im Einklang damit forderte Motilal Nehru alle Kongreßmitglieder auf, die britisch gesteuerte Gesetzgebende Versammlung und die Provinzialräte zu verlassen.

Nach dem Triumph in Lahore kehrten die Nehrus in das heimatliche Allahabad zurück. Hier besuchte Jawaharlal das jährlich statt findende Hindufest Magh Mela und schaute den Tausenden von Andächtigen zu, die sich auf dem Weg zum heiligen Fluß Ganges befanden. Der Anblick gefiel ihm nicht sonderlich.

> Wie erstaunlich mächtig war doch jener Glaube, der sie und ihre Vorfahren seit Jahrtausenden aus jedem Winkel Indiens herbeigeführt hatte, um im heiligen Ganges zu baden! Konnten sie nicht etwas von dieser ungeheuren Energie politischem und wirtschaftlichem Handeln zuwenden, um ihr eigenes Los zu verbessern? Oder war ihr Geist zu erfüllt von Überlieferungen und eingespannt in ihre Religion, als daß dort Platz für andere Überlegungen gewesen wäre? Ich wußte natürlich, daß Gedanken dieser Art, die an die gemächliche Stille von Jahrhunderten rührten, schon in ihren Köpfen lebendig waren.[11]

Eine neue Welle von zivilem Ungehorsam wurde von Gandhi persönlich eingeleitet. Er beschloß, dem Salzgesetz zu trotzen, welches das britische Monopol auf die Salzherstellung schützte. Am 11. März 1930 ging er in Dandi am Indischen Ozean an den Strand und holte in einer symbolischen Handlung unter den Augen Tausender von Bauern eine winzige Menge Salz. Das gab den Bauern grünes Licht, das Salz in den Geschäften zu boykottieren und es in eigener Regie herzustellen. Nehru drängte, es damit nicht genug sein zu lassen und die Aktionen auszuweiten. Vizekönig Lord Irwin ließ Massenverhaftungen vornehmen. In den ersten vier Apriltagen sprach Jawaharlal Nehru vor 22 Versammlungen, an denen fast eine Viertelmillion Menschen teilnahm. Was jetzt stattfinde, verkündete er, sei ein nationaler Befreiungskampf, und »wer nicht für uns ist, ist ein Rebell gegen sein eigenes Land«. Seine Mutter, seine Frau und seine beiden Schwestern beschlossen, sich der Bewegung in Allahabad anzuschließen, und Kamala entwickelte ein Organisationstalent, das ihren Gatten in Erstaunen versetzte.

Am 14. April 1930 wurde Nehru erneut verhaftet, in das Gefängnis von Naini eingeliefert und wegen Übertretung des Salzgesetzes zu sechs Monaten Haft verurteilt. Die Bewegung hatte sich inzwischen auf das ganze Land ausgebreitet. In Peshawar an der afghanischen Grenze ging die Polizei mit Maschinengewehren gegen Demonstranten vor; in Bombay gab es massive Streiks und riesige Demonstrationen; in Kalkutta überfiel die Polizei die »illegalen« Salzfabriken; in beinahe jedem Dorf gab es Äußerungen des Volkszorns gegen die Briten.

Irwin, der britische Vizekönig, war ein tiefreligiöser Mann. Den Journalisten erzählte er, daß er, bevor er den Arbeitsausschuß des Kongresses für illegal erklärt habe, Gott um Hilfe gebeten hätte. Gandhi, der ebenfalls mit dem Höchsten Wesen in Verbindung stand, kommentierte gequält: »Wie bedauerlich, daß Gott ihm einen so schlechten Rat gegeben hat.« Gandhi selbst wurde am 5. Mai verhaftet. Nach Rücksprache mit seinem im Gefängnis einsitzenden Sohn vermachte Motilal sein Haus Anand Bhavan dem Indischen Nationalkongreß und tauft es »Swaraj Bhavan« (Unabhängigkeitshaus) um. In der Folgezeit diente es als Hospital für während der Ungehorsamkeitskampagnen verletzte Kongreßanhänger. Motilal kaufte ein kleineres Haus in der Nachbarschaft, das neue Anand Bhavan. Am 30. Juni wurde auch er verhaftet, und so waren Gandhi und beide Nehrus, gemeinsam mit praktisch der ganzen Kongreßführung auf nationaler und Provinzebene, wieder einmal aus dem Verkehr gezogen.

Im Gefängnis war es feucht und kühl. Die Regenzeit hatte begonnen, und Motilals Asthma wurde schlimmer; an manchen Tagen konnte er kaum noch atmen. Sein Sohn kümmerte sich um ihn, so weit es die Umstände zuließen. Motilal hätte durchaus im Gefängnis sterben können, doch das unverminderte Fortdauern der Bewegung draußen machte es dem *Raj* immer schwieriger, ihn im Gefängnis festzuhalten. Über indische Vermittler nahm Lord Irwin daher Kontakt mit Gandhi und den Nehrus auf, und Jawaharlal erklärte sich auf Drängen Gandhis unter der Bedingung zu Gesprächen bereit, daß das Recht Indiens, sich vom Empire loszusagen, grundsätzlich anerkannt werde. Der Kongreß willigte ein, die Bewegung zu suspendieren, wenn alle politischen Gefangenen entlassen und alle Verfügungen des Vizekönigs zurückgezogen würden. Die Gespräche fanden bald ein Ende.

Motilals Befinden verschlechterte sich weiter, weshalb er am 8. September entlassen wurde. Am 14. Oktober ließ man Jawaharlal frei. Er kehrte nach Allahabad zurück und fand Kamala allein vor; der Rest der Familie hatte Motilal zur Genesung nach Massuri begleitet. Kamala, die Jawaharlal zum erstenmal seit Monaten sah, schloß ihn weinend in die Arme. Sie liebte ihren Mann sehr. Doch schon am nächsten Tag war Nehru wieder unterwegs zu einer Bauernversammlung und dann zu seinem Vater nach Massuri. Diesmal vergoß seine Mutter Freudentränen. Die Familie war lange nicht vereint gewesen. Endlich einmal hatte Jawaharlal Zeit für seine nun schon bald dreizehnjährige Tochter; den Abend verbrachte er bei einem langen und vertrauten Gespräch mit Motilal. Vater und Sohn standen sich jetzt außerordentlich nahe; sie sprachen über Familienangelegenheiten, persönliche Dinge, Politik und die Zukunft. Es sollte die letzte Gelegenheit zu einer solchen Begegnung sein.

Von Massuri kehrte Jawaharlal nach Allahabad zurück, um an einer Bauernkonferenz teilzunehmen. Bei seiner Ankunft wurde ihm eine amtliche Mitteilung ausgehändigt, die ihm das Reden in der Öffentlichkcit untersagte. Er ignorierte sie. Am 19. Oktober sprach er zu den Bauern und legte ihnen nahe, alle Pacht- und Steuerzahlungen einzustellen. Als er mit Kamala auf dem Heimweg war, wurde er erneut verhaftet und diesmal zu zwei Jahren Einzelhaft verurteilt. Die Anklage lautete »Anstachelung zum Aufruhr«. Am 14. November, seinem einundvierzigsten Geburtstag, gab es in ganz Indien Versammlungen, auf denen seine Entlassung gefordert wurde. Während dieser Zeit schrieb Nehru seine berühmten Briefe aus dem Gefängnis an seine Tochter. Am Neujahrstag 1931 erfuhr er, daß auch Kamala verhaftet worden war und erklärt hatte, sie sei stolz, in die Fußstapfen ihres Mannes zu treten. Am 26. Januar begingen die indischen Nationalisten den ersten Jahrestag des Unabhängigkeitstages, und Versammlungen im ganzen Land gelobten, den Kampf bis zum Ende fortzuführen.

Da London fürchtete, die Situation könnte außer Kontrolle geraten, beschloß man, jeden nur möglichen Druck auszuüben, um zu neuen Gesprächen zu kommen. Es erging die Weisung, die Kongreßführer zu entlassen. Jawaharlal kehrte nach Hause zurück und fand seinen Vater auf dem Sterbebett. Gegen seinen Willen wurde Motilal in ein Krankenhaus in Lakhnau gebracht, wo er am 5. Februar 1931 starb. Seine Leiche wurde in die Kongreßfahne gewickelt und am Ufer des Ganges auf einem Scheiterhaufen aus Sandelholz aufgebahrt; Jawaharlal erhob die Fackel und setzte den Holzstoß in Brand.

Motilals Tod war nicht unerwartet gekommen; gleichwohl bedeutete er für Jawaharlal einen schweren Schlag. Im Laufe der Zeit waren sich Vater und Sohn persönlich wie politisch immer näher gekommen. Jawaharlals wachsendes Ansehen war für Motilal eine große Genugtuung gewesen. In seinen letzten Jahren mochte er keine Kritik an seinem Sohn hören, auch wenn er selbst nicht immer einer Meinung mit ihm war. Ihre Beziehung hatte sich im Laufe der Jahre allmählich, aber doch wahrnehmbar verändert. Das autoritäre Element war verschwunden. Vater und Sohn waren Freunde geworden. Motilals Tod hinterließ eine Lücke, die kein anderer füllen konnte.

Der nächste Schlag folgte bald. Gandhi hatte sich auf Verhandlungen mit dem Vizekönig eingelassen, die am 17. Februar 1931 in Delhi stattfanden. Außerdem hatte er sich bereit erklärt, als einziger Repräsentant des Kongresses nach London zu gehen und über die Unabhängigkeit zu verhandeln, ohne für den Kongreß irgendeine Gegenleistung zu fordern. Jawaharlal war ärgerlich und niedergeschlagen. Für ihn kam Gandhis Entscheidung einem Verrat an all denen gleich, die sich ein ganzes Jahr lang aufopferungsvoll für die Sache des Kongresses eingesetzt hatten. Als der Kongreß in Karachi Gandhis Entscheidung billigte, hielt Jawaharlal die Zeit für gekommen, mit seiner Familie Urlaub zu machen. Gemeinsam führen die Nehrus nach Ceylon, um sich einmal richtig auszuruhen; doch Jawaharlal war rastlos. Unablässig diskutierte er in Gedanken mit Gandhi. Eine Auseinandersetzung mit dem alten Fuchs schien ihm jetzt unvermeidlich. Er hielt ihn für politisch rückständig und in seiner Handlungsweise zu eigenmächtig.

Nehru kehrte nach Indien zurück, Gandhi begab sich zur Konferenz am Runden Tisch nach London. Die Unruhen hatten nicht aufgehört, besonders auf dem Lande, und Gandhis Entscheidung, Verhandlungen aufzunehmen, hatte in Bengalen eine Welle des Terrors ausgelöst. Die Behörden gingen weiter mit aller Härte gegen die Bauernunruhen vor. Hunderte von Pächtern wurden von ihrem Land vertrieben, weil sie keine Steuern gezahlt hatten. Am 16. Oktober schickte man Gandhi ein Telegramm nach London, um ihn von der kritischen Lage in den Vereinigten Provinzen in Kenntnis zu setzen; lapidar antwortete dieser, er sei machtlos und empfehle dem Kongreß, die erforderlichen Maßnahmen zu ergreifen.

Im Dezember 1931 kehrte Gandhi mit leeren Händen aus London zurück. In vielen Teilen Indiens gab es noch immer Unruhen, und die Briten sorgten sich, daß Gandhis Anwesenheit neuen Aufruhr auslösen könnte. Nehrus Bewegungsfreiheit würde per Verfügung auf Allahabad beschränkt. Er weigerte sich, dieser Anordnung Folge zu leisten, und bestieg einen Zug nach Bombay, um an einem Treffen des Arbeitsausschusses teilzunehmen. Der Zug wurde angehalten, Nehru zusammen mit anderen Kongreßführern verhaftet. Gandhi ersuchte den Vizekönig um eine Zusammenkunft, um über die Krise zu beraten. Das Ersuchen wurde abgelehnt. Der Kongreß rief jetzt zur Wiederaufnahme des zivilen Ungehorsams auf, doch das Echo hielt sich in Grenzen. Nehru wurde vor Gericht gestellt und zu zwei Jahren Gefängnis verurteilt. Es folgten Massenverhaftungen, in deren Verlauf auch Gandhi und Vallabhbhai Patel, ein Führer der Kongreßrechten, sowie Nehrus beide Schwestern festgenommen wurden; Nehrus Haus und Auto wurden beschlagnahmt.

Im Gefängnis hatte Jawaharlal eine Hauptbeschäftigung: Lesen. Die Haft sei, schrieb er, »die beste Universität, wenn man das Angebot zu nutzen weiß«. In seinem neuen Quartier in Dehra Dun hatte er wieder einmal Ausblick auf das, was Oscar Wilde »das kleine Zelt von Blau, das der Gefang'ne Himmel nennt« genannt hatte. Dessen »Ballade vom Zuchthaus zu Reading« war zu einem von Jawaharlals Lieblingsgedichten geworden. Über derartiger Lektüre geriet er selbst in lyrische Stimmung. Im Rückblick schrieb er:

> Bei näherer Bekanntschaft ist der Mond, der mir im Gefängnis stets ein treuer Gefährte war, freundlicher geworden; er erinnert mich an die Lieblichkeit dieser Welt, an das Auf und Ab des Lebens, an das Licht, dem die Finsternis weicht, und daran, daß Tod und Auferstehung einander in endlosem Wechsel folgen. Ich habe ihn, den stets Wechselnden und doch immer Gleichen, in seinen verschiedenen Phasen und seinen vielen Stimmungen beobachtet, am Abend, wenn die Schatten länger werden, in den stillen Nachtstunden und früh, wenn der Hauch und das Flüstern der Morgendämmerung den kommenden Tag ankünden.[12]

Doch die täglichen Nachrichten von draußen konfrontierten ihn immer wieder mit der unerbittlichen Realität. Er hörte von immer neuen Zwischenfällen, die sich jedoch ohne jede Koordination ereigneten. Wieder einmal verzweifelte er an seiner eigenen Partei. Im April 1932 erhielt er eine Mitteilung aus Allahabad, die ihn zutiefst beunruhigte. In der Stadt hatte eine Gedenkwoche für die Märtyrer von Jallianwala Bagh stattgefunden, an der sich die Frauen seiner Familie beteiligt hatten. An der Spitze einer illegalen Demonstration war eine gebrechliche alte Frau in einem weißen Baumwollsari geschritten. Sie war von der Polizei mit Gummiknüppeln traktiert worden und hatte mehrere Schläge auf den Kopf erhalten, bis ein Polizeibeamter sie erkannt, vom Boden aufgehoben, in ein Auto gesetzt und nach Hause gefahren hatte. Die Frau war Swaruprani.

Tagelang saß Jawaharlal in seiner Zelle, ohne etwas über das weitere Schicksal seiner Mutter zu erfahren. Als sie ihn schließlich im Gefängnis besuchte, wich seine Erleichterung schnell einem Gefühl der Empörung, als er ihren verbundenden Kopf sah. Der Vorfall weckte in ihm neuerlich ernste Zweifel an Gandhis Politik der Gewaltlosigkeit.

Als mir die Nachrichten von all diesen Vorgängen... zu Ohren kamen, war ich von dem Gedanken an meine gebrechliche alte Mutter, die blutend auf der staubigen Straße gelegen hatte, besessen, und ich fragte mich, wie ich mich benommen hätte, wenn ich Zeuge gewesen wäre. Wie weit hätte mich meine »Gewaltlosigkeit« im Zügel gehalten? Nicht sehr weit, fürchte ich, denn der Anblick hätte mich die lange Lektion vergessen lassen, die ich seit mehr als einem Dutzend von Jahren zu lernen versucht hatte, und ich würde mich wenig um die persönlichen und nationalen Folgen gekümmert haben.[13]

Ganz allgemein stand Jawaharlal in dieser Gefängniszeit der Kongreßstrategie kritischer gegenüber als je zuvor. Nach seiner Ansicht war eine neue Stufe der Auseinandersetzung erreicht, die eine Abkehr von dem Verfahren, abwechselnd Druck auszuüben und Kompromisse einzugehen, erforderlich machte. Nunmehr bedurfte es eines permanenten und zunehmenden Drucks bis zum schließlichen Sieg. Daß es Gandhi nicht gelungen war, in London irgend etwas Nennenswertes zu erreichen, bestärkte Nehru in seiner Auffassung.

Am 30. August 1933 wurde Nehru aus dem Gefängnis entlassen. Er fuhr direkt nach Puna, wo sich Gandhi aufhielt. Die beiden Männer sprachen mehrere Stunden miteinander, und Nehru äußerte offen seine Sorgen und Befürchtungen. Wenn die Leute nicht wüßten, wofür sie kämpfen, würden sie müde werden, erklärte er Gandhi. Der Kongreß müsse seine Absicht erklären, im freien Indien alle Klassenprivilegien abzuschaffen. Der alte Mann versuchte, ihn zu beruhigen. »Warum so weit vorpreschen?« fragte er. »Mir genügt es, in jedem gegebenen Augenblick einen richtigen Schritt zu tun. « Er wußte, daß die Regierung in London ein Weißbuch über Indien veröffentlicht hatte, das eine größere Autonomie auf Provinzebene empfahl. Nehru hatte die ganze Angelegenheit entschieden zurückgewiesen, aber Gandhi hielt sich mit seinem Urteil noch zurück.

Mit größter Aufmerksamkeit verfolgte Nehru stets die Ereignisse in der übrigen Welt. Mit Abscheu und Sorge beobachtete er die steigende Flut des Faschismus in Europa und die Unfähigkeit der westlichen Politiker, Mussolini, Hitler und Franco Widerstand entgegenzusetzen. Diese Entwicklung bestärkte seine sozialistische Orientierung und trug dazu bei, daß die Zeit zwischen 1932 und 1936 die radikalste Periode seiner politischen Karriere war.

Für die Briten war es ein Glücksfall, daß die indische Kommunistische Partei total von Moskau abhängig war und jede dort vollzogene Kehrtwendung mitmachte. In Moskau hatte man sich noch immer nicht entscheiden können, ob der Indische Nationalkongreß eine antiimperialistische Organisation war, ob die indische Bourgeoisie zum Widerstand gegen England fühig war und ob man an der Seite der nationalen Bewegung kämpfen sollte oder hinter ihrem Rücken. Hätten die indischen Kommunisten Ende der zwanziger und in den dreißiger Jahren eine konsequentere und unabhängigere Politik verfolgt, so wäre damals ein Zusammengehen mit dem Kongreß durchaus möglich gewesen. Nehru stand in dieser Phase dem Marxismus sehr nahe, nicht allerdings dessen Moskauer Variante. Es war die Zeit der Stalinisierung der UdSSR und der kommunistischen Weltbewegung, auf deren Auswüchse Nehru mit zunehmenden Vorbehalten reagierte. Ihm mißfielen die damals in der UdSSR durchgesetzten Reglementierungen des täglichen Lebens, das Fehlen persönlicher und kultureller Freiheiten, der halbreligiöse Charakter des Dogmatismus, dem sich die Komintern verschrieben hatte, und die Unfähigkeit der indischen Kommunisten zu unabhängigem Denken. Vielen einzelnen Kommunisten stand er nahe, an ihrer Aufrichtigkeit hatte er keinen Zweifel. Die Gespräche und Diskussionen mit ihnen liebte er, doch ihre kollektive Stimme konnte ihn nicht überzeugen – nicht weil sie gelegentlich zu schrill war, sondern weil sie zu stark von der Stimmung im Kreml abhing. So hatte er selbst in seiner radikalsten politischen Phase nie viel für die einheimische Kommunistische Partei übrig.

1933 schrieb Nehru eine Broschüre mit dem Titel »Whither India?« (Wohin steuert Indien?). Seine Antwort war klar: »Sicherlich zu dem großen Menschheitsziel sozialer und ökonomischer Gleichheit, zur Beendigung aller Ausbeutung einer Nation und einer Klasse durch die andere, zu nationaler Freiheit im Rahmen einer internationalen kooperativen sozialistischen Weltförderation.«[14] Was jedoch die britischen Behörden vorschlugen, war etwas völlig anderes, von Nehrus Träumen, Hoffnungen und Wünschen durch Welten getrennt. 1935 verabschiedete das britische Parlament den Government of India Act, der den Prozeß der Selbstregierung einleiten sollte. Diese neue Verfassung gewährte den Indern eine durch Wahlen legitimierte Regierungsbildung auf Provinzebene, mit Ausnahme der Fürstenstaaten. Die Zentralgewalt würde fest in britischer Hand bleiben. Geboten wurde also eine recht ungleiche Teilung der Macht. Gandhi war für unverzügliche Annahme, Jawaharlal für sofortige Ablehnung. Hierüber konnte es zwischen ihnen keinen Kompromiß geben. »Die föderative Struktur«, kommentierte Nehru, »war so angelegt, daß jeder wirkliche Fortschritt unmöglich wurde und für die Repräsentanten des indischen Volkes kein Schlupfloch blieb, um in das System der von den Briten kontrollierten Verwaltung einzugreifen oder es zu modifizieren. Irgendein Wandel oder eine Lockerung dieses Zustandes konnte allein durch das britische Parlament erfolgen. «[15] Kurz, die Souveränität liege außerhalb Indiens, und aus diesem Grunde sei der India Act von 1935 unannehmbar. Der Kongreß habe nur eine Option: den totalen Boykott.

Nehrus Position wurde von der Kongreßlinken unterstützt, doch inzwischen saß er wieder im Gefängnis und war nicht in der Lage, wirksam für seine Anschauungen zu kämpfen. Er wurde nur entlassen, weil Kamala erneut erkrankt war und Nehru die Erlaubnis erhielt, sie im Sanatorium in Deutschland zu besuchen. Sie war zusammen mit Indira, die in England studieren sollte, nach Europa aufgebrochen. Unmittelbar nach seiner Entlassung eilte Jawaharlal ihnen nach. Er erschrak, als er Kamala sah. Es gab wenig Hoffnung. Sie lag offensichtlich im Sterben. Doch sie wollte auf keinen Fall, daß die beiden bei ihr blieben. Sie drängte Jawaharlal, sich in England einen Verleger für sein im Gefängnis geschriebenes Buch *An Autobiography* (»Indiens Weg zur Freiheit«) zu suchen und Indira auf einer Universität unterzubringen; diesmal folgte er ihrem Wunsch. Indira fand zunächst einen Platz in der Badminton School in Bristol; später wechselte sie ans Somerville College in Oxford. Bodley Head erklärte sich bereit, Nehrus Autobiographie herauszubringen. Das Buch brachte es im ersten Jahr auf zehn Auflagen und später auf ein Dutzend weitere. Zur gleichen Zeit, als es in Druck ging, im Februar 1936, starb Kamala. Nachdem sie in der Autobiographie kaum Erwähnung gefunden hatte, schrieb Nehru in einem späteren Buch einen Nachruf auf sie:

Sie verlor niemals ihr mädchenhaftes Aussehen, doch als sie zur Frau heranreifte, gewannen ihre Augen eine Tiefe und ein Feuer, die den Eindruck von Teichen machten, unter deren stiller Oberfläche ein Sturm rast ... Ihrem ganzen Wesen nach blieb sie ein indisches Mädchen, genauer gesagt, ein Mädchen aus Kaschmir, feinfühlig und stolz, kindlich und erwachsen, närrisch und weise. Gegenüber Leuten, die sie nicht kannte oder nicht mochte, war sie zurückhaltend, aber wenn sie unter Menschen war, die sie kannte und gern hatte, sprudelte sie geradezu über vor Fröhlichkeit und Offenheit. Ihr Urteil war schnell, wenn auch nicht immer gerecht oder richtig, und sie hielt an ihren instinktiven Ab- und Zuneigungen fest. Sie kannte keine Hinterhältigkeit. Wenn ihr ein Mensch mißfiel, merkte man es gleich; sie versuchte auch gar nicht, es zu verbergen.[16]

In London erhielt Nehru die Nachricht, daß er für 1936 als Kongreßpräsident nominiert worden war. Die Wahl sollte im April in Lakhnau stattfinden. Subhash Chandra Bose, ein äußerst populärer bengalischer Führer der Kongreßlinken, warnte ihn, man wolle mit seiner Hilfe die Kongreßrechte in Indien hoffähig machen; statt dessen solle er sich für den Boykott des India Act einsetzen und dem Kongreß eine neue Richtung weisen. Allgemein wurde gemunkelt, Gandhi wolle Nehru mit dem Präsidentenposten in die Zucht nehmen, um die Kobra Sozialismus zu töten. Jawaharlal wußte von diesem Gerede. Entschlossen vertrat er seine Alternative zum neuen India Act. Was Indien brauche, sei keine Teilung der Macht, sondern eine vom *ganzen* indischen Volk gewählte verfassunggebende Versammlung. Die Annahme des India Act bedeute eine langfristige Kollaboration mit dem Imperialismus. Eine verfassunggebende Versammlung hingegen bedeute den Kampf gegen die Engländer für Freiheit und Demokratie. Es sei an der Zeit, alle Kompromisse zu verwerfen. Die Selbstregierung sei natürlich nichts, was die Briten den Indern auf dem silbernen Tablett reichen würden. Sie ließe sich nur verwirklichen, wenn der Kongreß bereit sei zu kämpfen und die Bevölkerung für dieses Ziel zu mobilisieren. Erst wenn die Briten mit einer »zumindest halbrevolutionären Situation« konfrontiert wären, würde Indien seine eigene, souveräne Versammlung erhalten. Gandhi und die Kongreßrechte waren von dieser Argumentation nicht überzeugt. Um ihr Nachdruck zu verleihen, sprach Nehru sogar öffentlich von Spaltung, obwohl ihm die Einheit der Bewegung zutiefst am Herzen lag.

Auf der Kongreßtagung in Lakhnau legte er in einer kraftvollen

Rede seine Beurteilung der Situation dar; soweit es um seine sozialistischen Positionen ging, sollte es sein Schwanengesang werden.

Ich bin überzeugt, daß der einzige Schlüssel zur Lösung der Weltprobleme und der Probleme Indiens im Sozialismus liegt, und wenn ich dieses Wort gebrauche, tue ich das nicht in einem vagen humanitären, sondern im wissenschaftlichen, ökonomischen Sinne. Der Sozialismus ist jedoch mehr als eine ökonomische Lehre; er ist eine Lebensphilosophie, und er sagt mir auch als solche zu. Ich sehe keinen anderen Weg zur Beendigung der Armut, der großen Arbeitslosigkeit, der Erniedrigung und der Unterdrückung des indischen Volkes als den Sozialismus. Das bedeutet große und revolutionäre Veränderungen in unserer politischen und sozialen Struktur sowie die Abschaffung althergebrachter Privilegien in Landwirtschaft und Industrie und des feudalen und autokratischen indischen Staatensystems.[17]

Im Anschluß an diese Rede brachte Jawaharlal zwei Resolutionen ein, von denen die erste den India Act von 1935 ablehnte und die zweite den kollektiven Anschluß von Arbeiter- und Bauernorganisationen an den Indischen Nationalkongreß verlangte. Beide Resolutionen wurden mit deutlicher Mehrheit abgelehnt. Jawaharlal schmollte. Gandhi versuchte ihn aufzurichten, redete auf ihn ein, schmeichelte ihm und stellte ihn schließlich vor die Alternative, die Bewegung zu spalten oder eine Vernunftehe mit der Kongreßrechten einzugehen. Viele Kongreßsozialisten verließen bitter enttäuscht die Partei. Jawaharlal entschied sich, daß die Einheit der Bewegung nicht angetastet werden dürfe, womit er sich in die Abhängigkeit von Männern begab, mit denen er grundlegende Meinungsverschiedenheiten hatte.

Bis jetzt war Nehru ein stolzer und unbeirrbarer Verfechter des Sozialismus gewesen. Er hatte zu Millionen gesprochen und die Kunst der Kommunikation mit Zuhörermassen vervollkommnet. Einmal hatte er sein Publikum, eine Bauernversammlung, aufgefordert, selbst zu denken. Sie hatten gerufen *Bharat Mata ki jai* (»Sieg für Mutter Indien«). Jawaharlal hatte um Ruhe gebeten. Es wurde still. Dann fragte er sie: »Wer ist Mutter Indien? Was bedeutet das für euch?« Zuerst waren sie sprachlos. Waren sie nicht gekommen, um ihren Führern zuzuhören und zu applaudieren? Nun sollten plötzlich *sie* reden. Nehru bestand auf einer Antwort, und da berührten einige aus der großen Bauernmenge die Erde, auf der sie saßen, und murmelten: »Hier ist sie. Das ist Mutter Indien!« Nehru hörte sich ihre Antwort eine Weile an. Dann unterbrach er sie und sagte: »Nein, ihr irrt. Nicht die Erde ist Mutter Indien. *Ihr* seid es, ihr alle gemeinsam, *ihr* seid Indien.« Langanhaltend hatten sie ihm Beifall gespendet.[18]

Ja, an jenem Tag hatte er fast den Himmel erstürmt. Er hatte Tausenden von Kongreßaktivisten auseinandergesetzt, daß es zwischen Imperialismus und Unabhängigkeit, zwischen Kapitalismus und Sozialismus keine Zwischenstaion gebe; daß weder im Himmel noch auf Erden ein Gott existiere; und daß der Kommunalismus, ob auf seiten der Hindus oder der Moslems, ein Übel sei, das von böswilligen Menschen ausgenutzt werde. Er hatte Marx gegen Gandhi verteidigt und Gandhi gegen den *Raj*. Nun, da Indien am Scheidewege stand, gab er seinen Kreuzzug auf und akzeptierte die Führerschaft Gandhis, gegenüber dem man Zweifel anmelden konnte, dem man sich aber schließlich beugen mußte.

In einem Brief aus dem Gefängnis von Naini an seine jüngste Schwester Krishna Hutheesing hatte Jawaharlal 1930 seine Zukunftsvision beschrieben. In Gedanken, so schrieb er, beschäftige er sich viel mit »einer magischen Stadt voller Traumschlösser, blühender Gärten und plätschernder Bäche, in der Schönheit und Glück wohnen und wo die Übel, an denen diese bejammernswerte Welt leidet, keinen Zutritt finden.« Nur so könne das Alltagsleben der Menschen »zu einem langen und glücklichen Streben, einem unaufhörlichen Abenteuer werden, um die magische Stadt aufzubauen und alles, was um uns an Häßlichkeit und Elend ist, zu vertreiben.«[19] Auf dem Kongreß von Lakhnau fand dieser Traum ein Ende.

Nehru reiste erneut nach London. Bei seinen dortigen Freunden traf er Krishna Menon, einen jungen südindischen Radikalen und Begründer der Indien-Liga, der ihn in lange Gespräche über den spanischen Bürgerkrieg verwickelte. Schließlich flog Nehru nach Barcelona, um sich vor Ort ein Bild von den Kämpfen zu machen. Nach seiner Rückkehr sprach er im Hyde Park über die Lage in Spanien. Michael Foot, damals ein junger Sozialist, erinnerte sich später, wie Krishna Menon ihn einmal mitnahm, um Nehru zu hören. Er sei, so Foot, sehr »nüchtern und warmherzig, überaus wirkungsvoll und ohne eine Spur von Demagogie« aufgetreten.[20] Nehru verachtete die Appeasementpolitiker in London. Im Gegensatz zu ihnen würde er den Faschisten nicht einmal den kleinen Finger gereicht haben.

Mussolini und Hitler wollten ihn beide treffen, doch er lehnte schroff, ja verächtlich ab. Wenige Jahre zuvor hatte Winston Churchill, der große Feind der indischen Unabhängigkeit, damals ein konservativer Hinterbänkler im Parlament, gegenüber italienischen Journalisten geprahlt: »Wenn ich Italiener gewesen wäre, wäre ich sicherlich mit ganzem Herzen von Anfang bis Ende bei Ihrem triumphalen Kampf gegen die Raubtiergelüste des Leninismus dabeigewesen.«[21]

Nehru stimmte diese Reise nach Europa nachdenklich und traurig. Er sah die Lichter ausgehen und am Horizont einen neuen Krieg aufziehen. In Stalins Rußland tobte eine erbarmungslose Säuberungswelle. Europa schien in Finsternis zu versinken. Unterschwellig bestärkten ihn diese düsteren Aussichten in seinem Entschluß, nicht mit Gandhi zu brechen. Er hatte einfach nicht die Zuversicht, einen von Moskau, von Gandhi und praktisch von allen anderen unabhängigen Sozialismus aufzubauen. Die Einheit schien wichtiger als je zuvor.

Er kehrte nach Hause zurück, um sich am Wahlkampf für die ersten Wahlen zu beteiligen, die nach den Bestimmungen des neuen India Act abgehalten wurden. Eine offen kommunalistische Organisation, die Moslemliga, hatte die Arena betreten. Sie erhob den Anspruch, die Moslembevölkerung Indiens zu repräsentieren, und obwohl Nehru diesen Anspruch ziemlich arrogant zurückwies, waren die Tatsachen da und ließen sich nicht einfach wegzaubern. Der Kommunalismus entwickelte sich in der indischen Politik allmählich zu einem maßgeblichen Faktor. Daß er häßlich war, war unbestreitbar. Daß man ihm im Namen weltlicher und rationaler Werte Widerstand leisten mußte, war kristallklar. Die Frage war jedoch, wo diese Entwicklung herrührte. Nehru und die meisten Mitglieder der Kongreßführung hatten eine Antwort: Sie war Resultat der von den Briten verfolgten Strategie des »teile und herrsche«. Sie erinnerte an die Teilung Bengalens durch Curzon. Dem vereinten Indien war es seinerzeit gelungen, diese Anomalie rückgängig zu machen; so würde es wieder sein. Diese Antwort war bequem und einfach zudem, aber nicht völlig befriedigend. Natürlich machten sich die Briten die kommunalen Polarisierungen zunutze und schürten sie sogar, doch ihre Wurzeln lagen tiefer.

Der Virus des Kommunalismus war nicht der Böswilligkeit irgendeines einzelnen zuzuschreiben. Mahatma Gandhis Verurteilung von Zusammenstößen zwischen Hindus und Moslems kam aus tiefstem Herzen, und er brachte sie in aller Deutlichkeit zum Ausdruck. Religiöse Polarisierungen waren ihm zuwider. Auch Mohammed Ali

Jinnah, Oberhaupt der Moslemliga, war kein religiöser, sondern ein weltlicher Führer; manche hielten ihn gar für einen Agnostiker. Für ihn war der Islam eine nützliche Waffe, mit der er seinen Anhängern eine unabhängige politische Basis verschaffen konnte, denn er war überzeugt, daß sie vom Kongreß niemals angemessen berücksichtigt werden würden. Die Probleme lagen nicht auf der Ebene der Personen, sondern bei der Orientierung des Kongresses nach der Tagung in Lakhnau 1936. Hindus verschiedener Kasten, Konfessionen und Klassen bildeten in Indien die überwältigende Mehrheit. Ihre religiösen Führer erklärten offen, Mehrheitsherrschaft bedeute Hinduherrschaft, etwas, das es auf dem Subkontinent seit Jahrhunderten nicht gegeben hatte. Allein Jawaharlals Ansatz, der von Gandhi und der Kongreßmehrheit verworfen wurde, war geeignet, kommunalem Druck zu widerstehen und die Basis für einen überkonfessionellen Nationalismus zu schaffen. Nehru hatte betont, daß Klassenunterschiede von zentraler Bedeutung seien, daß Hindus und Moslems der gleichen sozialen Schicht identische Interessen gegen Hindus und Moslems einer anderen Schicht zu verteidigen hätten. Bloßer Nationalismus reiche nicht aus. Auf ihre oftmals verschlungene Weise begann nun die Geschichte, diesem Ansatz recht zu geben. Jinnah erklärte den moslemischen Bauern, in einem von Hindus beherrschten Indien würden sie von den Hindu-Geldverleihern bei lebendigem Leibe gefressen werden; die moslemischen Grundbesitzer ließ er wissen, ohne britischen Schutz würden sie von den Hindu-Kapitalisten an die Wand gedrückt werden; und den moslemischen Kaufleuten und Händlern erklärte er, daß sie eine moslemische Handelskammer brauchten, da der Wettbewerb mit den Hindus sie sonst völlig ruinieren würde.

Nehru war von dieser Entwicklung schockiert. Seine Haltung gegenüber der Liga wurde immer unversöhnlicher, aber er mußte feststellen, daß es praktisch unmöglich war, ihren Einfluß auszuschalten, solange der Kongreß von Männern wie Vallabhbhai Patel, Rajendra Prasad oder dem Industriellen G. D. Birla kontrolliert wurde und diese wiederum im Schatten Gandhis tätig waren.

Ihm blieb nicht viel Zeit, über diese Probleme nachzudenken, da die Wahlen von 1937 bevorstanden und der Kongreß sich zur Teilnahme bereit erklärt hatte. Das kam einer Verabschiedung von jedem Gedanken an eine verfassunggebende Versammlung gleich. Von Juli 1936 bis Februar 1937 besuchte Jawaharlal Nehru alle Provinzen des Landes. Er legte über achtzigtausend Kilometer zurück, nicht nur im

Zug oder Auto, sondern auch per Fahrrad und Ochsenkarren. In dieser Zeit entdeckte er das wirkliche Indien. Tief beeindruckt schrieb er, das Land erinnere ihn an »ein altes Palimpsest, auf dem eine Schicht von Gedanken und Traumbildern nach der anderen eingezeichnet war; doch keine Schicht hatte vollständig verdeckt oder ausgelöscht, was vorher dastand.«[22]

Besonders beeindruckte ihn eine Entdeckung, die Archäologen wenige Jahre zuvor gemacht hatten. 1925 hatte man in Sind die Reste einer alten Zivilisation gefunden, der sogenannten Induskultur. Zuvor hatten britische Ingenieure beim Bau der Eisenbahnlinie von Lahore nach Multan einen Schotter besonderer Art verwendet: fünftausend Jahre alte Ziegel. Das wurde noch rechtzeitig erkannt und eingestellt, und man legte alsdann die Fundamente der alten Stadt Harappa frei. Wenig später entdeckte man in einer Entfernung von etwa 600 Kilometern am alten Lauf des Indusstroms die Schwesterstadt Mohenjo Daro (Totenhügel).

Nehru stand stumm auf einem Hügel bei Mohenjo Daro und betrachtete die unter ihm liegenden Ruinen. Gerade diese Entdeckung erfüllte ihn mit Genugtuung, denn hier hatte man eine vorvedische Kultur entdeckt, die viel weiter fortgeschritten war als ihre Nachfolger; die religiöse Orthodoxie würde sich Revisionen gefallen lassen müssen. Staunend hörte er den Berichten der Archäologen zu. Mohenjo Daro besaß eine mustergültige Stadtplanung, ein hochentwickeltes Kanalisationssystem, öffentliche Brunnen entlang der sorgfältig angelegten Straßen und eine deutlich erkennbare soziale Gliederung. Diese Kultur war eine der ältesten auf unserem Planeten gewesen. Die lange und komplexe Entwicklung Indiens hatte im dritten Jahrtausend v. Chr. begonnen. Sie war von immer neuen Eroberungen und Vertreibungen geprägt, die das vielgestaltige Aussehen des Landes geformt hatten. Ging diese bewegte und leidvolle Geschichte nun endlich zu Ende? Als Nehru später zum letztenmal im Gefängnis saß, bildeten die Eindrücke dieser Wahlkampfreisen, insbesondere des Besuchs jener Ausgrabungsstätten, den Stoff für sein Buch *Discovery of India* (»Entdeckung Indiens«).

Der Wahlkampf hatte ihm unschätzbare Einsichten in sein Land und dessen Bewohner gewährt. Die Gesamtzahl der Wähler belief sich auf dreißig Millionen (ohne die Fürstenstaaten, in denen ein solcher demokratischer Schritt noch nicht zugelassen war). Die Wahlbeteiligung betrug 54 Prozent. Von 1585 Sitzen in elf Provinzen gewann der Kongreß 711 Sitze; in sechs Provinzen errang er die absolute Mehrheit. Der Panjab hatte der nationalistischen Aufwallung widerstanden. Die Unionistische Partei, ein überkonfessionelles Bündnis von Großgrundbesitzern, hatte die Provinz fest im Griff, was bewies, daß Widerstand gegen den Kommunalismus möglich war. Wenn Moslem-, Hindu- und Sikhgrundbesitzer zusammenarbeiten konnten, dann sollten das ihre Pächter ebenso können, wenn auch in einer anderen Organisation.

Nehru war außer sich vor Freude über die Ergebnisse. Vor allem befriedigte ihn, daß die Pathanen aus der Nordwestprovinz, die zu neunzig Prozent Moslems waren, mit überwältigender Mehrheit für den Kongreß gestimmt hatten. Da hatte es die Moslemliga, dachte er. In diesem Fall lag noch eine zusätzliche Ironie vor. Die Schriftsteller und Ideologen des *Raj* hatten die »wilden« Pathanen aus dem Grenzgebiet stets idealisiert. In Kiplings Werken waren sie als »männliche, lüsterne, kriegerische Rasse« geschildert worden, die »von frühester Kindheit an gewohnt war, Kampf, Mord und raschem Tod ins Auge zu sehen«. Der Pathane entsprach in jeder Hinsicht den Wunschträumen von Männern, die im Treibhausklima der englischen Public School erzogen worden waren. Er wurde stets dem »schwächlichen, verweichlichten, bebrillten, intellektuellen« Bengalen gegenübergestellt. Was für ein Schlag war es nun, daß diese Inkarnation des *Machismo* für Mahatma Gandhi gestimmt hatte. Im Angesicht dieses Sieges gönnte sich Nehru eine kurze, zufriedene Ruhepause.

Krieg, Repression, Unabhängigkeit
1937–1947

Der Kongreß hatte die Wahlen gewonnen. Er hatte den Wahlkampf mit einem Programm bestritten, das besonders für die Bauern einige radikale Versprechungen enthalten hatte. Zudem hatte er sich verpflichtet, in den Staaten, in denen er eine Regierung bilden würde, keinerlei Eingriffe der britischen Gouverneure zu dulden, sich an die föderativen Bestimmungen des India Act von 1935 nicht gebunden zu fühlen und der Besatzungsmacht in keinerlei Weise Unterstützung zukommen zu lassen. Nun war in den oberen Etagen des Kongresses ein neuer Streit aufgeflackert. Sollte man unter Bedingungen, unter denen man nicht viel erreichen konnte, ein Amt antreten? Nehru trat entschieden dafür ein, die durch die Wahlergebnisse gewonnene

Legitimität dafür zu nutzen, völlige Unabhängigkeit zu verlangen. Gandhi stand dieser Überlegung ablehnend gegenüber und wurde dabei vom Kongreßestablishment unterstützt. Nehru unterlag; Gandhi setzte sich durch.

Nun also wurden in den Provinzen sogenannte Kongreß-Chefminister von britischen Gouverneuren vereidigt. In einigen Fällen entwickelten sich rasch freundschaftliche Beziehungen zwischen beiden. Nehrus Schwester Vijayalakshmi nahm ein Ministeramt in den Vereinigten Provinzen an und wurde damit als erste Frau in Indien Ministerin. Für Jawaharlal war mit dieser Entwicklung Macht praktisch zum Selbstzweck geworden. In einem Brief an Gandhi beklagte er sich über die neuaufgekommene Sorte von Kongreß-Ministern:

> Sie versuchen sich viel zu sehr an die alte Ordnung anzupassen, und sie versuchen das auch noch zu rechtfertigen. All das ist schlimm genug, doch es ließe sich ertragen. Weit schlimmer ist, daß wir den hohen Rang in den Herzen der Menschen verlieren, den wir uns so schwer erworben haben. Wir sinken auf die Ebene gewöhnlicher Politiker herab.[1]

Gleichzeitig sah er andere Faktoren ins Spiel kommen. Macht bedeutete selbst auf Provinzebene Protektion. Protektion bedeutete Konkurrenz. Konkurrenz förderte Rivalitäten zwischen kommunalen Gruppen und Kasten. Rivalitäten führten zu Diskriminierung. Bereits nach sechs Monaten Regierungsbeteiligung lag ein übler Geruch in der Luft.

Die Moslemliga hatte von den 482 für Moslems reservierten Sitzen ganze 109 gewonnen; sie hatte lediglich 4,8 Prozent aller Moslemstimmen erhalten. Jetzt begannen ihre Führer das Machtmonopol des Kongresses und die Nichterfüllung seiner Versprechungen zu nutzen, um bei den moslemischen Mittel- und Unterklassen Befürchtungen zu wecken. Die Liga war ein bunt zusammengewürfelter Zusammenschluß von kleinen Grundbesitzern, Möchtegern-Unternehmern, Kommunalbeamten und kleinbürgerlichen Trittbrettfahrern. Sie war 1906 auf britische Initiative hin gebildet worden, und ihre Gründer hatten dem Empire unerschütterliche Loyalität gelobt. Jinnah, der gewandte Rechtsanwalt aus Bombay und frühere Kongreßpolitiker, ging daran, dieses Bild zu ändern. Sarojini Naidu hatte ihn einst den »Botschafter der Einigkeit zwischen Hindus und Moslems« genannt, aber das war 1916 gewesen. Nun hatte der alte Botschafter andere

Träume. Er hatte sich in den Gerichtssälen zu Hause gefühlt, und selbst seine Gegner hatten ihm sein hohes Können als Anwalt bescheinigt. Nun mußte er lernen, in welcher Richtung Mekka lag, und die Gläubigen zu den Waffen rufen. Einst hatte er gesagt, alle Religionsgemeinschaften könnten in Indien in Frieden zusammenleben. Nun hob er das Trennende zwischen Hinduismus und Islam hervor, das ihn und die große Mehrheit der indischen Landbevölkerung noch vor kurzem nicht im entferntesten gekümmert hatte. »Die Hindus verehren die Kuh«, rief er nun seinem Publikum zu, »wir essen sie.« Unheilvolle Winde waren im Norden Indiens aufgekommen; die ersten schweren Zusammenstöße zwischen Hindus und Moslems hatten sich bereits 1930 in Kanpur ereignet und 66 Menschenleben gekostet. Nun, 1937, gewann die Liga eine Anzahl kritischer Nachwahlen.

Jawaharlal war zwei Jahre hintereinander, 1936 und 1937, Kongreßpräsident gewesen. Gandhi hatte auf der zweiten Amtszeit bestanden, weil er es für unvernünftig hielt, mitten im Wahlkampf die Pferde zu wechseln. Im Vorfeld der Neubesetzung für das Jahr 1938 lief eine Kampagne mit dem Slogan »Beruft Nehru« an. Die Kongreßlinke sah in ihm die einzige Chance, einen zu scharfen Rechtsruck zu verhindern. Im November 1937 brachte die in Kalkutta erscheinende *Modern Review* einen anonymen Artikel, der die Ansicht vertrat, Männer wie Nehru stellten trotz ihrer unbestreitbaren Talente eine Gefahr für die Demokratie dar:

Das Cäsarentum steht immer vor den Toren, und ist es nicht möglich, daß Jawaharlal sich einbildet, ein Cäsar zu sein? Wählen wir ihn ein drittes Mal, so werden wir einen Mann auf Kosten des Kongresses herausstellen und dem Volk ein cäsaristisches Denken angewöhnen ... Trotz seiner tapferen Worte ist Jawaharlal offensichtlich müde und erschöpft. Wir haben ein Recht darauf, von ihm auch in Zukunft gute Arbeit zu erwarten. Wir sollten uns diese Aussicht nicht verderben, und wir sollten ihn nicht durch zuviel Schmeichelei und Lob verderben ... Wir wollen keine Cäsaren![2]

Dieser Artikel erregte Aufsehen. Die Linke war wütend, die Rechte rieb sich zufrieden die Hände. Wer stand dahinter? Viele verdächtigten die Briten oder die Kongreßrechte, andere zeigten sogar mit dem Finger auf Gandhi. Der Herausgeber der *Modern Review* schwor, der Artikel sei nicht gezeichnet gewesen und er habe ihn lediglich abgedruckt, um eine Diskussion zu entfachen. Als er den Zorn seiner Freunde sah, konnte sich Jawaharlal nicht länger bedeckt halten. Er bekannte, selbst der Autor zu sein und hinter jedem einzelnen Wort des Artikels zu stehen. Er sah sich außerstande, die Kongreßpräsidentschaft für ein drittes Jahr zu übernehmen. Im Laufe der vergangenen zwei Jahre war es nicht zuletzt ihm gelungen, aus dem Kongreß eine Massenorganisation zu machen. Die Mitgliederzahl war von einer halben Million auf fünf Millionen emporgeschnellt. Nehru wußte, daß er innerhalb der Führung von den Rechten eingekreist war, aber er hatte eine neue Maxime gefunden: »Ein schlechter Frieden ist besser als ein guter Streit.« Er brauchte Ruhe.

Seine Mutter Swaruprani war im Januar an einer Gehirnblutung gestorben. Nach einer Reihe von Schlaganfällen, die sie zwei Jahre zuvor erlitten hatte, hatte sie sich nicht wieder erholt. Jawaharlal war an ihr Bett geeilt, und sie starb in seinen Armen. Seine Eltern und seine Frau waren nun tot; das letzte Bindeglied zur Vergangenheit war zerbrochen. Er hielt die Zeit nun für gekommen, seine Bindungen an die Zukunft zu stärken.

Seine Tochter war in Oxford, und es traf sich günstig, daß er einen Brief von Krishna Menon aus London erhielt, der ihn einlud, auf einer Reihe von Veranstaltungen zu sprechen. So brach er im Anschluß an den Kongreßkonvent von 1938, auf dem Subhash Chandra Bose, ein Vertreter der Linken, gegen Gandhis Wunsch zum Präsidenten gewählt wurde, nach Europa auf. Die Reise sei notwendig, vertraute er Freunden an, um seinen »müden und verwirrten Geist zu erfrischen«.

Er blieb fünf Monate in Europa, traf alte Freunde, besuchte Indira und lernte deren Freunde kennen. Lange diskutierte er mit Menon, der von da an ein guter Freund der Familie wurde und später Verteidigungsminister des unabhängigen Indien werden sollte, über die bedrohliche und düstere Lage in Europa. Am meisten empörte ihn die Auslieferung Spaniens an die Faschisten. Als Chamberlain und Daladier Ende September 1938 das Münchner Abkommen unterzeichneten und Teile der Tschechoslowakei an Hitler auslieferten, war Nehru in Paris. Er schmähte diese Politiker als »Hitlers Laufburschen« und erklärte einem Journalisten: »Frieden um jeden Preis – um den Preis des Blutes und Leidens anderer, der Demütigung der Demokratie und der Zerschlagung befreundeter Nationen. Dies ist kein Frieden, sondern ständiger Konflikt, Erpressung, Herrschaft der Gewalt und letztlich Krieg.«[3]

In Europa erfuhr er auch Näheres über die Ereignisse in China. Er hörte von dem legendären Rückzug (der später als der Lange Marsch bekannt wurde), den die kommunistischen Partisanen angetreten hatten, um der Umzingelung durch den Nationalisten Chiang Kai-shek zu entgehen; von Mao Tse-tung, einem berühmten Partisanen-führer, der in Yenan einen Stützpunkt aufgebaut hatte; und von der japanischen Besetzung Chinas, die ihn schmerzte und verbitterte. Die Japaner boten nichts, was dem India Act von 1935 entsprochen hätte, sie ertränkten das Land in Blut wie General Dyer in Amritsar.

Im November 1938 kehrte Nehru mit Indira nach Indien zurück, tief besorgt über die sich abzeichnende Katastrophe in Europa. Er war überzeugt, daß ein Sieg Hitlers in Europa die ganze Welt ins Verderben stürzen würde. Daß Hitler ein altes Hindusymbol, das Haken-kreuz, verwendete und die arische Rasse glorifizierte, auf die die meisten Hindus ihre Abstammung zurückführten, beeindruckte ihn nicht im geringsten. Auf zahlreichen Versammlungen sprach er über die Kämpfe in Spanien und China. Der Kongreß schickte Medikamen-te und Nahrungsmittel nach Barcelona, doch als sie eintrafen, stand Franco bereits in der Stadt. Ein indisches Ärzteteam wurde in das befreite Gebiet von Yenan geschickt, um dem kommunistischen Widerstand Hilfe zu leisten. Im Sommer 1939 traf in Allahabad ein Brief an Jawaharlal Nehru ein. Er kam aus Yenan und lautete:

Wir möchten Sie davon in Kenntnis setzen, daß die indische Sanitätseinheit ihre Arbeit hier aufgenommen hat und von allen Mitgliedern der 8. Route-Armee sehr herzlich willkommen gehei-ßen worden ist. Ihre Bereitschaft, in diesen schweren Zeiten an unserer Seite zu stehen, hat alle, die mit ihr in Kontakt kamen, tief beeindruckt. Wir möchten diese Gelegenheit benutzen, um Ihrem großen indischen Volk und dem Indischen Nationalkongreß für die medizinische und materielle Hilfe zu danken, die Sie geleistet haben... mit Dank, guten Wünschen und herzlichsten Grüßen.[4]

Unterzeichnet war der Brief von Mao Tse-tung.

Anfang 1939 stand ein neuer Kongreßkonvent bevor. Bose entschied sich, als Bannerträger der Linken erneut für den Vorsitz zu kandidie-ren. Nehru versuchte ihn vergeblich davon abzubringen. Gandhi kündigte seinen entschiedenen Widerstand an. Bose trotzte der Parteiführung und gewann. Sogleich forderte er, der Kongreß solle unverzüglich die Massen zum Kampf für die völlige Unabhängigkeit mobilisieren und den Briten ein Ultimatum zum Verlassen Indiens stellen. Er ging noch weiter und erhob den Vorwurf, viele Kongreßführer steckten mit dem Kolonialismus unter einer Decke – der Hinweis auf Gandhi war nicht zu übersehen. Der Parteitag verlief tumultartig wie noch nie. Nach der Wahl Boses traten zwölf Mitglieder des Arbeitsausschusses zurück; zur allgemeinen Überraschung auch Nehru. Er wußte, daß es zur Spaltung kommen würde, wenn er Bose jetzt unterstützte, und er war nicht bereit, ohne Gandhi weiterzuarbeiten. Nehru bot an, zwischen Bose und Gandhi zu vermitteln, doch nun mißtraute Bose ihm, weil er mit den Rechten zurückgetreten war; Gandhi seinerseits war an einem Kompromiß nicht wirklich interessiert. Er sah Bose als eine Bedrohung seiner Politik und weigerte sich, mit ihm zusammenzuarbeiten. Die Versammlung war von Beschimpfungen beherrscht. Bose war gesundheitlich angeschlagen und befürchtete, von den beiden wichtigsten Führern der Kongreßpartei ruiniert zu werden. Überraschend für alle trat er daraufhin als Präsident und Mitglied des Arbeitsausschusses zurück. Wer sollte ihn ersetzen? Gandhi schlug Nehru vor; Nehru schlug den moslemischen Kongreßführer Abul Kalam Azad vor; irgendjemand schlug Patel vor. Schließlich wurde Rajendra Prasad, ein unbedeutender und blasser Parteifunktionär, als Ersatz für Bose gewählt. Nehru verweigerte die Mitarbeit im Arbeitsausschuß. Ihn hatten die Fehden und Beschimpfungen zutiefst abgestoßen.

Erneut verließ er Indien, diesmal zu einem Besuch in China, wo er in Gesprächen sowohl mit den Nationalisten als auch mit den Kommunisten deren Kampf gegen Japan erörtern wollte. In Chungking traf er Chiang Kai-shek, der ihm den Rat gab, ein Abkommen mit den Briten zu schließen, und der sich damit brüstete, wie demokratisch die unter seiner Kontrolle stehenden Gebiete regiert würden. Nehru wollte gerade in die kommunistische Hauptstadt Yenan weiterreisen, als er ein Telegramm des Kongreßpräsidenten erhielt. Hitler war in Polen einmarschiert, und es war Krieg erklärt worden. Jawaharlal sollte sofort zurückkommen.

Auf der Rückreise sah sich Nehru mit widerstreitenden Gefühlen und Gedanken konfrontiert. Er wollte die Niederlage des Faschismus, aber er wollte nicht, daß eine unterjochte indische Bevölkerung erneut in Europa als Kanonenfutter eingesetzt würde. Wenn die Briten Indien als Verbündeten wollten, würde er sie unter der Bedingung unterstützen, daß sie unverzüglich Vorkehrungen für die

Entlassung des Subkontinents in die Unabhängigkeit trafen. Diese Position legte er in einer Dringlichkeitsresolution nieder, die der Kongreß-Arbeitsausschuß am 14. September 1939 nach lebhafter Diskussion einstimmig annahm. Gandhi und Bose hatten abweichende Vorschläge eingebracht. Gandhi hatte argumentiert, weder England noch Indien sollten sich an dem Konflikt beteiligen, da sich Gewalt, selbst zur Verteidigung von Gerechtigkeit, inzwischen überlebt habe. Er war so weit gegangen, einen offenen Appell an das englische Volk zu richten, in dem er diesem empfahl, Hitlers Gewalttätigkeit mit »spiritueller Kraft« zu begegnen. Subhash Bose trat dafür ein, eine neue Bewegung des zivilen Ungehorsams gegen die Briten auf die Beine zu stellen. Nehrus antifaschistische Position setzte sich durch, aber weder Bose noch Gandhi waren damit glücklich.

Eine Woche später traf sich der neue Vizekönig, Lord Linlithgow, mit führenden indischen Politikern zu »offenen und freimütigen Gesprächen«. Der Kongreß schickte Nehru. Als dieser anhob, die Position des Kongresses zu erläutern, ersuchte ihn der Vizekönig, sich zu beruhigen. »Etwas langsamer, Mr. Nehru«, unterbrach er sarkastisch; »mein langsamer angelsächsischer Geist kann mit Ihrem schnellen Intellekt nicht Schritt halten.«[5] Das Ergebnis der Gespräche war nicht sonderlich ergiebig. Am 18. Oktober 1939 stellte der Vizekönig in einer unverbindlichen Erklärung und für einen nicht näher bezeichneten zukünftigen Zeitpunkt den »Dominionstatus« in Aussicht, gab aber gleichzeitig mit hämischem Unterton zu verstehen, daß eine Machtübergabe nur dann in Frage käme, wenn die religiösen Minderheiten (d. h. die Moslems) mit den Verfassungsregelungen einverstanden wären. Jawaharlal war wütend. Für ihn war diese Erklärung ein klares Beispiel für die Taktik des »teile und herrsche«, und er beschloß, sich direkt an Jinnah zu wenden:

Ich weiß nicht, was Sie und Ihre Kollegen in der Moslemliga beschließen werden, aber ich vertraue ernstlich darauf, daß auch Sie Ihre energische Mißbilligung der Erklärung des Vizekönigs zum Ausdruck bringen und sich weigern werden, auf der Basis der von ihm vorgeschlagenen Richtlinien mit ihm zusammenzuarbeiten. Ich bin entschieden der Ansicht, daß unsere Würde und Selbstachtung als Inder von der britischen Regierung beleidigt worden sind. Sie betrachten uns wie selbstverständlich als Anhängsel ihres Systems, die sie herumkommandieren können, wann und wo es ihnen paßt.[6]

Jinnah reagierte kühl und ablehnend. Er sah in den Schwierigkeiten des Kongresses die Chance der Liga. Als Gandhi ihn wenige Monate später zu gemeinsamen Anstrengungen für die Sache Indiens gegen die Briten aufforderte, antwortete Jinnah, es gebe in Indien zwei Nationen, eine hinduistische und eine moslemische. Sie hätten unterschiedliche Interessen, und die Liga trete für eine eigenständige Moslemnation Pakistan (Land der Reinen) ein. Um gegen die Erklärung des Vizekönigs zu protestieren, forderten die Kongreßführer alle Kongreßminister auf, mit sofortiger Wirkung zurückzutreten. Diese Entscheidung machte die Liga für die Briten in den folgenden Kriegsjahren praktisch unentbehrlich. Sie wurde auf jede nur mögliche Weise hofiert; die Briten ließen es sich sogar nicht nehmen, die Ligazeitung *Dawn* zu finanzieren. Den Rücktritt der Kongreßminister nahmen Jinnah und die Ligaführung zum Anlaß, die Moslems zur Feier eines »Befreiungstages« aufzurufen. Die künftige politische Entwicklung begann deutliche und unheilvolle Konturen anzunehmen.

Nicht alle Kongreßminister traten gern zurück. Einige Provinz-Regierungschefs hatten enge Beziehungen zu den britischen Gouverneuren, Beamten und Offizieren entwickelt. In seiner fiktiven Roman-Tetralogie *The Raj Quartet* hat Paul Scott mit großer Eindringlichkeit den Rücktritt der Minister geschildert. *Day of the Scorpion,* der eindrucksvollste Roman des Quartetts, beginnt mit einer Szene, in der ein britischer Gouverneur den Kongreß-Provinzchef Kasim beschwört, nicht zurückzutreten. Auf dem Höhepunkt der Unterredung, in deren Verlauf der verschlagene Gouverneur nach bewährter Manier mit Zuckerbrot und Peitsche taktiert, indem er dem »werten Mr. Kasim« abwechselnd ob seiner Fähigkeiten schmeichelt und Gefängnis androht, antwortet der Inder auf die Frage des Briten, warum er seine Angebote ablehne: »Weil Sie mir nur eine Stellung anbieten. Ich aber bin auf der Suche nach einem Land.« Und mit einem Blick auf die Ziele der Kongreßpartei schließt er pathetisch: »Inzwischen, Gouverneur, versuchen wir das zu tun, was zu unterlassen Ihre Regierung immer für nützlich befunden hat, nämlich Indien zu einen und allen Indern das Gefühl zu geben, daß sie vor allem anderen Inder sind.«[7]

Indien zu einen war der Traum jedes Nationalisten. Zu einer Zeit, als sich dieser Traum seiner Erfüllung zu nähern schien, beschlossen die Briten, die Moslemkarte zu spielen, um ihre unruhige Kolonie nach dem Prinzip ››teile und herrsche‹‹ im Zaum zu halten.

Im Juli 1940 tagte der Kongreß in Puna. Nehrus Position wurde erneut bestätigt: Indien würde gegen den Faschismus kämpfen, aber nur als unabhängiger Staat. Etwas anderes kam nicht in Frage. Churchill, der neue britische Premierminister, reagierte negativ. Der Kongreß konnte die Unruhe in der Bevölkerung nicht länger zügeln. In der Sorge, daß eine neue Volksbewegung rasch außer Kontrolle geraten könnte, sprach sich Gandhi dafür aus, nur *individuelle* Akte zivilen Ungehorsams zu begehen. Die neue Bewegung sollte rein symbolischen Charakter haben. Am 30. Oktober 1940 sprach Jawaharlal vor einer Versammlung in Gorakhpur. Die Zurufe aus dem Publikum hatten eine neue Qualität; viele waren nun bereit, ihr Leben für die Unabhängigkeit einzusetzen. Wenige Stunden nach seiner Rede wurde Nehru verhaftet und der ››regierungsfeindlichen Propaganda‹‹ bezichtigt. Er wurde zu vier Jahren Gefängnis verurteilt und nach Dehra Dun gebracht, wo er schon einmal eingesessen hatte. Wieder Gefängnis! In seiner Autobiographie *Indiens Weg zur Freiheit* hatte er fünf Jahre zuvor geschrieben:

Die Jahre, die ich im Gefängnis verbrachte! Wie viele Jahreszeiten habe ich vorüberziehen sehen – immer allein, eingehüllt in meine Gedanken, eine nach der andern ins Vergessen nachfolgend! ... Wie viele Gestern meiner Jugend liegen hier begraben! Manchmal sehe ich die Geister dieser toten gestrigen Tage aufsteigen; sie bringen bittere Erinnerungen und flüstern: ›Hat es sich gelohnt?‹‹ Es gibt kein Zögern um die Antwort. Wenn mir die Gelegenheit gegeben würde, mein Leben mit meinem heutigen Wissen und der heutigen Erfahrung noch einmal zu leben, so würde ich zweifelsohne danach trachten, in mancher Weise zu verbessern, was ich zuvor getan, aber meine wichtigsten Entscheidungen in öffentlichen Angelegenheiten würden unberührt bleiben.[8]

Im Gefängnis hörte Nehru vom deutschen Angriff auf die Sowjetunion, der über Nacht die schlimmen Erinnerungen an den Pakt zwischen Molotow und Ribbentrop auslöschte. Wenig später begannen die Japaner ihren Marsch auf Indien. Am 4. Dezember 1941 wurden Nehru und die anderen inhaftierten Kongreßführer entlassen. Die Briten brauchten ihre Mitarbeit und hofften, daß die veränderten Umstände zu einem akzeptablen Kompromiß führen würden.

Drei Tage nach seiner Entlassung erfuhr Nehru vom japanischen Angriff auf Pearl Harbor und der Vernichtung der dort stationierten amerikanischen Flotte. Für ihn war Japan ein faschistisches und imperialistisches Land. In China hatte er mit eigenen Augen Beispiele japanischer Greuel gesehen, und er wollte nicht, daß sie sich in Indien wiederholten. Die hitzigeren Nationalisten im Kongreß, wie etwa Bose, beurteilten die Situation nicht nach internationalen Gesichtspunkten. Für sie galt der alte Grundsatz, daß »der Feind meines Feindes mein Freund ist«. Winston Churchill stand unter starkem Druck des amerikanischen Präsidenten Franklin D. Roosevelt, die Krise in Indien durch eine rasche Entlassung des Subkontinents in die Unabhängigkeit zu beenden. Die Atlantikcharta vom August 1941 hatte erklärt, daß die Völker in aller Welt das Recht hätten, ihre eigene Regierung zu wählen; einen Monat später tönte Churchill, diese Charta gelte nicht für Indien!

Der Vormarsch der Japaner zwang das britische Kriegskabinett jedoch, einen letzten Versuch zur Beilegung der Indienkrise zu machen. Sir Stafford Cripps, einstiger Führer des linken Flügels der Labour-Partei, wurde 1942 mit Vertröstungen auf die Zukunft nach Indien geschickt. Nehru war empört, daß Cripps, der die Lage gut kannte, als Churchills Laufbursche anreiste, ohne über wirkliche Vollmachten zur Aushandlung einer igendwie bedeutsamen Übereinkunft zu verfügen. Dennoch verbrachten die Kongreßführer lange Gesprächsstunden mit ihm. Nehru erklärte Cripps, daß der Kongreß im Falle eines japanischen Einmarsches in Indien einen Guerillakrieg gegen die Invasoren führen werde. Passiver Widerstand sei zwecklos und zum Scheitern verurteilt. Cripps vermochte jedoch niemanden im Kongreß dazu zu bewegen, die britischen Kriegsanstrengungen vorbehaltlos zu unterstützen; mit leeren Händen kehrte er nach London zurück. Gandhis bitterer Kommentar zu den von Cripps unterbreiteten Vorschlägen gab die indische Meinung wieder. »Das war«, so der schlaue alte Mann, »ein nachdatierter Scheck auf eine Bank, die offensichtlich am Ende ist.«

Heftige Kritik übte Gandhi jedoch daran, daß Nehru von der Möglichkeit des Partisanenkampfes gegen die Japaner gesprochen hatte. Die Japaner, so erklärte er, befänden sich im Krieg mit England, nicht mit Indien. Verbittert mußte Nehru feststellen, daß

Nationalisten vom rechten wie vom linken Flügel des Kongresses nahezu die gleiche Ansicht vertraten. Vallabhbhai Patel und Bulabhai Desai hatten Gandhi davon überzeugt, daß es mit England bergab ging; der Fall Singapurs hatte den Indern vor Augen geführt, daß der britische Löwe nicht länger unbesiegbar war. Gandhi wollte sich nicht so nahtlos mit den Briten identifizieren lassen, daß Kompromisse mit den Japanern unmöglich wurden. Von den Linken kam eine ähnliche Reaktion. Nehru war entsetzt, als Bose, der im Januar 1941 aus seinem Haus in Kalkutta verschwunden war, plötzlich in Berlin auftauchte. Im März 1942 sprach er über den Berliner Rundfunk und erklärte den Indern, die Achsenmächte seien Feinde der Briten und ipso facto Freunde Indiens. Die Schlußfolgerung war klar. Die indischen Patrioten sollten an der Seite Japans in ganz Asien gegen die Engländer kämpfen. Diese Propaganda wurde von Radio Tokio, das jetzt seine Sendungen für Indien verstärkte, übernommen. Nehru kannte Bose genau. Er wußte, daß es ihm darum ging, Differenzen zwischen den Imperialisten zu Indiens Gunsten auszunutzen. Das war die Logik des Ultranationalismus. Nehru hatte keine Sympathie für sie. Für ihn kam ein Bündnis mit einem wie auch immer gearteten faschistischen Staat unter keinen Umständen in Frage.

Am 7. August 1942 hielt der Kongreß-Arbeitsausschuß seine historisch bedeutsamste Sitzung ab. Er verlangte den sofortigen Rückzug der Briten und kündigte für den Fall, daß diese Forderung abgelehnt würde, eine neuerliche breite Bewegung des zivilen Ungehorsams an. Die »Raus aus Indien«-Resolution fand eine große Mehrheit. Zwei Tage später wurde Nehru erneut verhaftet. Diesmal blieb er fast drei Jahre im Gefängnis. Zur Abwechslung sperrte man ihn in das Fort von Ahmednagar, ein historisches Bauwerk, in dessen Mauern in der zweiten Hälfte des 16. Jahrhunderts die Herrscherin Chand Bibi der Übermacht des großen Mogulkaisers Akbar getrotzt hatte. Als dieser erfuhr, wer sein Gegner war, brach er die Belagerung ab und schloß dauerhaften Frieden. Das Fort war im Ersten Weltkrieg von den Engländern in ein Gefängnis verwandelt worden. Auch Gandhi und die gesamte Kongreßführung wurden verhaftet.

In Abwesenheit seiner Führer setzte das indische Volk den Kampf für seine Unabhängigkeit unerschrocken fort. In allen größeren Städten fanden Massendemonstrationen statt, Hunderte von Dörfern wurden von den Kolonialbehörden zu »Aufruhrgebieten« erklärt. Zur Niederschlagung der Unruhen wurden britische Truppen eingesetzt, und es gab Fälle von Tieffliegerangriffen. Offiziell gaben die

Briten sechzigtausend Verhaftungen und tausend Tote zu; selbst diese zu geringen Angaben ließen das Ausmaß der Revolte erkennen. Glaubhafte Beobachter schätzten die tatsächliche Zahl der Todesopfer auf zehntausend. Aus dem Gefängnis heraus verteidigte Nehru die Aufständischen energisch gegen Angriffe der Kongreßrechten. »Ihr redet viel über antikoloniale Kampagnen«, rief er ihnen zu, »das Volk verwirklicht sie.« Gandhis Ansicht, daß sich die Engländer massiver Repressionsmaßnahmen enthalten würden, erwies sich als vollkommen falsch.

Im Gefängnis hörte Jawaharlal von den erstaunlichen sowjetischen Siegen in Stalingrad und Kursk, die die Nazi-Kriegsmaschinerie zum Stillstand gebracht hatten. Von den ungeheuren sowjetischen Opfern zog er Vergleiche zur Lage in Indien. Denn während die Russen zu Millionen im Widerstand gegen die deutschen Invasoren starben, grassierte in Bengalen eine schreckliche Hungersnot.

Das Ausmaß dieser Katastrophe war so groß, daß sich die Meldungen darüber nicht unterdrücken ließen. So lassen die Briten Indien verbluten, dachte Jawaharlal. Zur gleichen Zeit hatte Bose eine »Exilregierung« gebildet und indische Kriegsgefangene in japanischen Lagern dafür gewonnen, in der von ihm geschaffenen Indischen Nationalarmee (INA) zu kämpfen. Die Feindschaft gegen die Briten war inzwischen so groß, daß Bose über Nacht zum Volkshelden wurde. INA-Einheiten lieferten den Engländern ein paar Gefechte, aber der Großteil der Truppen geriet in Gefangenschaft oder wurde getötet. Ungeachtet dieses Mißerfolgs registrierte Nehru aufmerksam die Tatsache, daß es Bose gelungen war, Inder zu einen: In der INA hatten Moslems, Sikhs und Hindus gemeinsam gekämpft und ihre religiösen Differenzen hintangestellt.

Bose kam 1945 bei einem Flugzeugabsturz ums Leben. Nehru bekundete öffentlich seine Trauer. Er hatte mit Bose nicht übereingestimmt, dessen Patriotismus aber nie in Zweifel gezogen. So stellte er sich allen Versuchen entgegen, den Namen des Verstorbenen anzuschwärzen, wobei er von Gandhi und Abul Kalam Azad unterstützt wurde. Als die britischen Behörden beschlossen, die Männer der INA wegen »Hochverrats« vor Gericht zu stellen, zog sich der inzwischen wieder aus dem Gefängnis entlassene Nehru noch einmal seine Anwaltsrobe an und verteidigte sie vor Gericht. Sie hätten Unrecht getan, konzedierte er, aber das Motiv ihres Handelns sei die Liebe zu ihrem Land gewesen und der Wunsch, es vom Joch des Kolonialismus zu befreien. In Kalkutta, Bombay, Madras und anderen Städten kam es 1946 zu Massendemonstrationen gegen die INA-Prozesse. Wären die Männer zum Tode verurteilt worden, wäre es in ganz Indien zu Ausschreitungen gekommen. Statt dessen wurden sie zu lebenslangem Exil verurteilt und später alle durch Erlaß des Vizekönigs amnestiert.

Während in England eine Labour-Regierung unter Attlee an die Regierung gekommen war, schlugen in Indien die Wogen des Aufruhrs immer höher. 1946 stand das Land mehrfach am Rand einer Revolution. Bei Polizei und Armee kam es zu Meutereien; am 19. Februar 1946 meuterten zwanzigtausend Matrosen der elf Küstenbasen in Bombay und holten den Union Jack nieder. Einige Wochen zuvor hatte der Kommandant einer der Basen die Matrosen als »Hurensöhne, Kulisöhne und gottverdammte *janglis* [Wilde]« beschimpft. Innerhalb von drei Tagen hatten die britischen Kolonialbehörden die Kontrolle über die Königliche Indische Marine verloren. Der Streik hatte auf 74 Schiffe, vier Flottillen und zwanzig Küsteneinrichtungen übergegriffen. Die Admiale Godfrey und Rattray, die beiden ranghöchsten Befehlshaber der Marine, vermeldeten, es habe »ein Hauch von Revolution in der Luft gelegen«. Auf einigen Schiffen war die rote Fahne mit der Inschrift *Inqilab zindabad* (Es lebe die Revolution) gehißt worden. Ein Generalstreik in Bombay zur Unterstützung der Seeleute war weitgehend befolgt worden; in seinem Verlauf hatten britische Truppen das Feuer eröffnet und Dutzende von Arbeitern getötet. Bei dieser Marinemeuterei machten sich, wie schon im Falle der INA, religiöse Differenzen nicht bemerkbar.

Ein hartes Durchgreifen hätte gefährlich sein können, da die Armee unzuverlässig geworden war, und so wandten sich die Briten an die Moslemliga und den Kongreß, um die Meuterei zu beenden. Jinnah hielt eine kommunalistische Rede, in der er die moslemischen Seeleute erfolglos aufforderte, die Teilnahme an der Meuterei zu beenden. Erst als Gandhi und Patel die Männer zum Einlenken aufforderten, sah sich das Marinestreikkomitee in die Isolation gedrängt und beendete in dem Gefühl, verraten worden zu sein, die Rebellion.

Die Lage in Indien versetzte London in Panik. In aller Eile entsandte man eine Sondermission des Kabinetts, die den britischen Rückzug vorbereiten sollte. Sie schlug eine lockere Föderation hinduistischer und moslemischer selbstverwalteter Gebiete vor. Anfangs akzeptierten die Führer sowohl des Kongresses als auch der Liga den Plan der Kabinettsmission, und es sah so aus, daß eine Teilung Indiens vermieden werden könnte. Dann erklärte Jinnah, er würde sich niemals auf eine »Hindudiktatur« einlassen, und zog seine Unterstützung zurück. Der Kongreß machte nun gleichfalls einen Rückzieher, und die Liga rief zu einem »Tag der direkten Aktion« für einen eigenständigen Moslemstaat Pakistan auf. Kommunale Zusammenstöße häuften sich. Gandhi und Nehru zeigten sich tief besorgt über kommunalistische Tendenzen in den Reihen des Kongresses. Es kam zu heftigen Auseinandersetzungen zwischen Nehru und dem alten Machtpolitiker Vallabhbhai Patel, dem Führer der Kongreßrechten, der nicht abgeneigt war, den Kommunalismus für seine Interessen einzuspannen.

Im Winter 1945/46 hatte die britische Regierung in Indien Wahlen zu einer verfassunggebenden Versammlung und zu Provinzparlamenten abgehalten. Sämtliche Kongreßführer waren bei Kriegsende aus der Haft entlassen worden. Sie führten den Wahlkampf in dem klaren Bewußtsein, daß die Einheit Indiens davon abhing, ob die Kongreßmoslems die Ligamoslems im Kampf um die für die Moslemminderheit reservierten Sitze besiegten. Die Ergebnisse waren weder für Jinnah noch für Nehru befriedigend. Zwar hatte der Kongreß, wie allgemein erwartet worden war, die absolute Mehrheit errungen und in der gesamtindischen Versammlung 57 allgemeine Sitze gewonnen, aber er hatte nicht einen einzigen Moslemsitz erobert: alle dreißig waren an die Liga gegangen. Jinnah hatte somit auf nationaler Ebene Anerkennung erhalten. In den Provinzen sah es anders aus; der Kongreß blieb stärkste Partei in der Grenzprovinz, während die Liga in keiner Provinz mit Moslemmehrheit die absolute Mehrheit erreichte.

Am 16. August 1946, dem von der Moslemliga ausgerufenen »Tag der direkten Aktion«, starben in Kalkutta fünftausend Menschen bei kommunalen Zusammenstößen. Die blutigen Ausschreitungen griffen rasch auf ganz Nordindien über und hörten bis nach der Unabhängigkeit nicht mehr auf. Sie forderten mindestens eine Viertelmillion Menschenleben; Inder wurden von Indern abgeschlachtet. Als Lord Mountbatten entsandt wurde, um den Übergang in die Unabhängigkeit zu beschleunigen, war die Gewalttätigkeit unkontrollierbar geworden.

Mountbatten traf im März 1947 mit einem einfachen Auftrag des britischen Premierministers Attlee ein: Raus aus Indien. Er war mit größeren Vollmachten ausgestattet als irgendein Vizekönig vor ihm. Als erstes versuchte er, die Vorschläge der Kabinettsmission wiederzubeleben: eine Föderation mit der Garantie, daß sich Regionen mit

Moslemmehrheit nach einer gewissen Zeit lossagen konnten, falls ihre Erfahrungen mit dem neuen Staatsgebilde negativ verlaufen sollten. Es war zu spät. Das Blut, das vergossen worden war, machte eine rasche Versöhnung zwischen Moslemliga und Kongreß unmöglich. Die Moslempolitiker im Kongreß, Männer wie Abul Kalam Azad (ein hervorragender Theologe und Gelehrter, der mehr vom Islam verstand, als Jinnah je verstehen würde), Rafi Ahmed Kidwai und andere, waren gegen jede Absprache mit der Liga. Zögernd und tief enttäuscht erklärten sich Gandhi und Nehru schließlich mit der Teilung des Subkontinents einverstanden. Kaum jemand hatte geglaubt, daß es wirklich dazu kommen würde. Selbst Jinnah war sich bis zuletzt über diese Konsequenz nicht im klaren gewesen und betrachtete die Teilung mehr als Trennung denn als Scheidung. Freunden erklärte er, er hoffe, auch in Zukunft jedes Jahr einige Zeit in seiner Lieblingsstadt Bombay verbringen zu können. Er stellte sich Pakistan als ein Miniindien mit beträchtlichen Hindu- und Sikh-Minderheiten vor. Als die Einzelheiten der Teilung erörtert wurden, erhob er Einspruch gegen die Teilung Bengalens und des Panjab. Mountbatten erinnerte sich später:

> Er [Jinnah] brachte die stärksten Argumente vor, warum diese Provinzen nicht geteilt werden sollten. Er sagte, sie besäßen nationale Eigenheiten, und eine Teilung wäre katastrophal. Ich gab ihm recht, fügte aber hinzu, wieviel mehr ich dann der Ansicht sein müßte, daß dieselben Überlegungen für die Teilung ganz Indiens gälten ... Am Ende sah er ein, daß er entweder ein vereintes Indien mit einem ungeteilten Panjab und Bengalen oder ein geteiltes Indien mit einem geteilten Panjab und Bengalen haben konnte, und er wählte schließlich letzteres.[9]

Das letzte Jahr der britischen Besetzung war von kommunalen Zusammenstößen überschattet. Sie raubten einen großen Teil der Zuversicht, die den Vorabend der Unabhängigkeit eigentlich hätte kennzeichnen sollen. Der nördliche Teil des Subkontinents wurde von häßlichen Konflikten zerrissen. Nehru war viel zu klug, als daß er die Schuld dafür ausschließlich einer Seite gegeben hätte. Jinnah hatte in opportunistischer Weise Religion und Politik verquickt, aber er war für das Debakel nicht allein verantwortlich zu machen; er hatte lediglich vorhandene Bedingungen ausgenutzt. Der Kongreß war an der Entstehung der kommunalen Spannungen nicht schuldlos.

Gleich bei seinem ersten Zusammentreffen mit Lord Mountbatten und dessen Frau Edwina hatte Nehru den Eindruck, daß dies zwei Menschen waren, zu denen er relativ leicht Zugang finden würde. Mountbatten entsprach ganz und gar nicht der üblichen Vorstellung von einem Vizekönig. Er stand dem indischen Unabhängigkeitsstreben wohlwollend gegenüber und glaubte, daß das Land seine Freiheit erhalten sollte. Es war jedoch Lady Mountbatten, die Nehru bezauberte und die sich von ihm bezaubern ließ. Edwina Mountbatten stammte aus einer reichen jüdischen Familie. In den zwanziger Jahren hatte sie mit der äußersten Linken in England sympathisiert und ihr Spenden zukommen lassen. Der Kontrast zu den typischen Frauen des *Raj* hätte nicht größer sein können. Edwina war Freidenkerin und eine entschiedene Gegnerin jedweder Äußerung von Rassismus; sie war überaus gebildet und ein äußerst unabhängiger Mensch. Auf Nehru übte sie eine fast magische Wirkung aus. Es gab keinen Zweifel: Jawaharlal und Edwina hatten sich ineinander verliebt. Sie wurde seine vertrauteste Freundin und blieb es bis zu ihrem Tod, aber als Gattin des Vizekönigs mußte sie ihre Gefühle unter Kontrolle halten. Auch Mountbatten fühlte sich von Nehrus persönlicher und politischer Ausstrahlung angezogen; die persönlichen Beziehungen der beiden wurden allerdings durch politische Erwägungen verschiedenster Art kompliziert. Die enge Freundschaft zwischen Jawaharlal und Edwina nährte sowohl im Kongreß als auch in der Moslemliga allen möglichen Klatsch. Jeder vermutete politische Motive. Das war falsch. Alle, die ihn gut kannten, sollten später zugeben, daß Jawaharlal in seinem ganzen Leben nicht so glücklich gewesen war wie in jenen Monaten.

Als die Mountbattens im Juni 1948 Indien verließen, war es Nehru als indischem Ministerpräsidenten zugefallen, die offizielle Abschiedsrede zu halten. Nach dem Dank an ihren Gatten hatte er sich an Edwina gewandt, hatte alle und alles um sich her vergessen und mit einem Anklang von Wehmut diese lyrischen Abschiedsworte gesprochen:

Die Götter oder irgendeine gute Fee gaben Ihnen Schönheit, eine hohe Intelligenz, Anmut, Charme und Vitalität – das sind große Gaben, und die Frau, die sie besitzt, ist eine große Dame, wohin sie auch geht. Aber wer hat, dem wird gegeben, und so gaben Ihnen die Götter etwas, was noch seltener ist als jene Gaben – die menschliche Empfindung, die Liebe zur Menschheit, das Bedürfnis, denen zu helfen, die leiden und in Not sind. Und diese erstaunliche Auswahl von Qualitäten vereinigt sich in Ihnen zu einer Persönlichkeit voller Ausstrahlung, die etwas Heilendes an sich hat.

Wo immer Sie hingingen, haben Sie Tröstung gebracht. Ist es daher überraschend, daß das Volk von Indien Sie liebt und zu Ihnen als zu einer der Seinen aufschaut, daß es über Ihr Fortgehen betrübt ist? Hunderttausende ... werden beklagen, daß Sie gegangen sind.[10]

Das indische Volk hatte Edwina vermutlich nicht geliebt, oder jedenfalls nicht so sehr wie sein Führer, und Nehrus Kummer über Edwinas Abreise wird größer gewesen sein als der aller anderen. Sie trafen sich weiterhin regelmäßig oder zumindest, sooft es die Umstände gestatteten. Wann immer Nehru nach England reiste, was bis 1956 einmal im Jahr geschah, wohnte er in Broadlands, dem Landhaus der Mountbattens, oder besuchte Edwina in ihrem Haus im Londoner Wilton Crescent. Jean Gowan, eine Nachbarin, erinnerte sich später: »Es lag eine Leichtigkeit in seinem Schritt, und sein Gesicht strahlte vor Glück. Es konnte gar kein Zweifel bestehen: Sie waren verliebt. Oh ja! Sie waren beide ganz bestimmt verliebt.«[11]

Am 14. August 1947 wurden Indien und Pakistan in die Unabhängigkeit entlassen. Jinnah ernannte sich selbst zum Generalgouverneur des neuen pakistanischen Staates. Indien ersuchte Mountbatten, sein erstes Staatsoberhaupt zu sein und dadurch das Element der Kontinuität im Übergang zur Freiheit zu symbolisieren. Um Mitternacht des 14. Augusts ging die 182 Jahre alte britische Herrschaft auf dem Subkontinent zu Ende. Jawaharlal Nehru, der erste Ministerpräsident der neuen indischen Republik, erhob sich in der Verfassunggebenden Versammlung und sprach mit bewegter Stimme die einfachen Worte, die noch heute in Indien gern zitiert werden:

Vor langen Jahren haben wir eine Verabredung mit dem Schicksal getroffen, und nun ist die Zeit gekommen, da wir unser Gelübde einlösen werden, nicht gänzlich oder in vollem Umfang, aber im wesentlichen. Wenn es Mitternacht schlägt und die Welt schläft, wird Indien zu Leben und Freiheit erwachen. Es naht ein Augenblick, wie er in der Geschichte nur selten vorkommt, da wir aus dem Alten in das Neue treten, da ein Zeitalter endet und die Seele der Nation sich nach langer Unterdrückung Ausdruck verschafft. In diesem feierlichen Augenblick ist es angemessen, daß wir uns dem Dienst an Indien und seinem Volk und der noch größeren Sache der Menschheit verschreiben.[12]

Das mit der Teilung einhergehende Blutvergießen hatte diesen Tag jedoch zu einem Ereignis nicht nur der Freude, sondern auch des Schmerzes und der Trauer werden lassen. Moslems aus dem Norden Indiens flohen nach Pakistan. Hindus und Sikhs aus Pakistan flohen nach Indien. Unterwegs brachten sie sich gegenseitig um. In den Städten, die sie für immer verließen, plünderten sie Häuser, vergewaltigten Frauen, verbrannten Kinder bei lebendigem Leibe und schrien religiöse Parolen. Es war eine grausame Ironie, daß in den Monaten vor der Unabhängigkeit nur ein weißes Gesicht Sicherheit garantierte. Diese zahllosen Tragödien verdunkelten die Morgenröte der Unabhängigkeit. Im benachbarten Pakistan schrieb der radikale Dichter Faiz Ahmed Faiz das Gedicht »Der Freiheit Morgen«, das für viele mit der »Verabredung mit dem Schicksal«, von der Nehru gesprochen hatte, untrennbar verbunden war[13]:

Dies Frührot voll Flecken, dieser nachtzerfleischte Morgen –
Das Ziel der Erwartung, der Tagesanbruch ist dies nicht;
Der Tagesanbruch ist dies nicht, nach welchem strebend
Die Freunde unterwegs war'n – mußte irgendwo doch sein
In des Himmels Wüste das letzte Ziel der Sterne,
Irgendwo mußt' ein Ufer sein für der Nacht träge Welle,
Irgendwo mußte enden des Herzeleids Schiff seine Fahrt.
Nun hört man, erreicht sei die Trennung von Finsternis und Licht,
Nun hört man, erreicht sei die Verbindung von Schritt und Ziel.
Geändert hat sich sichtlich das Betragen der Führer:
Vereinigung zu bejubeln ist geboten, Trennung zu beklagen untersagt.
Der Seele Feuer, des Auges Sehnsucht, des Herzens Brennen:
Für keines zeigt das Mittel Trennung eine Wirkung.
Woher kam der liebliche Windhauch, wo ging er hin?
Noch hat die Lampe am Wege von ihm keine Kenntnis.
Noch ist es Nacht, und Beschwernis schwand nicht,
Für Befreiung von Auge und Herz schlug die Stunde nicht.
Schreitet voran, denn erreicht ist das Ziel noch nicht.

Ministerpräsident von Indien
1947–1964

Der bald achtundfünfzigjährige Nehru stand nun am Beginn des bedeutendsten Abschnitts seines Lebens. Es würde kein heroischer Abschnitt sein, aber er würde ihm neue Kräfte abverlangen und ihn vor unbequeme Alternativen stellen, letztlich einen Schatten auf seine Herrschaft werfen und Indien ein unruhiges Erbe hinterlassen.

Die Engländer waren abgezogen, bald gefolgt von den Mountbattens; in welcher Verfassung aber befand sich das Land, das sie hinter sich zurückließen? Ihre wichtigsten Hinterlassenschaften waren die beiden Institutionen, die sie fast zwei Jahrhunderte lang mit einer Mischung aus väterlicher Zuneigung und Disziplin gehätschelt und entwickelt hatten: die Indische Armee und der Indian Civil Service. Diese beiden Organe versahen den jungen Staat mit einem erwachsenen Rückgrat. Der Civil Service ermöglichte einen reibungslosen Übergang in das neue Staatswesen. Die Armee verteidigte die neuen Grenzen. Der neue Staat war also indisch in Farbe, Gestalt und Gebaren, aber seine britische Abstammung war nicht zu verkennen. Immerhin hatten die Engländer das alte Indien nicht wesentlich verändert. Einiges hätte sich ohnehin nicht ändern lassen. Die heiße Sonne, die dichten Palmwälder, die Reisfelder und Teeplantagen, die riesigen Bäume, die seit undenklichen Zeiten dastanden, die Lehmhütten der ausgemergelten Bauern, die Tempel und Moscheen, die bunten Götterbilder des Südens, all das schien unwandelbar. Nicht dagegen die Herrschaft der Fürsten und Maharadschas. Für juwelengeschmückte Turbane, von Elefanten getragene farbenprächtige Baldachine und Sänften und die Zurschaustellung von Gold und Silber unter dem Schutz von Speer und Keule, Gewehr und Maschinenpistole war die Zeit vorbei. Die Königshäuser hatten den Briten gut gedient. Sie hatten die Nationalisten verspottet und behindert. Nach ihrem – mehr oder weniger bereitwillig vollzogenen – Anschluß an das neue Indien sollten sie demokratisiert und integriert werden und keinerlei Privilegien mehr genießen.

Die Fürstenstaaten waren von den Engländern sorgsam gehegt worden. Rushbrook Williams, langjähriger Mittelsmann zwischen dem *Raj* und den Königshäusern, hatte am 28. Mai 1930 im Londoner *Evening Standard* geschrieben:

Die Lage dieser Vasallenstaaten, die ganz Indien wie ein Schachbrett muster überziehen, stellt einen großen Schutz dar. Es ist, als errichte man auf umstrittenem Territorium ein ausgedehntes Netz befreundeter Festungen. Eine allgemeine Rebellion gegen die Briten hätte dank dieses Netzes mächtiger und loyaler Eingeborenenstaaten Mühe, sich auf ganz Indien auszudehnen.

Kurz, hier hatte eine recht unkomplizierte Beziehung bestanden. Als die Briten gingen, hatten sie zur Bedingung gemacht, daß die Herrscher dieser Fürstentümer in Hinblick auf ihre Zukunft das letzte Wort behielten. Sie sollten sich Indien oder Pakistan anschließen oder unabhängig bleiben können, auch wenn jeder wußte, daß die letzte Option unrealistisch war. Dessenungeachtet war die letzte Phase der Beschlußfassung über den weiteren Weg dieser exotischen Relikte von allerhand Machenschaften gekennzeichnet. Nehru bot den Fürsten erhebliche Staatszuwendungen, die ihnen die Fortsetzung ihres prunkvollen Lebenswandels gestatten würden, falls sie sich in das indische Staatswesen eingliedern ließen. Es sollte seiner Tochter in späteren Jahren vorbehalten bleiben, auch diese Zuwendungen abzuschaffen und die Fürsten endgültig auf die Erde herunterzuholen.

In Kaschmir und Haidarabad sah sich Nehru gezwungen, Gewalt anzuwenden. Im ersteren Fall hatte Jinnah pakistanische Freiwillige entsandt, um Srinagar (die Hauptstadt Kaschmirs) einzunehmen, bevor indische Truppen das Tal erreichen konnten. Kaschmir war ein Fürstenstaat mit Moslemmehrheit, aber einem Hinduherrscher. Scheich Abdullah, ein fähiger und umsichtiger Provinzführer, hatte schon vor der Unabhängigkeit auf seiten des Kongresses gestanden. Er war ein Gegner der Moslemliga und hatte den Wunsch, daß Kaschmir ein Teil Indiens blieb. Eine Volksabstimmung allerdings wurde nie zugelassen. Nachdem die pakistanischen Freiwilligen von indischen Truppen zurückgeschlagen worden waren, wurde 1949 durch Vermittlung der Vereinten Nationen ein Waffenstillstand geschlossen. Kaschmir wurde ebenfalls geteilt, wobei der größte Teil (einschließlich der bevölkerungsreichsten Gebiete) bei Indien verblieb. Gandhi, der Apostel der Gewaltlosigkeit, hatte diesmal, wenn auch zögernd, seine Zustimmung zum Truppeneinsatz gegeben. Er hatte weder im Kongreß noch in der Regierung eine offizielle Position inne. Sein Einfluß war jedoch weiterhin enorm, und Nehru zog ihn bei allen wichtigen Fragen zu Rate.

Das brennendste Problem Indiens war nach wie vor der Kommunalismus. Anfang 1948 wurde die Zahl der Hindu- und Sikhflüchtlinge, die sich in Delhi und Umgebung angesiedelt hatten, auf annähernd eine halbe Million geschätzt. Diese Menschen waren verbittert, verzweifelt, aufgebracht und entwurzelt – eine leichte Beute für die faschistoide Propaganda der Hindu Mahasabha und des Rashtriya Svayamsevak Sangh (RSS), zweier kommunalistischer Gruppierungen, die die Moslems von Delhi terrorisierten. Die alte Hauptstadt hatte eine große Moslembevölkerung, die sich um den Chandni Chauk (Mondscheinplatz) konzentrierte. Von hier aus hatte der moslemische Kongreßführer Abul Kalam Azad an Delhis Moslems appelliert, nicht nach Pakistan zu fliehen. Er hatte in einem einfachen Urdu gesprochen und auf die Traditionen der alten Stadt verwiesen. Er hatte sie an Akbars Herrschaft erinnert, sie beschworen, ihre Heimat nicht zu verlassen, und ihnen erklärt, er, Azad, würde nie den Chandni Chauk für irgendein vermeintliches Paradies verlassen.

Als die RSS-Rowdys Pogrome zu organisieren begannen, um die Moslems zu vertreiben, entlud sich Nehrus Zorn auf seinen für Recht und Ordnung zuständigen Innenminister Vallabhbhai Patel, einen traditionalistischen, vom Kommunalismus infizierten Hindu, Widersacher Nehrus und Protégé Gandhis. »Ich werde nicht dulden, daß Moslems wie Tiere abgeschlachtet werden«, ließ Jawaharlal Patel wissen. Der Innenminister erwiderte trocken, die Berichte seien übertrieben. Da mischte sich Gandhi in den Streit ein. »Ich lebe nicht in China«, belehrte er den Mann, der ihm alles verdankte, »sondern hier in Delhi, und überdies kann ich immer noch meinen Ohren und Augen trauen. Wenn Sie mich dazu überreden wollen, meinen eigenen Augen und Ohren nicht zu trauen, und mir weiszumachen versuchen, daß die Moslems keinen Grund zur Klage hätten, dann wird offensichtlich keiner von uns den anderen überzeugen.«[1] Daraufhin zog es Patel vor, zu schweigen.

Am 12. Januar 1948 kündigte der achtundsiebzigjährige Gandhi an, er werde den sechzehnten Hungerstreik seines Lebens beginnen, um gegen die Gewalttaten in Delhi zu demonstrieren; indirekt richtete sich dieser Schritt auch gegen Patels Tatenlosigkeit. Nehru, Patel und Azad versuchten ihn gemeinsam davon abzubringen, aber Gandhi weigerte sich, auf sie zu hören. Nehru war tief besorgt um das Leben des alten Mannes, der sich in einem Alter befand, in dem regelmäßige Ernährung unverzichtbar war. Patel erklärte, daß sein Tod niemandem helfen würde, und machte Anstalten, den Raum zu verlassen. Als Azad ihn aufforderte, zu bleiben, verlor er die Geduld: »Was hat es für einen Sinn, daß ich bleibe?« rief er heftig. »Gandhi will nicht auf mich hören. Er scheint entschlossen, die Hindus vor der ganzen Welt anzuschwärzen. Wenn das sein Ziel ist, gibt es für mich hier nichts zu tun. «[2] Zornig über diese Arroganz begann Gandhi seinen Hungerstreik fur Indiens Moslems. Sechs Tage lang aß er nichts. Die Nachricht von der rapiden Verschlechterung seines Zustands löste in ganz Indien Bestürzung aus. Auf Massenversammlungen in Delhi wurden Resolutionen verabschiedet, die Gandhis Appelle zur Einstellung jeglicher kommunalistischen Gewalttätigkeit guthießen und bekräftigten. Die Führer der örtlichen Religionsgemeinschaften suchten Gandhi auf und verpflichteten sich, den Gewalttaten Einhalt zu gebieten. Daraufhin brach Gandhi sein Fasten ab und verkündete seine Absicht, mit einem Besuch in Pakistan seine Bemühungen um ein friedliches Miteinander fortzusetzen. Zwei Tage später, am 30. Januar, wurde er von einem Hindufanatiker und RSS-Mitglied ermordet. Während Indien auf die Bekanntgabe der Identität des Mörders wartete, schlossen sich die Moslems in ihren Häusern ein. Sie hatten Angst vor einem entsetzlichen Blutbad, falls sich der Mörder als Moslem herausgestellt hätte. Das moslemische Indien betrauerte Gandhis tragischen Tod, war aber erleichtert, daß der Mörder aus den Reihen der religiösen Mehrheit kam.

Gandhis Tod erschütterte Indien. Es fiel Nehru als Ministerpräsident zu, mit Tränen in den Augen für das trauernde Land zu sprechen:

> Das Licht ist aus unserem Leben gewichen, und Finsternis herrscht überall. Ich weiß nicht, was ich euch sagen oder wie ich es ausdrücken soll. Unser geliebter Führer, Bapu [Vater], wie wir ihn nannten, ist nicht mehr. Nie mehr werden wir ihn um Rat fragen oder Trost bei ihm suchen, und das ist ein schrecklicher Schlag nicht allein für mich, sondern für Millionen und Abermillionen in diesem Lande.
> Das Licht ist ausgegangen, sagte ich, und hatte doch unrecht, denn das Licht, das in diesem Lande schien, war kein gewöhnliches Licht. Das Licht, das dieses Land all die Jahre erleuchtet hat, wird noch viele Jahre weiter leuchten, und noch in tausend Jahren wird es in diesem Lande und auf der Welt zu sehen sein.[3]

Auf sehr drastische Weise fühlte sich Nehru nun allein. Zwar gab es Männer wie Azad, Kidwai und Menon, die ihm nahestanden und auf die er sich verlassen konnte, aber es gab niemanden mehr, den er als überlegen und dessen Einwände und Ratschläge er als unverzichtbar betrachtete. In späteren Jahren wurde seine Tochter Indira ein immer wichtigerer Gesprächspartner, aber sie verfügte nicht über Gandhis Autorität oder Azads Erfahrung.

Nach Gandhis Tod war Nehru der einzige Inder, den die Welt kannte. In seine Amtszeit als Ministerpräsident fielen sowohl dramatische Ereignisse auf der internationalen Bühne, wo er einen unauslöschlichen Eindruck hinterlassen sollte, als auch eine Reihe von Krisen im Inland, die die Probleme ankündigten, vor denen Indien noch heute steht. Der Kongreß war eine Bewegung gewesen, ein Dach, unter dem sich Nationalisten verschiedenster Anschauung zusammengefunden hatten, bereit, ihre Differenzen zurückzustellen, bis die Briten zum Verlassen Indiens gezwungen worden waren. Doch als dieses Ziel nun erreicht war, traten die Differenzen zum Vorschein. Boses Anhänger hatten sich bereits abgespalten und den Forward Bloc gebildet, der in Bengalen eine starke Basis hatte. Dann verließen Jayaprakash Narayan und andere Sozialisten den Kongreß, um eine unabhängige sozialistische Partei zu gründen. In Westbengalen und auf dem Gebiet des späteren südindischen Staates Kerala traten viele Kongreßmitglieder zur Kommunistischen Partei Indiens (KPI) über.

Die KPI vertrat in den Jahren 1947/48 die Ansicht, die gerade erlangte Freiheit sei eine »falsche Freiheit«, die Regierung Nehru sei ein Satellit des britischen Imperialismus und die Kommunisten seien verpflichtet, den Kampf fortzusetzen. Der KPI-Führer B. T. Ranadive rief zu Aufstand und bewaffnetem Kampf auf. Sein Ruf wurde in einigen Regionen wie Telengana, Andhra und Westbengalen befolgt, doch die Kommunisten fanden sich isoliert und ohne Rückhalt bei den Massen. Sie blieben im Untergrund, und Innenminister Patel war nicht bereit, seine Nachsicht gegenüber Hindu-Kommunalisten auch auf Indiens Kommunisten auszudehnen. Es kam zu Massenverhaftungen, viele Parteiaktivisten wanderten hinter Gitter. Als die KPI ihre Haltung änderte und sich zur Beteiligung an den Wahlen entschloß, wurden ihre Mitglieder entlassen und die ihnen auferlegten Beschränkungen aufgehoben. Gelegentlich ermahnte Nehru die Kongreß-Provinzführer, die Kommunisten nicht allzu grob zu behandeln. Unter ihnen waren einige der intelligentesten Menschen des Landes, und er wollte sie nicht in dauernde Verbitterung treiben.

Während sich Patel auf die Kommunisten konzentrierte, sagte Nehru dem Hindu-Kommunalismus den Kampf an. Nach Gandhis Tod waren Hindu Mahasabha und RSS in die Defensive geraten.

Nehru war entschlossen, ihnen keinen Pardon zu geben. Er erklärte, er betrachte sie als Feinde Indiens und seiner selbst; er werde nicht ruhen, bis er ihnen eine entscheidende Niederlage beigebracht hätte. Diese Auseinandersetzung fand gelegentlich im Innersten des Kongresses statt, so als Patel 1948 den alten Hindu-Kommunalisten und Fanatiker P. D. Tandon für das Amt des Kongreßpräsidenten vorschlug. Nehru unterstützte die Kandidatur Kripalanis, eines seiner eigenen Anhänger. Tandon gewann mit dem knappen Resultat von 1306 zu 1092 Stimmen. Ein Jahr später erklärte Nehru, in seiner Eigenschaft als Ministerpräsident sei er weder willens noch in der Lage, unter Tandon im Arbeitsausschuß mitzuwirken. Sein Rückzug zwang Tandon zum Rücktritt, was Patels Einfluß auf die Parteimaschinerie empfindlich schwächte.

Auch im Parlament war Nehru die beherrschende Figur; er nutzte jede Rede, um sowohl seine eigene Partei als auch die Opposition zu erziehen. Nachdrücklich unterstützte er eine von einem Parteilosen eingebrachte Gesetzesvorlage, die gewisse Beschränkungen für Parteien vorsah, deren Mitgliedschaft an Kriterien der Rasse, Kaste oder Religion geknüpft war. »Die Verbindung von Religion und Politik«, so erklärte er, »ist eine höchst gefährliche Verbindung, welche illegitime Abkömmlinge schlimmster Sorte hervorbringt.«[4] Einige Zeit später bekräftigte er seine Haltung, als der Hindu-Kommunalist S. P. Mookerji aus Protest gegen Nehrus »Nachgiebigkeit« gegenüber den Moslems von seinem Ministeramt zurücktrat und den Kongreß verließ:

Sie bringen uns in eine Lage, in der wir Menschen, die unsere Mitbürger sind, sagen müssen: »Wir müssen euch verstoßen, weil ihr einem anderen Glauben anhängt als wir.« Dieses Ansinnen würde, wenn man ihm folgte, den Untergang Indiens bedeuten und die Zerstörung alles dessen, wofür wir stehen und gestanden haben. Ich wiederhole, daß wir einem derartigen Ansinnen mit all unserer Kraft widerstehen werden, daß wir es in den Häusern, auf den Feldern und auf den Marktplätzen bekämpfen werden. Es wird in den Ratsstuben und auf den Straßen bekämpft werden, denn wir werden nicht zulassen, daß Indien auf dem Altar des Fanatismus abgeschlachtet wird.[5]

Zweifellos hat Jawaharlal Nehru mehr als jeder andere Kongreßführer für weltliche Grundsätze im unabhängig gewordenen Indien gefochten. Sein Triumph war vollkommen, so glaubte er wenigstens, als das Land am 26. Januar 1950 eine neue Verfassung annahm und sich zur Republik erklärte. Es war die umfangreichste Verfassung der Welt, vor allem aber war sie ganz und gar weltlichen Charakters. Es gab keine Staatsreligion; es bestand völlige Trennung von Staat und Religion; die Schulen sollten nach weltlichen Prinzipien geführt werden; es sollte keine Unterstützung der Religionen aus Steuermitteln geben. Alle Bürger waren vor dem Gesetz gleich, sämtliche Staatsämter waren jedermann zugänglich, Individuen und Vereinigungen genossen religiöse Freiheit. Die Präambel hatte einen deutlich sozialdemokratischen Klang. Sie versprach allen Bürgern soziale, ökonomische und politische Gerechtigkeit; Freiheit des Gedankens, des Ausdrucks, des Glaubens und der Religionsausübung; Status- und Chancengleichheit.

Die chinesische Revolution war zu diesem Zeitpunkt noch nicht ein Jahr alt. Im Oktober 1949 waren Mao Tse-tungs Armeen in Peking einmarschiert und hatten die Volksrepublik China ausgerufen. China war nicht nur der bevölkerungsreichste Staat der Welt; es hatte auch eine lange gemeinsame Grenze mit Indien. Es gab viele in Delhi, darunter einige von Nehrus größten Bewunderern, die mit sehnsüchtigen Blicken nach Peking schauten. Die chinesische Revolution hatte den alten Staat mit Stumpf und Stiel beseitigt und den Weg freigemacht für den Aufbau einer neuen Gesellschaft. Indien hatte den alten Kolonialstaat übernommen und den mühsamen Weg schrittweiser Reformen eingeschlagen. Der Kontrast war nicht zu übersehen. Die Präambel der indischen Verfassung war unverkennbar vor dem Hintergrund der Ereignisse in China geschrieben worden.

Innenpolitische Weichenstellungen

Die Briten hatten Indien als ein weitgehend agrarisches Land hinterlassen. Dies sollte einer der ernstesten Vorwürfe gegen ihre Herrschaft in Indien sein. Selbst die *Times* hatte sich bemüßigt gesehen, Kritik an der vorsätzlichen Behinderung der indischen Industrie durch die britischen Kolonialbehörden zu üben. Schon in einem Leitartikel vom 12. September 1882 hatte es geheißen: »Die Regierung hat einen derart ausgedehnten Verbrauch ... daß Indiens Handel und Industrie zumindest angeregt würden, wenn ihr ganzer Bedarf auf dem dortigen freien Markt beschafft würde ... Aber nein. Man könnte meinen, es sei eines der teuersten Privilegien des Indienministers, für seine

Kolonien einkaufen zu gehen; und der Vizekönig wagt nicht, sich hier einzumischen.«

Während des Ersten und Zweiten Weltkriegs hatten die Briten den indischen Industriellen dann allerdings eine Ausweitung ihrer Produktion gestattet und gewisse Beschränkungen aufgehoben, die das Wachstum des einheimischen Kapitals behinderten. Indiens aufstrebende Unternehmer nutzten ihre Chance. 1927 gründeten sie die Föderation Indischer Industrie- und Handelskammern (FICCI), bei deren Mitgliedschaft kommunale, kastenmäßige und regionale Unterschiede keine Rolle spielten. In der FICCI waren die gewandtesten Kapitalisten der Dritten Welt vertreten. Diese Männer waren mehrheitlich von den Brosamen des britischen Kapitals unabhängig; sie hatten ihre Industrien mit eigenem Kapital aufgebaut. Sie bekämpften das System der Vorzugszölle, das der *Raj* eingeführt hatte, um britischen Firmen zu helfen und den indischen Kapitalismus daran zu hindern, allzu konkurrenzfähig zu werden. Sie sahen sich als »nationale Hüter von Gewerbe, Handel und Industrie«, und 1928 erklärte FICCI-Präsident Purshottamdas: »Wir können unsere Politik nicht länger von unserer Ökonomie trennen. . . . Indiens Handel und Industrie sind eng mit der nationalen Bewegung verbunden, ja, sie sind ein untrennbarer Teil von dieser – sie wachsen mit ihrem Wachstum und sie erstarken mit ihrem Erstarken.«[6] G. D. Birla, der Weitsichtigste und Intelligenteste unter den FICCI-Führern, verwandte seine ganze Überzeugungskraft darauf, seinen Kollegen klarzumachen, daß dieses Setzen auf die nationalen Kräfte für den indischen Kapitalismus der einzig ernstzunehmende Weg sei. Von der britischen Regierung sei unter keinen Umständen zu erwarten, daß sie ihre eigenen Unternehmer benachteiligen und deren indischen Gegenspielern helfen würde. Daher, so Birla, liege die einzige Lösung darin, daß »jeder indische Geschäftsmann die Hände derer stärkt, die für die Freiheit des Landes kämpfen«.

Seit den dreißiger Jahren stand die indische Geschäftswelt fest hinter dem Kongreß. Über Nehrus betont sozialistische Orientierung in den Jahren 1933–36 war man allerdings außerordentlich beunruhigt. Eine Mehrheit wollte ihn öffentlich angreifen und aus seiner Schlüsselposition in der Bewegung entfernen, aber Birla überzeugte sie davon, daß Gandhi ihn schon zähmen würde. Außerdem wies er bereits 1936 darauf hin, daß von allen Kongreßführern allein Nehru in der Lage sei, Indien nach der Unabhängigkeit zu führen. Birlas Botschaft war einfach: Jawaharlal Nehru ist der beste Führer, den wir haben.

Lange bevor Nehru Ministerpräsident wurde, hatte er sich über die wirtschaftliche Zukunft des Landes intensivst mit den beiden Wirtschaftsführern J. R. D. Tata und G. D. Birla beraten. Bereits 1938 hatte man darin übereingestimmt, daß eine staatliche Wirtschaftsplanung unentbehrlich sein werde, um das Land zu modernisieren. Tata und Birla hatten einräumen müssen, daß das erforderliche Investitionsvolumen die Kapazitäten aller FICCI-Mitglieder überstieg und das Land eine gesunde Dosis Staatskapitalismus brauchte, um die Wirtschaft auf die Beine zu bringen. Von Sozialismus war nicht die Rede gewesen. Nach dem Inkrafttreten des India Act von 1935 und der durch die Wahlen von 1937 sanktionierten Machtbeteiligung des Kongresses bestimmte Indiens politische Bahn seine wirtschaftliche Zukunft. Die schrittweise Übernahme des alten Kolonialapparats bedeutete zugleich ein wachsendes Festhalten an überkommenen Strukturen. Jeder Versuch Nehrus, an die »reine« sozialistische Lehre anzuknüpfen und die »Könige der Industrie« zu enteignen, hätte zu seiner sofortigen Entfernung aus der Kongreßführung geführt. Unausgesprochen waren sich alle Seiten dieser Realität bewußt.

Vor der Unabhängigkeit hatten Landreformen zu den wichtigsten Forderungen des Kongresses gehört. Es hatte geheißen, das Land müsse dem gehören, der es bebaut; die Verschuldung der Landarbeiter sollte abgeschrieben werden, an die Stelle der verhaßten Geldverleiher sollten generell staatliche Kreditanstalten treten. Das Ziel war, alle Spuren von Grundbesitzerherrschaft und Halbfeudalismus zu beseitigen. Nach der Unabhängigkeit wurden Landreformen verkündet, doch sie brachten den ländlichen Gebieten keine grundlegende Änderung. Einige außerökonomische Rechte, die die Grundbesitzer ausgeübt hatten, wurden beschnitten, die Bauern erhielten gewisse Garantien gegen willkürliche Vertreibungen, und die Pachtzahlungen wurden neu geregelt, doch keine dieser Maßnahmen genügte, um einen grundlegenden Wandel auf dem Land herbeizuführen. Oft blieb es bei ihrer Verkündung, während die Umsetzung in die Praxis daran scheiterte, daß die Kongreßmaschinerie auf der Ebene der Staaten von den Dorfreichen beherrscht wurde. Sie leisteten Widerstand gegen jeden Wandel. Zwar wurden einige der größten Landgüter aufgeteilt, doch insgesamt blieben die Reformen weit hinter den gesteckten Zielen zurück. Die staatliche Planungskommission lieferte in ihrem Entwurf zum Vierten Fünfjahresplan folgendes Eingeständnis:

In einigen Regionen des Landes werden ausgedehnte Flächen noch immer auf der Basis informeller Teilpachtvereinbarungen bestellt; es gab Vertreibungen von Pächtern unter dem Deckmantel freiwilliger Landaufgabe; die Vorschriften über angemessene Pacht wurden nicht in allen Fällen wirksam durchgesetzt; und die Obergrenzen [für Landbesitz] wurden durch das wohlbekannte Verfahren der Übertragung und Aufteilung umgangen, weshalb nicht viel Land zur Verteilung an die Landlosen zur Verfügung stand.[7]

In ihrer Studie *Land and Labour in India* schrieben Alice und Daniel Thorner: »Offen gesagt, die indische Landreformgesetzgebung ist unzulänglich konzipiert worden; Gesetzesvorlagen mit erheblichen Schlupflöchern wurden in den Parlamenten eingebracht, die ihrerseits die ursprünglichen Entwürfe noch erheblich dadurch abschwächten, daß sie sie mit verstümmelnden Zusätzen versahen.«[8] So nützten die Landreformen vor allem einer begrenzten Schicht reicher Bauern, die als unentbehrliche Mittelsmänner im Kongreß auf regionaler wie nationaler Ebene außerordentlich gut vertreten waren. Sie unterstützten freudig die Beschneidung der Rechte der Großgrundbesitzer, lehnten aber kooperative Formen der Landwirtschaft, eine Sicherung der Pachtverhältnisse der armen Bauern und allzu strenge Höchstgrenzen für Landbesitz ab.

Auch in der Sphäre der Industrie wollten die Ungleichheiten nicht verschwinden. Zwar wurden alle möglichen Projekte in Angriff genommen, zwar versprachen die Kongreßführer, daß man sich, wenn auch langsam, auf einen Zustand der Gleichheit hinbewege, und Nehru sprach wiederholt von einem »sozialistischen Gesellschaftsmodell«. Doch während er dieses Modell als einen »mittleren Weg zwischen der orthodoxen Praxis der kommunistischen und der kapitalistischen Länder« definierte, hegten die Männer der FICCI über den Charakter der Wirtschaft keine Zweifel. Für sie handelte es sich um einen auf einen starken öffentlichen Sektor gestützten Kapitalismus. Aus diesem Grund sorgten sie dafür, daß die Tresore des Kongresses nie leer waren. Das hieß nicht etwa, daß der staatliche Sektor vom privaten Kapital abhängig war; vielmehr waren die großen Firmen auf den guten Willen des Staates und seiner Behörden angewiesen. 1951 wurde auf Betreiben Nehrus ein Industriegesetz verabschiedet, das es den Behörden erlaubte, die Privatindustrie zu beschränken, zu regulieren und zu kontrollieren. Es führte zur Einrichtung einer Lizenzkommission und verpflichtete private Unternehmer, sich die Erweiterung oder Gründung von Unternehmen lizenzieren zu lassen. 1956 wurde ein Gesellschaftsgesetz verabschiedet, das die Monopolbildung zähmen sollte. Ein ausländischer Experte beschrieb es als eines der detailliertesten und strengsten Wirtschaftsgesetze, die es auf der ganzen Welt gibt.

Diese neuen Gesetze sollten Exzesse eindämmen. Tatsächlich erweiterten sie die Macht der Verwaltungsbeamten, die nie zuvor das Recht gehabt hatten, über Leben oder Tod einer Privatfirma zu entscheiden. Es überrascht nicht, daß dieser Machtzuwachs zu irregulären Einflußnahmen führte, und schon zu Nehrus Lebzeiten erreichte die Korruption astronomische Ausmaße. Die Monopolbildung konnte keineswegs eingedämmt werden, und 1961 offenbarte eine offizielle Regierungskommission, daß 1,6 Prozent der Gesellschaften des Landes 53 Prozent des gesamten privaten Kapitals hielten, während 86 Prozent der Unternehmen zusammen nur über einen Kapitalanteil von 14,6 Prozent geboten. Die Firmen Birla und Tata, Motoren des Unabhängigkeitskampfes, standen an der Spitze einer Liste von zwanzig Gesellschaften, die das Wirtschaftsleben des Landes beherrschten. Die ersten vier dieser zwanzig – Birla, Tata, Dalmia-Sahu und Martin Burn – kontrollierten 25 Prozent des gesamten indischen Aktienkapitals und einen Großteil von Industrie, Handel, Banken und Presse. ln seinem Buch *Mystery of Birla House* (»Das Geheimnis des Hauses Birla«) beschreibt Debajyoti Burman detailliert, wie die Industriegiganten in Indien vorgingen. Er schildert Korruption, Bestechung und betrügerische Buchführung, schreibt über politische und gesellschaftliche Querverbindungen und offenbart die Unterwanderung religiöser Wohlfahrtsinstitute, die Kontrolle über Bildungs- und Kultureinrichtungen und so fort.

Viele dieser Mißstände waren Nehru bekannt. Er sah in ihnen den Preis, der für die ungestörte Entwicklung des Landes gezahlt werden mußte, und konzentrierte seine Aufmerksamkeit auf Probleme, deren Lösung er für dringlicher hielt. Vor allem beschäftigte ihn die Frage der nationalen Einheit. Lange vor der Unabhängigkeit hatte sich der Kongreß darauf verständigt, die Provinzgrenzen nach Sprachgebieten neu zu ordnen. Das war als Zugeständnis an die Provinzen gedacht und sollte der Unabhängigkeitsbewegung landesweite Unterstützung sichern. Nach der Unabhängigkeit stand Nehru diesem Plan außerordentlich zurückhaltend, ja ablehnend gegenüber. Innerhalb des Kongresses sah es jedoch anders aus. Nehrus Gegenspieler Patel war zwar sehr krank und starb bald darauf, doch seine Anhänger waren entschlossen, in der Frage der Festlegung der Provinzgrenzen nach

Sprachgebieten Nehru keinen Sieg zu gönnen. Seine säkularistische Offensive war erfolgreich gewesen. In der »Sprachenfrage« mußte das alte Versprechen eingelöst werden. Staatspräsident Rajendra Prasad berief eine Untersuchungskommission ein, die die Vorstellungen der Provinzen prüfen sollte. Zwischen 1950 und 1956 wurde Anspruch auf Errichtung von Provinzen in den Grenzen der Sprachgebiete von Telugu, Malayalam, Marathi, Gujarati und Panjabi erhoben. Der Bengalistaat Westbengalen bestand aufgrund der Teilung des Subkontinents bereits. Allmählich sah Neru ein, daß eventuelle sezessionistische Bestrebungen am ehesten durch die Gewährung eines gewissen Maßes an regionaler und kultureller Autonomie zu verhindern waren. Die neuen Staaten Andhra Pradesh (Telugu) und Kerala (Malayalam) wurden gebildet; die Provinz Bombay wurde in die beiden Staaten Maharashtra (Marathi) und Gujarat (Gujarati) geteilt. Nach Nehrus Tod wurde der Panjab in den panjabisprachigen, vorwiegend von Sikhs bewohnten Panjab und das angeblich hindisprachige, von Hindus dominierte Haryana geteilt. Diese letzte Teilung war in gewisser Weise die zweifelhafteste von allen, und wie wir noch sehen werden, sollte das Urteil der Geschichte über sie sehr unfreundlich ausfallen.

Indien zahlte jetzt den Preis für die elitäre Bildungspolitik des britischen *Raj*. Jahrhundertelang hatte die Vielfalt des Landes die Idee eines einzigen Indien nicht in Frage gestellt. Die alte Sprache Sanskrit hatte die brahmanischen Eliten geeint, die das Land beherrschten. Die Bildersprache und die religiösen Geschichten aus dem Sanskrit waren selbst in die entlegensten Dörfer gedrungen, und die Nichtbrahmanen hatten diese kulturelle Hegemonie stillschweigend akzeptiert. Die Einfälle der Moslems hatten die Vorherrschaft des Sanskrit beendet, ohne eine neue gesamtindische Sprache zu etablieren. Am Hof sprach man persisch, das dann in die neue Mischsprache Urdu einging, deren gesprochene Version als Hindustani bezeichnet wurde. Mit der britischen Eroberung wurde Englisch zur Sprache der neuen Eliten, zur Sprache des Anschlusses an ein neues Zeitalter der Industrie, Wissenschaft und Technologie. Der bengalische Literaturnobelpreisträger Rabindranath Tagore, der sich sehr für das Erlernen des Englischen einsetzte, klagte gleichwohl:

Wir bestehen Prüfungen und verkümmern zu Buchhaltern, Rechtsanwälten und Polizeiinspektoren ... Es gab einmal eine Zeit, da besaßen wir in Indien so etwas wie einen eigenen Geist. Er lebte. Er dachte, er fühlte, er drückte sich aus. Doch er ist beiseitegestoßen worden, und man schickt uns in die Tretmühle der Prüfungen, nicht damit wir etwas lernen, sondern damit wir kundtun, daß wir für eine Tätigkeit in englischsprachigen Institutionen qualifiziert sind. Die Gemeinschaft unserer Gebildeten ist keine kultivierte Gemeinschaft, sondern eine Gemeinschaft qualifizierter Kandidaten.[9]

Natürlich traf Tagores Beobachtung weitgehend zu, aber die Tatsache blieb, daß das Englische damals wie heute das einzige Medium war, in dem sich ein Tamile aus Madras mit einem Bengalen aus Kalkutta, einem Panjabi aus Amritsar oder einem Malayali aus Trivandrum verständigen konnte. Nehru selbst setzte sich sehr für das Englische als modernisierenden Faktor ein. Er hatte nichts dagegen, daß Studenten an indischen Universitäten ihre Prüfungen in ihrer jeweiligen Regionalsprache ablegen konnten, aber er sah es nicht ungern, daß in naturwissenschaftlichen und technischen Fächern die überwältigende Mehrheit Englisch vorzog.

Angesichts der Tatsache, daß sich die Lage auf dem Lande für die Bauern kaum als Befreiungsprozeß beschreiben ließ und daß in der Industrie Großunternehmen wie Birla und Tata entscheidenden Einfluß ausübten, und angesichts der Nähe und der Auswirkungen der chinesischen Revolution von 1949 war es klar, daß sich der Kongreß seiner größten Herausforderung von seiten der Linken gegenübersehen würde. Der einzige Herausforderer auf nationaler Ebene hätte die Anfang der 1940er Jahre erstarkende Kommunistische Partei sein können. Unmittelbar nach der Unabhängigkeit hatte sie sich mit Unterstützung Moskaus, das im Zuge des Kalten Krieges die Regierung Nehru für ein Geschöpf des Imperialismus hielt, in einem Guerillakrieg nach chinesischem Muster versucht. Dieser Versuch war kläglich gescheitert, die Partei vorübergehend verboten worden. Daraufhin hatte sie, erneut auf Wink Moskaus, beschlossen, sich an den ersten allgemeinen Wahlen nach Inkrafttreten der neuen Verfassung zu beteiligen.

Die KPI hatte in der Unabhängigkeitsbewegung eine nationale Rolle gespielt, aber sie war nie eine nationale Partei geworden. Die Ursachen hierfür lagen sowohl in ihrer regionalen Verbreitung als auch in ihren taktischen Fehlern während der Kolonialzeit begründet. Im hindisprachigen Gürtel Nordindiens hatte sie nie Wurzeln schlagen können. In Bombay spielte sie eine entscheidende Rolle bei der Gründung von Gewerkschaften, verrmochte aber nie eine entsprechende politische Basis zu entwickeln. Die drei Regionen des Landes, in denen die KPI eine Massenanhängerschaft gewinnen konnte, waren Andhra Pradesh, Westbengalen und Kerala. Hierfür gab es verschiedene Gründe; der wichtigste lag in der Taktik, die man in den Tagen des *Raj* eingeschlagen hatte. In allen drei Regionen hatten die Kommunisten auf örtlicher Ebene im Rahmen der Kongreßpartei gearbeitet. K. Damodaran, ein altes KPI-Mitglied, schilderte später in einem Interview das kommunistische Vorgehen in Kerala:

> Zwar wurde die KPI schon 1934/35 gegründet, aber ihre Entwicklung war ungleichmäßig. Die erste kommunistische Gruppe in Kerala bei spielsweise wurde erst 1937 . . . ins Leben gerufen. Wir beschlossen damals, uns nicht offen Kommunistische Partei zu nennen, sondern uns innerhalb der Kongreßsozialisten eine Basis zu schaffen. Ich glaube, daß das richtig war, aber auf nationaler Ebene wurde nicht so verfahren . . . Unser Einfluß innerhalb des Kongresses von Kerala war nicht unerheblich; wir waren anerkannte Führer und bekleideten Posten in den leitenden Ausschüssen. Wir nutzten unsere Positionen im Kongreß, um Gewerkschaften, Bauernorganisationen, Studentenverbände und Schriftsteller-Vereinigungen aufzubauen. Eine reguläre Kommunistische Partei gründeten wir in Kerala erst Ende 1939. Zweifellos spielte unsere Massenarbeit in Verbindung mit der Tatsache, daß wir mit den nationalistischen Bestrebungen des Volkes identifiziert wurden, eine wesentliche Rolle dabei, daß Kerala eine der wichtigsten Hochburgen des Kommunismus nach der Unabhängigkeit wurde.[10]

Mit Elan und Zuversicht, aber auch mit Sorge stürzte sich Nehru in den Wahlkampf für die ersten allgemeinen Wahlen zu den indischen Parlamenten. Er wußte, daß die kommunalistische Krankheit Mitglieder seines eigenen Kabinetts angesteckt hatte. Einer von ihnen, S. P. Mookerji, war zurückgetreten, hatte den Kongreß verlassen und eine offen kommunalistische Partei, den Jan Sangh, gegründet. Für Nehru bedeuteten die bevorstehenden Wahlen nicht zuletzt eine Abstimmung über seine antikommunalistische Haltung. Würde der Säkularismus siegen, oder würde die indische Demokratie im Chaos versinken? Die Wahlen zur Lok Sabha (Volksversammlung) und zu den Bundesstaatsparlamenten zogen sich von Oktober 1951 bis Mai 1952 hin. Sie waren ein einzigartiges Experiment. Mit einer Gesamtzahl von 173 213 635 Wählern war Indien die größte freiheitliche Demokratie der Welt. Der Kongreß war zwar die mit Abstand größte und einflußreichste politische Partei im Lande, doch konnte man ihm nicht den Vorwurf machen, er behindere den Pluralismus. Insgesamt 59 Parteien stellten 17000 Kandidaten als Bewerber um die fast 4000 Sitze des gesamtindischen Parlaments und der bundesstaatlichen Volksvertretungen auf. Im September 1949 war sogar das nach Gandhis Ermordung über den RSS und die Hindu Mahasabha verhängte Verbot aufgehoben worden. Man konnte also nicht einmal behaupten, der Hindu-Kommunalismus werde seiner Freiheit beraubt.

Sobald er vor öffentlichen Versammlungen sprach, war Nehru in seinem Element. Die Erleichterung darüber, sein Büro im South Block verlassen zu können, war für jedermann deutlich erkennbar. Endlich bot sich eine Gelegenheit, im Lande umherzufahren, Veteranen der Bewegung zu treffen, gegen den Kommunalismus zu streiten, den Kommunisten wirkliche Lösungen für die indischen Probleme abzusprechen, sich aber auch endlose Klagen anzuhören. Man erzählte ihm von mehreren Fällen der Gewalttätigkeit zwischen Angehörigen verschiedener Kasten auf den Dörfern, wo Hindus der höheren Kasten solche aus niederen Kasten, die in den Ortsrat gewählt worden waren, ermordet hatten. Fälle, in denen Hindus Hindus töteten. Wie er das Kastensystem verfluchte! Gandhi hatte die absurden Praktiken dieses Systems und seine Tabus gegeißelt, doch nie die Kastentrennung als solche angegriffen. Dies tat Nehru nun mit aller Entschiedenheit; das Kastensystem, so erklärte er, sei ein verzerrter, entarteter Ausdruck der Vorgeschichte des Hinduismus. Warum sollten sich moderne Inder an Vorurteile halten, die über zweitausend Jahre alt waren und deren Ursachen unter Historikern noch immer umstritten waren? Auf Hinweise, daß vielleicht die Chinesen den richtigen Weg gefunden hätten, mit alten Sitten und Gebräuchen umzugehen, antwortete er nachdenklich aber bestimmt, Indien habe einen anderen Weg gewählt und es sei zu spät, sich über den chinesischen Kurs Gedanken zu machen.

Das Wahlergebnis war ein gigantischer Triumph für den Kongreß. Er gewann 364 von 499 Sitzen im Bundesparlament und eine Mehrheit in 22 der 26 (damaligen) Staaten; in den restlichen vier Staaten wurde er stärkste Partei. Der rechtsextreme Jan Sangh hatte lediglich drei Sitze im Bundesparlament und 35 Sitze in den Provinzparlamenten gewonnen. Bedeutendste Oppositionspartei wurde die KPI. Sie hatte 16 Sitze im Bundesparlament und 106 Sitze in den Staaten gewonnen, überwiegend im Süden. Nehru fühlte sich bestätigt. Zu Recht begriff er das Wahlergebnis als ein deutliches Vertrauensvotum für seine Politik, und sowohl unter den Mitgliedern als auch in der Führung des Kongresses war man sich im klaren darüber, wie groß sein persönlicher Anteil an diesem Sieg war. Vier Jahre nach der Unabhängigkeit wurde er als ganz und gar unentbehrlich betrachtet. Sein enormes Prestige im Lande bedeutete zugleich eine nachhaltige Stärkung seiner Position im Kongreß.

Außenpolitische Orientierungen

Indiens Unabhängigkeit fiel mit dem unwiderruflichen Bruch des Kriegsbündnisses zwischen den USA, der UdSSR und Großbritannien zusammen. Europa wurde in zwei Blöcke geteilt. Osteuropa machte einen Prozeß der Stalinisierung durch; Westeuropa geriet unter die Vorherrschaft der Vereinigten Staaten. Der Einsatz von Kernwaffen gegen Japan war vom Westen nicht zuletzt als Demonstration der Stärke gegenüber seinem einstigen Alliierten Rußland gedacht. Die chinesische Revolution veränderte die Landkarte Asiens und das Kräftegleichgewicht im Weltmaßstab. Washington fühlte sich herausgefordert, und aus dem Kalten Krieg wurde in Korea ein heißer, in dem der Westen dem Osten entgegentrat. Peking sah das westliche Eingreifen in Korea als unverhüllten Versuch, seine soziale Umwälzung zu isolieren. Als das nordkoreanische Regime ins Wanken geriet, entsandte Peking Truppen, die den anglo-amerikanischen Vormarsch stoppten. Nachdem Präsident Truman seinem General MacArthur verboten hatte, den Yalu-Fluß, die Grenze zwischen Korea und China, zu überqueren, entstand eine Pattsituation. Nehru weigerte sich, den Westen zu unterstützen, gleichzeitig aber näherte sich das benachbarte Pakistan dem proamerikanischen Lager an. In all diesen Entwicklungen sah Nehru untaugliche Versuche, die chinesische Revolution einzudämmen und rückgängig zu machen. Als Alternative zu diesem blutigen und letztlich fruchtlosen Ringen versuchte er, eine fortschrittliche Gesellschafts- und eine unabhängige Außenpolitik zugleich zu verfolgen.

1949 wurde Nehru zu einem Besuch in die Vereinigten Staaten eingeladen. Seiner Schwester Vijayalakshmi Pandit, seinerzeit indische Botschafterin in Washington, schrieb er:

Wann immer ich Zeit zum Nachdenken habe, denke ich an diesen bevorstehenden Amerikabesuch. Mit welcher Stimmung soll ich Amerika begegnen? Wie soll ich zu den Menschen reden usw.? Wie soll ich mit der dortigen Regierung, mit den Geschäftsleuten und sonstigen Personen umgehen? Welche Seite von mir soll ich der amerikanischen Öffentlichkeit vorführen – die indische oder die europäische, denn immerhin habe ich ja auch diese europäische oder englische Seite? Ich werde einige schwierige Situationen bestehen müssen. Ich will zu den Amerikanern freundlich sein, aber immer deutlich machen, wofür wir stehen. Ich will keine Verpflichtungen eingehen, die unseren Grundsätzen entgegenstehen. Ich neige zu der Ansicht, daß die beste Vorbereitung für Amerika darin besteht, mich nicht vorzubereiten, sondern auf meinen gesunden Menschenverstand und die Stimmung des Augenblicks zu vertrauen, wobei ich eine freundliche und entgegenkommende Grundhaltung einnehmen werde.[11]

Tatsächlich war Nehru entschlossen, sich nicht von den Amerikanern vereinnahmen zu lassen. Er trat in den Vereinigten Staaten freundlich, aber bestimmt auf und machte seinen Gastgebern klar, daß Indien eine Politik der Blockfreiheit betreiben würde, daß sie sich in Hinblick auf China im Irrtum befänden und daß ihre Aufrüstungsprogramme den Weltfrieden behindern, nicht fördern würden. Sofort nach seiner Rückkehr bewirkte er die formelle Anerkennung des neuen China durch Indien. Großbritannien folgte einen Monat später. Als Vergeltungsmaßnahme umwarben die Amerikaner Pakistan und trafen auf einen willigen Mitspieler, den sie mit Waffen ausstaffierten und 1954 in ihr regionales Bündnissystem integrierten.

Neben dem Amt des Ministerpräsidenten hatte Nehru auch das Amt des Außenministers und des Vorsitzenden der Planungskommission inne. Von 1951 bis 1954 war er außerdem Kongreßpräsident. Seine Tochter Indira übernahm bei seinen zahlreichen gesellschaftlichen Verpflichtungen die Rolle der offiziellen Gastgeberin und begleitete ihn auf seinen Auslandsreisen. Nehru war bemüht, in der Außen- wie in der Innenpolitik alle Fäden in der Hand zu behalten. So führte er beispielsweise ausführliche Gespräche mit sämtlichen Bewerbern um Spitzenpositionen im Auswärtigen Dienst und korrespondierte alle vierzehn Tage mit den Kongreß-Chefministern in den Provinzen, um sie in wichtige Fragen von nationaler, internationaler oder regionaler Bedeutung einzuweisen.

Der übliche Arbeitstag des nunmehr Sechzigjährigen begann um sieben Uhr früh und endete zumeist um zwei Uhr nachts. Das einzige Kabinettsmitglied, das über genügend Gewicht verfügte, um Nehrus Auffassung vom Amt des Ministerpräsidenten in Frage zu stellen, war sein alter Gegenspieler vom rechten Kongreßflügel, Vallabhbhai Patel. Er stellte klar, daß ein Regierungschef keineswegs, wie Nehru zu glauben scheine, die »volle Freiheit habe, zu handeln, wann und wie es ihm beliebt«. Patel warf Nehru vor, er benehme sich wie ein »Diktator«, und trat beharrlich für die Vorrangstellung des Kabinetts ein. Zu Gandhis Lebzeiten hatte sich Nehru bitter über Patels unentwegte Quertreibereien beklagt; Gandhis Rat hatte gelautet, falls sie zur Zusammenarbeit nicht in der Lage wären, solle Patel sich schweigend zurückziehen. Die Ermordung Gandhis hatte zu einem zeitweiligen Waffenstillstand geführt, aber schon bald intrigierte Patel wieder hinter den Kongreßkulissen. Sein Tod am 15. Dezember 1950 entfernte den letzten Dorn aus Nehrus Fleisch. Er besaß nun die volle Kommandogewalt über Partei und Regierung.

In der turbulenten Weltpolitik jener Jahre suchte und fand Jawaharlal Nehru seinen Platz. Seine Weigerung, im Koreakrieg auf die amerikanische Linie einzuschwenken, düpierte Harry Truman; in Moskau und Peking hingegen rieb man sich verblüfft die Augen. Wie war das möglich? War nicht Indien ein völlig bourgeoises Land? Standen nicht Indiens Kapitalisten fest hinter Nehru? Wenn sich selbst die britische Labourregierung aufgrund der wirtschaftlichen Realitäten gezwungen sah, nach der Pfeife der Amerikaner zu tanzen, dann war es ganz unbegreiflich, wie sich Nehru diesem Druck hatte entziehen können. Konnte es Blockfreiheit denn tatsächlich geben? Diese Frage wurde nicht nur in den beiden Hauptstädten des Weltkommunismus gestellt. Sie erhob sich auch in anderen Teilen Asiens und in Afrika, wo aufstrebende nationalistische Bewegungen den Kolonialismus in Frage zu stellen begannen. Und auch in Belgrad stand sie auf der Tagesordnung, wo sich Josip Broz Tito der Bevormundung durch Stalin entledigt hatte und verzweifelt nach einem dritten Weg suchte, um sowohl dem Druck Moskaus als auch den Bestechungsversuchen Washingtons zu entgehen. Ohne sich selbst darüber klar zu sein, wurde Nehru zum Vater einer neuen Strömung in der Weltpolitik.

Nach dem Sturz der dekadenten ägyptischen Monarchie im Jahre 1952 wurde der Nahe Osten Zeuge des Aufstiegs von Gamal Abdel Nasser, der nur wenige Jahre später erklärte, »die britischen Imperialisten soll[t]en an ihrer eigenen Wut ersticken«, und den Suezkanal nationalisierte. In Tito und Nasser begegnete Nehru zwei Führern, die bis zu seinem Tod enge politische Verbündete bleiben sollten. Nehru war in gewisser Weise der stärkste der drei. Das war nicht einfach eine Frage seiner Persönlichkeit, sondern ein Ausdruck der Stellung, die Indien als bevölkerungsmäßig zweitgrößtes Land der Welt innehatte.

Trotz seines westlich orientierten Gesellschafts- und Wirtschaftssystems ließ sich Indien nicht in den Westen einbinden. Für diese Unabhängigkeit gab es zwei Hauptgründe. Der erste war, daß das Land rasch die Infrastruktur für einen ausgedehnten öffentlichen Sektor schuf, vor allem aber, daß die einheimischen Industriellen trotz ihrer Verbindungen zum Weltmarkt fest in der indischen ökonomischen Realität verankert waren. Indien besaß eine nationale Bourgeoisie im wahren Sinne des Wortes. Die Herren Tata, Birla und Dalmia wollten nicht, daß die indische Wirtschaft von den Vereinigten Staaten oder von England beherrscht würde. Sie wußten aus den Erfahrungen der Kolonialzeit, was das bedeutete, und sie schätzten ihre Unabhängigkeit. Nehru konnte daher mit gutem Grund feststellen, daß Indiens Außenpolitik in keinerlei Widerspruch zu seiner Wirtschaftspolitik stand. Der zweite Grund war geopolitischer Natur. Selbst wenn Indiens Unabhängigkeit vom Westen in Washington nicht gern gesehen wurde, konnte daran kaum etwas geändert werden. Die geographische Entfernung war viel zu groß, und Indiens bloße physische Ausdehnung war ein nicht zu unterschätzender Faktor. Einmischungen in die Angelegenheiten kontinentaler Giganten wie Brasilien und Argentinien ließen sich in Indien nicht wiederholen. Zugleich wäre es für den Westen kontraproduktiv gewesen, eine Wirtschaftsblockade zu verhängen, und nicht einmal John Foster Dulles, der kompromißlose US-Außenminister der Eisenhower-Ära, empfahl ein derart drastisches Vorgehen.

Nehrus Außenpolitik gedieh. Der offiziellen Anerkennung Chinas durch Indien folgte 1954 eine Einladung an den chinesischen Ministerpräsidenten Chou En-lai zu einem Besuch in Indien. Die französischen Besatzungstruppen in Vietnam hatten soeben in der nordvietnamesischen Stadt Dien Bien Phu eine vernichtende Niederlage erlitten. In der indischen Presse war über den Sieg der Vietnamesen ausführlich berichtet worden, und Nehru hatte seine Zufriedenheit über die französische Niederlage nicht verhehlt. Die Vietnamesen hätten ihren Sieg leicht vervollständigen, nach Süden marschieren und Hué und Saigon einnehmen können, doch daran wurden sie von ihren ›»großen Brüdern‹‹ Moskau und Peking gehindert, die sie drängten, sich in

Genf zusammen mit Frankreich, Großbritannien, China und der UdSSR an den Verhandlungstisch zu setzen. Die USA waren durch John Foster Dulles als Beobachter vertreten. Als Chou En-lai zu Beginn der Konferenz dem amerikanischen Außenminister die Hand entgegenstreckte, kehrte dieser dem chinesischen Regierungschef demonstrativ den Rücken zu. Der Affront wurde bemerkt und in der ganzen Welt kommentiert. Jawaharlal Nehru, dem solche Gesten viel bedeuteten, war über Dulles empört und beschloß spontan, Chou zu einem Besuch nach Delhi einzuladen.

Ein indisches Flugzeug wurde nach Genf geschickt, um den chinesischen Ministerpräsidenten und sein Gefolge abzuholen; er traf am 25. Juni 1954 in Delhi ein. Trotz außerordentlich heißen Wetters strömten die Massen auf die Straßen – man wollte einen echten chinesischen Revolutionär sehen. Wie Nehru entstammte Chou der Oberschicht. Er hatte in Frankreich und Deutschland studiert und war der einzige hochrangige chinesische Kommunist, dem man eine kosmopolitische Einstellung nachsagen konnte. Mao hatte China zum erstenmal 1949 verlassen, und auch da nur, um in Moskau ein Wirtschaftsabkommen mit Stalin zu unterzeichnen. Zu einer Zeit, als eine Festnahme durch Chiang Kaisheks Leute den sofortigen Tod bedeutet hätte, war Chou lange Jahre im Untergrund aktiv gewesen; er hatte mitangesehen, wie einige seiner engsten Kampfgenossen kaltblütig massakriert wurden. Diese Erfahrungen hatten ihm eine gewisse Skrupellosigkeit verliehen. André Malraux hatte Chou En-lai vor Augen, als er die Hauptfigur seines Romans *So lebt der Mensch,* der 1927 in Schanghai spielt, schuf. Beide hatten sich 1926 in China kennengelernt, wo Malraux die kommunistischen Aufständischen unterstützte, und waren enge Freunde geworden. Trotz seiner Härte besaß Chou En-lai beträchtlichen Charme, was ihn bei Diplomaten sehr beliebt machte.

1954 in Indien umarmte und küßte er Nehru, der ebenso herzlich reagierte. »Die Freundschaft von 960 Millionen Menschen«, erklärte Chou öffentlich, wobei er die Bevölkerungszahlen beider Länder addierte, »stellt eine mächtige Kraft für den Frieden in Asien und der ganzen Welt dar.« Nehru stimmte ihm aufrichtig zu. Wo immer Chou sich zeigte, begrüßten ihn die Massen mit dem Ruf *Chini Hindi bhai bhai* (»Chinesen und Inder sind Brüder«). Beide Führer einigten sich auf fünf Grundprinzipien der friedlichen Koexistenz, die in Indien als *Panch Shil* bezeichnet werden:

1. gegenseitige Achtung der territorialen Integrität und Souveränität;
2. gegenseitiger Gewaltverzicht;

3. gegenseitige Nichteinmischung in die inneren Angelegenheiten;
4. Gleichheit und Gegenseitigkeit;
5. friedliche Koexistenz.

Im Oktober desselben Jahres besuchte Nehru China und wurde außerordentlich herzlich empfangen. Gegenüber Chou brachte er die Frage der chinesisch-indischen Grenzen zur Sprache, nachdem festgestellt worden war, daß gewisse indische Territorien auf chinesischen Karten als zu China gehörig eingezeichnet waren. Der chinesische Ministerpräsident entschuldigte diesen Umstand damit, daß die Karten aus der Zeit vor 1949 stammten und nach der Revolution noch nicht berichtigt worden seien. Zum erstenmal traf Nehru auch Mao Tse-tung, den legendären Guerillaführer und Taktiker, der den Langen Marsch von 1935 organisiert und Partei und Armee zu dem großen Sieg von 1949 geführt hatte. Nehru zeigte sich beeindruckt von den Leistungen der Chinesen, machte aber gleichzeitig deutlich, daß auch Indien entschlossen sei, Armut und Not zu beseitigen – aber auf seine Weise. Nur wenige Jahre später sollte Chou En-lai erklären, Nehru sei der arroganteste Mensch, den er je getroffen habe; bei diesem Besuch aber ließ er sich derartige Empfindungen, sollten sie schon bestanden haben, nicht anmerken. Er beschwor die mehr als tausendjährigen Handels- und Kulturverbindungen zwischen beiden Ländern, und auf der abschließenden Pressekonferenz am 26. Oktober 1954 erklärten beide Seiten, daß sie trotz grundlegender Meinungsunterschiede in Verfahrensdingen in den meisten internationalen Fragen übereinstimmten.

Die Begegnung mit Mao hinterließ bei Nehru gemischte Gefühle. Der kettenrauchende chinesische Revolutionär erklärte dem entsetzten Nehru beiläufig, er würde sich niemals von den Vereinigten Staaten oder durch nukleare Erpressung einschüchtern lassen; selbst wenn ein paar Millionen Chinesen bei den ersten Angriffen umkämen, würden immer noch genügend übrigbleiben, um die Amerikaner zu erledigen! Nehru war auch überrascht, wie besessen Mao von den alten chinesischen Kaisern war. Er erzählte von Ch'in Shi-huang, der 221 v. Chr. die Ch'in-Dynastie gegründet hatte, und ließ sich ausführlich über dessen Tugenden aus. Aber er ließ Bücher verbrennen, wandte Nehru ein. Das mag notwendig gewesen sein, um eine »ideologische Einheit« zu schaffen, hatte Mao geantwortet. Bei Nehru, der die blinde Verherrlichung der indischen Vergangenheit und deren Dienstbarmachung durch die religiösen Fanatiker haßte, lösten diese Bemerkungen Befremden aus, und er erzählte später in

Indien seinen Vertrauten, er habe bei Mao einen ausgeprägten und etwas ungesunden nationalistischen Eifer gefunden, der Chou ganz und gar abgehe.

Nach seiner Rückkehr nach Delhi ging Nehru daran, einen alten Traum zu verwirklichen: eine Konferenz der in jüngerer Zeit unabhängig gewordenen Nationen zur Erörterung der gemeinsamen Zukunft. Nach intensiven Vorgesprächen einigte man sich auf die indonesische Stadt Bandung als Tagungsort für eine noch nie dagewesene Zusammenkunft von Staats- und Regierungschefs aus Asien und Afrika. Am 15. Februar 1955 flog Nehru zu einem Treffen mit Nasser nach Kairo. Zwischen beiden Führern gab es völlige Übereinstimmung. Im April besuchte der nordvietnamesische Ministerpräsident Pham Van Dong Delhi und bekannte sich zu den *Panch Shil*-Prinzipien. Über Radio Delhi sprach er zur indischen Bevölkerung und dankte ihr für die Unterstützung des langen Freiheitskampfes seines Landes.

Im gleichen Monat flogen Nehru und Nasser gemeinsam nach Bandung. Noch vor Beginn wurde die Konferenz von einem Vorfall überschattet, der daran erinnerte, daß dieses Treffen nicht auf allseitige Zustimmung stieß. Das indische Flugzeug *Kashmir Princess,* das sich auf dem Flug von Hongkong nach Djakarta befand, um Delegierte aus China und Vietnam zur Bandung-Konferenz zu bringen, explodierte unterwegs und stürzte ins Meer; nur drei Besatzungsmitglieder überlebten. Ihre Aussagen waren eindeutig: im Laderaum hatte es zwei Explosionen gegeben. Eine Untersuchung bestätigte, daß Sabotage vorlag. Die verdächtigen Geheimdienstagenten wurden bis nach Taiwan verfolgt, aber Washington weigerte sich, das indische Auslieferungsbegehren zu unterstützen.

Obwohl Pakistan vom Pentagon als trojanisches Pferd mißbraucht wurde, war die Bandung-Konferenz ein begrenzter Erfolg; das Schlußdokument bekräftigte die fünf Prinzipien der friedlichen Koexistenz. Nehru kehrte erschöpft, aber zufrieden mit dem Ergebnis nach Delhi zurück. In Bandung war die Bewegung der Blockfreien ins Leben gerufen worden. Die Vereinigten Staaten reagierten, indem sie die Bedeutung der ein Jahr zuvor gegründeten SEATO (South East Asia Treaty Organization) hervorhoben, eine von ihnen initiierte Verteidigungsgemeinschaft, der Pakistan, Thailand, Großbritannien, Frankreich, Neuseeland und Australien angehörten.

Nehrus nächste große Auslandsreise führte ihn in die Sowjetunion. Zur Einstimmung auf den Besuch veröffentlichte Moskau eine russische Ausgabe von *The Discovery of India* mit einem eigens hierfür geschriebenen Vorwort Nehrus sowie den ersten Band der Gesammelten Werke Rabindranath Tagores. Nehru verbrachte die zweiwöchige Reise zum größten Teil damit, sich das Land anzusehen. Er besuchte die zentralasiatischen Republiken und bewunderte die Architektur von Samarkand, von wo aus die Vorfahren Babars, des ersten Mogulkaisers Indiens, geherrscht hatten. Er besichtigte Fabriken und Museen, darunter die Leningrader Eremitage, deren glanzvolle Sammlung alter Meister, von Leonardo da Vinci bis Rembrandt, ihn besonders beeindruckte.

Sein Programm war anstrengend. Seine Begleiter waren erschöpft, aber Jawaharlals schuljungenhafte Begeisterung hielt sie in Bewegung. Er wollte alles sehen. Politisch war der Besuch ein großer Erfolg. Die neuen Führer des Landes, besonders Chruschtschow, machten auf Nehru einen positiven Eindruck, und er sah mit eigenen Augen das Tauwetter der Nach-Stalin-Zeit, das sich in verschiedenen Lebensbereichen auszuwirken begann. Mit diesem Besuch wurde die lange Periode indisch-sowjetischer Wirtschaftskooperation eingeleitet, die schon bald ein Ausmaß annehmen sollte, das viele in Indien überraschte.

Nach seinem sechzigsten Lebensjahr spielte Nehru gelegentlich mit dem Gedanken, in den Ruhestand zu treten. Zwischen 1954 und 1958 erwog er viermal öffentlich diese Möglichkeit. Jedesmal gab es im Kongreß und in den Medien Aufruhr. Zyniker meinten, er bringe diesen Gedanken nur deshalb immer wieder ins Spiel, weil er sich versichern wolle, daß er noch immer genauso unentbehrlich und geliebt sei wie früher. Hierin mag ein Körnchen Wahrheit gelegen haben, aber es besteht kaum ein Zweifel, daß Jawaharlal zwar fest davon überzeugt war, nur er könne Indien zufriedenstellend regieren, daß es in ihm aber auch eine andere Stimme gab, die nach einem friedlichen und ruhigen Lebensabend verlangte. Er fing an, müde zu werden. »Matt« war ein Wort, das er nun häufig gebrauchte. Er hing sehr an seinen beiden Enkeln und widmete sich ihnen, wann immer er Zeit fand. Auch war er ein ausgesprochener Gartenfreund und Tierliebhaber. Sein amtlicher Wohnsitz in Delhi glich einem Privatzoo. Junge Löwen und Tiger, die er als Geschenke erhalten hatte, wuchsen hier, von Nehru aufmerksam beobachtet, heran, bevor sie an verschiedene Zoos vergeben wurden. Und dann gab es natürlich noch Edwina. Er hatte zweifellos das Gefühl, daß ihm als Privatmann mehr freie Zeit für sie zur Verfügung stehen würde; nach ihrem Tod 1960 sprach er nie mehr öffentlich von Rücktritt, obwohl er krank war. Nur einmal noch reagierte er auf die von der indischen Presse immer wieder gestellte Frage »Wer kommt nach Nehru?« ironisch und unwirsch mit der Bemerkung, wenn er zurückträte, würde er die Antwort wissen.

Indira begann nun in der Kongreßpartei eine immer größere Rolle zu spielen. 1959 wurde sie zur Kongreßpräsidentin gewählt. Es gibt keinerlei Hinweis darauf, daß Nehru diese Beförderung in irgendeiner Weise betrieben oder begünstigt hätte. Tatsächlich war er ein wenig überrascht. Seine Feinde behaupteten, er habe sich nur deshalb geweigert, einen Nachfolger zu benennen, weil er Indira auf den Posten lancieren wollte; das war eine Verleumdung. Die einzige Gelegenheit, bei der in seinem Beisein über Indira in Zusammenhang mit einem Regierungsamt gesprochen wurde, hatte sich ergeben, als ihm einige Kongreßführer erklärten, sie verdiene einen Ministerposten. »Nicht, solange ich Ministerpräsident bin«, hatte Nehru unwillig geantwortet. Es war bezeichnend für seine Haltung, daß er sogar lange Zeit darauf bestanden hatte, ihre Fahrtkosten zu bezahlen, wenn sie ihn auf seinen Auslandsreisen begleitete. Cäsars Tochter durfte nicht über dem Gesetz stehen.

Als vom 25. Februar bis zum 14. März 1957 die zweiten landesweiten Wahlen abgehalten wurden, stand Nehru noch dem Kongreß vor. Die Partei gewann einen größeren Stimmenanteil – 46,5 Prozent – als bei der ersten Wahl, und das bei einer Wählerschaft, die von 173 auf 193 Millionen angewachsen war. Sie eroberte 365 der 500 Parlamentssitze und konnte nur in einem einzigen Staat nicht die Mehrheit erlangen. Das war Kerala, dessen Wahlergebnisse weltweite Beachtung fanden. Hier gewann die Kommunistische Partei und stellte mit E. M. S. Namboodiripad den Chefminister.

Nehru versuchte, den Sieg der KPI als Zufallstreffer abzutun, der durch Bankrott und Korruption der örtlichen Kongreßregierung bedingt war. Tatsächlich war er das erste Anzeichen dafür, daß es an der Basis wachsende Unzufriedenheit mit dem Kongreß gab. Zwar übertrieb die KPI-Presse den Sieg, indem sie Parolen wie »Nach Nehru Namboodiripad! « ausgab, aber zweifellos war die Partei durch diesen Erfolg zu einer nationalen Kraft geworden. Im gesamtindischen Parlament hatte sie sich von 16 auf 29 Sitze verbessert und nahezu zehn Prozent der Wählerstimmen erhalten, was eine Verdoppelung gegenüber den vorangegangenen Wahlen bedeutete. Im ganzen Land kamen gewaltige Menschenmengen zusammen, um Namboodiripad zu hören. Die neue Regierung von Kerala nahm eine Reihe von Reformen auf dem Lande und im Bildungswesen in Angriff, die zumeist jedoch von der Verwaltungsbürokratie auf Veranlassung der Zentralregierung blockiert wurden. Der Kongreß war in dieser Frage geteilter Meinung. Nehru sprach sich für ein zurückhaltendes Vorgehen aus, aber Indira war für offene Konfrontation. Der Vertreter der Zentralregierung, der seine Anordnungen direkt aus Delhi empfing, hatte Anweisung, sich deutlich zu profilieren. In der Zwischenzeit begannen katholische Priester (Kerala hat eine relativ große katholische Minderheit), öffentlich gegen die Pläne der Regierung zu agitieren, alle Schulen zu säkularisieren. Ihnen schlossen sich bald Hindu-Kommunalisten an, und allmählich einte diese Streitfrage sämtliche Gegner der KPI. Als die Regierung Namboodiripad die Polizei nicht daran hindern konnte, in Quilon auf streikende Arbeiter zu schießen, und die Entscheidung sogar noch verteidigte, wurden ihre eigenen Anhänger desillusioniert.

Nehru begab sich nach Kerala, um mit den in Schwierigkeiten geratenen KPI-Führern Gespräche aufzunehmen. Die erste Frage, die er seinen Widersachern stellte, war charakteristisch: »Wie haben Sie es geschafft, sich in so kurzer Zeit so prächtig vom Volk zu isolieren?« Er schlug vor, die Regierung solle im Amt bleiben, bis ihr Mandat durch Neuwahlen in Kerala bestätigt würde. Namboodiripad verwarf diesen Vorschlag und verlangte Neuwahlen in allen Staaten. Darauf wiederum wollte Nehru sich nicht einlassen, und so kam es 1959 zur willkürlichen Entlassung der KPI-Regierung von Kerala per Präsidialerlaß. Der Vorwand lautete, Recht und Ordnung seien zusammengebrochen. Die frischgebackene Kongreßpräsidentin Indira Gandhi kam selbst, um den Regierungssturz zu überwachen und ein Wahlbündnis zwischen Kongreßpartei und örtlicher Moslemliga zu zimmern, das die Kommunisten besiegen sollte. So bediente sich die Kongreßführung erstmals offiziell des Kommunalismus. Die KPI konnte ihre Popularität zwar steigern, verlor aber knapp die Wahl. Daraufhin übernahm eine prinzipienlose antikommunistische Koalition die Regierung, ein Vorgang, der für die künftige indische Politik nicht ohne Bedeutung sein sollte.

Auf der internationalen Bühne fühlte sich Nehru besonders herausgefordert durch die Invasion von Engländern, Franzosen und Israelis in Ägypten im Jahre 1956. Vorbehaltlos unterstützte er Nasser und spielte eine aktive Rolle dabei, die Weltmeinung gegen den britischen Premier Sir Anthony Eden und den französischen sozialistischen Ministerpräsidenten Guy Mollet zu mobilisieren. In diesem Fall hatte die Politik den Vorrang vor der Religion. Der »moslemische« Staat Pakistan unterstützte den Westen gegen seinen »Glaubensbruder« Ägypten. Indien stand hinter Nasser. Viele Kinder, die 1956 in Ägypten zur Welt kamen, wurden nach Nehru benannt, was erkennen läßt, welchen Eindruck er auf diese belagerte Nation gemacht hatte.

Nehru stand jetzt auf dem Gipfel seiner Popularität als in Ost und West respektierter Staatsmann. Das Abflauen des Kalten Krieges führte dazu, daß auch das liberale Amerika ihn zu würdigen begann und er in Teilen der amerikanischen Presse mit Roosevelt (Franklin, nicht Theodore) verglichen wurde. Auch die Entscheidung Washingtons, sich vom britisch-französischen Abenteuer in Ägypten zu distanzieren, trug dazu bei, Nehrus Ansehen zu steigern. Gerade wegen seiner genauen Kenntnis der Weltpolitik und seiner langen staatsmännischen Erfahrung war er besonders erschüttert von den Ereignissen, die nun folgen sollten: ein Grenzkonflikt mit China, der sich bis zum Krieg auswuchs.

1959 kam es zu einem kurzen Scharmützel an der chinesisch-indischen Grenze in der Nähe von Hot Springs in Ladakh, bei dem neun indische Polizisten getötet wurden. Die Sowjetunion veröffentlichte in aller Eile eine Note, in der es hieß, ein Konflikt zwischen einem Verbündeten (China) und einem Freund (Indien) sei ebenso unerwünscht wie unannehmbar. Es folgte ein chinesisch-indischer Notenwechsel, in dem beide Seiten ihren Standpunkt hinsichtlich der Gültigkeit der McMahon-Linie (so hieß die Grenze nach dem britischen Beamten, der für ihre Markierung verantwortlich war) zum Ausdruck brachten. China behauptete, einige Gebiete auf der indischen Seite der Linie seien in Wirklichkeit chinesisches Territorium. Der Hauptstreit ging um 40000 km^2 unbewohnten Landes im nordöstlichen Teil von Ladakh. Das Gebiet hatte keine Vegetation, und eine Besiedlung wäre in keinem Fall möglich gewesen. Der Disput erzeugte auf beiden Seiten heftige Ausfälle: die *Peking Review* druckte Schmähartikel gegen Nehru, die indische Presse revanchierte sich mit gleicher Münze. Das Magazin *Time* kommentierte sarkastisch, die Parole *Chini Hindi bhai-bhai* müsse wohl in »Chini-Hindi bye-bye« geändert werden. 1960 besuchte Chou En-lai ein letztes Mal Delhi, aber die Gespräche mit Nehru und anderen indischen Politikern verliefen erfolglos. Beide Seiten wurden kriegerischer, und Nehru warnte China vor dem Versuch, indisches Territorium mit Gewalt zu besetzen. Nach seiner Rückkehr aus China 1954 hatte Nehru seinem Kabinett erklärt, Indien brauche sich vor dem chinesischen Kommunismus nicht zu fürchten; wenn es eine Bedrohung gebe, so gehe sie vom chinesischen Nationalismus aus. Jetzt hatte es den Anschein, als sollten ihm die Ereignisse recht geben.

Was die Situation an der indisch-chinesischen Grenze betrifft, so muß sicherlich berücksichtigt werden, daß die Westmächte versuchten, die Einnahme Tibets durch die Chinesen als Vorwand zu benutzen, um Maos Regime zu schwächen. Es ist sehr wahrscheinlich, daß viele CIA-Agenten auf der indischen Seite der Grenze stationiert waren. Doch Indien bedrohte China nie militärisch. Der wirkliche Grund für den chinesisch-indischen Konflikt ergab sich vielmehr in erster Linie aus dem chinesisch-sowjetischen Disput. Der verbale Krieg zwischen Peking und Moskau hatte 1957 begonnen, und 1961/62 war es zum Bruch gekommen. Der Grenzkonflikt zwischen China und Indien läßt sich daher als Episode sehen, die Rußland und der Welt beweisen sollte, daß China vollkommen autark und unabhängig war. Dahinter stand kein purer Nationalismus, sondern eine besondere Abart davon, mit der der sowjetischen Strategie in der Dritten Welt, der friedlichen Koexistenz, und anderen Aspekten der sowjetischen Politik geschadet werden sollte. Mao handelte nach einem alten Prinzip, das er während seiner langen Jahre auf dem Lande entwickelt und folgendermaßen formuliert hatte: »Genossen, ihr müßt immer selbst die Verantwortung tragen. Wenn ihr scheißen müßt, dann scheißt! Wenn ihr furzen müßt, dann furzt! Haltet nichts in euren Eingeweiden zurück, dann wird euch leichter sein.«[12] Hätte es sich um einen ungezügelten Nationalismus gehandelt, so hätten sich die Chinesen nie bereit erklärt, an Pakistan Gebiete abzutreten, wo General Ayub Khan als Militärdiktator regierte. Nein, der Große Steuermann erteilte nur den Russen ein paar Lektionen. Die Kämpfe um Aksai Chin und Soda Springs wurden später am Ussuri, dem Grenzfluß zwischen der Sowjetunion und China, mit größerer Heftigkeit wiederaufgenommen.

1962, einige Monate vor dem eigentlichen Konflikt, hatte Nehru die Kongreßpartei in den Wahlkampf zu den dritten gesamtindischen Wahlen geführt und einen neuerlichen Sieg errungen. Im Verlauf des Wahlkampfs hatte seine Haltung gegenüber den Chinesen an Schärfe zugenommen. Später wurde behauptet, die Chinesen hätten gehandelt, um einem indischen Vorstoß zuvorzukommen. Das war eine

118

Fehleinschätzung. Noch 1962 erklärte der indische General Thimmaya vor einem Seminar in Delhi: »Als Soldat kann ich mir nicht einmal vorstellen, daß sich Indien allein auf einen offenen Konflikt mit China einläßt. Es muß den Politikern und Diplomaten überlassen werden, für unsere Sicherheit zu sorgen.«[13] Das war gewiß vernünftig. Die chinesisch-indische Grenze ist 4200 Kilometer lang.

Erste Scharmützel begannen im September 1962. Am 20. Oktober unternahmen die Chinesen einen Generalangriff auf die indischen Stellungen, und in wenigen Tagen hatten sie das umstrittene Gebiet überrannt. Die indische Armee zog sich zurück, zahlreiche Soldaten ergaben sich den Chinesen. Eine Evakuierung Assams wurde erwogen, aber verworfen. Am 21. November erklärten die Chinesen einen einseitigen Waffenstillstand und zogen sich hinter die Grenzlinie zurück, die zwischen beiden Ländern am 7. November 1959 bestanden hatte. Der Krieg war vorüber. Sein einziger Zweck war gewesen, die indische Regierung zu demütigen, sie enger an die Vereinigten Staaten zu drängen und den Russen und der Dritten Welt die wahre Natur der sogenannten Blockfreiheit zu demonstrieren. Gegenüber pakistanischen Offizieren, die zu Besuch in Peking weilten, erklärte Chou En-lai, China habe nie die Absicht gehabt, indisches Territorium zu besetzen. »Wenn wir Indien erobern wollten«, soll er hinzugefügt haben, »dann brauchten wir bloß die Hälfte unserer Bevölkerung auf den Himalaya zu schicken und sie mit dem Rücken zu ihrer Heimat alle zur gleichen Zeit pinkeln zu lassen. Das würde in Indien mindestens ein Jahr lang Überschwemmungen geben.«[14] Diese Geschichte, die in Pakistan immer wieder erzählt wird, mag erfunden sein oder nicht, sie bestätigt jedenfalls die Ansicht, daß es bei dem Konflikt im wesentlichen um nichts anderes ging als darum, Chinas Stärke zu zeigen.

Nehru war über diese Geschehnisse zutiefst deprimiert, zumal er auch noch seinen Verteidigungsminister Krishna Menon opfern mußte, der eigentlich keinen ernsten Fehler begangen hatte. Seinen einzigen Trost fand er in den Vorgängen in Algerien, wo die Bevölkerung versuchte, die Franzosen zu vertreiben. »Ein Volksbefreiungskampf gegen den Kolonialismus«, bemerkte er, »ist das beste Stärkungsmittel.« Er war jetzt 74 Jahre alt. 1962 hatte er sich ein Nierenleiden zugezogen und ging seitdem leicht gebeugt. Im Januar 1964 erlitt er während einer Kongreßsitzung in Bhubaneswar einen schweren Schlaganfall. In dieser Zeit trug er stets ein paar Zeilen von Robert Frost bei sich, die er gelegentlich aus der Tasche zog und las:

Der Wald ist schön, ein dunkles Dach,
Doch ich muß tun, was ich versprach,
Und weit noch wandern, ruhn hernach,
Und weit noch wandern, ruhn hernach.

Einst hatte er seinen Vater, als dieser krank war und im Sterben lag, als »todwunden Löwen« bezeichnet. Jetzt war Jawaharlal Nehru selbst in dieser Lage. Indira gegenüber sagte er einmal, auf die langen Jahre seines so bewegten und erfolgreichen Wirkens für sein geliebtes Indien zurückblickend, am zufriedensten sei er gewesen, wenn ihn die Rechte als »willfährig gegenüber Sozialismus und Kommunismus« angriff und die Linke als »Agenten des Kapitalismus und der Reaktion«. Das habe ihm das Gefühl gegeben, auf dem richtigen Weg zu sein. In seiner unnachahmlichen romantischen Art zollte er in seinem Testament dem indischen Volk seine Anerkennung, das ihm mehr Vertrauen und Zuneigung entgegengebracht habe, als er je habe erwidern können. Er hinterließ strikte Anweisungen, sein Begräbnis nicht mit einer religiösen Zeremonie zu begehen. Der alte Löwe mochte mit dem indischen Kapitalismus seinen Kompromiß gemacht haben, doch bis zuletzt blieb er ein standhafter Atheist, der jedweden religiösen Kommunalismus als Krebsgeschwür betrachtete, das es in Indien auszumerzen gelte.

Am 26. Mai 1964 starb Nehru einen schmerzlosen und raschen Tod. Die Nachricht von seinem Ableben löste in Indien tiefe Trauer und Bestürzung und in der ganzen Welt große Anteilnahme aus. Entgegen seinen testamentarischen Anordnungen veranstaltete seine Tochter eine religiöse Totenzeremonie nach Hindu-Ritus. In einem langen Nachruf gab Bertrand Russell eine von tiefem Verständnis geprägte Einschätzung dieses großen, von ihm sehr bewunderten Mannes:

Im Rückblick stimme ich denen zu, die sagen, daß es ein Fehler war, die Kongreßpartei nicht in ihren sozialistischen und nicht-sozialistischen Teil aufgespalten zu haben, nur um sie als politisches Werkzeug zu behalten. Nachdem der Kampf um die Unabhängigkeit gewonnen war, wurde Nehru von der Macht des rechten Flügels behindert, der die Kongreßpartei zunehmend dominierte. Diese Dominanz wurde nur durch seine eigene Führerschaft und Kontrolle über die Bevölkerung Indiens in Schach gehalten. Doch der Preis dafür, die mächtigen ökonomischen Kräfte, die im Kongreß das Sagen hatten, mit seinen Hoffnungen auf einen demokratischen Sozialismus versöhnen zu müssen, war die Verwässerung des sozialistischen Programms. Indien hat eine niedrige Wachstumsrate und wird weiter von Armut und Not heimgesucht. Nehrus eigene Anstrengungen, dies zu ändern, hätten mehr Erfolg gehabt, wenn seine Partei offen sozialistisch gewesen wäre und im Parlament einer Opposition gegenübergestanden hätte, die von jenen Kräften gebildet worden wäre, welche jetzt den Kongreß beherrschen.[15]

Staatspräsident Radhakrishnan ernannte das älteste Kabinettsmitglied, G. Nanda, zum geschäftsführenden Ministerpräsidenten. Nur wenige Tage später trat die Kongreßfraktion zusammen und wählte Lal Bahadur Shastri zum neuen Führer der Kongreßpartei und Regierungschef.

Epilog

In seinem amerikanischen Exil schrieb Bertolt Brecht in den vierziger Jahren:

> Wenn der unentbehrliche Mann die Stirn runzelt
> Wanken zwei Weltreiche
> Wenn der unentbehrliche Mann stirbt
> Schaut die Welt sich um wie eine Mutter, die keine Milch
>   für ihr Kind hat.
> Wenn der unentbehrliche Mann eine Woche nach seinem Tod
>   zurückkehrte
> Fände man im ganzen Reich für ihn nicht mehr die Stelle
>   eines Portiers.

Doch wie, wenn der unentbehrliche Mann eine ebenso unentbehrliche Tochter hinterlassen hat?

TEIL II

MUTTER INDIRA

Indira Gandhi, geb. Nehru
(1917–1984)

Mutter und Tochter
1917–1947

Am 19. November 1917, zwanzig Monate nach ihrer Hochzeit mit Jawaharlal, schenkte die achtzehn Jahre alte Kamala Nehru einer Tochter das Leben. Sie wünschte sehnlich, ihr erstes Kind zu Hause bei ihren eigenen Eltern in Delhi zur Welt zu bringen; der Brauch verlangte dies, aber es gab noch einen zusätzlichen Grund. Sie verstand sich nicht sonderlich gut mit den Nehru-Frauen in Allahabad, und sie meinte, daß die Anwesenheit ihrer eigenen Mutter die körperlichen und seelischen Strapazen des Kindbetts sehr viel entspannter und erträglicher machen würde. Aber Motilal wollte von ihrer Abreise nichts wissen. Sein erstes Enkelkind mußte im Anand Bhavan zur Welt kommen. Außerdem war er Kamala aufrichtig zugeneigt, und sie gab seiner liebevoll, aber beharrlich vorgetragenen Forderung nach.

Am 19. November verkündete der Geburtshelfer, ein schottischer Arzt, die Ankunft eines gesunden Kindes mit den Worten: »it's a bonnie lassie!« – »Ein prächtiges Mädchen!« Jawaharlal war außer sich vor Freude. Beiden, Mutter und Kind, ging es gut. Swaruprani jedoch gelang es nicht, ihre Enttäuschung zu verbergen. »Es hätte ein Junge sein sollen«, sagte sie ohne auch nur den Anflug eines Lächelns. Motilal eilte sogleich zur Verteidigung des neugeborenen Kindes. Ärgerlich wandte er sich seiner Frau zu: »Haben wir einen Unterschied gemacht zwischen unsererm Sohn und den Töchtern, als wir sie großzogen? Liebst du sie nicht alle gleich? Was weißt du denn, vielleicht wird Jawaharlals Tochter besser als tausend Söhne!«[1] Vielleicht ist diese Geschichte erfunden, aber sie war fester Bestandteil der Familiengeschichte der Nehrus, lange bevor Indira aus eigener Kraft zu Rang und Ansehen gelangte. Während Indira heranwuchs, verwöhnte ihr Großvater sie auf tausenderlei Art. Sollte auch Motilal insgeheim auf einen Jungen gehofft haben, der die Linie weiterführen würde, so muß man zu seinem Verdienst sagen, daß der alte Mann es sich nie hat anmerken lassen. Die kleine Enkelin wurde sein absoluter Liebling. Indira selbst erinnerte sich später, daß sie in ihren frühen Jahren ihren Großvater sehr viel mehr bewundert hatte als ihren Vater – wobei einer der Gründe darin bestanden haben dürfte, daß Jawaharlal nur äußerst selten zu Hause war.

Indira wuchs in demselben Haus heran, in dem schon ihr Vater seine Kindheit verbracht hatte und in dem auch ihre beiden Tanten, Vijayalakshmi und Krishna, zur Welt gekommen und aufgewachsen waren. Und doch war es in mancher Beziehung ganz anders. Ihre Tanten erinnerten sich an ein Zuhause voller britischer und europäischer Einflüsse. Ihre englische Gouvernante, Cecilia Hooper, hatte dort seit 1906 gelebt und war erst in Indiras Geburtsjahr nach Hause zurückgekehrt, um zu heiraten. Die Tanten erzählten noch immer von dem Tag, an dem Motilal zur Teilnahme am *darbar* eingeladen worden war, dem öffentlichen Festempfang für den Vertreter des britischen Königs George V. in Delhi im Jahre 1911. Seine Garderobe hatte er sich aus London kommen lassen und Jawaharlal beschworen, streng darauf zu achten, daß keine Pannen passierten. Nehru junior hatte aus Cambridge geschrieben, um Motilal zu beruhigen und ihm zu versichern, daß alles in Ordnung sei:

Ich nehme an, Du wünschst den üblichen Lever-Anzug mit Degen und allem, was dazugehört. Die Schuhe für den Hof-Anzug werden bei Knighton's angefertigt und die Handschuhe bei Travelette's ... die Hüte, die ich Dir sende, sollten Dir passen. Der Mann bei Heath's hat Deine alten Maße und die Formen tatsächlich wiedergefunden, also wird er Deine Hüte passend machen können.[2]

Die Photographie von Motilal, die anläßlich des feierlichen Ereignisses aufgenommen wurde, bezeugt zumindest eines: die Kunst der englischen Schneider.

Akbar von Allahabad (1846–1921), ein geachteter Lyriker und geistreicher Spötter, der in Urdu und Persisch schrieb, hatte dies über die Inder zu sagen, die sich herausputzten, um am *darbar* teilzunehmen:

> Sie sind's, die die Gäste laden,
> Sie sind's, die die Gläser reichen;
> Sie sind's, die das Fest gestalten,
> Ich aber stehe da und staune.

Die Teilung Bengalens, und später Gandhi, hatten das alles geändert. Im Anand Bhavan, dem Familiensitz der Nehrus, hatte eine symbolische Verbrennung ausländischer Kleider stattgefunden. Westliche Kleidung war abgeschafft worden; das weiße, selbstgesponnene *khadi* war an die Stelle der Tweeds, Seiden und Brokate getreten, die man zuvor aus dem Ausland eingeführt hatte. Kamala fühlte sich sehr viel wohler in der neuen Atmosphäre, zumindest, was ihren Geschmack betraf. Wahrhaft glücklich war sie im Anand Bhavan nie. Indira verbrachte ihre Kindheit in engster Umgebung ihrer Mutter, der gegenüber sie schon als junges Mädchen einen ausgeprägten Beschützer-Instinkt entwickelte. »Wir standen einander sehr nahe«, erinnerte sie sich viele Jahre später. »Ich liebte sie sehr, und wenn ich meinte, daß ihr Unrecht geschah, habe ich für sie gekämpft und mich mit anderen Leuten gestritten.«[3]

Vijayalakshmi, die ältere der beiden Tanten, war besonders häßlich gegenüber der neuen Schwägerin. Sie machte sich lustig darüber, daß Kamala mit dem westlichen Stil, der Motilals Haushalt prägte, nicht vertraut war; sie neckte sie boshaft wegen ihrer naiven Arglosigkeit und wurde nicht müde, allen und jedem Anekdoten über die »Fauxpas« der jungen Frau zu erzählen. Kamala traf das umso tiefer, weil ihr Mann sie nur selten gegen ihre Widersacher verteidigte. Hätte Jawaharlal, anstatt dem törichten Geschwätz Vijayalakshmis zuzuhören, ein für allemal klargestellt, daß er an ihrem voreingenommenen Klatsch nicht interessiert sei, wäre Kamala sehr viel glücklicher gewesen. Das war in der Tat die Wurzel des Problems. Jawaharlal hat sich nie innerlich auf seine Ehe eingestellt, und die Beziehung der beiden war oft recht gespannt. Beide besaßen ein sehr lebhaftes Temperament. Beide schmollten oft und konnten tagelang nicht miteinander sprechen. Abgesehen von der damals noch sehr jungen Indira war Motilal der einzige Mensch, der Kamala in Schutz nahm und viel mit ihr sprach. In dieser Atmosphäre aufzuwachsen, in der ihre Mutter ständig unglücklich war, konnte für die kleine Indira nicht sehr ermutigend sein. Sie wuchs in einem Gefühl der Unsicherheit heran, nicht, weil sie ungeliebt war – der ganze Haushalt, ihre jüngere Tante und ihre Großmutter eingeschlossen, verwöhnte sie erheblich –, sondern wegen des Mangels an Liebe zwischen ihren Eltern. Zu Jawaharlals Überraschung und Freude jedoch wurde Kamala lange vor Motilal zu einem politischen Verbündeten. Indira hat ihre Rolle im Nehru-Haushalt nicht ohne Stolz so beschrieben:

Viele Leute kennen die Rolle, die mein Vater und mein Großvater spielten. Meiner Meinung nach aber spielte meine Mutter eine wichtigere Rolle. Als mein Vater sich Gandhi anschließen und seine ganze Lebensweise ändern, unseren luxuriösen Lebensstil und seine Anwaltspraxis aufgeben wollte, war die ganze Familie dagegen. Einzig und allein die tapfere und standhafte Unterstützung und Ermutigung durch meine Mutter ermöglichte es ihm, den großen Schritt zu tun, der eine so gewaltige Veränderung nicht nur für unsere Familie, sondern für die Geschichte des modernen Indiens bedeuten sollte.[4]

Es wäre falsch, den Eindruck zu erwecken, daß sich allzu vieles in der Lebensweise im Anand Bhavan geändert hätte. Auf die europäische Kleidung hatte man leicht verzichtet, aber Motilal war ein prunkliebender Mann, der seine Bequemlichkeiten schätzte. Er war zu einigen symbolischen Gesten bereit, aber ganz und gar außerstande, etwas an seinem gewohnheitsmäßigen Aufwand zu ändern. Als in späteren Jahren die beiden Nehrus, Vater und Sohn, regelmäßig verhaftet und zu Geldstrafen verurteilt wurden, pflegten sie sich in Übereinstimmung mit den Regeln des Kongresses zu weigern, irgendwelche Gelder an ein britisches Gericht zu zahlen, dessen Legalität sie ohnehin in Abrede stellten. Bei solchen Gelegenheiten wurde die Polizei ins Anand Bhavan entsandt, um anstelle der verwirkten Geldstrafen Wertsachen zu beschlagnahmen. Indira, damals fünf Jahre alt, haßte solche Invasionen und schrie dann die Polizisten an, so laut sie nur konnte. Einmal wäre es ihr »beinahe gelungen, den Daumen eines Polizeibeamten mit einem Brotmesser abzuhacken«. Im Jahre 1971 schilderte sie in einem BBC-Interview die Bedrängnisse jener Zeit:

In meiner Kindheit, als der Freiheitskampf in vollem Gange war, wurde das Haus ständig von der Polizei durchsucht, unser Gut und unsere Habe wurden beschlagnahmt, wir wurden verhaftet, wir mußten verbotene Literatur verstecken, und ich war immer mitten drin. Ja, ich war Teil der Aufmärsche und Versammlungen und erlebte eine äußerst ungeborgene Kindheit. Man wußte von einem Tag zum anderen nicht, wer am Leben sein würde, wen man im Haus antreffen würde, was als nächstes geschehen würde.[5]

In der ersten Phase der Unabhängigkeitsbewegung waren es die Männer, die man abholte und ins Gefängnis schleppte. Während der Abwesenheit von Vater und Großvater wurde das Verhältnis zwischen Indira und Kamala noch enger. Es waren jetzt sechs Frauen im Haus, Indira mitgerechnet. Die gebieterische Swaruprani verwöhnte

Indira oft, aber sie war kühl und manchmal sogar verletzend gegenüber Kamala. Sie fand, Kamala sei nicht gut genug für ihren Sohn, und es gelang ihr, ihre Schwiegertochter zum Sündenbock für all die kleinen häuslichen Probleme zu machen, die jeden derartigen Haushalt plagen. Swarupranis ständige Gefährtin war ihre verwitwete Schwester. Unentwegt tauschten sie Vertraulichkeiten aus und sprachen in aller Offenheit über »Familienprobleme«; beide waren tief religiös und aßen nur Speisen, die in einer besonderen, »reinen« Küche zubereitet worden waren, unberührt von dem Fleisch, das ein unerläßlicher Bestandteil jeder Mahlzeit war, die auf Motilals Tisch kam. Und dann waren da die beiden Tanten. Krishna liebte Indira und tolerierte ihre Mutter, Vijayalakshmi aber behandelte Kamala nur mit Verachtung und hatte überhaupt nichts für Indira übrig, die sie als schwächliches und linkisches Kind betrachtete. In späteren Jahren gab Indira dann das Kompliment zurück. Nie hat sie die Behandlung vergessen, die ihrer Mutter von ihrer Tante zuteil geworden war.

Einsam und niedergeschlagen zog sich Kamala in die Religion zurück. Indira lernte von ihr, die Schönheiten des Hinduismus zu erkennen. Sie hörte endlose Erzählungen aus den alten Hindu-Klassikern, Geschichten von Krieg, Liebe und Abenteuern, die ohne Zweifel einen tiefen Eindruck auf sie machten und ihrem Bewußtsein für immer ihren Stempel aufprägten. Kamala, die erst nach ihrer Verlobung mit Jawaharlal Englischunterricht erhalten hatte, sorgte dafür, daß ihre Tochter sich nicht nur in der hinduistischen Religion auskannte, sondern daß sie Hindi fließend beherrschte und sich im Gegensatz zu ihren Tanten, die ganz und gar in englischem Stil erzogen worden waren, in Indien zu Hause fühlte. Vielleicht glaubte sie, auf diese Weise ihren Unmut über Jawaharlal ausdrücken zu können. Auf jeden Fall waren diese Erlebnisse und Erfahrungen für Indira wichtig und in ihrem späteren Leben sehr nützlich. Oft auch beklagte sich Kamala gegenüber ihrer Tochter darüber, daß die Männer über das Leben der Frauen bestimmten und so großes Leid verursachten. Es gebe nur eine Möglichkeit, sich dagegen aufzulehnen, und das sei die Unabhängigkeit. Kamala war gewiß mit Bitterkeit über ihr eigenes Schicksal erfüllt, aber sie gab sich große Mühe, sich davon nicht überwältigen zu lassen, und Indira hat ihren Rat immer hoch geschätzt. Viele Jahre später gestand sie voller Stolz, daß der Anblick des Leids ihrer Mutter in ihr den Entschluß habe reifen lassen, niemals in gleicher Weise von einem Mann abhängig zu sein.

Während Indira heranwuchs, gewann die Unabhängigkeitsbewegung zunehmend an Stärke. Das Haus der Nehrus war ständig voll von Politikern jedweder Couleur. Je mehr der Kampf um die Unabhängigkeit in den Mittelpunkt der Familie rückte, desto vernachlässigter fühlte sich Indira. Zuerst ihr Vater, dann ihr Großvater, schließlich ihre Mutter und Großmutter, wurden von der Bewegung immer stärker in Anspruch genommen, wodurch sie schon in jungen Jahren tief der Sache des Nationalismus verhaftet war.

Ihre Schulbildung hatte eher episodischen Charakter. Aus dem Gefängnis schrieb Jawaharlal an Motilal:

Kamala schreibt mir, daß Indu immer widerborstiger wird und sich überhaupt nicht mehr um irgendwelche Studien kümmert. Ich wäre froh, wenn sich ein geregelter Unterricht für sie arrangieren ließe. Ich bin davon überzeugt, daß ich leicht mit ihr fertigwerden könnte, aber ich sitze hier in Baracke Nummer vier, wir müssen uns also irgendeinen anderen Ausweg einfallen lassen. Ich nehme nicht an, daß sie jetzt schon sehr viel Wissen ansammeln wird, aber sie muß sich allmählich daran gewöhnen, zu lernen. Je länger das hinausgeschoben wird, umso schwieriger wird es für sie und andere. Sie ist ja sowieso schon über das Alter hinaus, in dem sie ernsthaft hätte anfangen müssen.[6]

In vieler Beziehung erlebte Indira eine Kindheit, die derjenigen ihres Vaters sehr ähnlich war. Kamala hatte ihr keine Brüder und Schwestern schenken können; sie hatte zwei Fehlgeburten gehabt. Das Problem der Erziehung Indiras wurde durch die Boykott-Strategie des Kongresses erschwert. Alle Regierungsschulen waren zu meiden. Indira wurde auf die Modern School in Allahabad geschickt, aber Motilal gelangte zu der Überzeugung, daß es sich zwar um eine nationalistische Einrichtung handele, daß diese Schule aber einfach nicht gut genug für seine Enkelin sei. In Abwesenheit Jawaharlals, der im Gefängnis saß, nahm er sie wieder aus der Schule heraus und gab sie in die Obhut einer Privatschule namens St. Cecilia's, die von den drei Cameron-Schwestern geführt wurde. Jawaharlal ließ sich nicht davon abbringen, daß St. Cecilia's dem Boykott unterliege. Motilal war anderer Meinung. Jawaharlal beklagte sich daraufhin bei Gandhi, der einen Brief an Motilal schrieb und den Sohn unterstützte. Motilal explodierte. Er behauptete, was Jawaharlal Gandhi erzählt habe, sei »von Anfang bis Ende eine einzige große Lüge«, sei »absolut falsch«, und im übrigen sei er einzig und allein von dem Wunsch geleitet gewesen, »Indira die Gesellschaft von Kindern ihres Alters zu geben«. Jawaharlal erwiderte, als der Vater des Mädchens werde er es nicht dulden, daß Indira von den drei Camerons erzogen und zu einer »Little Miss Muffet« gemacht werde. Am Ende schlossen beide Seiten einen Kompromiß. Indira wurde von St. Cecilia's genommen, aber sie kehrte nicht an die Modern School zurück; statt dessen wurden Privatlehrer angestellt, die sie zu Hause unterrichteten.[7]

Mittlerweile war auch Kamala ganz in der Kongreß-Politik aufgegangen; sie nahm regelmäßig an Versammlungen teil und marschierte in Umzügen mit. Für kurze Zeit war sie glücklich. Sie fühlte sich frei, unabhängig und ganz und gar einer Sache verpflichtet. All die kleinlichen Zänkereien und Kränkungen im Anand Bhavan erschienen ihr auf einmal als gänzlich unbedeutend. Unglücklicherweise wurde sie um diese Zeit, an der Jahreswende 1925/26, sehr krank. Die achtjährige Indira, die ganz besonders an ihr hing, war tief beunruhigt. Die Ärzte hatten Tuberkulose diagnostiziert, eine in jenen Tagen oft tödliche Infektion. Sie empfahlen dringend eine Reise nach Europa zur weiteren Untersuchung und Behandlung.

Im März 1926 begleitete Indira ihre Eltern nach Europa. Kamalas Behandlung dauerte mehr als eineinhalb Jahre. Indira besuchte die Internationale Schule in Genf, die im Schweizer Sennhüttenstil gebaut war und einen herrlichen Blick auf die Berge gewährte. Kamalas Zustand besserte sich rasch. Indira war glücklich. Zum ersten Mal in ihrem Leben war sie mit beiden Eltern allein. Ihr Vater brachte sie zur Schule und holte sie wieder ab. Sie lernte Französisch, erhielt Musik- und Skiunterricht und gab sich alle Mühe, dem Wahlspruch der Schule gerecht zu werden: »Tu Dein Bestes.«

Als die Familie im Dezember 1927 nach Allahabad heimkehrte, wechselte Indira an die St. Mary's Convent School. Gleichzeitig wurde ein Hauslehrer engagiert, der ihr Hindi-Unterricht erteilte. Nach dreijähriger Schulzeit bei den Nonnen kam sie auf eine experimentelle Schule in Puna, wo sie todunglücklich war. Ihr Großvater war gestorben. Ihre Mutter war weit weg in einem Sanatorium, ihr Vater wurde immer wieder ins Gefängnis gesteckt, und sogar ihre Tante hatte man verhaftet. Das Leben erschien unerträglich. Ihrer Familie beraubt und ohne enge Freunde, fühlte sie sich einsam und von aller Welt verlassen. Sie war außer sich vor Freude, als ihr Vater 1933 freigelassen wurde und sie in der Schule besuchte. Er nahm sie mit nach Hause, und beide Eltern überlegten nun, wohin sie ihre Tochter als nächstes schicken sollten. Ihre Wahl fiel auf Santiniketan, eine

Akademie, die von dem Philosophen und Lyriker Tagore geleitet wurde, einem Bewunderer Jawaharlals. Gemeinsam hatten sie Tagore besucht und gefunden, daß seine Akademie wie ein »Atemzug frischer Luft« sei. In Santiniketan hatte Indira zum ersten Mal seit der Schweiz das Gefühl, in Frieden mit der Welt zu leben. Der süße Klang des Bengali, die idyllische Ruhe und die Anwesenheit Tagores vereinigten sich zu einem beglückenden Erlebnis. Tagore war damals dreiundsiebzig Jahre alt, und mit seinen weißen Locken und seinem weißen Bart war er eine ehrfurchtgebietende Gestalt. Anfangs wurde Indira von dem alten Mann getadelt, weil sie seine Gesellschaft meide, doch bald schon saßen sie und ihre Freunde zu seinen Füßen, »sprachen über die verschiedensten Themen, sahen ihm beim Malen zu. Oft rezitierte er oder las vor«. Nun fühlte sie sich nicht mehr einsam, und diese Tage wurden zu »Augenblicken höchster Freude, zu teuren Erinnerungen«.[8]

Auf dem Wege nach Santiniketan, wo er Indira abliefern wollte, hielt Jawaharlal in der bengalischen Hauptstadt Kalkutta eine Reihe militanter Reden. Dafur wurde er wieder einmal mit Gefängnis bestraft. Die Anklage lautete dieses Mal auf Anstiftung zum Aufruhr. Unterdessen hatte sich Kamalas Gesundheitszustand wieder verschlechtert, und Indira schien es so, als sollten auf Tage des Glücks immer solche voller Sorgen und Leid folgen. Sie dachte in dieser Zeit viel an ihre Mutter, und erstmals kam ihr der Gedanke, daß Kamala vielleicht nicht mehr lange leben werde. Im Mai 1935 rieten die Ärzte erneut, Kamala unverzüglich nach Europa zu bringen. Jawaharlal saß noch im Gefängnis, und die Behörden wollten ihn nur unter der Bedingung freilassen, daß er sich zu politischer Enthaltsamkeit verpflichte. Kamala blieb unbeugsam und verlangte von ihm, eine derartige Verpflichtung nicht einzugehen. Die inzwischen siebzehnjährige Indira wurde gebeten, Santiniketan zu verlassen und ihre Mutter ins Ausland zu begleiten, was sie sofort tat. Tagore schrieb an Nehru:

Nur mit schwerem Herzen haben wir Indira Lebewohl gesagt, denn ohne sie wird unser Haus ärmer. Ich habe sie sehr aufmerksam beobachtet und habe Bewunderung empfunden für die Art, in der Sie sie erzogen haben. Ihre Lehrer loben sie wie mit einer Stimme, und ich weiß, daß sie bei den Schülern äußerst beliebt ist. Ich kann nur hoffen, daß sich alles zum Guten wendet und sie bald zu uns zurückkehrt und ihre Studien fortsetzt.[9]

Diese Hoffnung sollte sich nicht erfüllen. Kamala starb im Februar 1936 in Lausanne. Jawaharlal war bei ihr; man hatte ihn einige Monate zuvor ohne Auflagen freigelassen. Als Kamala starb, hatte Indira das Gefühl tiefer Verlassenheit. Ihr Verhältnis zu ihrer Mutter war sehr eng gewesen. Mit Jawaharlal konnte sie über Berge schweben, aber ihre Bindungen an Kamala waren in vieler Hinsicht fester gewesen. Mutter und Tochter hatten einander in schwierigen Augenblicken gestützt – Kamala hätte in jenen frühen, unglücklichen Jahren im Anand Bhavan ohne Indiras Liebe und Zuneigung kaum leben können, und Indira hatte die Zuwendung ihrer Mutter gebraucht, als Jawaharlal auf seinen zahlreichen politischen Reisen den Staub der Dörfer Indiens atmete oder im Gefängnis seine Bücher schrieb.

Kamala Nehru starb im Alter von sechsunddreißig Jahren. Indiras Grabspruch für sie folgte einige Jahrzehnte später: »Ich habe gesehen, wie man ihr Leid zufügte, und ich war entschlossen, mir kein Leid zufügen zu lassen.« Seinerzeit jedoch trösteten Tochter und Vater einander, als Kamala in Lausanne eingeäschert wurde. Gleich darauf mußte Jawaharlal eilends nach Indien zurückkehren: Die Bewegung hatte nicht viel Zeit für persönliche Tragödien. Er war während seiner Abwesenheit zum Präsidenten des Kongresses gewählt worden, und so war es ihm nicht möglich, noch ein wenig bei Indira zu bleiben.

Er war inzwischen zu der Ansicht gelangt, daß es für sie viel besser sein würde, nach Großbritannien zu gehen, um dort Schule und Universität zu besuchen. Die Frage eines Studiums in den Vereinigten Staaten wurde in Betracht gezogen, aber die Wahl blieb Indira überlassen. Sie entschied sich für Großbritannien. Sie empfand keinerlei Neigung, in einem Land zu leben, in dem sie überhaupt keine Freunde hatte. In Großbritannien hingegen studierte an der London School of Economics ein junger Mann aus Allahabad namens Feroze Gandhi. Er war ein großer Verehrer von Kamala Nehru gewesen, durch deren Tätigkeit im Kongreß er dazu bewogen worden war, sich der Unabhängigkeitsbewegung anzuschließen. Immer wieder war er im Anand Bhavan aufgetaucht, bereit, für Kamala jede Arbeit zu tun, die gerade nötig war, und er hatte sie regelmäßig in Europa besucht, als sie im Sterben lag. Kamala schätzte den jungen Mann. Es war offensichtlich, daß er sich in ihre Indu verliebt hatte, und sie billigte dies ungeachtet der Tatsache, daß er kein Hindu, sondern ein Parse war. Die Parsen, Anhänger des alten Zarathustra-Kultes und Feueranbeter, waren vor mehr als tausend Jahren aus Persien geflohen, um der Verfolgung durch den Islam zu entgehen. Einige hundert hatte es nach Indien verschlagen, wo man ihnen Zuflucht gewährte. Sie blieben eine winzige Sekte, deren Zusammenhalt hauptsächlich dadurch gewährleistet wurde, daß sie nur innerhalb ihrer eigenen Gemeinschaft heirateten. Jawaharlal war nicht sonderlich begeistert von dem jungen Mann, wenn auch nicht aus religiösen oder politischen Gründen. Es gab eigentlich keinen Grund für seine Vorbehalte, wenn man einmal vom natürlichen Mißtrauen und Beschützerinstinkt des Vaters angesichts des ersten Verehrers seiner Tochter absah.

Nachdem ihr Vater nach Indien zurückgekehrt war, kam Indira zunächst auf ein Internat in Bristol, die Badminton School, die man nach Beratungen mit englischen Freunden ausgewählt hatte. Es handelte sich um eine sehr fortschrittliche Schule, deren Leiterin, Miss Beatrice Baker, Quäkerin, Sozialistin und begeisterte Anhängerin des Völkerbundes war. Zu den Mitschülerinnen Indiras gehörte die Schriftstellerin Iris Murdoch, die sich später erinnerte:

»Es war eine sehr linksgerichtete Schule. In akademischer Hinsicht war sie ganz ausgezeichnet, und zugleich erzeugte sie in uns allen einen großen Idealismus. Wir alle waren davon überzeugt, daß wir für soziale Gerechtigkeit kämpfen müßten. Das war eine Art Sozialismus, aber eine sehr liberale Variante.« Und zu Indiras Ankunft in der Schule: »Sie war außerordentlich schön, sah aber sehr zerbrechlich aus. Manchmal war es beinahe so, als würde der Wind sie hinwegtragen. Sie war sehr stolz und zurückhaltend; dabei war uns allen klar, daß sie sehr unglücklich war und voller Ungeduld darauf wartete, endlich in ihre Heimat zurückkehren zu dürfen. Sie liebte die Schule nicht sehr, und wer könnte ihr das verdenken! Für ein in Indien aufgewachsenes junges Mädchen mußte es schrecklich sein, in einem englischen Mädcheninternat eingesperrt zu werden, und mochte es noch so progressiv sein. Sie war nicht die einzige in dieser Situation. Es gab eine Menge anderer Kinder aller möglichen Nationalitäten, darunter eine Anzahl jüdischer Flüchtlingskinder. Wir wußten, daß Indira gerade ihre Mutter verloren hatte und daß ihr Vater dauernd von den Briten in Indien eingesperrt wurde. Das hatte zur Folge, daß jeder sich um sie kümmerte und sie sogar verwöhnte, aber es nützte nichts. Sie wollte nach Hause. Später waren wir im Somerville College zusammen, aber auch da blieb sie nicht lange...«[10]

Im Somerville College in Oxford war Indira glücklicher als an den meisten Schulen zuvor. Sie liebte die Stadt Oxford und widmete sich mit großem Elan dem Studium der Geschichte und Anthropologie. Eine Zeitlang war sie Mitglied der Labour Party. Einmal wurde sie von Krishna Menon, der ebenfalls Aktivist der Labour Party war, gebeten, zu einer öffentlichen Versammlung zu kommen und eine Botschaft von Jawaharlal zu verlesen. Bei ihrem Eintreffen sagte man ihr, es werde allgemein erwartet, daß sie auch einige eigene Worte sprechen würde.

Der Gedanke erfüllte sie mit Schrecken und Entsetzen, und viele Jahre später gestand sie in einem BBC-Interview: »Ich brachte einfach kein Wort über die Lippen. Und im Publikum saß ein Betrunkener, jedenfalls hoffe ich, daß er betrunken war, und rief: ›Sie spricht nicht, sie quietscht.‹ Natürlich hielten sich die Zuhörer den Bauch vor Lachen, und das war das Ende meiner Rede.«« Sie genoß Oxford, aber sie sehnte sich weiterhin nach Indien. Sie wollte sich an der Unabhängigkeitsbewegung beteiligen, vor allem aber wollte sie ihrem Vater zur Seite stehen, der jetzt Witwer war.

Jawaharlal fühlte sich für die Erziehung und Ausbildung seines einzigen Kindes verantwortlich und ging daran, Indira während seiner zahlreichen Gefängnisaufenthalte Briefe über den Gang der Weltgeschichte zu schreiben, die einen großartigen Unterricht für ein junges Mädchen darstellten. Alles in allem waren es zweihundert an der Zahl, und Nehru bezeichnete sie später, als sie in Buchform veröffentlicht wurden, als »weitschweifige Geschichtsbetrachtung für junge Leute«. Das Buch erschien unter dem Titel *Glimpses of World History* (»Weltgeschichtliche Betrachtungen«) und wurde von vielen Indern jeden Alters gelesen. Neben erzieherischen Absichten hatte Nehru noch einen anderen Grund für die Briefe an seine Tochter. Er erkannte, daß er, wenn auch ohne eigene Schuld, durch die zahlreichen Gefängnisaufenthalte zuviel Zeit getrennt von ihr verbrachte. Durch diese Briefe, schrieb er ihr, »kommst Du ganz sacht und von niemand bemerkt zu mir, und wir erzählen uns allerlei.«[11]

Indira stand ihrer Ausbildung einigermaßen hochnäsig gegenüber. Das ständige Hin und Her von einem Ort zum anderen hatte ihr das Gefühl vermittelt, daß – mit Ausnahme von Genf und Santiniketan – ihre Schulaufenthalte bloße Zeitvergeudung seien. Sie glaubte aufrichtig, daß sie aus den Briefen ihres Vaters mehr über die wirkliche Welt gelernt habe als im Somerville College zu Oxford. Und diese Ansicht war sicher nicht völlig aus der Luft gegriffen.

Die Leitung des Somerville College sorgte sich um Indiras Gesundheit und empfahl Jawaharlal in einem Brief, sie den Winter nicht in England verbringen zu lassen. Im Herbst 1939 zog sie sich eine schwere Erkältung zu, die sich bald zu einer Lungenentzündung auswuchs. Ein befreundeter indischer Arzt behandelte sie und schickte sie sodann in die Schweiz. Nachdem sie sich dort erholt hatte, kehrte sie durch das inzwischen von Hitlers Krieg erschütterte Europa nach London zurück, das von deutschen Bombenangriffen heimgesucht wurde. Aus Indien kam die Nachricht, daß der Kongreß es ablehne, die Briten im Krieg zu unterstützen, und sich auf den letzten Vorstoß in Richtung Unabhängigkeit vorbereite. Indira beschloß, Oxford zu verlassen, und gemeinsam mit dem beharrlich an ihrer Seite bleibenden Feroze nahm sie ein Schiff nach Bombay über die weite, langsame Route um das Kap der Guten Hoffnung. Im März 1941 war sie wieder daheim in Indien. Jawaharlal hatte ihr die Entscheidung selbst überlassen. Zwar hatte er das Gefühl, daß sie seinetwegen zurückkehrte und diesen Entschluß später einmal bereuen könnte, doch er intervenierte nicht.

Noch eine andere Entscheidung galt es nun ins Auge zu fassen – Indiras Heirat. In dieser Frage sollte Jawaharlal intervenieren, aber nur für kurze Zeit. Die endgültige Entscheidung sollte auch hier ihre eigene sein. Ihre Freundschaft mit Feroze Gandhi war in Großbritannien gewachsen. Er war jemand von zu Hause; er hatte Kamala gekannt und verehrt. Er unterstützte den militanteren Teil des Kongresses. Und er liebte Indira. Wie paßte das alles zu ihren Vorstellungen von sich selbst? Als sie acht Jahre alt war, hatte ihr Großvater eine Unterhaltung zwischen ihr und ihrer Tante mitgehört. Krishna hatte sie zuvor auf der Veranda beobachtet, wie sie einen Arm hoch über ihren Kopf reckte und etwas deklamierte, was sie nicht verstehen konnte. Auf die Frage, was sie da tue, erklärte Indira ihr, daß sie gerade die Jungfrau von Orleans sei, die sie sehr bewundere. Motilal erzählte diesen Vorfall Jawaharlal, der gerade im Gefängnis saß. Einige Jahre später erinnerte dieser im ersten seiner zweihundert Briefe aus dem Gefängnis seine Tochter an jene Kindheitsphantasie:

Erinnerst Du Dich, wie sehr Du von der Geschichte Jeanne d'Arcs beeindruckt warst, als Du sie zum erstenmal lasest, und wie sehr es Dich verlangte, der Jungfrau von Orleans zu gleichen? Gewöhnliche Sterbliche sind in der Regel nicht zu Heldentaten aufgelegt ... Es mögen Fälle eintreten, die uns eine Entscheidung über unser Tun nicht leicht werden lassen; denn es ist gar nicht so einfach,

Recht und Unrecht auseinanderzuhalten. In solchen Zweifelsfällen erweist sich eine einzige kleine Gewissensfrage als sehr hilfreich. Tue niemals etwas im geheimen oder etwas, das Du trachten mußt, vor den Augen anderer zu verbergen. Denn der Wunsch, etwas zu verbergen, bedeutet, daß Du Furcht hast, und Furcht ist etwas Schlechtes und Deiner ganz und gar unwürdig.[12]

Indira Nehru war im Begriff, diesen Grundsatz anzuwenden. Der Gegenspieler war in diesem Falle ihr Vater. Sie hatte sich in London gut mit Feroze verstanden, zugleich sich aber gefragt, ob die Zuneigung anhalten würde, wenn sie erst wieder in Indien waren. Bis sie neunzehn war, hatte sie jeden Gedanken an eine Heirat von sich gewiesen. Die Vorstellung hatte keinen Reiz für sie. Vielleicht hatte das etwas mit ihrer Johanna-von-Orleans-Phantasie zu tun, vielleicht mit Erinnerungen an den Kummer ihrer Mutter. Aber Feroze ließ nicht locker. Am Ende gab sie nach und versprach ihm, ihn zu heiraten, ganz gleich, was ihr Vater oder irgend jemand sonst sagte oder dachte. Vier Jahrzehnte später beschrieb sie ihre damaligen Empfindungen so:

> Ein Grund, nach Oxford zu gehen, war die Tatsache, daß Feroze in England war. Für mich war er mehr als ein Freund; er war eine Verbindung zur Familie und zu Indien ... Ich hatte Feroze in Allahabad kennengelernt, als er sich der Bewegung anschloß ... Er hatte mir schon einen Heiratsantrag gemacht, bevor ich nach Santiniketan ging, aber ich hatte nein gesagt. Er erzählte es meiner Mutter. Weil ich nicht mit meinen Eltern gesprochen hatte, war ich sehr ungehalten ... Ich war zuerst nach Paris gefahren, wo Feroze mich abholte. Damals sagte ich schließlich ja, auf den Treppen von Montmartre. Aber wir haben niemandem etwas davon gesagt.[13]

Feroze fragte sich, ob Indira nach ihrer Rückkehr nach Indien eine Gandhi werden oder eine Nehru bleiben würde. Indira selbst vertraute Freunden an: »Ich mag Feroze nicht, aber ich liebe ihn.« Das war eine interessante Bemerkung, und wahrscheinlich entsprach sie der Wahrheit. Es bestand ein gewisser Klassenunterschied zwischen ihnen. Sie entstammte einer reichen, städtischen Welt; er kam aus einer kleinbürgerlichen Familie. Seine Schwester, Tehmina, war Assistentin einer Schulinspektorin. Feroze versuchte nie, seine Herkunft zu verbergen, auch schämte er sich seiner Familie nicht, allerdings deutete seine gelegentliche Gereiztheit, wenn diese Frage zur Sprache kam, darauf hin, daß hier doch eine gewisse Empfindlichkeit bestand. Kamala hatte an ihm seine Offenheit, sein Selbstvertrauen und seinen Sinn für Humor geschätzt. Indiras Temperament unterschied sich sehr von dem seinen. Ihre Kindheitserlebnisse hatten in ihr eine gewisse Reserviertheit entstehen lassen, die nie mehr ganz verschwand; sie besaß ein in sich gekehrtes Wesen und hatte einiges von der patrizierhaften Verschlossenheit ihres Vaters. Sie war eine Nehru, und niemandem war es gestattet, diese Tatsache zu vergessen.

Beide Tanten Indiras hatten außerhalb des engen Kreises der Kaschmir-Brahmanen geheiratet, und zwei ihrer Kusinen sollten in der Folgezeit Moslems, eine weitere einen ungarischen Juden heiraten, ohne daß irgendwelche Mißbilligungen seitens der Familie laut wurden. Warum dann waren die Nehru-Tanten so betroffen über Indiras Wahl? Ihre Vorbehalte galten nicht Ferozes religiösem Hintergrund als Parse. Sie fühlten sich beleidigt durch die Tatsache, daß er einer niedrigeren gesellschaftlichen Klasse entstammte als sie selbst – es war Snobismus von der schlimmsten Sorte. Wäre Feroze Mitglied der Familie Tata gewesen (die ebenfalls Parsen waren, dazu aber noch Millionäre), dann hätte es, was Vijayalakshmi und Krishna anbetraf, überhaupt kein Problem gegeben. Im Gegensatz zu ihnen äußerte Indiras Großmutter mütterlicherseits überhaupt keinen Widerspruch. Ihr Standpunkt war einfach: Da weder Feroze noch Indira die Religion als das Wichtigste betrachteten, spielte die Tatsache, daß Feroze kein Hindu war, überhaupt keine Rolle.

Wie aber verhielt es sich mit Indiras Vater? Wo stand er in dieser Angelegenheit? Jawaharlal war Atheist, und Religion bedeutete ihm nichts außer zahllosen Schrecknissen. Als Krishna, seine jüngere Schwester, einen Nicht-Brahmanen heiratete, wurde hier und da die Stirn gerunzelt, aber Jawaharlal hatte sie in einem Brief an Mahatma Gandhi lebhaft in Schutz genommen:

Ich würde eine möglichst weitreichende Abkehr vom Brauchtum begrüßen. Die Kaschmiri-Gemeinschaft – natürlich gibt es Ausnahmen – widert mich an. Sie ist der Gipfel aller kleinbürgerlichen Laster, die ich verabscheue. Es interessiert mich nicht besonders, ob ein Mensch ein Brahmane oder ein Nicht-Brahmane oder sonst etwas ist. Tatsächlich sehe ich die Relevanz all dieser Dinge nicht; man heiratet ein Individuum, nicht eine Gemeinschaft.[14]

Gleichwohl hatte auch Jawaharlal Einwände dagegen, daß Indira Feroze heiratete, wenn er sie auch nicht so grob artikulierte wie seine Schwestern. Er hatte viel über die Angelegenheit nachgedacht. Er hatte daran denken müssen, wie Motilal und Swaruprani ihn zu einer frühen Heirat gezwungen hatten. Gewiß, in diesem Falle war es Indira, die auf der Heirat bestand, aber war sie sich ihrer Entscheidung vollständig sicher? Schließlich war sie gerade erst von einem langen Auslandsaufenthalt zurückgekehrt, wo die Einsamkeit sie und Feroze zusammengeführt hatte. Sie sollte erst einmal Zeit gewinnen und andere Männer kennenlernen. Als derlei Ratschläge nichts fruchteten, gab Nehru mit aller Behutsamkeit zu bedenken, daß die Verschiedenheit des »Hintergrunds« (ein Euphemismus für Klasse), dem sie selbst und Feroze entstammten, tatsächlich zu Problemen führen könnte. Sie war ein Leben mit allem Komfort gewöhnt. Vermochte Feroze wirklich da für zu sorgen, daß sie glücklich wurde – und es auch blieb? Indira war empört. Sie erwiderte, ihr Entschluß stehe fest, materieller Wohlstand spiele für sie keine Rolle, ihre politischen Überzeugungen seien ganz ähnlich, worauf sie sich in schwierigen Zeiten würden stützen können, und sie habe nicht im geringsten die Absicht, sich derartigen Unsinn noch weiter anzuhören.

Nehrus letzte Bitte in dieser Angelegenheit war, daß Indira die Sache mit Mahatma Gandhi besprechen möge. Das tat sie auch, aber als der alte Fuchs sah, wie entschlossen sie war, versuchte er nicht, sie umzustimmen. Er bat nur darum, seinen so umstrittenen Namensvetter Feroze kennenlernen zu dürfen. Nachdem er sich den jungen Mann angesehen und von ihm die Zusicherung erhalten hatte, daß er Indira nicht gegen den Willen ihres Vaters heiraten würde, entließ Gandhi das junge Paar. Nun hatte auch Jawaharlal keine andere Wahl, als seine Zustimmung zu geben.

Feroze und Indira wünschten keine große Hochzeit; es sollte eine ruhige und private Feier werden. Aber die Presse ließ die Nachricht einen Monat vor der Hochzeit durchsickern. Orthodoxe Brahmanen erhoben ein lautes Geschrei. Wie konnte man einem Mädchen aus der Familie Nehru erlauben, einen Feueranbeter zu heiraten? Das war eine Beleidigung des Hinduismus, die es zu verhindern gelte, um nicht bei anderen Hindus »Permissivität« und Nachlässigkeit im Glauben einreißen zu lassen. Nehru wurde ermahnt, der Nation ein gehöriges Beispiel zu geben. Er tat es, und zwar in Form einer Presseerklärung, in der er seine Ansicht darlegte:

Eine Heirat ist eine persönliche und häusliche Angelegenheit, die hauptsächlich die beiden Beteiligten und darüber hinaus ihre Familien angeht. Doch ich erkenne an, daß ich angesichts meiner öffentlichen Betätigung meine vielen Freunde und Kollegen sowie die Öffentlichkeit im allgemeinen ins Vertrauen ziehen sollte.

Ich habe seit langem die Ansicht vertreten, daß die Eltern in einer solchen Angelegenheit einen Rat geben dürfen und sogar sollen, daß aber die Wahl und die endgültige Entscheidung allein Sache der beiden Beteiligten sein muß. Ist nach reiflicher Überlegung die Entscheidung gefallen, muß sie verwirklicht werden, und es ist nicht Aufgabe der Eltern oder anderer, sich dem in den Weg zu stellen. Sobald ich fest davon überzeugt war, daß Indira und Feroze einander heiraten wollten, habe ich bereitwillig ihre Entscheidung akzeptiert und ihnen gesagt, daß sie meinen Segen haben.

Auch Mahatma Gandhi, dessen Meinung ich nicht nur in öffentlichen, sondern auch in privaten Angelegenheiten hoch schätze, hat dem Vorhaben seinen Segen erteilt.[15]

Die Opposition war weit davon entfernt, sich damit zufrieden zu geben. Gandhi mußte sich in Erwiderung einer Reihe von Schmähbriefen, die er in dieser Sache erhalten hatte, selbst ins Getümmel stürzen. Er antwortete den Briefeschreibern öffentlich:

Sein (Ferozes) einziges Verbrechen ist in ihrer Sicht die Tatsache, daß er ein Parse ist. Ich war und bin ein entschiedener Gegner des Übertritts eines der Partner zur Religion des anderen um der Eheschließung willen ... Im vorliegenden Falle steht ein Religionswechsel nicht zur Debatte. Die Öffentlichkeit kennt meine Verbindung zu den Nehrus. Ich habe auch mit den beiden Beteiligten gesprochen. Es wäre herzlos gewesen, ihrem Verlöbnis die Zustimmung zu verweigern. Mit der Zeit wird es immer mehr solcher Verbindungen geben, und das wird zum Nutzen für die Gesellschaft sein. Gegenwärtig haben wir noch nicht einmal das Stadium gegenseitiger Tolerierung erreicht ... Ich lade alle Verfasser von Schmähbriefen ein, ihren Zorn zu überwinden und die bevorstehende Hochzeit zu segnen. Diese Briefe verraten Unwissenheit, Unduldsamkeit und Vorurteil – eine spezielle Art von Unberührbarkeit, die gefährlich ist, weil sie sich nicht leicht als solche klassifizieren läßt.[16]

Diesen Vorgängen haftete etwas überaus Bizarres an. Die beiden wichtigsten politischen Führer Indiens sahen sich in einem politisch kritischen Augenblick gezwungen, einen Teil ihrer Energie darauf zu verwenden, die Entscheidung zweier Menschen, eine Ehe zu schließen, öffentlich zu rechtfertigen. Es war ein Zeichen für eine viel tiefer liegende Malaise, auch wenn es nur wenige damals erkannten; aber Jawaharlals schlimmste Befürchtungen wurden bestätigt. Religiöse Vorurteile hatten in den Köpfen der meisten Inder noch immer Vorrang vor allen anderen Erwägungen. Moralische Ermahnungen allein, auch wenn sie von so geachteten Mahnern wie Gandhi und Nehru kamen, konnten nicht als wirksames Gegengift gegen die Hartnäckigkeit derartiger Vorurteile dienen. Sehr bald schon sollte Indien diese bittere Lektion während einiger der gewalttätigsten Episoden seiner jüngeren Geschichte lernen.

Von Gedanken dieser Art blieb der Hochzeitstag allerdings ungetrübt. Es war der 26. März 1942, fast genau ein Jahr nach der Heimkehr Ferozes und Indiras aus London. Anand Bhavan war bescheiden geschmückt, und die Gästeliste war begrenzt. Während Motilal halb Allahabad eingeladen hätte, bremste sein immer schon mehr auf Mäßigung bedachter Sohn den Aufwand. Indira wollte nicht, daß die Hochzeit zu einem öffentlichen Ereignis werde, aber Mahatma Gandhi bestand darauf, ein großes Fest zu feiern. Andernfalls, so sagte er, werde man glauben, daß die Nehrus sich der ganzen Angelegenheit schämten und sich dem Druck derjenigen beugten, die gegen diese Heirat waren. Dieses Argument überzeugte Indira. Auf der Gästeliste standen die beiden Familien und ihre Freunde, örtliche Kongreßführer und zwei Ausländer: der britische Labour-Politiker Sir Stafford Cripps, der sich im Regierungsauftrag in Indien befand, und Eve Curie, die Tochter der französischen Wissenschaftlerin Marie Curie. Die Feier verlief ruhig und harmonisch, obwohl eine gerade geistesabwesende Indira während des Hochzeitsmahls zu Sir Stafford sagte: »Nehmen Sie doch noch ein paar Kartoffel-Cripps.« Bemerkenswerterweise hatten sowohl Indira als auch Feroze eine völlig nichtreligiöse Feier abgelehnt. Sie entschieden sich für einige halborthodoxe vedische Riten, die angeblich für Mischehen gültig waren. Indiras Tante, Krishna Hutheesing, hat uns in ihren Memoiren diese sentimentale Beschreibung ihrer Nichte am Hochzeitstag hinterlassen:

Zerbrechlich und beinahe ätherisch, lachte sie und plauderte mit den Umstehenden, aber manchmal verdunkelten sich ihre großen, schwarzen Augen und nahmen einen abwesenden und wehmütigen Ausdruck an. Welche dunkle Wolke mochte die Freude dieses glücklichen Tages überschatten? War es die Sehnsucht nach der jungen Mutter, die nicht mehr war, durch deren Fehlen eine Leere entstanden war, die selbst an diesem Tage unausgefüllt blieb? Oder war es der Gedanke an die Trennung vom Vater, von einem Vater, dessen ganzes Leben sie gewesen war. Sie überließ ihn nun einem Leben, das einsamer für ihn sein würde, als es je zuvor gewesen war. Vielleicht waren es das Zerreißen aller alten Bande und der Beginn eines neuen Lebens, die den flüchtigen Ausdruck der Trauer in die Augen der jungen Braut brachten, denn wer konnte vorhersagen, was die Zukunft für sie bereithielt – Glück? Leid? Erfüllung? Enttäuschung?[17]

Feroze und Indira brachen gleich nach der Hochzeit zu ihren Flitterwochen auf. Daß Kaschmir als Ziel gewählt wurde, war kaum eine Überraschung. Während ihrer ganzen Kindheit hatte Indira von Swaruprani, Motilal, Kamala und ihren Tanten wahre Wunderdinge über dieses verzauberte Tal gehört. Ihr Vater hatte es ihr in Worten beschrieben, die denen ähnlich gewesen sein werden, die er 1941 in seinem Buch *Unity of India* wählte:

Die liebliche Schönheit des Landes schlug mich in seinen Bann und verzauberte alles, was um mich her war. Ich wanderte umher wie einer, der besessen und trunken von Schönheit war, und dieser Rausch erfüllte mein ganzes Gemüt. Wie eine über die Maßen schöne Frau, deren Schönheit beinahe schon unpersönlich ist und menschlichem Verlangen entrückt, so war Kaschmir in all seiner weiblichen Schönheit von Fluß und Tal und See und anmutigen Bäumen. Und dann erschloß sich den Blicken ein anderer Aspekt dieser magischen Schönheit, ein männlicher, von harten Bergen und schroffen Abgründen, von schneebedeckten Gipfeln und Gletschern, von grausamen und wilden Sturzbächen, niederrauschend in die Tiefe der Täler.[18]

Kaschmir war zu dieser Jahreszeit außerordentlich schön. Ein Teppich von Maßliebchen bedeckte das Tal, und Kirsch- und Mandelblüte bildeten ein Ehrenspalier, als das Paar nach Srinagar fuhr. Jawaharlal hatte Kamala während ihrer Flitterwochen in Kaschmir, sechsundzwanzig Jahre zuvor, verlassen und war mit einem Freund in die Berge gestiegen. Aber Feroze und Indira blieben zusammen. Sie wanderten viel, besuchten Sehenswürdigkeiten und waren glücklich miteinander. In dem so erfrischenden Klima Kaschmirs mußte Indira oft an ihren Vater denken, den sie in der Hitze des Tieflands zurückgelassen hatte. Sie wechselten Telegramme. Indira an Jawaharlal: ICH WOLLTE WIR KÖNNTEN DIR EINE KÜHLE BRISE VON HIER SCHICKEN. »Hier«, das war der idyllische Urlaubsort Gulmarg in den Vorbergen des Himalaya. Jawaharlal an Indira: DANKE. ABER IHR HABT KEINE MANGOS. Indiras starke Vorliebe für Mangos war allen Nehrus wohlbekannt. Ein paar Tage später schickte Jawaharlal, offensichtlich an das Glück seiner Tochter denkend, ein weiteres Telegramm: HABT ES NICHT SO EILIG MIT DER RÜCKKEHR. LEBT IN SCHÖNHEIT, SOLANGE ES EUCH BESCHIEDEN IST.

Aber sie konnten nicht unbegrenzt in Schönheit leben. Die vom Kongreß ins Leben gerufene Kampagne »Raus aus Indien!« stand bevor. In London hatte sich Feroze indischen Kommunisten angeschlossen und mit ihnen in Kampagnen gegen Faschismus und Arbeitslosigkeit zusammengearbeitet. Nun, im August 1942, mußte er zusehen, wie die KPI infolge von Hitlers Angriff auf die Sowjetunion eine vollständige Kehrtwendung vollzog und den Krieg zum »Volkskrieg« erklärte. Die Kommunisten waren praktisch zu Rekrutierungsbeamten für die britische Indien-Armee geworden. Die Verteidigung der Sowjetunion war ihnen nunmehr wichtiger als die Freiheit Indiens. Feroze und Indira stimmten rückhaltlos mit Nehrus Analyse der Lage überein. Ein freies Indien würde Seite an Seite mit Großbritannien und der UdSSR gegen den Faschismus kämpfen; ein unfreies Indien würde gegen die Briten kämpfen. Feroze brach mit seinen Freunden von der KPI. Er brauchte lange, bis er seine Enttäuschung über diesen notwendig gewordenen Bruch überwunden hatte. Er war nicht der einzige. Zu solchen Brüchen kam es damals überall in Indien.

Bis Ende November 1942 stieg die Zahl der von den britischen Behörden eingekerkerten Nationalisten auf mehr als 100000. Unter ihnen befanden sich Indira, Feroze, Vijayalakshmi und, natürlich, Jawaharlal, den man in Chand Bibis alter Festung in Ahmadnagar in Gewahrsam hielt. Indira fiel das Leben im Gefängnis nicht leicht. Die Bedingungen dort waren nicht unerträglich, stellten aber für sie eine große Belastung dar, die nur dadurch gemildert wurde, daß ihre Tante in der gleichen Zelle einsaß. Es war das einzige Mal, daß Indira und Vijayalakshmi Pandit miteinander auskamen. Sie lachten gemeinsam über eine füllige Wächterin, Zainab, die immer »wie eine Ente watschelte«. Sie schlossen Freundschaft mit anderen Gefangenen. Sie wurden wütend, als sie erfuhren, daß eine Geschenksendung Mangos von Jawaharlal an Indira von den Gefängniswärtern verspeist worden war.

Indira verbrachte neun Monate im Gefängnis. Wegen ihrer angegriffenen Gesundheit wurde sie vorzeitig entlassen; Feroze kam nach einem Jahr frei. Sie hatten sich ein eigenes Haus gekauft, aber die Anziehungskraft von Anand Bhavan erwies sich als zu groß für Indira, und Feroze erklärte sich mit dem Umzug dorthin einverstanden, zumal das Haus leer stand, solange Nehru im Gefängnis saß. Die Tanten hatten geheiratet, und als einzige Bewohner waren die Bediensteten zurückgeblieben. Erst später sollte Feroze bereuen, daß er es versäumt hatte, sich mit Indira ein eigenes Leben, getrennt von Jawaharlal, aufzubauen. Zu jener Zeit aber war die Bewegung alles; ihre persönlichen Angelegenheiten wurden auf den zweiten Platz verwiesen. Hinzu kam, daß sich sowohl Indira als auch Feroze Sorgen um Jawaharlal machten. Von dem Tag an, als Kamala begonnen hatte, sich mit Politik zu befassen, waren sie und Nehru zu wirklichen Freunden geworden. Der Austausch mit ihr war ihm wichtig geworden. Ohne sie fühlte er sich elender als sonst im Gefängnis. Es war seine letzte, aber längste Haftzeit. Seiner Schwester Krishna schrieb er:

Die privaten Welten, in denen ein jeder von uns lebt, Welten der Phantasie, des Gefühls und der Vorstellung, sind nun schon so lange getrennt voneinander, daß sie zu Fremden werden könnten, zu getrennten Kreisen mit geringeren Überschneidungen als einst. Zu einem Teil geschieht das ohnehin, je älter wir werden, aber der Vorgang wird durch die anomalen Bedingungen beschleunigt, unter denen wir leben.[19]

Noch im Gefängnis erhielt Jawaharlal die Nachricht, daß er einen Enkel bekommen hatte, Rajiv, geboren im August 1944. »Für eine Frau ist die Mutterschaft die höchste Erfüllung«, sollte Indira später einmal schreiben. »Ein neues Wesen in diese Welt zu bringen, seine winzige Vollkommenheit zu sehen und von seiner zukünftigen Größe zu träumen, ist das bewegendste aller Erlebnisse und erfüllt einen mit Ehrfurcht und Erregung.« Und über die Geburt selbst erzählte sie: »Ich war einfach nur hungrig und bat um eine Scheibe Toast. Während ich aß, kam Rajiv. Mir tat es richtig leid, daß ich meinen Toast nicht aufessen konnte.«[20]

Nach dreijähriger Haft kehrte Jawaharlal 1945 endlich nach Hause zurück, schloß seinen Enkel und seine Tochter in die Arme, ernannte seinen Schwiegersohn zum Verlagsleiter des von ihm gegründeten *National Herald* in Lakhnau und reiste dann, nachdem er seine familiären Angelegenheiten geregelt hatte, nach Delhi weiter, um einer neu gebildeten Interimsregierung vorzustehen und die Ankunft des letzten Vizekönigs zu erwarten. Indira und Feroze Gandhi zogen nach Lakhnau um. Der *National Herald* hatte im August 1942 sein Erscheinen eingestellt, weil er sich nicht der Zensur unterwerfen wollte. Von November 1946 an erschien er wieder. Anfang Dezember fuhr Indira nach Delhi, um Jawaharlal zur Seite zu stehen. Kurz nach ihrer Ankunft, am 14. Dezember, schenkte sie einem zweiten Sohn das Leben. Er erhielt den Namen Sanjay (Sieg). Nehrus Tochter war jetzt Mutter zweier Söhne.

Tochter und Vater
1947–1964

Ihre ersten Jahre in Lakhnau verliefen für Indira und Feroze harmonisch und ungestört. Beide Eltern verbrachten viel Zeit mit ihren Söhnen. Indira dachte an ihre eigene Kindheit und war entschlossen, ihre Kinder nicht der Obhut von Dienern oder Kindermädchen zu überlassen. Auf diesen Entschluß war sie zeit ihres Lebens stolz, und in einem Artikel unter der Überschrift »Was es bedeutet, Mutter zu sein« schrieb sie Jahre später:

Als Rajiv und Sanjay noch klein waren, widerstrebte mir der Gedanke, daß irgend jemand anders sie pflegte, und ich versuchte, selbst so viel für sie zu tun wie nur möglich. Als sie später zur Schule kamen, achtete ich darauf, meine anderweitigen Verpflichtungen in die Zeit der Schulstunden zu legen, damit ich frei war, wenn die Jungen nach Hause kamen. Einmal, als Sanjay noch recht klein war, kam einer seiner Kindergartenfreunde mit seiner Mutter zu uns nach Hause. Die Mutter, eine sehr wohlhabende Dame der Gesellschaft, kam auf meine öffentliche Arbeit zu sprechen und meinte, daß mir sicherlich nicht viel Zeit für meine Jungen bliebe. Sanjay fühlte sich sogleich gekränkt, und bevor mir noch eine Antwort eingefallen war, eilte er mir mit den Worten zur Hilfe:

»Meine Mutter tut viel wichtige Arbeit, aber trotzdem spielt sie mehr mit mir als Sie mit Ihrem Jungen.« Es stellte sich heraus, daß sein kleiner Freund sich bitter über das dauernde Bridge-Spielen seiner Mutter beklagt hatte![1]

Indira fuhr regelmäßig nach Delhi, um ihren Vater zu besuchen und gelegentlich als seine offizielle Gastgeberin aufzutreten. Bald war sie zu einer regelrechten Pendlerin zwischen Lakhnau und Delhi geworden, immerhin eine Bahnfahrt von einer ganzen Nacht. Lakhnau ist eine alte, stolze Stadt an den Ufern des Flusses Gumti, die in ihren Mauern Hochschulen, prächtige Moscheen, stattliche Adelsvillen und einen großen Palast beherbergt. Vor der Besetzung durch die Briten (und noch geraume Zeit danach) herrschte hier eine träge, dekadente, ganz und gar feudale Atmosphäre. Die Kurtisanen der Stadt gehörten zu den kultiviertesten, gebildetsten ganz Indiens. Mütter aus angesehenen Häusern schickten ihre Töchter zu diesen Kurtisanen, damit sie gutes Benehmen und die Kunst der Konversation, damit sie »Kultur lernten«. Die Häuser der führenden Kurtisanen von Lakhnau wurden so zu höheren Töchterschulen für den Landadel der ganzen Umgegend. Die Dichtkunst blühte wie nie zuvor oder seither, wenngleich das Ergebnis nicht immer von hoher Qualität war. Über den Ruf eines Poeten entschied in den meisten Fällen der Grad des Beifalls, den er auf den allabendlich stattfindenden privaten Soireen erhielt. Diesem höfischen Leben hatten die Briten ein jähes Ende bereitet, auch wenn Warren Hastings, der erste Generalgouverneur, später vom Unterhaus »hoher Verbrechen und minderer Vergehen« angeklagt wurde, einschließlich seiner korrupten Verfolgung der verwitweten Prinzessinnen von Oudh. Er hatte sie um ein Haar verhungern lassen, um von ihnen zu erfahren, wo ihre Schätze verborgen waren. Zwei alte Eunuchen, die in ihren Diensten standen, waren verhaftet und gefoltert worden. Edmund Burke hatte in seiner parlamentarischen Anklagerede dieser Episode breiten Raum gewidmet. Einige Jahrzehnte später hatte der britische General Outram der königlichen Familie von Oudh das Herrschaftsrecht entzogen und Lakhnau besetzt. An diesem Ort hatten die Briten dem Aufstand von 1857 widerstanden, und die »Belagerung der Residentur Lakhnau« ging damals in die englische Folklore ein.

Die alten Traditionen wurden erheblich gestört, konnten aber nicht vollständig ausgelöscht werden. Lakhnau blieb eine Stadt der Kultur, in der sich Poeten und Literaturkritiker tummelten; daran änderte auch das von allmählichem Verfall gezeichnete Stadtbild nichts. Indira jedoch war an das geschäftige Treiben im Anand Bhavan gewöhnt. Das fand sie eher in der aufregenden Atmosphäre der Residenz des Ministerpräsidenten in Delhi wieder als in Lakhnau, das ihr langweilig und monoton vorkam. Feroze war zwar besorgt um sie, aber zugleich alles andere als häuslich, und sie fand, daß er viel leichter alleine zurechtkommen könne als ihr Vater. Jawaharlal hatte früher auf die Hilfe seiner Schwestern rechnen können, wenn es galt, Gäste zu empfangen und zu bewirten, aber sie lebten inzwischen nicht mehr in Delhi. Indira fühlte sich für ihn verantwortlich; zugleich hatte sie das Gefühl, in Delhi dem Zentrum der indischen Politik näher zu sein. Der Gedanke, für immer als Mutter und Hausfrau in Lakhnau zu leben, erschien ihr schwer erträglich. Des dauernden Hin- und Herpendelns zwischen beiden Städten leid, entschloß sie sich schließlich, mit ihren beiden Söhnen nach Delhi umzuziehen.

Feroze war nicht besonders überrascht, aber offensichtlich doch verletzt. Er machte nicht den Versuch, sie zurückzuhalten, aber die Tatsache, daß sie sich in dieser Weise entschied, ließ ihm seine Ahnungen aus der gemeinsamen Londoner Zeit zur Gewißheit werden: Sie war und blieb eine Nehru. Das Verhältnis zwischen Vater und Tochter war immer sehr eng gewesen, und die gefühlsmäßige Bindung zwischen ihnen war seit Kamalas Tod noch enger geworden. Für Indira handelte es sich aber nicht nur um eine Frage töchterlicher Ergebenheit. Sie respektierte die Politik ihres Vaters; sie half dem führenden Politiker des Landes, der eben zugleich auch Ministerpräsident war. Der Gedanke, ihn allein in Delhi zu wissen, abhängig von Beamten und Hausangestellten, ohne Zuwendung und Familienleben, war ihr unerträglich. Für sie ging es nicht darum, den Vater dem Ehemann vorzuziehen, sondern vor allen Dingen darum, der bedeutenderen politischen Persönlichkeit zur Hand zu gehen. Ganz sicherlich war es keine einfache Entscheidung gewesen. Schließlich trennte sie ihre beiden Söhne von ihrem Vater. So sehr sie auch ihren Großvater liebten, er konnte nie zu einem Ersatz für Feroze werden und versuchte es auch gar nicht. Die Kinder sahen ihren Vater zwar regelmäßig, doch sie litten ganz offensichtlich unter der Trennung der Eltern. Indiras gelegentliche Zweifel an ihrem Entschluß schwanden endgültig nach der Ermordung Gandhis. Sie war fest davon überzeugt, daß ihr Vater sie nun mehr denn je brauchte.

Gemeinsam mit Rajiv besuchte Indira Mahatma Gandhi einen Tag vor seiner Ermordung. Er trug einen bengalischen Strohhut und genoß die Wintersonne von Delhi. Als er Indira, ihre Tante Krishna und eine Kusine hereinkommen sah, neckte er die drei Frauen: »Nanu! Sind die drei Prinzessinnen gekommen, um *mich* zu besuchen?« Über Politik wurde nicht gesprochen. Rajiv schmückte die Füße des alten Mannes mit Blumengirlanden. Indira machte ihm ein Kompliment wegen seines Hutes. Er lachte und sagte: »Ein eleganter birmanischer Hut ist unterwegs. Wie wird der mir erst stehen!«[2] Am nächsten Tag wurde er ermordet. »Wie sollten wir ahnen«, schrieb Indira, »daß wir sein breites, zahnloses Lächeln nie mehr sehen, nie mehr die strahlende Wärme seiner Nähe spüren sollten?«[3] Das sollte nun auch ihr Vater entbehren müssen.

Indira, Rajiv und Sanjay zogen nach Delhi um. In den Tagen des *Raj* war Nehrus Residenz der Sitz des britischen Oberbefehlshabers in Indien gewesen. Es war im Lutyens-Stil entworfen und aus jenem gelben und roten Sandstein erbaut, der das Antlitz von Neu-Delhi prägte. Das Haus hatte große, kalte Räume, an deren Wänden gigantische Ölbilder der Hüter des *Raj* hingen – zahllose britische Generäle und Helden, die auf den Betrachter herabstarrten und deren Gegenwart Indira als anstößig empfand. Sie wurden ins Lagerhaus verbannt, und Indira ging daran, dieses pompöse Herrenhaus (es war viel größer als die beiden Anand Bhavans in Allahabad) wohnlich zu machen. Das Teen Murti House (Haus der drei Statuen), wie der neue Nehru-Wohnsitz hieß, wurde zum Treffpunkt für durchreisende Politiker, Künstler, Staatsoberhäupter, alte Freunde und natürlich die Führer der Kongreßpartei. Ohne Zweifel verwandelte die Anwesenheit seiner Tochter Nehrus Leben von Grund auf: Teen Murti House wurde zu einem Hafen der Geborgenheit.

Indira fuhr anfangs mit ihren Kindern regelmäßig nach Lakhnau, aber Feroze erkannte bald, daß es leichter sein würde, wenn er zu ihnen nach Delhi kam. Jawaharlal behandelte ihn immer äußerst korrekt, aber es bestand eine unausgesprochene Spannung zwischen den beiden Männern, die Feroze bald als unerträglich empfand. Er fühlte sich im Teen Murti House immer als Außenseiter, und es gab wenig, was seine Frau tun konnte, um ihn heimisch werden zu lassen. Schon in den alten Tagen im Anand Bhavan war die Herzlichkeit des Willkommens stets von Kamala ausgegangen, während Jawaharlals patrizierhafte Zurückhaltung ihrem Verhältnis zueinander immer eine gewisse steife Förmlichkeit verliehen hatte. Vor seiner Heirat mit Indira hatten Feroze und Jawaharlal zwar etliche Gespräche unter vier Augen geführt, in deren Verlauf der Vater den angehenden Ehemann in das Wesen und die Gewohnheiten seiner Tochter einzuweihen versuchte. Diese Begegnungen waren stets freundschaftlich verlaufen, aber Feroze hatte sich in Gegenwart des großen Mannes nie entspannt und locker gefühlt. Jetzt kam er sich bei seinen Besuchen in Delhi wie ein Fremder vor.

Jawaharlals häuslicher Stil war in starkem Maße von Harrow und Cambridge geprägt. Seine Tischmanieren waren exquisit, er sprach während der Mahlzeiten nicht viel, sein Humor war subtil und trocken und er verabscheute alles Vulgäre. Ferozes Eßgewohnheiten hingegen waren einigermaßen deftig – er aß gern und viel, und er besaß ein gewaltiges Repertoire an nicht ganz gesellschaftsfähigen Witzen. Er empfand die Atmosphäre im Teen Murti House als erdrückend, und seine Besuche wurden seltener. Immer häufiger war er gekränkt, und wenn er sich ärgerte, wurde er grob und sogar bösartig. Indira sah sich im Widerstreit der beiden Männer gefangen. Ihr Vater sprach gelegentlich in scharfem Ton zu ihr, behandelte sie wie ein kleines Mädchen und kanzelte sie in aller Öffentlichkeit ab; Feroze seinerseits reagierte seinen ganzen Ärger über den Vater an ihr ab. Sie fing an, sich unglücklich zu fühlen, und Jawaharlal, der das bemerkte, gab die Schuld daran ihrem Mann, anstatt die Ursache in der verqueren Situation zu suchen.

Als Feroze beschloß, sich in Ray Bareli in der Nähe von Lakhnau um einen Parlamentssitz zu bewerben, fuhr Indira in den Wahlkreis, um ihn zu unterstützen. Auch Jawaharlal kam, was ihn allerdings nicht daran hinderte, Feroze dafür zu tadeln, daß er seine Frau unter ermüdenden Bedingungen durch das Land schleife. Feroze schluckte seinen Zorn herunter. Er wurde gewählt, was ihm Gelegenheit gab, nach Delhi, dem Sitz des Parlaments, überzusiedeln. Ein neues Problem ergab sich nun. Wo sollte er wohnen? Indira schlug vor, daß er zu ihr und den Jungen ziehen sollte, aber Feroze lehnte es ab, im Hause des Ministerpräsidenten zu leben. Statt dessen bezog er einen der kleinen Bungalows, die allen Parlamentsabgeordneten zu einer Vorzugsmiete zur Verfügung gestellt wurden. Indira blieb bei ihrem Vater und besiegelte damit endgültig die Trennung.

Kurz nach Erlangung der Unabhängigkeit hatte ein Journalist Feroze zum »Schwiegersohn der Nation« ernannt. Anfangs hatte dieser darüber gelacht und mit Selbstironie reagiert, nun aber verbat er sich jede Erwähnung dieses Titels und wurde wütend, wenn einer davon sprach. Auch verteidigte er nachdrücklich seine Rechte als Abgeordneter gegenüber seinem Schwiegervater. Einmal wurde ihm und einem anderen Abgeordneten infolge einer Panne beim Sicherheitsdienst der Zutritt zu einer Veranstaltung verwehrt, und Feroze richtete wegen dieses Vorfalls eine Anfrage in der Lok Sabha an Nehru. Der alte Herr entschuldigte sich, konnte aber seine innere Wut kaum verbergen. Ein andermal, bei einer Kongreßversammlung, tadelte Nehru, vorn auf dem Podium sitzend mit Indira neben sich, einige Delegierte, weil sie ihre Familie mitgebracht hatten. Feroze, der unten im Saal unter den Delegierten saß, bemerkte mit lauter Stimme: »Ich habe *meine* Frau nicht mitgebracht!« Nehru war sichtlich ungehalten.

Im Teen Murti House war Indira für das Funktionieren des gesamten Haushalts verantwortlich, was in der Praxis bedeutete, daß sie alles kontrollieren und überwachen mußte: von der Küche und den Speisen über die Löhne der Dienerschaft bis zum Füttern der Tiere aus Nehrus Privatzoo. Sie mußte die Gästelisten für die Abendessen zusammenstellen und dafür sorgen, daß die Schneider für ihren Vater und die Kinder bestellt wurden. Als Jawaharlal einmal einem Diener sechzig Rupien gab für eine dringende Reise zu einem erkrankten Verwandten, ermahnte er ihn, kein Wort darüber zu Indira zu sagen, sonst würde sie ihm den Betrag von seinem Lohn abziehen. In einem Artikel, den sie 1957 für ein Magazin in Bombay schrieb, schilderte Indira ihre häuslichen Aufgaben und den aufreibenden Alltag an der Seite ihres Vaters – die Auslandsreisen, das Erdrückende des Protokolls; vor allem aber beklagte sie sich über »die absonderlichen Marotten unseres Volkes. Abgesehen von den Haupttabus, daß Hindus kein Rindfleisch und Moslems kein Schweinefleisch essen, gibt es endlose Kombinationen und Variationen! Es gibt Fleischesser, die an bestimmten Tagen der Woche Vegetarier sind, es gibt Vegetarier, die Eier essen oder auch Fisch, und ein höchst respektierlicher Gast, der sich als Vegetarier eingeführt hatte, aß schließlich alles, was auf den Tisch kam, nur kein Huhn!« Sie erzählte auch von Jawaharlals Gepflogenheit, neue Elemente der Etikette aus verschiedenen Ländern zu übernehmen: »Als er das erste Mal im Buckingham-Palast diniert hatte, entschied er, daß auch in unserem Haus Milch und Zucker vor dem Kaffee in die Tassen zu tun seien.«[4] Daß Indira diesen Akt des kulinarischen Philistertums unangefochten passieren ließ, macht deutlich, wie sehr sich Jawaharlals Dominanz auch auf die häusliche Sphäre ausdehnte. In einem Artikel für das *Ladies' Home Journal* unter der Überschrift »Wie Mrs. Gandhi mit der Vergötzung des Weiblichen aufräumte« zitierte Betty Friedan im Mai 1966 einen namentlich nicht genannten indischen ›Elder Statesman‹ dahingehend, daß Nehru ›in den frühen Jahren Indira auf absolut schockierende Weise herumzukommandieren pflegte und so ihr ganzes Selbstvertrauen erschütterte‹.[5]

Jawaharlals aufbrausendes Temperament war seinen Vertrauten natürlich allzu gut bekannt, aber Indira gehörte zu den wenigen, die ihn dazu bringen konnten, die Selbstbeherrschung wiederzugewinnen, oder die es gar wagen durften, ihm öffentlich Vorhaltungen zu machen. Dann pflegte Nehru, dessen Zorn nie lange anhielt, laut aufzulachen und den Anwesenden zu bedeuten, daß sie ihn nie und nimmer als jähzornig bezeichnen würden, wenn sie jemals Motilal im Zorne gesehen hätten. Er erzählte gern, wie er einmal während einer Abendgesellschaft von seinem Vater aufgefordert wurde, einige Reime, die Motilal auf Persisch rezitiert hatte, für die anwesenden Gäste zu übersetzen. Das Persisch von Nehru junior war nicht so fließend wie das seines Vaters, weshalb er ablehnte. Motilal beharrte aber auf seinem Wunsch, und Jawaharlal trug schließlich eine schlechte Übersetzung vor. Kaum hatte er geendet, da kanzelte Motilal ihn ab, weil er den Unterschied zwischen zwei ähnlich klingenden persischen Wörtern nicht kenne. Inzwischen sehr zornig und gedemütigt, entgegnete Jawaharlal barsch: ›Wenigstens kenne ich den Unterschied zwischen Dominion-Status und Unabhängigkeit!‹ Tiefes Schweigen erfüllte den Raum. Den Gästen waren die politischen Meinungsverschiedenheiten zwischen Vater und Sohn wohlbekannt. Motilal sprang in blindwütigem Zorn auf und kippte alles, was auf dem Tisch stand, auf den Fußboden. Nehru pflegte zu lachen, wenn er seinen Freunden diese Geschichte erzählte. Aber wäre Indira Kommunistin gewesen und hätte sich derart gegenüber ihrem Vater benommen, wäre dessen Reaktion vermutlich nicht sehr viel anders ausgefallen. Motilal und Jawaharlal waren einander in mancher Hinsicht sehr ähnlich. Indira besaß eine viel größere Selbstbeherrschung, dafür aber hielt ihr Groll sehr viel länger vor als bei beiden Männern.

Neben der Oberaufsicht über den Haushalt im Teen Murti House oblag es Indira, ihren Vater auf seinen Auslandsreisen zu begleiten. Praktisch war sie Indiens ›First Lady‹. Sie begleitete Nehru nach Großbritannien, China, in die Vereinigten Staaten, in die Sowjetunion, nach Indonesien und in zahlreiche andere Länder. Sie wurde auf diese Weise mit ausländischen Staatsoberhäuptern und Regierungschefs vertraut und erhielt eine geradezu einzigartige Erziehung in der Kunst der Diplomatie ebenso wie in den Verwicklungen der internationalen Politik. Bei ihrer ersten Begegnung mit Winston Churchill bemerkte dieser zu Nehru, wie kurios es doch sei, daß zwei Männer, die einander gehaßt hatten, nun am selben Tisch zusammensaßen. Er konnte es kaum fassen, daß ein Mann, den die Briten so lange Jahre eingesperrt hatten, ganz und gar nicht nachtragend zu sein schien. Indira bemerkte: »Wir haben Sie nie persönlich gehaßt.« Darauf Churchill: »Aber ich, aber ich!«

In ihrer Eigenschaft als »Haushaltsvorstand« hatte Indira ihren Vater vor den unablässigen Wünschen nach einem persönlichen Gespräch zu beschützen. Den Hauptteil dieser Aufgabe erledigte zwar Mathai, Nehrus persönlicher Assistent, aber Indira befand sich ihm gegenüber in einer überlegenen Position. Unzählige Male, wenn führende Kongreßmitglieder oder Abgeordnete Nehru trotz aller Hartnäckigkeit nicht zu sehen bekamen, sprach sie mit ihnen, hörte sich ihre Klagen an und regelte einige ihrer Probleme. Im Jahre 1946 schlug Pandit Govindvallabh Pant, ein alter und hochverdienter Kongreßführer, der Indiras politische Fähigkeiten erkannt hatte, vor, daß sie sich um einen Sitz im Parlament bewerben solle. Sie lehnte ab. Zu jener Zeit stand sie unter der Doppelbelastung ihrer zweiten Schwangerschaft und des ständigen Pendelns zwischen zwei Haushalten und wollte sich nicht noch eine weitere Aufgabe aufladen. Auch pflegte sie zu erklären, daß sie es als ihre politische Hauptaufgabe ansähe, dafür zu sorgen, daß ihr Vater ein angenehmes häusliches Leben habe. Dennoch kam es nun immer häufiger vor, daß man sie bat, bei der einen oder anderen Versammlung Jawaharlal zu vertreten. Schon bei der ersten solchen Gelegenheit, gestand sie später, habe sie begriffen, daß sie die Gabe besaß, Menschen mit ihren Worten zu fesseln. Damals wurde ihr endgültig klar, daß aus ihr eine Politikerin werden würde. Eine weitere Bestätigung dafür, daß sie politische Star-Qualitäten besaß, ergab sich im Panjab, als sie darauf bestand, in einem kleinen Dorf im Morgengrauen eine Rede zu halten:

Es war ein kalter und nebliger Januarmorgen, es wehte eine scharfe Brise, und um sechs Uhr früh war es noch ganz dunkel. Keine Menschenseele weit und breit. Alle Türen und Fenster waren offenbar fest verrammelt. Aber es gab einen *takht* (hölzerne Plattform), ein Mikrophon und einige *daris* (grobe Matten), die von dem schweren Tau ganz durchnäßt waren. Hansraji (ein Kongreßpolitiker) meinte, daß wir allein durch unser Kommen unsere Pflicht erfüllt hätten und guten Gewissens weiterfahren könnten, um das reguläre Programm zu erledigen. Es war ihm äußerst peinlich, daß ich darauf bestand, eine Rede zu halten, ganz gleich, ob Zuhörer da waren oder nicht. Schon bei meinen ersten Worten öffneten sich die ersten Fenster; verschlafene Köpfe schauten heraus. Bald darauf strömte das ganze Dorf heraus aus der Wärme der Häuser. Einige waren in Umhänge und *razais* (Steppdecken) gehüllt, andere kamen mit *datun*-Stöckchen (die süße Rinde eines Baums, die seit Jahrhunderten in Indien zum Zähneputzen dient), etliche kamen mit Bechern dampfend heißen Tees... Raizadaji behielt dies als die außergewöhnlichste Versammlung in Erinnerung, die er in seinem langen Leben erlebt hatte, und jedesmal, wenn wir uns später trafen, sprach er davon.[6]

Erlebnisse wie dieses stärkten Indiras Selbstvertrauen enorm. Im Jahre 1955 wandten sich der Kongreßpräsident U. N. Dhebar und ein weiterer ranghoher Parteiführer, Lal Bahadur Shastri, mit der Bitte an sie, die Nominierung zum Kongreß-Arbeitsausschuß anzunehmen, dem höchsten innerparteilichen Gremium. Sie nahm an, wurde nominiert und gewählt. Auch im Frauen-Ausschuß der Kongreßpartei war sie aktiv, wiederholte jedoch nie Kamala Nehrus Botschaft aus den dreißiger Jahren, in der sie die Frauen aufgerufen hatte, ihre Gleichberechtigung durchzusetzen und gegen die Tradition zu kämpfen. Indira war weder damals noch später eine kämpferische Anhängerin der Frauenemanzipation. Ein Grund dafür könnte ihr Wunsch gewesen sein, sich nicht als Frauen-Ausschüßlerin abstempeln zu lassen, was es ihr später erschwert hätte, sich in der Partei als Ganzem durchzusetzen. Alle politischen Parteien Indiens hatten spezielle Abteilungen fur Frauen, die aber letztlich dafür geschaffen waren, die Frauen abzulenken und mit Nebensächlichem zu beschäftigen, während die Männer die »wirkliche Politik« betrieben. Hieran hat sich bis heute nichts geändert.

Indiras Aufstieg an die Spitze der Partei ging sehr schnell vonstatten. Im Jahre 1957 wurde sie in den Zentralen Wahlausschuß der Partei gewählt, der die Bewerbungen von Kongreß-Kandidaten für die Parlamentswahlen prüfte; dabei erhielt sie mehr Stimmen als ihr Vater. Im folgenden Jahr wurde sie in den Fraktionsvorstand gewählt, der über die endgültigen Nominierungen für das Parlament entschied. 1959 dann wählte man sie zur Kongreßpräsidentin. Hätte dies ohne Jawaharlals Zustimmung geschehen können? Es gibt zwei Versionen darüber, wie die Tochter des Ministerpräsidenten zur Parteiführerin wurde. Indiras Version lautet so: »Ich schlotterte vor Angst. Mir grauste, und ich bin überzeugt davon, daß es meinem Vater nicht gefiel.« Sie wurde von Pandit Govindvallabh Pant gefragt und gab ihm zur Antwort, daß erst ihr Vater zu Rate gezogen werden müsse, bevor sie ihre Entscheidung fällen würde. Pant sagte (jedenfalls nach Darstellung Indiras): »Das hat nichts mit Ihrem Vater zu tun. Sie selbst müssen entscheiden.« Nehru reagierte genauso, auch wenn sie »Mißbilligung in seinem Ausdruck entdeckte«.[7] Die Presse startete eine kurze Kampagne, in der sie sich einhellig dafür aussprach, den Vorschlag zurückzuweisen. Indira behauptete später, daß diese Haltung der Presse ihre Entscheidung beeinflußt habe. Sie habe auf keinen Fall gewollt, daß die Journalisten die Entscheidung trafen.

Die entgegengesetzte Darstellung wurde hauptsächlich von Morarji Desai verbreitet, einem alten Gegner Nehrus und Mitglied seines Kabinetts, der fest davon ausging, daß er der nächste Regierungschef sein werde. Desai und seine Freunde waren nicht davon abzubringen, daß Nehru hinter den Kulissen die Fäden gezogen habe. Wo immer die Wahrheit auch liegen mag, eines ist klar: Auf keiner Seite war man froh darüber, daß hier eine Dynastie entstand. Mit anderen Worten, selbst in jenem Stadium noch war der Kongreß eine deutlich andere Partei als heute. In einem Zeitungsinterview erklärte Nehru ausdrücklich: »Normalerweise ist es keine gute Sache, wenn meine Tochter das Amt des Kongreßpräsidenten übernimmt, während ich Ministerpräsident bin.« Dies scheint eine prinzipielle Haltung gewesen zu sein. Schließlich hatte er zahlreichen Versuchen von Ministern und Schmeichlern widerstanden, ihn davon zu überzeugen, daß Indira Mitglied der Regierung werden sollte. »Nicht, solange ich Ministerpräsident bin«, war seine stets gleichbleibende Reaktion auf derartige Ansinnen gewesen.

Es besteht jedoch gar kein Zweifel, daß Nehru, nachdem Indiras Entscheidung gefallen war, stolz auf sie war; und nachdem sie Kongreßpräsidentin geworden war, zollte er ihren Talenten auf einer Fraktionssitzung großzügigen Tribut:

Es ist überflüssig für mich zu sagen, daß Indira meine Tochter ist und daß ich Liebe für sie empfinde. Ich bin stolz auf ihre gute Wesensart, stolz auf ihre Energie und ihre Arbeit und stolz auf ihre Integrität und Wahrheitsliebe. Was sie von mir geerbt hat, weiß ich nicht. Vielleicht hat sie diese Qualitäten von ihrer Mutter geerbt![8]

Indiras Antrittsrede als Präsidentin vor dem Parteitag, der sie gewählt hatte, war kurz und freimütig. Sie bat um nicht mehr und nicht weniger, als daß man sie als ganz gewöhnliche Parteiarbeiterin behandeln möge, und unter lautem Jubel und Gelächter zitierte sie aus einem damals sehr populären Hindi-Filmschlager:

> Wir sind die Frauen von Indien.
> Seht uns nicht als Blumenmädchen,
> Denn wir sind des Feuers Funken.

Als erste sollte die kommunistische Regierung des Bundesstaates Kerala die Wirkung der Funken zu spüren bekommen. Der KPI-Sieg in dieser südlichsten Provinz Indiens war, wie schon erwähnt, ein wichtiges Ereignis in der indischen Politik. Das Machtmonopol der Kongreßpartei war durchbrochen worden, und die KPI hatte dem ganzen Land bewiesen, daß sie imstande war, Wahlen zu gewinnen. Der Kongreß-Linken war das Resultat willkommen. Es zeigte an, daß die wirkliche Herausforderung der Innenpolitik von Menschen ausging, die sich nach links bewegen wollten und nicht in Richtung auf den Kommunalismus des rechten Flügels. Im April 1959 besuchte Indira Gandhi in ihrer Eigenschaft als Kongreßpräsidentin Kerala. In einem Offenen Brief begrüßte die KPI-Führung ihren Besuch, wies aber zugleich darauf hin, daß die Kongreßpartei von Kerala eine Agitation des äußersten rechten Flügels gegen die neue Erziehungs- und Landreformpolitik der kommunistischen Regierung unterstützte, und stellte die Frage, ob »die Politik der Isolierung und Vernichtung der Kommunistischen Partei das Ziel des Kongresses in ganz Indien« sei. Der Brief schloß mit dem Appell: »Wir hoffen sehr, daß Sie ernsthaft die Auswirkungen bedenken werden, die eine derartige Agitation, bei der ein von der Legislative verabschiedetes Gesetz von einem Teil der Betroffenen angefochten wird, auf ganz Indien haben wird.«

Indira ignorierte diesen Appell. Sie war entschlossen, dem Kongreß in Kerala und allen anderen Parteigliederungen zu zeigen, daß sie eine harte, kompromißlose Führerin war. Sie schickte eine rüde Antwort an die Regierung von Kerala, in der sie die Integrität der Kommunistischen Partei durch Redewendungen aus dem Arsenal des Kalten Krieges anzweifelte, etwa der Art, daß die KPI Agentendienste für China leiste, das dabei sei, einen Krieg gegen Indien zu schüren. Sie verteidigte auch das Bündnis des Kerala-Kongresses mit kommunalistischen Parteien. Jawaharlal war keineswegs glücklich über die Rolle des dortigen Parteiverbands, aber Indira behauptete, daß der Kongreß in diesem Staat erledigt sein würde, wenn er sich nicht an der antikommunistischen Agitation beteilige. Das war ein klassischer Fall von prinzipienlosem Pragmatismus. Hat man einmal akzeptiert, daß die Macht um jeden Preis erhalten werden müsse, dann wird es unmöglich, irgendein grundlegendes Prinzip zu verteidigen. In diesem Fall verkümmerte das von Nehru so nachdrücklich verteidigte Prinzip des Säkularismus zu einem papiernen Bekenntnis, und der Kommunalismus spazierte durch die absichtlich unverschlossen gebliebene Hintertür herein.

Die Kerala-Episode gewinnt ihre Bedeutung vor allem auch durch die Tatsache, daß sie sich zu Lebzeiten Nehrus ereignete. Im vertraulichen Gespräch erklärte er, daß er dagegen sei, die kommunistische Regierung durch ein Bündnis mit der Rechten abzuschaffen. Aber er tat nichts, um genau dieses zu verhindern. Es kann kaum bezweifelt werden, daß eine entschiedene Zurückweisung des Vorgehens Indiras durch ihn der ganzen Angelegenheit ein Ende bereitet hätte. Das alles erinnert an eine bekümmerte Äußerung Subhas Chandra Boses in einem vertraulichen Brief, den er Nehru in den dreißiger Jahren geschrieben hatte: »Kommt eine Krise, dann gelingt es Ihnen oft nicht, sich zu entscheiden – mit dem Ergebnis, daß die Öffentlichkeit den Eindruck hat, Sie ritten zwei Pferde gleichzeitig.«[9] In diesem Fall ritt er einen Tiger. Er überlebte, aber viele führende Männer des Kongresses endeten im Magen der Bestie. Das Einschwenken auf eine kommunalistische Politik in Kerala gab den Kongreßgliederungen im ganzen Lande grünes Licht. Hätte Jawaharlal länger gelebt, er hätte den Tag bereut, an dem er dieses Zugeständnis machte.

Indiras Rolle in Kerala war eine ebenso aufschlußreiche wie gefährliche Generalprobe für die Zukunft. Die KPI hatte warnend darauf hingewiesen, daß sich die dortigen Geschehnisse, gebot man ihnen keinen Einhalt, auf das ganze Land ausbreiten würden. In dieser Frage wenigstens sollte die Geschichte ihr Recht geben. Es ist keineswegs so, daß die kommunistische Regierung keine Fehler beging. Sie machte Fehler, aber nicht deshalb wurde sie angegriffen. Vielmehr richtete sich das Feuer gegen ihre Tugenden. Die Führung der Kongreßpartei einigte sich unter stillschweigender Hinnahme durch Jawaharlal darauf, eine legal gewählte Provinzregierung vor allem deshalb zu stürzen, weil es sich *nicht* um eine Kongreß-Regierung handelte. Vor dem Hintergrund einer gegenüber der KPI erbittert feindseligen Pressekampagne, der Agitation einer von den USA finanzierten sozialistischen Partei sowie der Aktivitäten rechtsgerichteter Kommunalisten jeglicher Schattierung suspendierte der indische Staatspräsident die Regierung von Kerala. Neuwahlen wurden ausgeschrieben. Unter Indiras Federführung beschloß der Kongreß, daß es vor allem darauf ankomme, der KPI eine Niederlage zuzufügen. Wenn dies die Bildung eines Blocks mit den Politikern des »heiligen Krieges« bedeutete, so war das bedauerlich, aber notwendig. Also verbündete man sich mit der örtlichen Moslemliga. Auf einer Sitzung des Fraktionsvorstands am 2. August 1959 erhob sich starke Opposition gegen diese prinzipienlosen Intrigen. Es war der Abgeordnete von Ray Bareli, Feroze Gandhi, der die Führung mit aller Schärfe kritisierte, weil sie sich in Kerala mit alteingesessenen Interessengruppen und Kräften des rechten Flügels einließ. Im Februar 1960 gewann die vereinigte Front von Kongreß und Moslemliga die Wahlen in Kerala, aber die Resultate waren bezeichnend. Die KPI vergrößerte ihren Stimmenanteil von 35 auf 44 Prozent, der Anteil der Kongreßpartei sank von 37 auf 34 Prozent. Das nach britischem Vorbild geschaffene Mehrheitswahlrecht ermöglichte es dem Kongreß, sich an die Spitze einer Koalitionsregierung zu stellen.

Feroze Gandhis politische Haltung hatte sich seit den ruhmreichen Augusttagen des Jahres 1942 nicht geändert. Er war dem linken Flügel der Kongreßpartei zuzurechnen und galt als ein fähiger und tüchtiger Parlamentsabgeordneter. Im Dezember 1957 deckte er einen Korruptionsskandal auf, in den private Geschäftsleute und eine staatliche Versicherungsgesellschaft verwickelt waren. Es kam zu einer gerichtlichen Untersuchung, die zum Rücktritt von Finanzminister T. T. Krishnamachari, einem von Nehru hochgeschätzten Mann, führte und in deren Verlauf Feroze landesweite Bekanntheit erlangte. Die sich in jenen Tagen ausbreitende Korruption wurde seinerzeit noch von vielen Kongreßpolitikern als schändlich empfunden, obwohl bereits eine Mehrheit der führenden Parteifunktionäre, insbesondere auf bundesstaatlicher Ebene, selber Teil des Problems geworden war.

Ferozes Beziehungen zu Indira waren weiterhin freundschaftlich, und er besuchte regelmäßig Teen Murti House. Das gespannte Verhältnis zu Nehru kühlte allerdings weiter ab, nachdem er den Finanzminister gestürzt hatte, und diese Kühle ließ auch die Beziehung zu Indira nicht unberührt. 1959 erlitt Feroze einen leichten Herzanfall, was Indira in große Sorge versetzte. In aller Eile wurde eine gemeinsame Reise nach Kaschmir arrangiert, auf der sich Feroze rasch erholte. Im September 1960 erlitt er einen zweiten Anfall. Unter schrecklichen Schmerzen fuhr er selbst mit dem Auto ins Krankenhaus, wo er ohnmächtig zusammenbrach. Indira kehrte um 23.00 Uhr aus Kerala zurück und eilte sofort an sein Krankenbett. Am frühen Morgen des nächsten Tages starb Feroze im Alter von nur achtundvierzig Jahren. Indira war tief niedergeschlagen. Sie hatte Feroze in dem Glauben vernachlässigt, daß noch das ganze Leben vor ihnen liege und sie nach Jawaharlals Tod genügend Zeit füreinander haben würden. Die Möglichkeit, daß er sterben könnte, war ihr nie in den Sinn gekommen. Jener Tag blieb eine schmerzliche Erinnerung für sie: »Ich war tatsächlich physisch krank. Es brachte mein ganzes Dasein auf Jahre hinaus durcheinander, was seltsam ist, denn schließlich war er sehr, sehr krank und ich hätte damit rechnen müssen, daß er sterben würde. Es war jedoch nicht nur ein seelischer Schock, sondern es war, als hätte mich jemand in zwei Teile geteilt.«[10] An der Trauerfeier nahmen Indira, Jawaharlal, Staatspräsident Prasad, zahlreiche Parlamentsabgeordnete und eine große Zahl von Freunden teil. Tausende von Menschen säumten den Weg des Trauerzuges, und ihre Anteilnahme war aufrichtig. Überrascht von der Menschenmenge erklärte Nehru, es sei ihm nie bewußt gewesen, daß Feroze so viele Bewunderer im Volke hatte. Tatsächlich war Feroze nie auf das Niveau eines gewöhnlichen Politikers herabgesunken, was sicherlich einer der Gründe für seine Popularität war.

Nach dem Tod ihres Mannes stürzte sich Indira wieder ganz in die Politik. Sie reiste viel, hauptsächlich allein, um im Ausland Vorträge über Indien zu halten und im eigenen Land den Kongreß zu stärken. Die Schlachtordnung um Nehrus Nachfolge begann sich zu formieren. Nehru selbst lehnte es ab, einen Nachfolger zu nominieren. Erstens, so argumentierte er, wäre das undemokratisch. Warum sollte er jemanden nominieren? Zweitens wies er auf das britische Beispiel aus den fünfziger Jahren hin, als Churchill lange vor seinem Rücktritt Eden zu seinem »Kronprinzen« ernannt hatte. Eden aber sei einer der schlechtesten Premierminister gewesen, die Großbritannien in seiner langen Geschichte gehabt habe. Drittens, so Nehru, müsse der neue Führer »durchaus nicht aus dem Kreise der Fraktion hervorgehen, sondern kann auch jemand von außen sein«. Diese Bemerkung, deren Bedeutung klar ist, wurde später absichtlich dahingehend fehlinterpretiert, daß Nehru Indira als seine

Nachfolgerin habe lancieren wollen. Das war falsch. Hätte es sich anders verhalten, hätte es eindeutigere Beweise geben müssen.

In Wirklichkeit war Nehru tief besorgt angesichts der Gruppenkämpfe und der Korruption, die während der letzten Jahre seines Lebens für die Kongreßpartei typisch zu werden begannen. Er fing an, seine Sorgen offen auszusprechen. Er beklagte, daß es in der Partei keine Dynamik mehr gäbe. Vielen ihrer Führer gehe es nur noch um Ämter und Macht. Überall machten sich Hohlheit und Selbstgefälligkeit breit, und alle diese Erscheinungen gefährdeten die indische Demokratie. Kumaraswamy Kamaraj, seinerzeit Kongreßpräsident und zugleich Chefminister von Madras, unterstützte Nehru, warnte vor einer Abkehr der Massen von der Kongreßpartei und schlug vor, daß eine Anzahl erfahrener Bundesminister sowie Chefminister der Bundesstaaten von ihren Posten zurücktreten und ihre ganze Kraft der Erneuerung der Partei widmen sollten. Nehru begrüßte den Kamaraj-Plan, und 1963 wurde er ins Werk gesetzt: Sechs Bundesminister und sechs Chefminister traten zurück. Unter den Ministern befanden sich Morarji Desai, Jagjivan Ram, Lal Bahadur Shastri und S. K. Patil. Kamaraj trat als Regierungschef von Madras, Biju Patnaik als solcher von Orissa zurück. Ein Jahr später sollte Desai den Vorwurf erheben, daß diese Rücktritte nichts weiter hätten bezwecken sollen, als die Bühne für Indira freizumachen. Wie unberechtigt dieser Vorwurf war, geht aus der Tatsache hervor, daß Nehru, der jetzt sehr unter seiner Nierenerkrankung litt, Lal Bahadur Shastri nur vier Monate nach dessen Rücktritt ins Kabinett zurückholte und de facto zu seinem Stellvertreter machte. Auch wehrte er sich weiterhin entschieden gegen alle Versuche der Anhänger Indiras, sie zur Außenministerin zu machen.

Zur gleichen Zeit organisierte Kamaraj ein Geheimtreffen von fünf Regionalbossen der Kongreßpartei, um darüber zu befinden, wer Nehrus Nachfolger werden solle. Dieser Zirkel wurde später unter der Bezeichnung Syndikat bekannt. Die Mitglieder waren Kamaraj(Madras), Atulya Ghosh (Westbengalen), S. K. Patil (Stadt Bombay), Sanjiva Reddy (Andhra Pradesh) und S. Nijalingappa (Mysore). Nehru wußte genau, was da vor sich ging. Er wußte, daß das Syndikat nach einem Nachfolger Ausschau hielt und daß es sich um einen mächtigen Zusammenschluß regionaler Potentaten handelte. Gleichwohl behandelte er diese Männer mit äußerster Verachtung; Syndikat war, was ihn betraf, eine viel zu freundliche Bezeichnung. Hätte ein Mann, der finster entschlossen war, seiner Tochter

Spätviktorianisches Familienidyll in Allahabad: Motilal Nehru, seine Frau
Swaruprani und der kleine Jawaharlal (ca. 1895)

Jawaharlal als Schüler in Harrow, England (1906)

Jawaharlal Nehru und Kamala Kaul an ihrem Hochzeitstag (1916)

Indira-Porträt von Yousuf Karsh (1948)

Vater und Tochter (1948)

die Nachfolge zu sichern, die Königsmacher der Zukunft so herablassend behandelt?

Nach dem Tod ihres Vaters im Mai 1964 war Indira eine Zeitlang untröstlich. Sie zog allen Ernstes einen längeren Auslandsaufenthalt in Erwägung und erzählte Freunden, daß sie sich nach ihrer Heimkehr am liebsten in einem kleinen Häuschen in den Himalaya-Vorbergen niederlassen würde. Sie war ganz betäubt vor Schmerz und Trauer. Nun, da Feroze und Jawaharlal beide nicht mehr waren, blieben ihr nur noch ihre beiden Söhne. In der Welt der Politik war man allseits der Meinung, daß ihre Zeit nun abgelaufen sei, daß sie ohne ihren Vater politisch nicht überleben könne. Aber die Leute, die das sagten, unterschätzten ernstlich die Position, die sie sich während der zurückliegenden zehn Jahre geschaffen hatte. Als sie die Asche ihres Vaters von Delhi nach Allahabad geleitete, wo sie den heiligen Fluten des Ganges übergeben werden sollte, kam es zu überraschend großen Menschenansammlungen auf den Bahnhöfen entlang der achthundert Kilometer langen Strecke. Indira, angetan mit einem weißen *Sari* (weiß ist die Trauerfarbe in Indien), schien die vielen Menschen nicht zu bemerken. Sie wären so zahlreich nicht gekommen, wäre die Asche von irgend jemand anders geleitet worden. Viele dieser Menschen hatten sich nicht nur versammelt, um Nehru die letzte Ehre zu erweisen, sondern auch, um einen Blick von Indira zu erhaschen.

Die unabhängige Indira
1964–1974

Kaum war Jawaharlal Nehru eingeäschert, da reduzierte das Syndikat den Kreis der Nachfolgekandidaten auf zwei Namen: Morarji Desai und Lal Bahadur Shastri. Allen, auch Nehrus lärmendsten Gegnern, war klar, daß Indien einen Giganten verloren hatte. Er hatte das Land erfolgreich in eine kapitalistische Demokratie verwandelt, mochte sie auch einige ganz spezifische Besonderheiten aufweisen. Die weitsichtige Warnung, die G. D. Birla schon in den dreißiger Jahren an seine Mit-Industriellen gerichtet hatte, daß es unklug wäre, sich Jawaharlal zum Feinde zu machen, da er der bestmögliche Führer Indiens sein werde, den sie sich wünschen könnten, hatte sich als richtig erwiesen. Wollte man eine Liste der großen politischen Führer unseres Jahrhunderts aufstellen, die eine gestaltende Rolle bei der Wahrung und

Festigung einer gewissen Kontinuität in ihrem jeweiligen Lande gespielt haben, nach Maßgabe der dort herrschenden spezifischen Bedingungen, dann fallen einem als erstes die folgenden Namen ein: Franklin Delano Roosevelt (USA), Winston Churchill (Großbritannien), Charles de Gaulle (Frankreich) und Jawaharlal Nehru (Indien). Keiner von ihnen war ein gewöhnlicher Politiker. Alle halfen sie, in schwierigen Zeiten – Depression, Krieg, antifaschistischer Widerstand, Kampf gegen den Kolonialismus – den sozialen und wirtschaftlichen Status quo zu erhalten. Keiner von ihnen hatte Nachfolger, deren Namen sich dem Gedächtnis einprägen. Der entscheidende Grund, weshalb man sich eines Edens, Trumans oder Pompidous noch erinnert, ist die Tatsache, daß sie eben die Nachfolger ihrer Vorgänger waren. (An zwei von ihnen erinnert man sich allerdings auch wegen der Katastrophen, die sich mit ihren Namen verbinden: Suez-Invasion und Hiroshima.) Das gleiche gilt für Lal Bahadur Shastri in Indien.

Nehrus alter Freund und Kabinettskollege, Krishna Menon, beschrieb die Szene in dem Raum, in dem Nehrus Leichnam aufgebahrt lag, bereit für die Einäscherung:

Kaum hatte er seinen letzten Atemzug getan, da begannen sie auch schon ihren Ratschlag. Keiner dieser Leute, die ihre Treue zu ihm beteuerten, die aus seinem Stand kamen, in deren Interesse er manchmal Leute wie mich übergangen hatte, nur um den lieben Frieden zu wahren, keiner von ihnen besaß den Anstand, den Mund zu halten, bis er eingeäschert war. Um seinen Leichnam herum ... waren alle diese Leute, saßen herum und erörterten diese Angelegenheit [die Nachfolge], aber sie erörterten sie nicht ernsthaft – ich gebrauche das Wort »erörtern« als Euphemismus.[1]

Staatspräsident Radhakrishnan ernannte den ranghöchsten Kabinettsminister, G. Nanda, zum geschäftsführenden Ministerpräsidenten. Die Empfehlung war vom Notstandsausschuß des Kabinetts ausgegangen. Krishna Menon, ein strenger Wächter über die Verfassungspraxis, verurteilte die Entscheidung: »Sie war verfassungswidrig. Das war das Schlimmste, was man überhaupt tun konnte. Selbst wenn der Präsident seine Notstandsvollmachten angewandt hätte, wäre das meiner Meinung nach verfassungskonformer gewesen. Oder sie hätten eine außerordentliche Sitzung der Fraktion oder des Parteivorstands einberufen können, und es hätte keine Einwände gegeben.«[2] In der Tat ließ die Verfassung nicht zu, daß eine Handvoll ranghoher Kabinettsminister darüber entschied, wer geschäftsführender Ministerpräsident werden sollte. Es ergab sich dann, daß die Kongreßpartei einige Tage später diese Wahl nicht bestätigte.

Das Syndikat war entschlossen zu verhindern, daß Morarji Desai der Nachfolger Nehrus wurde. Ein Gleiches galt, wenn auch aus anderen Gründen, fur viele andere Leute. Desai war ein Sonderling, selbst in der an Marotten reichen Welt des Hinduismus. Der Grund, daß er nicht erkoren wurde, hatte nichts mit seiner Gewohnheit zu tun, jeden Morgen ein Glas eigenen Urins zu trinken. Darüber war man teils belustigt, teils konsterniert, aber Indien war eine Demokratie, und Morarji hatte das Recht, morgens zu trinken, was er wollte. Die meisten seiner Kollegen tranken Wasser oder Tee. Einige, wie Jawaharlal, zogen frischen Obstsaft vor. Wenn Morarji glücklicher war mit seinem eigenen Wasser, so war das ganz und gar seine eigene Sache. Was die alte Kongreß-Linke (Nehrus Anhänger) nicht schätzte, war Desais Freundschaft mit Washington und seine Abneigung gegenüber einer Ausweitung des staatlichen Sektors. Das Syndikat hatte vor allem etwas gegen seinen ausgeprägten Individualismus. Er war einfach nicht in der Lage, sich in ein Team einzufügen. Mit anderen Worten, er würde sich der Kontrolle durch das Syndikat nicht beugen. Viele andere wiederum empfanden Desais anmaßende moralische Attitüden als ganz und gar heuchlerisch angesichts der Tatsache, daß er seine Jahre im Kabinett zumeist damit verbracht hatte, aus dem Hinterhalt auf Nehru zu feuern. Nehru war sich dessen bewußt gewesen, hatte es aber für ratsam gehalten, Desai unter Kontrolle und damit in der Regierung zu behalten.

Die Machenschaften, die sich hinter den Kulissen abspielten, um Nehrus Nachfolge zu regeln, waren wahrhaft byzantinisch. Der Arbeitsausschuß des Kongresses gelangte zu der Ansicht, daß es der Demokratie nicht dienlich sein würde, einen offenen Wettstreit zuzulassen. »Eine eigenartige Demokratieauffassung«, kommentierte Krishna Menon mit ätzender Schärfe. Die Kongreßspitze wünschte Konsens und kein unziemliches Gerangel. Kamaraj wurde beauftragt, die Meinung der Kongreßfraktion zu erkunden, und fand heraus, daß die Mehrheit Shastri wollte. Desai beugte sich der geforderten Disziplin und zog seine Bewerbung zurück. Am 2. Juni 1964 schlug Interims-Regierungschef Nanda Lal Bahadur Shastri als neuen Parteiführer vor. Desai unterstützte den Vorschlag. Shastri wurde per Akklamation gewählt. In einer anschließenden Rede vor der Fraktion stellte Kamaraj fest, daß Nehrus Schuhe offensichtlich allen in Frage kommenden Kandidaten zu groß seien und der Kongreß daher nur auf der Basis »kollektiver Verantwortung, kollektiver Führung und kollektiven Handelns« fortbestehen könne. Shastri wurde von Staatspräsident Radhakrishnan mit der Bildung einer neuen Regierung beauftragt. Nur ein einziger neuer Name stand auf seiner Liste: Indira Gandhi.

Indira hätte das Außenministerium beanspruchen können und es wohl auch bekommen, aber sie wünschte sich das Ministerium für Information und Rundfunk. Shastri erfüllte ihr diesen Wunsch. Nun war sie also Regierungsmitglied, hatte den vierten Platz in der Kabinettshierarchie inne und gehörte dem auserlesenen Kreis des Notstandskabinetts an. Sie war jetzt siebenundvierzig Jahre alt. In diesem Alter hatte Jawaharlal im Gefängnis gesessen. Als er, dreiundfünfzigjährig, seine letzte und längste Gefängniszeit antrat, schrieb er seiner Tochter folgenden Brief, an den sie sich oft erinnerte:

Da ich Dein Vater bin, wandern meine Gedanken oft zurück zu einer ähnlichen Periode meiner eigenen Jugend. Ich brauchte sehr lange zum Heranwachsen – vielleicht bin ich auch jetzt noch nicht ganz erwachsen. Oder, genauer gesagt, ich bin nur zu einem Teil erwachsen, der Rest von mir ist noch immer damit beschäftigt, Klarheit zu gewinnen und zu verstehen. Selbst in den Zwanzigern war ich noch erstaunlich unerwachsen . . . Möglicherweise bin ich deshalb heute jünger an Geist und Körper als nahezu alle meine Altersgenossen. Ich denke, Du bist jetzt erwachsener (Indira war damals 25), als ich es in Deinem Alter war. Das ist leicht zu verstehen, denn Du hast eine weit turbulentere Periode der Geschichte durchlebt als ich damals. Mein Leben war bis dahin ruhig gewesen, friedlich und beinahe ereignislos – die Ereignisse sammelten sich an für spätere Tage.

Es war um die Zeit Deiner Geburt, oder bald darauf, daß diese Ereignisse sich zu überschlagen begannen. Fast warst Du das Kind einer turbulenten Welt. Ich weiß nicht, welche Erinnerungen an diese frühen Tage Du in Dir trägst. Aber ob Du Dich ihrer erinnerst oder nicht, sie müssen Dich beeinflußt haben und in Deinem Unterbewußtsein haftengeblieben sein. Du hast mir einmal von den alten Tagen im Anand Bhavan geschrieben. Aber Du hast diese alten Zeiten nicht wirklich miterlebt, denn die großen Veränderungen in unserem Leben traten ein, als Du noch ein ganz kleines Kind warst. Es ist schwer für die jüngere Generation, sich ein Bild von jener, wie es heute scheint, so lange schon vergangenen Welt zu machen. Die jungen Menschen heute haben ihr ganzes Leben im Umbruch verbracht, und wir alle sind zu Landfahrern und Wanderern geworden, die weiter und weiter marschieren, mitunter fußkrank und erschöpft, doch ohne Rast und Zuflucht. Aber für jene, die sich diesem dauernden Unterwegssein anpassen können, gibt es kein Bedauern, und sie würden es anders nicht haben wollen. Eine Rückkehr in die träge, ereignislose Vergangenheit ist undenkbar.[3]

Dieser letzte Satz faßte Indiras ganze Einstellung zum Leben zusammen. Sie war wie gelähmt gewesen von der Tatsache, plötzlich ganz allein zu sein, und hatte einen Moment lang daran gedacht, sich aus der Politik zurückzuziehen, aber sehr schnell hatte sie diese Möglichkeit wieder verworfen. Zu sehr war ihr Leben von der Politik beherrscht gewesen, als daß ein Rückzug in diesem Stadium realistisch gewesen wäre.

Ihrer neuen Aufgabe widmete sie sich mit dem für sie charakteristischen Arbeitseifer, aber ohne große Begeisterung. Sie war effizient und fleißig, hatte aber kaum neue Ideen. Dessenungeachtet wurde sie als Ministerin zunehmend als jemand betrachtet, der eine Stufe über dem Kabinettsdurchschnitt stand. Sie war aus dem palastartigen Teen Murti House ausgezogen und wohnte nun in der Safdarjung Road 1, einem typischen altmodischen, weißgetünchten Kolonial-Bungalow mit sehr geräumigen Zimmern. Der neue Ministerpräsident, Shastri, war ein Mann von bescheidenem Lebensstil. Er war klein von Gestalt und deshalb eine Wonne für jeden Karikaturisten; er entstammte einer niederen Kaste, und seine Eltern lebten in Armut. Gleich nach seinem Amtsantritt erklärte er, daß er kein Verlangen habe, in einem so glanzvollen Palast wie dem Teen Murti House zu leben. Er würde sich dort unwohl und deplaziert fühlen. Bevor er sich jedoch endgültig entschieden hatte, erhielt er einen arroganten, rüden und überaus hochnäsigen Brief von der jüngeren Schwester des verstorbenen Ministerpräsidenten, Krishna Hutheesing, die ihn fragte, wie er überhaupt nur mit dem Gedanken spielen könne, in einem Haus zu wohnen, das siebzehn Jahre lang durch die Anwesenheit eines Nehru Anmut und Würde empfangen habe! Das war, gelinde gesagt, ein unerträgliches Benehmen, aber Shastri beschleunigte nun seine Entscheidung. Er bezog einen anderen Amtssitz, und Teen Murti House wurde zum Nehru-Museum. Die Familienehre war gerettet.

Nehru hatte die Angewohnheit gehabt, Besucher ohne Ansehen

von Rang und Namen zwischen acht und neun Uhr früh zu empfangen. Das hatte etwas vom *darbar,* jener prunkvollen öffentlichen Audienz der alten Mogul-Könige. Dahinter stand eine gute Absicht: Nehru meinte, daß jeder Bürger das Recht haben müsse, den Ministerpräsidenten zu sprechen. In der Praxis sorgte sein privater Stab natürlich dafür, daß die Zahl der Besucher auf ein Mindestmaß reduziert wurde, gleichwohl traf er hier mit Menschen aus den verschiedensten Lebensbereichen zusammen. Als Indira in die Safdarjung Road 1 umzog, zog der morgendliche *darbar* mit. Sie gab bekannt, daß ihr neues Haus zur gleichen Stunde allen offenstünde, und die Menschen kamen in großer Zahl. Das war der erste wirkliche Hinweis darauf, daß der Nehru-Mythos sich nicht verflüchtigt hatte.

Shastri vergab das außenpolitische Ressort an einen wenig bekannten Kongreßpolitiker namens Swaran Singh. Das bedeutete, daß ein wichtiger Politikbereich von unerfahrenen Männern betreut wurde, denn weder Shastri noch Singh besaßen nennenswerte Einblicke in die Vorgänge der Weltpolitik. Der neue Regierungschef bat denn auch Indira, Indien auf der Konferenz der Commonwealth-Ministerpräsidenten im Jahre 1964 zu vertreten. Im Anschluß an diese Konferenz besuchte sie Frankreich, die Vereinigten Staaten, Jugoslawien, Kanada, die Mongolei und Birma. Sie war der erste ausländische Politiker, der jene Männer im Kreml traf, die den polternden, temperamentvollen Nikita Chruschtschow abgesetzt hatten. Sie versicherten ihr, daß sich die sowjetische Politik gegenüber Indien in keiner Weise ändern werde. Im Februar 1965 reiste sie erneut im Auftrag Shastris nach Moskau. Dieses Mal war es an ihr, dem Kreml zu versichern, daß Shastris Unentschlossenheit nicht als ein Abrücken vom Prinzip der Blockfreiheit verstanden werden dürfe. Diese Reisen blieben in Indien nicht unbemerkt und vergrößerten Indiras Prestige sowohl in der Kongreßpartei als auch in der Bevölkerung.

Im August 1965 beschloß Indira, eine Erholungspause einzulegen. Natürlich wählte sie Kaschmir als Urlaubsort. Kaum war ihr Flugzeug in der Provinzhauptstadt Srinagar gelandet, als die Nachricht eintraf, daß pakistanische Truppen, verkleidet als »Zivil-Freiwillige«, in Kaschmir eingedrungen seien. Absicht der Pakistanis war es, Indien zu überraschen, den Flughafen von Srinagar zu besetzen und einen massiven propakistanischen Aufstand in dem überwiegend moslemischen Tal zu entfachen. Die pakistanischen Eindringlinge standen nur noch wenige Kilometer vom Flughafen von Srinagar entfernt. Man riet Indira, die nächste Maschine zurück nach Delhi zu nehmen, aber das lehnte sie rundheraus ab. Statt dessen fuhr sie in die Stadt und half dem örtlichen Regierungschef, Ghulam Sadiq, die Verteidigung der Provinz zu organisieren. Der pakistanische Geheimdienst hatte zwar richtig erkannt, daß Indien völlig unvorbereitet sein würde, aber er hatte die Unterstützung für Pakistan in dieser Region stark überschätzt. Es gab keinen Massenaufstand. Statt dessen kam es zu einem regelrechten Krieg zwischen Indien und Pakistan. Der beinahe zwergenhafte Shastri (in Pakistan wurde er als »Vogel-Ringer« verspottet) machte sich rasch zum Herrn der Lage; die pakistanische Armee wurde besiegt und zurückgeschlagen, Indien setzte einen Waffenstillstand zu seinen Bedingungen durch. Diese Niederlage schwächte das Militärregime Ayub Khans in Pakistan so sehr, daß es sich nicht mehr halten konnte und binnen zwei Jahren von einer breiten Volkserhebung hinweggefegt wurde. Der Versuch, einen Aufstand in Kaschmir zu entfachen, hatte am Ende zum Sturz einer unbeliebten Diktatur geführt.

Die Sowjetunion hatte beim Zustandekommen des Waffenstillstands eine Mittlerrolle gespielt und lud nun die beiden Parteien ein, die Friedensvereinbarung in Taschkent zu unterzeichnen, einer alten Stadt im sowjetischen Zentralasien. Feldmarschall Ayub, ein großer, stämmiger Mann aus dem äußersten Norden des Panjab, war das genaue Gegenbild des kleinwüchsigen indischen Ministerpräsidenten, aber der war der Sieger. Shastri brach am 31. Dezember von Delhi nach Taschkent auf. Über Nacht war er im ganzen Land populär geworden. Sein unauffälliger, bescheidener Führungsstil hob sich auffällig vom beinahe königlichen Auftreten Nehrus ab. Anfangs war Shastris Auftreten in den Wochenschauen, die überall in Indien Abend für Abend vor Millionen von Menschen in den Kinos gezeigt werden, mit groben Scherzen und spöttischem Gelächter begrüßt worden. Nun wurde sein Erscheinen auf der Leinwand mit Beifall bedacht. Zwei Wochen vor seiner Abreise nach Taschkent sprach er auf einer öffentlichen Versammlung in Bombay; eine Million Menschen erschien, um ihn zu hören. Selbst Jawaharlal hatte in den letzten Jahren seiner Regierungszeit ein so großes Publikum nicht mehr gesehen. Shastris erfolgreiche Führung des Krieges und seine rasch wachsende Popularität verliehen ihm neues Selbstvertrauen. Er trat jetzt viel entschiedener auf, und alles deutete darauf hin, daß er die Absicht hatte, nach seiner Rückkehr aus Taschkent das Kabinett umzubilden und seine eigenen Minister auszuwählen. Kamaraj und das Syndikat waren nicht allzu erfreut über diese Wendung, aber sie waren angesichts der Entschlossenheit Shastris machtlos. Der Krieg hatte es dem neuen Ministerpräsidenten endlich ermöglicht, aus dem Schatten seines Vorgängers zu treten, und die Kongreßführer sahen seiner Rückkehr aus Taschkent mit einer Mischung aus Erwartung und Furcht entgegen. Doch er sollte nicht mehr lebend heimkehren. Am 10. Januar 1966 erlitt Lal Bahadur Shastri in Taschkent einen schweren Herzanfall und starb am Tag darauf.

Indien war wie betäubt durch diesen Schock. In Nehrus Fall hatte es Trauer und Schmerz gegeben, aber keine Überraschung. Jedermann wußte, daß der alte Gigant seine letzten Tage erreicht hatte, aber Shastris Tod kam für alle völlig unerwartet. Das Syndikat war unvorbereitet. Auch Morarji Desai geriet aus dem Gleichgewicht. Es war unmöglich, das weitverzweigte Netz der Gruppenhierarchien im Schnellgang zu mobilisieren. Fairerweise muß gesagt werden, daß sich die einen wie der andere sehr rasch wieder fingen. Binnen achtundvierzig Stunden ließ Morarji Desai wissen, daß er nun erwarte, das Amt zu bekommen. Er hatte Nehrus Arroganz toleriert, er hatte die manipulativen Künste des schlauen Kamaraj hingenommen und Shastri akzeptiert, nun aber verlangte er seinen gerechten Lohn. Ein Konsens stehe nicht zur Debatte, erklärte er den Abgesandten des Syndikats. Dieses befand sich in einer echten Verlegenheit. Man mußte Desai stoppen. Wen konnte man als Alternative präsentieren?

Die Herren des Syndikats suchten fünf Tage lang. Einige sprachen sich für Kamaraj selbst aus, aber der lehnte ab. Er kannte seine Grenzen. Ein Name nach dem andern wurde von der Kandidatenliste gestrichen. Die Parteibosse brauchten jemanden, der fügsam war, schwach und willfährig gegenüber ihren Anweisungen – einen Lehmklumpen, den sie nach Bedarf zurechtkneten und umformen konnten. Sie einigten sich schließlich auf einen Namen, der Desai entgegengestellt werden sollte: Indira Gandhi, Ministerin für Information und Rundfunk. Sie hatten, ohne es zu ahnen, ihr eigenes Todesurteil als Politiker unterschrieben.

Indira beschwor ihre Freunde, die sich nach Eintreffen der Nachricht von Shastris Tod in der Safdarjung Road 1 eingefunden hatten, unter gar keinen Umständen zu verbreiten, daß sie sich als Kandidatin zur Verfügung stelle. Sie erzählte ihnen, wie Desai selbst seine Chancen ruiniert habe, als er sich nach dem Tod ihres Vaters bei den Trauerfeierlichkeiten wie der sichere Nachfolger aufführte. Keiner ihrer Anhänger solle Kontakt zum Syndikat aufnehmen. Kamaraj oder seine Leute sollten doch bitte zu ihr kommen. Indira hatte es zu

Shastris Lebzeiten nicht an List fehlen lassen. Zwar hatte sie eine Reihe öffentlicher Attacken gegen Shastris Amtsführung gerichtet, sich aber im Gegensatz zu ihrem Vater nicht ein einziges Wort der Kritik an Kamaraj gestattet. Im Gegenteil, bei einer öffentlichen Veranstaltung in seiner Heimatstadt Madras hatte sie sogar sein Organisationstalent und seine Selbstaufopferung gepriesen.

Nach fünf Tagen klopfte das Syndikat in der Safdarjung Road an, und Indira erklärte sich bereit, für den Posten des Kongreßführers zu kandidieren. Die anderen Kandidaten waren Desai und Nanda. Kamaraj mobilisierte zehn Regierungschefs aus den Provinzen, die sich öffentlich für Indira Gandhi aussprachen. Sie taten das ohne Zögern, und die Geste erfüllte ihren Zweck. Demoralisiert gab Nanda das Rennen auf. Desai geriet in Panik und gab eine öffentliche Erklärung ab, in der er die Machenschaften Kamarajs verurteilte. Der füllige Mann aus dem Süden reagierte mit einem unverfrorenen Appell an Desai, im Interesse der Geschlossenheit der Partei seine Kandidatur zurückzuziehen. Desai betrachtete dieses Ansinnen als offene Provokation, was es ja auch war; aber anstatt seine Würde zu wahren, ging er zu einem neuen Angriff auf das Syndikat und dessen Favoritin über, die er als *chokri* bezeichnete – als verachtenswerte Göre. Währenddessen demonstrierte Indira Gandhi Gelassenheit. Sie enthielt sich jedes öffentlichen Angriffs auf Desai und vermittelte den Eindruck, als stünde sie weit über den häßlichen Niederungen dieses Parteigezänks. Als ein ausländischer Korrespondent sie fragte, wie man sich fühle, wenn man kurz davor sei, Indiens erste Regierungschefin zu werden, erwiderte sie: ››Ich bin ganz und gar keine Feministin. Ich erfülle nur eine bestimmte Aufgabe, und das würde ich an jedem Platz tun, an den ich gestellt werde.‹‹

Die Kongreßfraktion trat am 19. Januar 1966 zusammen. Auf den Straßen Delhis herrschten Spannung und Erregung. In den Korridoren der Lok Sabha drängten sich die Journalisten. Kamaraj war bis zuletzt eifrig damit beschäftigt, Stimmen zusammenzubringen. So versprach er Jagjivan Ram, der die Abgeordneten der ››Unberührbaren‹‹ hinter sich hatte, einen ranghohen Kabinettsposten. Desai, das muß zu seiner Ehre gesagt werden, hatte es abgelehnt, sich auf einen solchen Kuhhandel einzulassen. Ram wechselte die Seite. Nehrus Schwester Vijayalakshmi, Abgeordnete der Vereinigten Provinzen, des größten indischen Staates, unterstützte anfangs Desai, vollzog aber nach einem Treffen mit ihrer Nichte einen Sinneswandel und erklärte: ››Es steht fest, daß Mrs. Indira Gandhi Indiens nächster

Ministerpräsident sein wird. Wir Nehrus sind sehr stolz auf unsere Familie. Wenn eine Nehru zur Regierungschefin gewählt wird, jubelt das Volk.« Mit einem breiten Lächeln auf ihrem kleinen Gesicht fügte sie sodann, ihren alten Vorbehalten gegen Indira nachgebend, folgenden sarkastischen Kommentar hinzu: »Mrs. Gandhi besitzt die Qualitäten. Jetzt braucht sie Erfahrung. Mit ein wenig Erfahrung wird sie eine Ministerpräsidentin abgeben, wie wir sie uns nur wünschen können . . . Sie ist in der Tat bei sehr angegriffener Gesundheit. Aber mit der Hilfe ihrer Kollegen wird sie es schon schaffen.«[4]

Indira selbst stattete an jenem Morgen den Einäscherungsstätten Nehrus und Mahatma Gandhis einen demonstrativen Besuch ab, fuhr dann zum Teen Murti House und schließlich zur Fraktionssitzung. Sie wurde von einer großen Menschenmenge begrüßt, die sich vor dem Parlament versammelt hatte, um auf die Entscheidung zu warten. Als sie aus dem Auto stieg, sahen die Versammelten, daß an ihren schlichten weißen *Sari* eine rote Rose geheftet war, ganz im Stile Jawaharlals. Die Botschaft war eindeutig. Die Menge stimmte einen gewaltigen Sprechchor an: »*Lal ghulab zindabad*« (»Es lebe die rote Rose«). Die 526 Abgeordneten der Kongreßpartei waren versammelt, um über die Nachfolge zu entscheiden. Was würden sie wählen? Monarchie oder Puritanismus? Die Journalisten vor der Tür wurden ungeduldig, aber die versammelte Menge war bei guter Laune. Als ein Regierungsmitglied auf dem Balkon erschien, um das Resultat zu verkünden, rief ein Witzbold: »Junge oder Mädchen?« Der Minister erwiderte: »Ein Mädchen. « Die Menge spürte, daß sich etwas Bedeutendes ereignet hatte, und brach in den tosenden Ruf aus: »*Jawaharlal Nehru zindabad!*« (»Es lebe Jawaharlal Nehru!«). Dieser immer wieder skandierte Ruf begrüßte Indiens neue Ministerpräsidentin, als sie die Sitzung verließ. Sie strahlte. Ein paar Wochen später vertraute sie ihrem Sohn Rajiv in einem Brief an, daß ihr an jenem Tag immer wieder eine Zeile aus einem Gedicht von Robert Frost durch den Kopf gegangen sei: »Wie schwer ist es, nicht König zu sein, wenn's in dir steckt und in der Situation.« Indira hatte mit 355 Stimmen über Desai gesiegt, für den 169 Stimmen abgegeben wurden.

In den Fußstapfen des Vaters

Die erste Rede der neuen Ministerpräsidentin an die Nation bestand aus einem wenig originellen Gemisch aus Banalitäten und Wiederholungen alter Versprechungen. Diese Rundfunkrede war alles andere als ein gelungener Einstand. Indiras folgende Versuche, Gulzarlal Nanda aus dem Kabinett zu entfernen und Jagjivan Ram einen Kabinettssitz vorzuenthalten, wurden vom Syndikat zunichte gemacht. Ihr wurde in jener Stunde bewußt, daß sie den Parteiapparat fest in den Griff bekommen mußte. Ihr Vater hatte es nicht nötig gehabt, sich die Hände mit den täglichen politischen Querelen schmutzig zu machen, weil seine immense Popularität im Lande es ihm gestattete, sich mühelos über alle Manöver hinwegzusetzen, die nicht seine Billigung fanden. Zudem hatte er nach dem Tod seines Gegenspielers Patel sichergestellt, daß nur Getreue in die Parteiführung aufstiegen, wenngleich seine Definition eines »Getreuen« sehr weitherzig war. Indira hatte sich diese herausragende Stellung noch nicht erworben. Auch fehlte ihr Shastris langjährige Erfahrung als Minister und Parteipolitiker. Das Syndikat glaubte daher, sie sei schwach und man werde sie viel müheloser manipulieren können als einst Shastri.

Ein wichtiger Grund dafür, daß sich das Syndikat in Indira irrte, war die Tatsache, daß sie eine Frau war. Ihre Gegner glaubten, daß die Inder aller Kasten und jeden Glaubens sie gerade wegen dieses Umstands nicht lange als Ministerpräsidentin akzeptieren würden. In seiner ganzen Geschichte hatte Indien nur eine einzige Herrscherin gekannt. Das war im Jahre 1236, als der Gründer einer moslemischen Dynastie, der ehemalige Sklave Shamsuddin Iltutmish, seine Tochter Razia zu seiner Nachfolgerin bestimmte, weil er sie für einen »besseren Mann« hielt als seine Söhne. Razia erwies sich als kluge und mutige Monarchin, die die Geschäfte des Königreichs geschickt und erfolgreich führte. Ihre Liebesaffäre mit einem ihrer Befehlshaber, einem abessinischen Oberstallmeister, führte zu Eifersüchteleien unter ihrem Hofstaat. Nach dreieinhalbjähriger Regierungszeit wurde sie bei einer Palastrevolte gestürzt und von ihrer eigenen Wache getötet. Wohl eingedenk dieser Episode kommentierte die in Bombay erscheinende *Economic and Political Weekly,* die seriöseste und anspruchsvollste Zeitschrift im Lande, kurz nach Indiras Sieg:

Eine Frau im höchsten Regierungsamt steht unter einem gesellschaftlichen Handikap, bis es ihr gelungen ist, ihre Position zu festigen. Anfangs wollen alle möglichen Interessenvertreter sie beraten und kontrollieren und kämpfen untereinander um den größten Einfluß. Entweder gelingt es dann der Herrscherin, jedem das Gefühl zu vermitteln, daß sie keinem einzelnen besonders nahesteht, wie es Königin Elizabeth I. tat, was ihr eine lange

Amtszeit sicherte, oder es gelingt ihr nicht, die anfängliche Periode der Unsicherheit zu überleben, wie es Sultanin Razias trauriges Schicksal war.[5]

Indira Gandhi hatte sich im Unterbewußtsein bereits für das Vorbild Elizabeth I. entschieden, womöglich beeinflußt durch ihr Idol Johanna von Orleans. Ihre Förderer im Syndikat sollten diese Tatsache bald begreifen und sich entsprechend verhalten, aber zunächst galt es einmal, die bevorstehenden Parlamentswahlen von 1967 erfolgreich zu bestehen. Sie waren ein bedeutender Faktor im Kalkül der Kongreßabgeordneten gewesen, als sie sich fur Indira Gandhi als Parteiführerin entschieden. Sie hatten das Gefühl, daß ein wenig vom alten Nehru-Zauber dringend benötigt wurde. Die sozialen Polarisierungen hatten seit der Unabhängigkeit nicht abgenommen, und trotz der egalitären Rhetorik der beiden Fünfjahrespläne verbreitete sich die Kluft zwischen den Privilegierten und den Besitzlosen zusehends. In einigen Teilen des Landes, insbesondere in Andhra Pradesh und Westbengalen, gab es Anzeichen aufkeimender Bauernunruhen. Zwar nützte die Spaltung der Kommunistischen Partei im Jahre 1964 in zwei und bald darauf drei miteinander in Fehde liegende Splittergruppen dem Kongreß im Hinblick auf die Wahlen, aber das änderte nichts daran, daß an der Basis zunehmende Entfremdungserscheinungen auftraten. Viele Anhänger der abgesplitterten Kommunistischen Partei (Marxisten) – KP(M) – kannten die Kongreßpartei nur aus der Zeit, in der sie an der Regierung war, und waren von der gesellschaftlichen und politischen Ordnung völlig enttäuscht. Sie ließen sich nicht von Moskau inspirieren, sondern von Peking. Ihre Parole war simpel: »Chinas Vorsitzender ist *unser* Vorsitzender. « Ihr Denken fußte eher auf religiösem Brauchtum als auf Marxschem Rationalismus. Aber sie waren zornige Leute, und es gab genügend Grund zum Zorn. Die Heilmittel, auf die sie schworen, erwiesen sich allerdings als katastrophal falsch.

Alle diese Erscheinungen waren bislang nur Strohhalme im Wind, aber sie kündigten an, daß die Menschen nicht mehr bereit sein würden, in blindem Vertrauen den Kongreß zu wählen. Ihr Vertrauen, das war jetzt immer vernehmlicher zu hören, war schmählich verraten worden. Indira war sich dieser im Lande herrschenden Stimmung bewußt. Ihre politischen Instinkte waren hellwach, und engen Mitarbeitern vertraute sie an, daß die bevorstehenden Wahlen ihrer Meinung nach viel schwerer zu gewinnen sein würden, als es sich das Syndikat und die anderen Thronanwärter je vorgestellt hätten.

Es gab zudem eine wichtige politische Frage, die einer Regelung harrte. Bei der an den Sprachgrenzen orientierten Einteilung der Provinzen war die Panjabi-Sprache unberücksichtigt geblieben. Die Sikhs im Norden forderten immer nachdrücklicher eine Panjabi-Provinz, und Sant Fateh Singh, der Führer des Akali Dal, der Partei des Sikh-Nationalismus, drohte schon mit einem Hungerstreik bis zum Tode. Indira Gandhi handelte sofort. Unterstützt durch Kamaraj, setzte sie die Schaffung eines Staates Panjab mit Panjabi als Amtssprache durch. Hindu-Kommunalisten, die Hindi zu ihrer Muttersprache erklärten, bekamen einen Teil des alten Panjab zugesprochen, der den Namen Haryana erhielt. Ihr Eintreten für den Panjab-Staat verschaffte Indira eine große Popularität bei den Sikhs, obwohl das Haryana-Zugeständnis sich in der Rückschau als Fehler darstellt. Es war eine Folge von Unruhen in Delhi, die die Jan Sangh-Partei entfacht hatte und in deren Verlauf drei Mitglieder der Kongreßpartei lebendigen Leibes verbrannt worden waren. Auf einer öffentlichen Versammlung zu Ehren des jugoslawischen Ministerpräsidenten hatte Indira ihrem Publikum voller Zorn zugerufen:

Ich habe keine Tränen in den Augen. In meinem Herzen ist Zorn ... Ist es das, wofür so viele Freiheitskämpfer und Märtyrer ihr Leben ließen? Wie soll ich erhobenen Hauptes ausländischen Würdenträgern gegenübertreten und ihnen sagen, Indien sei ein großes Land, wenn Gewalt und Zwietracht die Atmosphäre vergiften? ... Die politischen Parteien, die diese Gewalt schüren, fügen Indien schweren Schaden zu. Sie sind keine wahren Inder.[6]

Diese Rede zeigte, daß sie mit großer Kraft zu sprechen vermochte, wenn sie einmal in Erregung geraten war. Diesen Eindruck hatte sie mit ihren monotonen Darbietungen in der Lok Sabha nicht erweckt, wo sie von der Opposition unbarmherzig verspottet und angegriffen wurde. Ram Manohar Lohia, ein Veteran der Sozialdemokraten, verletzte sie besonders tief, weil er es aus offensichtlich sexistischen Gründen ablehnte, sie überhaupt ernst zu nehmen. Er sprach seine Hoffnung aus, daß die Wähler den Kongreß bald in die Wüste jagen würden, damit ›› diese hübsche Frau nicht über ihre Kräfte hinaus Kummer und Schmerz erleiden muß ... Wir werden eine Zeitlang ein hübsches Gesicht vor uns haben, doch sie wird belastet werden mit der ganzen Bürde der Missetaten ihres Vaters und Mr. Shastris. Dem können wir ruhig noch die Bürden ihrer eigenen Missetaten hinzufügen.«[7] Indiras Reaktion auf derlei Anwürfe bestand darin, den Pragmatismus als wesentliche Ergänzung des »Idealismus« zu rechtfertigen und zu verteidigen. Um diese Haltung zu unterstreichen, erklärte sie einem westlichen Journalisten, daß die drei von ihr am meisten bewunderten Nicht-Inder Roosevelt, Kennedy und Einstein seien!

Dieser Hinweis auf zwei amerikanische Präsidenten war sicherlich mit Bedacht erfolgt. Indira Gandhi war sich über die wirtschaftlichen Auswirkungen der entsetzlichen Dürre des Jahres 1965 im klaren. In mindestens drei großen Bundesstaaten bestand die akute Gefahr einer Hungersnot. Indien brauchte ausländische Hilfe, ausländische Investitionen und deshalb den guten Willen Washingtons. Shastris beabsichtigter Besuch in Washington war vom US-Außenministerium abrupt abgesagt worden, nachdem der indische Ministerpräsident die Bombardierung Nordvietnams durch die USA scharf verurteilt hatte.

Indira Gandhi holte den Besuch in Washington sogleich nach, und Präsident Lyndon Johnson bereitete ihr einen großartigen Empfang. Sie war beeindruckt. Johnson, der vom steifen Protokoll nicht viel hielt (sein lautes Schreien zur Erprobung des Echos in der Taj Mahal während einer Indien-Reise als Vizepräsident dröhnte einigen indischen Diplomaten noch in den Ohren), beschloß während eines Empfangs in der indischen Botschaft kurzerhand und unvorhergesehen, zum Abendessen zu bleiben. In aller Eile wurden die nötigen Vorbereitungen getroffen, und ein ranghoher Berater Indiras, der für seine linken Ansichten bekannte P. N. Haksar, wurde an jenem Abend von seinem Platz am Ehrentisch verbannt. Bei einem folgenden Bankett im Weißen Haus, das in außerordentlich freundschaftlicher Atmosphäre stattfand, bat Lyndon Johnson Indira Gandhi um einen Tanz. Sie lehnte ab und erklärte dem verdutzten Präsidenten: »Meine Landsleute würden es nicht billigen, wenn sie hörten, daß ich getanzt habe.« Sie konnte sich nicht erlauben, sich beim Tanz mit dem Texaner zu zeigen, während Vietnam brannte. Sicherlich hatte sie die Wirkung einer solchen Geste in der indischen Öffentlichkeit vor Augen, die Wonne, mit der ihre Gegner sich entsprechende Bilder zunutze machen würden, und das Entzücken der Karikaturisten.

Ein ernsthafterer Grund für ihre Zurückhaltung bestand wahrscheinlich darin, daß sie gezwungen war, einige Konzessionen zu machen. Während ihres ganzen Amerikabesuchs enthielt sie sich jedes kritischen Kommentars zur amerikanischen Vietnampolitik, was die beiden verbliebenen Veteranen des Lagers der Blockfreien, Nasser und Tito, mit Unmut registrierten. Sie versprach amerikanischen Investoren »Gleichbehandlung« mit den indischen Unternehmen und machte ein weiteres Zugeständnis, das Nehru und Shastri in der Vergangenheit rabiat verweigert hatten. Sie akzeptierte das US-Angebot, in Indien eine Indo-Amerikanische Ausbildungsstiftung zu gründen, die mit 300 Millionen Dollar ausgestattet werden und weitgehend in gleicher Weise tätig sein sollte wie die Ford-Stiftung. Nehru hatte erklärt, daß eine derartige Stiftung den Vereinigten Staaten einen zu großen Einfluß auf die Forschung und die akademische Ausbildung in Indien verschaffen und die kulturelle Unabhängigkeit des Landes gefährden würde. Shastri hatte diese Argumentation wiederholt. Indira erklärte sich darüber hinaus bereit, die indische Kritik an der US-Politik in Indochina zu »dämpfen«, ein Zugeständnis, das ihren Vater ganz besonders erzürnt hätte. Als Gegenleistung erhielt sie eine Zusage für die sofortige Lieferung von 3,5 Millionen Tonnen Getreide sowie die Bereitstellung von nicht-projektgebundener Hilfe im Werte von 900 Millionen Dollar. Selbstzufrieden verließ sie Washington und trat die Rückreise nach Delhi an. Unterwegs machte sie Zwischenstation in Moskau.

In der sowjetischen Hauptstadt traf Indira zu einer kurzen Unterredung mit Ministerpräsident Alexej Kossygin zusammen. Nach dem Austausch der üblichen Freundlichkeiten kamen beide rasch auf den Krieg in Vietnam zu sprechen. Indira fragte den Russen: »Wie können Sie von den Amerikanern erwarten, sich aus Vietnam zurückzuziehen, solange sie nicht einen Weg gefunden haben, das Gesicht zu wahren?« Wütend bekam sie zur Antwort: »Und wie viele Asiaten müssen noch ihr Leben verlieren, während sich die Amerikaner einen Weg ausdenken, das Gesicht zu wahren?«[8] Ihr fiel keine Antwort ein. Es mag ihr damals nicht bewußt gewesen sein, aber das war genau die Art von Frage, die Jawaharlal einem westlichen Apologeten der amerikanischen Politik gestellt haben würde.

Indiras Schwierigkeiten fingen erst an. Die Reise nach Washington und ihr dortiges Auftreten hatten wichtige Teile der Kongreßpartei gegen sie aufgebracht. Die Linke sah darin einen Bruch mit Indiens blockfreiem Status; auch vom rechten Flügel kamen kritische Töne. Die kommunistischen Parteien versuchten, die Affäre zu nutzen, um ihr Ansehen bei den Wählern zu verbessern. Indira reagierte zornig auf diese Kritik und wandte sich mit einer Rundfunkbotschaft an die

Der neue Ministerpräsident mit Tochter und Enkeln Rajiv
(links) und Sanjay (1948)

Nehru und der chinesische
Ministerpräsident
Chou En-lai in Delhi (1954)

Nehru bei der Ankunft
in London anläßlich
der Krönung
Elisabeths II. (1953)

179

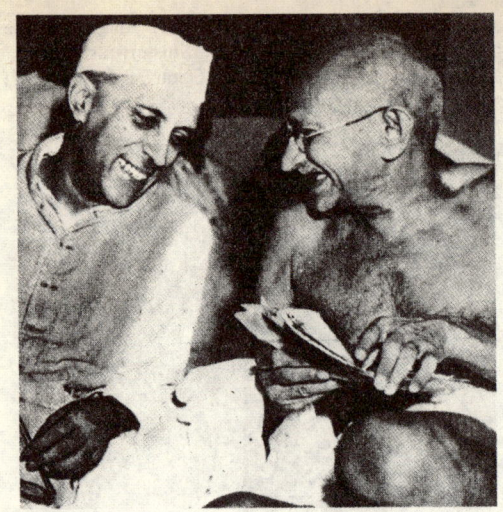

Nehru und Mahatma Gandhi (1947)

Nehru und Ho Chi Minh in Delhi (1954)

Mutter und Sohn: Indira und Sanjay Gandhi (1980)

Rajiv Gandhi (1983)

Nation: »Gibt es heute denn ein Land, das von den anderen Ländern keinerlei Hilfe brauchen würde? Die Befürchtungen, daß wir unter westlichem Druck einen ›Ausverkauf‹ betrieben hätten oder daß wir im Begriff seien, von ausländischem Kapital dominiert zu werden, sind ganz und gar absurd...«

Die Kritiker gaben sich damit nicht zufrieden. Im Parlament ritt Nehrus alter Weggefährte Krishna Menon eine heftige Attacke gegen Indiras Außenpolitik. Er verlangte eine Erklärung für das Schweigen der Regierung zu Vietnam, das er als »schändlichen und beschämenden Bruch der antiimperialistischen Politik des Landes« bezeichnete. Er verurteilte das Abkommen über die Indo-Amerikanische Stiftung als »Einbruch in das kulturelle und geistige Leben des indischen Volkes«. Wohin gedachte sie dieses Land überhaupt zu führen? Wollte sie Indien zu einem zweiten Brasilien machen? Indira war von diesen Angriffen sichtlich getroffen. Ihre Antwort klang wenig überzeugend: »Die Geschichte ist voll von Beispielen dafür, daß weniger entwickelte Länder Hilfe von entwickelten Ländern angenommen haben. Lenin nahm nach der russischen Revolution amerikanische Hilfe an.« Aber ihre Kritiker monierten nicht so sehr die Annahme von Hilfe als die damit verbundenen Bedingungen, die als Gefährdung der indischen Unabhängigkeit empfunden wurden. Als Antwort kam es zu einem Links-Rechts-Bündnis in der Kongreßfraktion, das einen neuen Vorstand wählte und dabei alle Indira-Anhänger unberücksichtigt ließ. Kongreßpräsident Kamaraj flog in die Sowjetunion, um dort zu versichern, daß die Kongreßpartei nach wie vor der Blockfreiheit verpflichtet sei. Hätte nicht am Horizont bereits die Wahl gestanden, so wäre es wahrscheinlich zu dem Versuch gekommen, Indira zu stürzen und einen neuen Führer zu wählen. Auch ihre Entscheidung, die indische Rupie abzuwerten, Teil der Washingtoner Vereinbarungen, wurde von jeder nur erdenklichen Gruppe im Kongreß unter Beschuß genommen. Morarji Desai wartete geduldig in den Kulissen. Er glaubte, seine Zeit sei gekommen, und schon bald werde er neuer Ministerpräsident sein.

Am 1. Juli 1966 brach die indische Regierungschefin, unter starkem Druck von Krishna Menon, ihr langes Schweigen über Vietnam. Sie kritisierte die amerikanische Entscheidung, Hanoi und den größten Hafen des Landes, Haiphong, zu bombardieren. Auch entzog sie dem Indo-Amerikanischen Stiftungsprojekt ihre Unterstützung. Lyndon Johnson war verstimmt. Indira brach sodann zu einem offiziellen Besuch der Sowjetunion mit Zwischenstationen in Kairo und Belgrad auf. Nasser und Tito bestanden darauf, daß vor jeden Gesprächen mit den USA zunächst einmal einseitig die amerikanischen Bombenangriffe eingestellt werden müßten. Indiras Haltung gegenüber Washington war weit gemäßigter als diejenige Nassers. In Moskau jedoch ging sie einen Schritt weiter und unterzeichnete mit Kossygin ein Kommuniqué, in dem die amerikanische Handlungsweise als »imperialistische Aggression« verurteilt, die bedingungslose Einstellung der Bombenangriffe gefordert und die Beschlüsse der Genfer Indochina-Konferenz von 1954 als einzig möglicher Lösungsrahmen für den Vietnamkonflikt bezeichnet wurden.

Eine Trübung der Beziehungen zu Washington war die Folge von Indiras Moskaureise. Gegen den Rat seines Botschafters Chester Bowles verfügte Präsident Johnson eine Drosselung der Hilfeleistungen, womit er nur bestätigte, was die Kritiker der USA in Delhi seit Monaten behauptet hatten – daß die Amerikaner nur Hilfe gewährten, wenn gewisse Bedingungen erfüllt wurden. Als Bowles einen Beamten des Weißen Hauses darauf hinwies, daß Indira Gandhis Äußerungen über die amerikanischen Bombenangriffe lediglich wiederholten, was schon der Papst und UNO-Generalsekretär U Thant erklärt hätten, wurde ihm die zynische Antwort zuteil, daß »der Papst und U Thant unseren Weizen nicht brauchen«. Das amerikanische Vorgehen bewirkte in charakteristischer Weise das Gegenteil dessen, was angestrebt war. Indiras Attacken auf die US-Außenpolitik wurden schärfer, und demonstrativ sandte sie eine herzliche Grußbotschaft an Ho Chi Minh aus Anlaß seines siebenundsiebzigsten Geburtstages. Ihre Politik gewann allmählich Konturen, aber die Situation innerhalb des Kongresses war nicht geeignet, ihr Selbstvertrauen zu stärken.

Der Parteiapparat des Kongresses befand sich weitgehend in der Hand des Syndikats. Indira mußte feststellen, daß sie bei der überaus wichtigen Aufstellung der Kandidatenliste für die nächsten Wahlen kaum etwas zu sagen hatte; es gelang ihr nicht einmal, die Entscheidung des Syndikats, den Linksveteranen Krishna Menon in seinem Wahlkreis in Bombay nicht wieder aufzustellen, rückgängig zu machen. Seit ihrer unmißverständlichen Rückkehr zur Blockfreiheit war Menon zu einem ihrer engsten Berater geworden. Sie kannte ihn bereits seit ihrem ersten Englandbesuch. Er hatte zu den Gründern der antikolonialistischen Indien-Liga gehört, und nicht zuletzt durch seinen Einfluß waren viele Engländer, darunter Edwina Mountbatten, vom Kolonialismus abgerückt. Nehru und Menon waren eng befreundet gewesen, auch noch, nachdem Menon im Gefolge des sino-indischen Kriegs von 1962 als Verteidigungsminister von Nehru geopfert worden war. Feroze Gandhi, Indiras verstorbener Mann, hatte Menon geradezu wie einen Helden verehrt. Die eindrucksvollsten Züge dieses südindischen Politikers waren sein scharfer Intellekt, seine Art, freimütig und geradeheraus zu reden, und seine unerschütterliche Ehrlichkeit. Er hielt sich stets von kleinlichem Gezänk, innerparteilichen Intrigen und den Machtkämpfen der lokalen und nationalen Parteiapparate fern. Er verachtete diese Seite der Politik. Er war vor allem ein Mann von Grundsätzen, was in Kongreß-Kreisen inzwischen bereits zu einer äußerst raren Qualität geworden war. Das Syndikat entfernte ihn, um Indira zu treffen, aber auch, um ihm eine Lektion zu erteilen: Wollte er im Parlament bleiben, so hatte er sich mit ihnen, nicht mit Indira einzulassen. Menons Reaktion war typisch für diesen Mann. Er verließ den Kongreß und beschloß, als Unabhängiger in den Wahlkampf zu ziehen. Er verlor, aber nur knapp.

Im Innern der Kongreßpartei hatte es den Anschein, als interessierten sich gewisse Führungskreise stärker für die Wahl einer neuen Parteiführung nach Indiras Entfernung als für die bevorstehenden Parlamentswahlen. Menon hatte sie unverhohlen gewarnt: »Die Kür eines Ministerpräsidenten ist zu Wahlzeiten in einer parlamentarischen Demokratie kein öffentlich zu erörterndes Thema.«[9] Sie hörten nicht auf ihn, sondern manövrierten weiter und sammelten ihre Anhänger. Desai, Kamaraj und Y. B. Chavan, ein Politiker aus Bombay, waren im Rennen, und für Indira waren die Umstände nicht eben günstig, um sich den Wählern als selbstbewußte Kandidatin zu präsentieren. Sie gelangte zu dem – wie sich herausstellen sollte, weisen – Schluß, daß es nur einen Weg gab, die Männer zu entwaffnen, die mit blitzenden Dolchen darauf warteten, sie hinterrücks zu meucheln: Sie mußte ihr Ansehen bei der Bevölkerung verbessern. Sie machte kein Geheimnis aus ihrem Plan. Am Weihnachtstag des Jahres 1966 erklärte sie gegenüber der *Times of India:* »Es gibt die Frage, wen die Partei will und wen das Volk will. Meine Position im Volke ist unangefochten.« Sie warnte damit öffentlich das Syndikat, daß sie es, wenn es unbedingt Krieg führen wolle, von unten her überwältigen und ausmanövrieren werde. Die Männer des Syndikats entschieden sich dafür, diese Warnung zu mißachten.

Den ganzen Januar und Februar 1967 über führte Indira mit einer Leidenschaft Wahlkampf, die Erinnerungen an ihren Vater wiederbeleben sollte und es auch tat. Sie legte 24000 Kilometer zurück und sprach auf 160 Massenversammlungen. Wichtiger als diese Statistik war die Tatsache, daß die Menschen kamen, um sie zu hören, und zwar in großeř Zahl. Die lokalen Kongreß-Kandidaten versäumten es nicht, diese Lektion zur Kenntnis zu nehmen. Die Partei besaß keinen anderen Führer, der jederzeit überall im Lande große Menschenmassen anzuziehen vermochte. Die Regionalbosse konnten ein Publikum in ihrem eigenen Hinterhof zusammentrommeln, aber nirgendwo sonst. Das war ihre Stärke, und sie stellte sie immer und immer wieder unter Beweis. Oft gab es böswillige Störer wie in Jaipur City, einer Bastion der Swatantra-Partei, einem rechtsgerichteten Sammelbekken von Unzufriedenen, aber nie ließ sie sich durch derartige Vorkommnisse beirren. Die Maharani von Jaipur hatte ihre Anhänger angewiesen, die Versammlung zu sprengen, aber Indira rief ihnen zornig zu:

Gehen Sie doch hin und fragen Sie die Maharadschas, wie viele Brunnen sie in ihren Staaten für das Volk gegraben haben, als sie es regierten, wie viele Straßen sie gebaut haben, was sie getan haben, um die Sklaverei der Briten zu bekämpfen! Wenn Sie nach einer Aufstellung ihrer Leistungen suchen, bevor wir unabhängig wurden, dann werden Sie nichts finden als eine große, dicke Null![10]

Das Publikum spendete tosenden Beifall. In Orissa schleuderte ein Anhänger der Swatantra-Partei einen Stein nach ihr. Sie wurde beträchtlich verletzt und blutete, bestand aber darauf, die Versammlung fortzusetzen.

Überall im Lande wuchs ihre Popularität. Sie war keine machtvolle Rednerin, aber sie entwickelte allmählich einen Stil, der bei ihrem weitgehend bäuerlichen Publikum ankam. Sie sprach einfach, verwendete Bilder und Gleichnisse, die ihre Zuhörer mühelos verstehen konnten, und versuchte nie, sie nach Art Nehrus politisch zu erziehen. Jawaharlal hatte gelegentlich den Faden verloren und war abgeschweift, aber seine Gewohnheit, auch über ernsthafte Probleme mit dem Volk zu reden, wurde von seinen Zuhörern anerkannt und geschätzt. Sie hatten nie das Gefühl, daß er seine Ausführungen simplifiziere, um sich ihnen verständlich zu machen, und tatsächlich tat er das nie. Statt dessen versuchte er stets, sie emporzuheben, sie kritischer und bewußter zu machen. Das hatte anfangs seine Wirkung nicht verfehlt, aber später, als sie sahen, daß der Kongreß seine Versprechungen nicht einlöste, hatten sie ihm nur mehr schweigend zugehört. Indiras Botschaft war mit Volksweisheiten gewürzt, die sie gut kannten. Auch entwickelte sie großes Geschick darin, ihr mütterliches Wissen wirkungsvoll einzubringen. Während dieses Wahlkampfs wurde »Mutter Indira« aus der Taufe gehoben. In einer Rede in ihrem eigenen, von ihrem verstorbenen Mann Feroze übernommenen Wahlkreis Ray Bareli in Uttar Pradesh, der größten Provinz des Landes, erklärte sie:

> Meine Familie beschränkt sich nicht auf einige wenige Individuen. Sie besteht aus Mengen von Menschen. Eure Bürde ist vergleichsweise leicht, denn eure Familien sind begrenzt und lebensfähig. Meine Bürde aber ist vielgestaltig, denn Unzählige meiner Familienangehörigen sind von Armut geschlagen, und ich muß für sie sorgen. Da sie verschiedenen Kasten und Glaubensbekenntnissen angehören, kämpfen sie manchmal untereinander, und ich muß dann eingreifen, vor allem, um die schwächeren Mitglieder meiner Familie zu behüten, damit die stärkeren sie nicht übervorteilen.[11]

Diese Art der Rhetorik bot zweierlei Vorteile. Zum einen brauchte Indira nicht mehr zu erklären, warum sich das Land in einer so heillosen Lage befand und warum die Armut immer größer wurde. Zum andern konnte sie sich auf diese Weise als über den Parteien stehende Führerin empfehlen. Alle Inder waren *ihre* Familie, *sie* war für sie verantwortlich. Der Kongreß fand kaum Erwähnung.

Die Wahlergebnisse von 1967 waren der bis dahin klarste Hinweis darauf, daß die lange Liebesaffäre zwischen der Kongreßpartei und der indischen Wählerschaft sich ihrem Ende näherte. Sie bedeuteten einen schweren Rückschlag für den Kongreß. Zwar war er noch immer stärkste Partei in der Lok Sabha, aber er verfügte nun nicht mehr über 361, sondern nur noch über 283 der insgesamt 520 Sitze. Die anderen Resultate spiegelten die Polarisierung wider, die sich im Lande vollzog. Die beiden kommunistischen Parteien schnitten bemerkenswert gut ab: Die KPI errang 23, die KP(M) 19 Sitze. Zusammen verfügten sie damit über 42 Mandate gegenüber 29 im alten Parlament. Auch die extreme Rechte gewann hinzu. Der Jan Sangh baute seine Position von 14 auf 35 Sitze aus und die Swatantra-Partei von 18 auf 44.

Die Situation in den Bundesstaaten ergab ein genaueres Bild vom Debakel des Kongresses. Er verlor insgesamt acht Staaten. In Westbengalen wurde die KP(M) stärkste Partei und bildete unter ihrem Führer Jyoti Basu eine Koalitionsregierung. Auch in Kerala standen die beiden kommunistischen Parteien an der Spitze einer Koalition. Gujarat ging für den Kongreß verloren. Tamil Nadu erlebte den Aufstieg einer Regionalpartei, des Dravida Munnetra Kazhagam (DMK), der mit allem Nachdruck gegen Hindi als Nationalsprache in den Wahlkampf gezogen war und die Verteidigung des kulturellen und politischen Erbes des Südens auf seine Fahnen geschrieben hatte. Der DMK hatte den Kongreß beiseite gefegt. Königsmacher Kamaraj verlor beide Wahlkreise, in denen er kandidiert hatte. Zwei andere starke Männer des Syndikats erlitten persönliche Niederlagen: Atulya Ghosh in Westbengalen und S. K. Patil in Bombay. Es war im Parlament nur noch durch zwei einflußreiche Männer vertreten: Sanjiva Reddy und Nijalingappa. Desai hatte seinen Sitz behauptet, aber ein anderer Rivale Indiras, C. B. Gupta, war in Uttar Pradesh geschlagen worden. Die Resultate von Uttar Pradesh freuten Indira am meisten. Ihre Anhänger waren in die Lok Sabha gewählt worden, aber viele der handverlesenen Kandidaten Guptas für das Parlament des Bundesstaates waren geschlagen worden. Alles in allem war es ein schlechtes Wahlergebnis für den Kongreß, aber ein gutes für Indira Gandhi.

Die Tatsache, daß der Kongreß geschwächt aus der Wahl hervorging, führte keineswegs zur Einigkeit in seinen Reihen. Die Kongreßabgeordneten begriffen zwar, daß sie in Indira jemanden hatten, der Stimmen gewinnen konnte, und daß ohne sie das Wahlergebnis noch viel schlechter ausgefallen wäre. Morarji Desai jedoch ließ wissen, daß er ihr die Führung streitig zu machen gedenke. Er hatte sich einen vermeintlich klugen Kuhhandel ausgedacht. Er wollte darauf verzichten, gegen Indira zu kandidieren, falls sie de facto eine »Doppelführung« akzeptierte mit ihm als stellvertretendem Regierungschef. Zusätzlich forderte er das Innenministerium und Vorrang vor den anderen Ministern. Indira lehnte ab. Als Kamaraj Desais Forderungen unterstützte, wiederholte sie ihre Ablehnung mit der Bemerkung, daß es nicht »zwei Mannschaftskapitäne« geben könne. Desai hatte in aller Öffentlichkeit ihre Führung angegriffen und erklärt, daß sie ein unerfahrener, inkompetenter Amateur sei; er werde nur dann unter ihr dienen, wenn ihm eine wirksame Kontrolle zugestanden werde. Indira hatte zu diesen Anwürfen geschwiegen. Ihre einzige öffentliche Erklärung in dieser Sache besagte, daß sie Desai das Amt des stellvertretenden Ministerpräsidenten angeboten habe, um die Einheit der Partei zu wahren. Es war nun an Desai zu erklären, warum er schließlich doch, trotz nur bescheidener Machtbefugnisse, dem neuen

Kabinett beitrat. Seine Erklärung: »Meine Freunde wollten es so.«
Bei solchen Gegnern brauchte sich Indira nicht auf allzu viele Freunde
zu stützen. Einstimmig wurde sie zur Parteiführerin gewählt. Desai
konnte es sich nicht verkneifen, anzumerken: »Wir setzen ihr eine
Dornenkrone aufs Haupt.« Ihr neues Kabinett spiegelte ihre Stärke
wider. Sie belohnte ihre Anhänger, entließ Sanjiva Reddy, einen
entschiedenen Anhänger des Syndikats, und isolierte Desai völlig,
indem sie keinem einzigen seiner Anhänger einen Kabinettsposten
bewilligte.

Indira Gandhi begann jetzt, an der Ausübung von Macht Gefallen
zu finden. Das anfängliche Zögern und Zaudern, das an ihrem
unsteten politischen Kurs sichtbar geworden war, begann, sich zu
verflüchtigen. Ihre Wiederwahl, wenn auch mit geringerer Stimmen-
zahl, stärkte unübersehbar ihr Selbstvertrauen. Die Schmähungen in
der Lok Sabha hörten nicht auf, aber sie entwickelte eine gewisse
Immunität und Distanz ihnen gegenüber. Schon ein Jahr zuvor hatte
sie in einem Interview mit der Zeitschrift *McCalls* erklärt, daß sie die
Fähigkeit zu entwickeln beginne, sich von ihrer physischen Umgebung
zu lösen und zu einem Beobachter ihres eigenen Tuns zu werden: »Ich
entferne mich einfach von einem Ort, wenn ich es brauche oder wenn
ich müde bin. Manchmal, wenn ich zu einer Versammlung spreche,
habe ich das Gefühl, daß ich die ganze Veranstaltung von außen
beobachte. Es ist dann, als sagte ich zu mir selbst: ›Nun möchte ich
doch mal wissen, was sie jetzt sagen oder tun wird‹.«[12]

Die eigentliche Auseinandersetzung sollte erst noch kommen, denn
die Syndikatspolitiker waren nicht bereit, ihre Hegemonie innerhalb
des Kongresses kampflos aufzugeben. Sie erkannten nun, daß es von
Anfang an ein Fehler gewesen war, Indira auf den Schild zu heben.
Dagegen war nun nichts mehr zu machen, aber man mußte Vorsichts-
maßnahmen für die Zukunft treffen. Zur gleichen Zeit, als die Alte
Garde des Kongresses ihren Coup plante, betrachtete eine jüngere
Gruppe von Kongreßabgeordneten mit zunehmender Sorge das
Wachstum der beiden kommunistischen Parteien und der Rechtsgrup-
pierungen. Man hielt einen neuen radikalen Vorstoß der Partei für
erforderlich, um die Millionen verlorener Wählerstimmen zurückzu-
gewinnen. Diese Gruppe, die bald unter der Bezeichnung »Jungtürken« bekannt wurde, trat für eine Zusammenarbeit mit der KPI, der
KP(M) und der übrigen Linken ein. Die Alte Garde zog ein Arrangement mit der Swatantra und dem Jan Sangh vor. Wortführer der
Jungtürken war ein Mann namens Chandrashekhar. Die Alte Garde

hatte zahlreiche Führer, aber auch einen potentiellen Ministerpräsidenten: Morarji Desai. Die politische Polarisierung, die bei den zurückliegenden Wahlen offenbar geworden war, spiegelte sich nun innerhalb der Kongreßfraktion selbst wider. Anfangs unterstützte Indira weder die eine noch die andere Seite. Sie versuchte, die Einheit der Partei zu wahren, denn die Opposition war gierig bestrebt, den Kongreß zu spalten und sein Monopol auf Bundesebene genauso zu brechen, wie es ihr in den einzelnen Staaten gelungen war. Aber der Druck der Parteiflügel verstärkte sich immer mehr, und es wurde zunehmend schwieriger für sie, beiseite zu stehen.

Die Fronten bauten sich in der Frage der Nominierungen für die Ämter des indischen Staatspräsidenten und des Vizepräsidenten auf. Normalerweise wurde die Präsidentschaft einer allgemein respektierten Persönlichkeit angetragen, die als ››über der Parteipolitik stehend‹‹ galt. Das Wahlmännergremium für diese beiden Ämter bestand aus der Lok Sabha und den Parlamenten der Bundesstaaten. Die Kongreß-Mehrheit in diesem Gremium betrug lediglich zwei Prozent; es bedurfte also nur geringfügiger Verschiebungen bei den Kongreßparlamentariern, um eine Umkehr der Mehrheitsverhältnisse herbeizuführen. Die Opposition erkannte das und stellte einen Richter des Obersten Gerichtshofes, K. Subha Rao, als Kandidaten auf. Der Amtsinhaber, Präsident Radhakrishnan, war im gesamten Kongreß beliebt und wurde weithin respektiert als herausragender Kenner der indischen Philosophie. Das Problem bestand zum einen darin, daß er schon zwei Amtsperioden hinter sich hatte, zum andern und maßgeblicher darin, daß er zunehmend erblindete.

Indira bestand darauf, daß Vizepräsident Zakir Hussein, ein Moslem, der Kandidat des Kongresses sein sollte. Kamaraj hielt dagegen, daß man angesichts des Oppositionskandidaten Subha Rao eine neuerliche Kandidatur Radhakrishnans unterstützen solle. Zakir Hussein werde womöglich nicht alle Kongreßstimmen auf sich vereinigen können, weil er kein Hindu war. Hussein war ein bekannter Gelehrter und Wissenschaftler, und Indira meinte, daß die säkulare Natur Indiens gegenüber den indischen Moslems und der übrigen Welt durch seine Nominierung hervorgehoben werden könnte. Sie blieb mit Festigkeit bei ihrer Entscheidung und weigerte sich, ihre Meinung zu ändern, obwohl Kamaraj sicherlich zu Recht auf die damit verbundenen Risiken hinwies. Schließlich forderte Indira die Opposition auf, Rao für das Amt des Vizepräsidenten zu nominieren, damit Einstimmigkeit bei der Besetzung der beiden höchsten Staatsämter erzielt werden könne. Dort war man nicht völlig abgeneigt, aber Kamaraj schritt ein und erklärte, ein Arrangement mit der Opposition komme überhaupt nicht in Frage. Nun trat der Fraktionsvorstand des Kongresses zusammen und beschloß, Hussein für das Amt des Präsidenten und V. V. Giri, einen südindischen Gewerkschaftsführer, für das Amt des Vizepräsidenten zu nominieren. Kamaraj hatte nicht vorausgesehen, daß die Stimmen der Kommunisten und der unabhängigen Linken Hussein zufallen würden, falls die Rechte den Streit zu einer kommunalistischen Angelegenheit machen sollte. Genau das trat ein, und Hussein wurde mit einem klaren Vorsprung von sieben Prozent gewählt, was sowohl die Position seiner vehementesten Fürsprecherin stärkte als auch der Einigkeit der Oppositionsparteien ein Ende setzte.

Das war Indiras erster organisatorischer Sieg über ihre innerparteilichen Gegner. An anderen Fronten konnte sie jedoch nicht sogleich Fortschritte erzielen. Bei den Wahlen für den Parteivorsitz opponierte sie gegen eine Neuaufstellung von Kamaraj, aber keiner ihrer Kandidaten wurde akzeptiert, und ein Mann des Syndikats, Nijalingappa, bekam schließlich den Posten. Der Zwist begann zu eskalieren. Im Parlament beschuldigte der »Jungtürke« Chandrashekhar Finanzminister Desai, der Bestechlichkeit seines Sohnes Kantibhai Vorschub geleistet zu haben, der von verschiedenen Geschäftsleuten Geld angenommen hatte. Es kam zu Tumulten, aber Indira tat nichts, um ihren Stellvertreter zu verteidigen. Als der Arbeitsausschuß des Kongresses sie später anwies, Chandrashekhar einen scharfen Verweis zu erteilen, führte sie die Anweisung nicht aus – Desai hatte ihr gerade erst erheblichen Ärger bereitet, indem er auf seinen Reisen nach Washington und Tokio prowestliche Erklärungen abgegeben hatte, die nicht der offiziellen Regierungspolitik entsprachen.

Es war offenkundig, daß sich beide Seiten auf eine endgültige Machtprobe vorbereiteten. Die Ironie der Ereignisse wollte es, daß der Anlaß wieder einmal die indische Präsidentschaft war. Am 12. März 1969 vermerkte Kongreßpräsident Nijalingappa in seinem Tagebuch: »Ich bin nicht sicher, ob sie es verdient, weiterhin als Ministerpräsidentin im Amt zu bleiben.« Am 3. Mai starb Zakir Hussein an einem Herzanfall. Das Syndikat beschloß, Indira eine Lektion zu erteilen, die sie nicht vergessen würde. Man begann, ihre Entfernung aus dem Amt vorzubereiten. Vizepräsident V. V. Giri übernahm kommissarisch das höchste Staatsamt, während die Neuwahl vorbereitet wurde. Das Syndikat wollte seinen eigenen Mann nominieren,

Sanjiva Reddy, und der Arbeitsausschuß des Kongresses billigte diese Nominierung gegen den Wunsch Indiras. Sie plädierte für Giri. Zu alt, wurde ihr geantwortet. Sie schlug Jagjivan Ram vor. Der Regierungschefin zu nahestehend, hieß es in Syndikatskreisen. Reddy sei der richtige Mann – die Frage war nur, für wen!

Die Sitzung des Allindischen Kongreß-Ausschusses fand im Juli in Bangalore statt. Indira beschloß, den Einsatz zu erhöhen, indem sie einen radikalen Wirtschaftsplan vorbereitete, der unter anderem die Verstaatlichung der Banken des Landes vorsah. Ihr Ziel war es jetzt, die Jungtürken für sich zu gewinnen und die Achse Kamaraj-Desai zu sprengen, aber die Gruppen, um die es ging, ließen sich nicht provozieren. Der Parteiboß von Maharashtra, Chavan, entwarf einen Kompromiß, den der Arbeitsausschuß einstimmig annahm. Das Syndikat war fest entschlossen, Reddy zum Präsidenten von Indien zu machen, und hatte nicht die Absicht, die Schlacht auf andere Fronten auszudehnen. Der Fraktionsvorstand des Kongresses bestätigte seinen Kandidaten, und Indira war außer sich vor Zorn. Sie ließ jetzt alle Vorsicht fahren und überraschte das Syndikat mit einer Reihe wohldurchdachter Schachzüge.

Zunächst entließ sie Morarji Desai als Finanzminister, ersuchte ihn jedoch, sein Amt als stellvertretender Ministerpräsident weiterzuführen: eine Unmöglichkeit, was sie sehr wohl wußte. Desai reichte seinen Rücktritt ein. Drei Tage später, nun als ihr eigener Finanzminister, ließ sie per Präsidialverordnung vierzehn Banken verstaatlichen. Dieser Schachzug zielte darauf ab, ihre innerparteilichen Gegner zu isolieren und auszumanövrieren, und Indira wußte, daß die Bevölkerung ihr diese Maßnahme zugute schreiben würde. Die Jungtürken erklärten zustimmend, daß es sich um einen schweren Schlag gegen den »Monopolkapitalismus« handle, der den staatlichen Sektor erheblich stärken werde. Gleichzeitig wurde Bauern, Händlern und anderen Kleingewerblern versichert, daß es künftig für sie leichter sein werde, Kredite zu bekommen. Eine große Menschenmenge versammelte sich vor dem Haus Safdarjung Road 1, um Indira zu ihrem mutigen Schritt zu gratulieren. Der dritte Schlag gegen ihre Gegner sollte sich als entscheidend erweisen. V. V. Giri erklärte, daß er gegen den vom Kongreß offiziell nominierten Sanjiva Reddy kandidieren werde, und die linken Parteien im Parlament sicherten ihm ihre Unterstützung zu. Indira traf nun zwei wesentliche Entscheidungen. Sie weigerte sich, die Kongreßabgeordneten zur Stimmabgabe für Reddy aufzurufen, und machte zugleich die Frage der Parteidisziplin hinfällig, indem sie eine allein vom Gewissen geleitete »freie Stimmabgabe« forderte.

Das Syndikat wandte sich jetzt an Jan Sangh und Swatantra mit dem vertraulichen Ersuchen, Reddy gegen den Kandidaten zu unterstützen, für den die beiden kommunistischen Parteien stimmen wollten. Indira wurde klar, daß es vor allem um ihr eigenes politisches Überleben ging. Sie verurteilte scharf die Kongreßführer, die sich an die Rechtsparteien gewandt hatten, weil sie damit gegen ein wichtiges Prinzip des Kongresses, den Säkularismus, verstoßen hätten. Ihre Forderung nach Aufhebung des Fraktionszwangs war ein geschicktes taktisches Manöver. Auf diese Weise gelang es ihr, eine offene Stellungnahme gegen Reddy zu vermeiden, gleichzeitig aber seinen ganzen Rückhalt im Kongreß zu unterminieren. Am Tage vor der Abstimmung machte sie noch einmal öffentlich ihre Position klar: »Stimmabgabe nach dem Gewissen«. Hinter den Kulissen trommelte sie für Giri, und am 20. August machte sich ihre Strategie bezahlt: Giri wurde zum Präsidenten von Indien gewählt.

Sechzig Kongreßabgeordnete forderten parteidisziplinarische Maßnahmen gegen Indira Gandhi, weil sie die Niederlage des offiziellen Präsidentschaftskandidaten der eigenen Partei betrieben habe. Die Jungtürken verlangten daraufhin ein Parteiverfahren gegen Kongreßpräsident Nijalingappa, weil er durch seine Geheimgespräche mit Jan Sangh und Swatantra gegen die Parteiregeln verstoßen habe. Eine Spaltung begann sich abzuzeichnen. Am 22. August gaben die beiden kommunistischen Parteien bekannt, daß sie bereit seien, für eine von Indira Gandhi geführte »progressive Regierung« zu stimmen. Das bedeutete 42 Stimmen für sie. 22 unabhängige Abgeordnete schlossen sich dieser Entscheidung an, und mit diesen insgesamt 64 Stimmen verfügte Indira über einen hinreichenden Ausgleich für die abweichlerischen Kongreßabgeordneten. Nun unterstützte sie auch die Kongreßfraktion mit starker Mehrheit. Chavan erkannte, woher der Wind wehte, und verließ das Syndikats-Schiff. Keine Gruppierung hatte jetzt eine Mehrheit im Kongreß-Arbeitsausschuß. In aller Eile wurde eine Waffenruhe organisiert, und die Führer des Syndikats verzichteten auf ihre beabsichtigten Disziplinarmaßnahmen gegen die Regierungschefin.

Indira war nunmehr entschlossen, ihren Widersachern eine bleibende Niederlage zuzufügen. Ihre Anhänger begannen mit der Sammlung von Unterschriften für eine außerordentliche Sitzung des Allindischen Kongreß-Ausschusses (AICC), auf der ein neuer Arbeitsausschuß gewählt werden sollte. Jegliches Vertrauen zwischen beiden Seiten schwand dahin, und Desai sagte voller Ingrimm: »Wir sind von dieser Dame schon mehrfach zum Narren gehalten worden. Nie wieder.« Indira behauptete, für einen demokratischen Sozialismus und gegen die Reaktion einzutreten. Ihre Gegner erklärten, sie kämpften für Demokratie und gegen kommunistische Diktatur. Beides waren hohle Phrasen, aber indem das Syndikat das Gespenst des Kommunismus beschwor, verlieh es der Version einer drohenden Spaltung zwischen links und rechts Glaubwürdigkeit. Das spielte Indira in die Hände. Beide Seiten bereiteten sich auf die öffentliche Anklageerhebung vor und gaben ihre letzten Erklärungen ab. Indira Gandhis Offener Brief an die Kongreßmitglieder wurde am 8. November 1969 veröffentlicht. Dies waren seine Kernsätze:

Es handelt sich um einen Konflikt zwischen zwei Betrachtungsweisen und Grundeinstellungen hinsichtlich der Ziele des Kongresses und der Methoden, nach denen er funktionieren sollte. Es ist ein Konflikt zwischen denen, die für Sozialismus, für Veränderung und für umfassendste innerparteiliche Demokratie und Diskussion sind ... und denen, die für den Status quo sind, für Konformismus und für weniger denn umfassende Diskussion innerhalb des Kongresses ... Leute dieser Gruppe haben nur Lippenbekenntnisse für diese Ideale (Demokratie, Sozialismus, Säkularismus und Blockfreiheit) abgelegt ... Ich weiß, daß diese Gruppe hartnäckig versucht hat, die Bemühungen meines Vaters, weitreichende wirtschaftliche und soziale Veränderungen herbeizuführen, zu bremsen und zu torpedieren.[13]

Am 11. November 1969 gab ihr Nijalingappa eine öffentliche Erwiderung:

Die Hartnäckigkeit, mit der Sie versuchen, Ihren Griff nach der Ein-Mann-Herrschaft [sic] in der Organisation und der Regierung als einen Konflikt zwischen dem sogenannten progressiven und radikalen und dem sogenannten reaktionären Flügel des Kongresses darzustellen ..., kann außer den Sturmtruppen niemanden täuschen. Kein Anwärter auf diktatorische Vollmachten im 20. Jahrhundert hat es versäumt, sich den Mantel des Sozialismus umzulegen ... Sie haben Scheinmitgliedschaft und Bonzentum in der Organisation erwähnt ... Aber ich bin mir keiner einzigen

Maßnahme bewußt, die Sie als Präsidentin des Kongresses...
eingeleitet hätten, um diesen Problemen zu begegnen..,[14]

Am nächsten Tag schloß das Syndikat Indira Gandhi aus dem
Indischen Kongreß aus und rief die Fraktion auf, einen neuen Führer
zu wählen. Am Tag darauf sprachen sich 310 von 429 anwesenden
Kongreßabgeordneten für sie aus. Eine Handvoll von Syndikatsabge-
ordneten ging zur Opposition über, aber Kommunisten, Sozialisten,
DMK und Unabhängige verschafften ihr eine ausreichend sichere
Position. Die Massen unterstützten sie aus ganzem Herzen. Es war ihr
gelungen, sie davon zu überzeugen, daß es nur deshalb zum Bruch
gekommen sei, weil sie für die Interessen des einfachen Volkes
kämpfe. Auf der außerordentlichen Sitzung des AICC stimmten 446
von 705 Delegierten für Indira Gandhi. Der Kongreß war gespalten.
Lang lebe der Kongreß.
    Indira hatte getan, was Jawaharlal nie hatte vollbringen können.
Gewiß, die Entscheidungen waren zu seiner Zeit schwieriger gewesen,
aber auch die Streitfragen waren viel realer. In den dreißiger Jahren
war der Kongreß geteilt gewesen zwischen radikalen Sozialisten und
den Verteidigern des gesellschaftlichen Status quo; eine Spaltung zu
jener Zeit hätte Indiens Geschichte einen anderen Verlauf geben
können. Beim jetzigen Bruch ging es nicht allein um die Macht. Die
Menschen sahen die Vorgänge in ideologischen Begriffen; die kommende Wahl würde auf einer radikal-populistischen Basis ausgefoch-
ten werden, wobei die Wirklichkeit weitgehend auf der Strecke
bleiben würde. Die Spaltung von 1969 hatte eines bewirkt: die
Zementierung der Macht Indira Gandhis über die Kongreßpartei. Sie
hatte in dieser Auseinandersetzung Eigenschaften gezeigt, die vorher
an ihr nicht wahrgenommen worden waren, und diese entschlossene
Skrupellosigkeit sollte sich schon bald bei der Handhabung einiger der
Probleme, die sich in Indiens Nachbarländer entwickelten, als sehr
nützlich erweisen.
    Die Spaltung der Kongreßpartei gab Indira Gandhi eine echte
Chance, einen Neuanfang zu machen. Sie hatte das Syndikat besiegt,
das, abgesehen von Kamaraj und Nijalingappa, nach allgemeiner
Auffassung korruptionsverseucht war, und sie hatte mit Morarji Desai
und seinen Konservativen aufgeräumt. Sie war noch immer Ministerpräsidentin von Indien, weil die Parteien der Linken sowie die Tamil-
und Sikh-Regionalisten sie unterstützten und nicht ihre Gegner, aber
sie wußte, daß sie eher früher als später ein neues Mandat der Wähler

brauchte. Hier bestand nun die Chance, eine neue politische Partei mit klaren Grundsätzen und einer festen politischen Basis aufzubauen – eine Partei, deren Mitglieder sich in Übereinstimmung mit dem Programm befanden. Ein solcher Schritt wäre in der Tat möglich gewesen, falls ein solider ideologischer Grund für die Spaltung bestanden hätte. Einer der scharfsinnigeren Biographen Indira Gandhis, Zareer Masani, stellte folgende treffende Beobachtung an:

> Hätte das Syndikat ihre Führungsposition nicht angegriffen, so ist kaum zu bezweifeln, daß Mrs. Gandhi ebenso wie ihr Vater der Einheit des Kongresses Vorrang vor dem Sozialismus eingeräumt hätte. Obwohl sie aus der Spaltung als Führerin der indischen Linken hervor ging, war Indira Gandhi weder ein Lenin noch ein Mao Tse-tung, sondern eine vorsichtige und pragmatische Frau des Kongresses. Sie hatte die Fähigkeit bewiesen, Risiken auf sich zu nehmen, wenn die unmittelbare Situation es verlangte; aber das bedeutete nicht, daß sie ihre politische Zukunft aufs Spiel setzen würde, um ein umfassendes und tiefgreifendes Programm des sozialen Wandels durchzusetzen . . . Wiewohl mit größerer Sensibilität als andere Kongreßführer für die Erwartungen der Massen ausgestattet, blieb Mrs. Gandhi letzten Endes ein Produkt der traditionellen Gußform des Kongresses . . .[15]

Diese Einschätzung sollte bald von der Geschichte bestätigt werden, aber bis dahin weckte Indira Gandhis Populismus bei den Massen Reaktionen, wie Indien sie seit Erlangung der Unabhängigkeit nicht mehr erlebt hatte. Der Verstaatlichung der Banken folgte die Abschaffung der Apanagen für die königlichen Höfe der indischen Aristokratie. In der neuen Verfassung waren den Herrscher üppige Staatspensionen und verschiedene andere Privilegien zugesichert worden. Indira brachte nun einen Antrag zur Abänderung dieser speziellen Verfassungsklausel ein. Obwohl die Maharadschas und Maharanis vor Empörung zeterten, war die Maßnahme beim einfachen Volk äußerst populär. Der rivalisierende Kongreß schloß sich mit der Swatantra-Partei und dem Jan Sangh zu gemeinsamem, letztlich erfolglosem Widerstand gegen diese Entscheidung zusammen. Indiens Unternehmern erklärte Indira, daß sie zwar auf ihre Unterstützung würden zählen können, daß sie aber Reformen zulassen müßten, wenn sie nicht hinweggefegt werden wollten. In einer Ansprache vor den Vereinigten Industrie- und Handelskammern

(ACCI) formulierte sie im Dezember 1970 ihre Botschaft in unmißverständlichen Worten:

> Sie haben nach Art vieler Geschäftsleute davon gesprochen, daß
> sich die Politik nicht in die Wirtschaft einmischen sollte. Aber Sie
> haben überhaupt keine Hemmungen, alles zu versuchen, um die
> Politik in jeder nur erdenklichen Weise im Sinne Ihrer eigenen
> Interessen zu beeinflussen... In anderen Ländern sind ganze
> Klassen fortgejagt worden. Wir versuchen, das zu verhindern. Wir
> versuchen, eine Art von Veränderung herbeizuführen, die friedlich
> verlaufen und allen in unserem Lande einen Platz einräumen
> wird... Sache der Wirtschaft ist es nun, sich zu entscheiden, ob sie
> einem Wandel dieser Art zustimmen will; wenn sie ihre Zustimmung in diesem Stadium verweigert, wird sie etwas weit Drastischeres heraufbeschwören, für das Leute wie wir ganz gewiß nicht
> verantwortlich sein werden.[16]

Diese Zurschaustellung eines pragmatischen Populismus, gekoppelt
mit radikaler Rhetorik auf Massenveranstaltungen, war nach Meinung Indiras erforderlich, um zu verhindern, daß die Kommunisten
allzuviel Boden gewannen. Sie begann mit dem Gedanken an eine
vorzeitige Wahl zu spielen, um die anomale Situation zu beenden, daß
sie über keine parlamentarische Mehrheit verfügte. Innerhalb der
Regierung und der ihr verbliebenen Kongreßpartei hatte sie sich
zielstrebig die Kontrolle verschafft, und in beiden übte sie eine viel
größere Macht aus, als Jawaharlal Nehru je innegehabt hatte. Am 27.
Dezember 1970 löste sie das Parlament auf und teilte der Nation in
einer Rundfunkansprache mit, daß um ein Jahr vorgezogene Neuwahlen erforderlich seien, weil es »uns nicht einfach darum geht, an der
Macht zu bleiben, sondern vielmehr darum, diese Macht zu gebrauchen, um ein besseres Leben für die überwältigende Mehrheit unseres
Volkes sicherzustellen und seine Hoffnungen auf eine gerechte soziale
Ordnung zu erfüllen. In der gegenwärtigen Situation glauben wir, mit
unserem angekündigten Programm nicht vorankommen, unsere dem
Volke gegebenen Versprechen nicht einlösen zu können... Die Zeit
wartet nicht auf uns. Die Millionen, die Nahrung, Obdach und Arbeit
fordern, dringen auf Taten. In einer Demokratie liegt alle Macht beim
Volke. Deshalb haben wir beschlossen, uns an unser Volk zu wenden
und es um ein neues Mandat zu bitten.«
Das war ein deutlicher Hinweis auf den Tenor, der den bevorste-

henden Wahlkampf kennzeichnen sollte. Indira gedachte, als Fürsprecherin der Unterprivilegierten gegen ihre Unterdrücker in den Kampf zu ziehen. Die wichtigsten rechtsgerichteten Oppositionsparteien bildeten eine »Große Allianz«, um sich ihrer Herausforderung zu stellen, aber wieder einmal erwiesen sie sich als taktisch unfähig. Als Wahlkampfslogan wählten sie »Indira Hatao« (»Beseitigt Indira«). Die Angesprochene reagierte darauf mit der Erklärung, daß sie nicht gegen eine bestimmte Person ins Feld ziehe, sonder gegen den Status quo. Dann entfaltete sie ihr Banner, auf dem in Riesenlettern ihr Schlachtruf geschrieben stand: »Gharibi Hatao« (»Beseitigt die Armut«). Mit dieser Parole bestritt sie den ganzen Wahlkampf. Unermüdlich und ohne sich zu schonen reiste sie durchs Land und wurde von gewaltigeren Menschenmassen als je zuvor begrüßt. Man sah sie nun nicht mehr als die zerbrechliche Tochter des vielgeliebten Nehru, sondern als eine Politikerin eigenen Gewichts, die ihre eigenen Methoden und ihre eigene Partei besaß.

Von Januar bis März 1971 legte Indira 48000 Kilometer mit dem Flugzeug und 4800 Kilometer auf Straße und Schiene zurück und sprach auf insgesamt 410 Veranstaltungen; die Zahl der Menschen, die ihre Wahlkampfauftritte besuchten, wurde auf zwanzig Millionen geschätzt. Wie ihr Vater hatte sie einen Arbeitstag, der um sieben Uhr früh begann und bis ein Uhr früh am nächsten Morgen dauerte. In ihren Wahlkampfreden versprach sie den besitzenden Klassen Stabilität und den Armen radikale soziale Reformen. Sie selbst hat in einem Brief an einen ihr gewogenen Journalisten in London eine überraschend treffende Einschätzung des Wahlkampfes gegeben. »Das Außerordentliche und Ermutigende bestand darin, daß die Wahlen zu einer Art Bewegung wurden – zu einer Volksbewegung... Der Bauer, der Arbeiter und vor allem die jungen Leute überwanden alle Grenzen von Kaste, Religion und Stand, um diesen Wahlkampf mit ungeheurer Begeisterung zu ihrer eigenen Sache zu machen...«[17] Die Wahlen des Jahres 1971 haben zweifellos die Massen mobilisiert. Das zeigte sich nicht nur an der Größe der Versammlungen, sondern auch an den Sprechchören, die Indiras Reden begleiteten. Ihre Darstellung der Spaltung des Kongresses wurde vom Publikum nur allzu begierig angenommen. Der Wahlkampf hatte die Erwartungen und das politische Bewußtsein der Massen geweckt, und sie gaben Indira eine überwältigende Mehrheit.

Indira Gandhis Kongreßpartei errang 352 der insgesamt 518 Sitze. Der rivalisierende Kongreß schrumpfte auf 16 Abgeordnete im neuen

Parlament. Auch die Kommunistische Partei (Marxisten) erzielte Gewinne und erhöhte die Zahl ihrer Sitze im Parlament von 19 auf 25. Die rechtsgerichtete Swatantra-Partei, die 1967 44 Sitze errungen hatte, bekam jetzt nur noch acht, und die andere Gruppierung des rechten Flügels, Jan Sangh, verkümmerte von 35 auf 22 Sitze. Es war eine verheerende Niederlage für die Rechte. Die Wählerschaft war zweifellos nach links gerückt und würde sehr bald anfangen zu fragen, wann und wie denn nun die Armut beseitigt werde. Doch durch die dramatischen Ereignisse, die sich zu jener Zeit jenseits der Landesgrenzen abspielten, wurden die innenpolitischen Verhältnisse vorerst praktisch eingefroren.

Im benachbarten Pakistan hatte sich Feldmarschall Ayubs Kaschmir-Abenteuer als Zeitbombe erwiesen, die nun unter seinem Stuhl explodierte. Der Friedensvertrag von Taschkent wurde im Lande als Demütigung empfunden, und das Militärregime geriet zusehends ins Wanken. Im November 1968 war eine Welle von Studentendemonstrationen in Westpakistan lawinenartig zu einer Bewegung für Demokratie und sozialen Wandel angeschwollen. Innerhalb von zwei Monaten waren sämtliche größeren Städte in West- und Ostpakistan von den Unruhen erfaßt: Dhaka und Chittagong nicht anders als Rawalpindi, Peshawar, Karachi und Lahore. Es war dies die einzige wirkliche Einheit, die der von Jinnah geschaffene Staat jemals erleben sollte, und auch sie war kurzlebig. Im März 1969 wurde Ayub gestürzt. An seine Stelle trat General Yahya Khan, der eher wegen seiner Vorliebe für Alkoholika als wegen seiner politischen Künste bekannt war. Immerhin versprach er für Dezember 1970 Parlamentswahlen, der erste freie Urnengang in der Geschichte des Landes.

Die Unterschiede der beiden Landesteile wurden bald sichtbar. Im westlichen Teil herrschten eine schmale städtische Oberschicht, die Armee (die sich zu achtzig Prozent aus Westpakistanern rekrutierte, obwohl diese lediglich vierzig Prozent der Gesamtbevölkerung stellten) und die Großgrundbesitzer. Im Osten lebte die Mehrheit der pakistanischen Bevölkerung, darunter ein breiter verarmter Mittelstand, dem sein gerechter Anteil an den vom Staat verteilten Posten und Mitteln vorenthalten wurde. In den Wahlen von 1970 gewann im Westen eine populistische Pakistanische Volkspartei (PPP) mit einem Wahlprogramm, das demjenigen Indira Gandhis außerordentlich ähnlich war. Wo Indira »Beseitigt die Armut«, gerufen hatte, forderte der Führer der PPP, Zulfiqar Ali Bhutto, »Nahrung, Kleidung und

Obdach!«. Indira versprach, den Reichtum gleichmäßiger zu verteilen, Bhutto verpflichtete sich, die Herrschaft der »zweiundzwanzig Familien« zu beenden, die den größten Teil der Reichtümer des Landes kontrollierten. In Ostpakistan hingegen bestritten die Bengali-Nationalisten in der wiederbelebten Awami-Liga den Wahlkampf auf der Basis ihrer Sechs-Punkte-Charta, in der eine Konföderation zwischen den beiden Teilen Pakistans und ein gleicher Teil des Kuchens gefordert wurden – darunter, so verlangte Mujibur Rahman, der Führer der Awami-Liga, ein gleicher Anteil von Bengalis in der Armee.

Die pakistanischen Wahlen brachten Mujibur Rahmans Awami-Liga eine Mehrheit im Lande insgesamt. Sie errang sämtliche Sitze in Ostbengalen. Bhutto triumphierte im Westen, lehnte es aber wegen der Awami-Charta ab, Mujib als Ministerpräsidenten zu akzeptieren. In Ostpakistan gingen die Menschen auf die Straße, und es entstand eine eigentümliche Form der Doppelherrschaft. Die pakistanische Armee schickte ein beträchtliches Truppenaufgebot in den östlichen Landesteil, um für den Notfall gerüstet zu sein. Im März 1971 wurde Mujib verhaftet und nach Westpakistan gebracht.

Indira Gandhis phänomenaler Wahlsieg wurde am 10. März 1971 verkündet. Genau fünfzehn Tage später begann die pakistanische Armee mit einem mörderischen Überfall auf ihre bengalischen Landsleute. Viele junge Offiziere hatten sich damit gebrüstet, daß sie nach Bengalen gingen, um die Gene der bengalischen Kinder zu veredeln. Vergewaltigungen waren an der Tagesordnung. In den ersten Wochen kam es zu Massakern, bis sich allmählich ein bewaffneter bengalischer Widerstand zu formieren begann. Nun wurde deutlich, daß General Yahya in einen Bürgerkrieg gezogen war und damit das Todesurteil für das von Jinnah gegründete Pakistan unterschrieben hatte.

In Indien gehörten die Sympathien mit Ausnahme einiger maoistischer Gruppen allgemein dem bengalischen Ostpakistan, wenn auch aus unterschiedlichen Gründen. Indien war von dem Konflikt von Anfang an betroffen, da Flüchtlinge aus den Kriegsgebieten nach Westbengalen zu strömen begannen. Die Awami-Liga gründete in Kalkutta, der Hauptstadt Westbengalens, eine Exilregierung. Innerhalb des ostpakistanischen Widerstands kam es rasch zu Differenzen. Eine radikale Gruppe behauptete, daß die Awami-Liga, eine dem indischen Kongreß nicht unähnliche Partei, zu einem Teil für die Bluttaten verantwortlich sei, weil sie es versäumt habe, die Bevölkerung vorzubereiten und zu bewaffnen. Delhi stand vor einem Dilemma. Verzichtete man auf eine Intervention, so bestand die Gefahr, daß Ostpakistan kommunistisch würde, was die Frage eines vereinigten kommunistischen Bengalens auf die Tagesordnung gesetzt und damit die indische Föderation bedroht hätte. Intervenierte man, so hätte das einen neuen Krieg mit Pakistan bedeutet. Das hätte die Vereinigten Staaten, die Yahya Khans Diktatur stützten, sowie China, das die Kriegsmaschine Islamabads mit Waffen und Hilfsgütern aller Art belieferte, auf den Plan gerufen.

In Indien herrschte starker Druck zugunsten einer Intervention, aber Indira Gandhi widerstand ihm mehrere Monate lang. Sie unternahm unterdessen Reisen in den Westen, wo sie Yahya Khan scharf angriff und seine Intervention in Bengalen mit den Nazi-Eroberungszügen in Europa verglich, und in die Sowjetunion, wo sie im August 1971 in Moskau einen Friedens- und Freundschaftsvertrag unterzeichnete. Dieser Vertrag schockierte den Westen, doch Indira ging es hauptsächlich darum, ihre Nordflanke gegen die Chinesen zu schützen. Der Vertrag war als Warnung an Peking gedacht. Kissinger reiste überstürzt nach Delhi. Mit allem Nachdruck verlangte Indira von ihm, auf eine politische Regelung des Bengalenkonflikts zu dringen. Darunter verstehe sie den sofortigen Rückzug der pakistanischen Armee, die bedingungslose Freilassung Mujibur Rahmans und die Gewähr, daß das bengalische Volk über seine Beziehungen zu Pakistan selbst bestimmen könne. Die Aussichten, daß ihre Forderungen erfüllt würden, waren denkbar schlecht, und das indische Oberkommando wurde angewiesen, unter strengster Geheimhaltung eine Offensive vorzubereiten.

Am 3. Dezember 1971 flog die pakistanische Luftwaffe einen Präventivangriff gegen acht indische Flugplätze. Indira sprach gerade in Kalkutta vor einer öffentlichen Versammlung, als ihr die Nachricht übermittelt wurde. Sie brachte ihre Rede zu Ende und flog dann sofort mit einer Luftwaffenmaschine nach Delhi zurück, während des ganzen Fluges von indischen Düsenjägern eskortiert. In Delhi war das Kabinett zu einer Sondersitzung zusammengetreten. Man einigte sich darauf, nunmehr Pakistan den Krieg zu erklären. Die Oppositionsführer unterstützten den Beschluß. Staatspräsident Giri rief den Notstand aus, und die indische Armee rückte in Ostpakistan ein, das bei der eigenen Bevölkerung jetzt Bangladesh hieß – Bengalenland. Pakistan schickte seine Truppen über die Grenze im Westen, um einen Durchbruch in Kaschmir zu erreichen. Sie wurden von einer wirksam geführten Verteidigung aufgefangen, während die indische Armee, unterstützt von den bengalischen Freischärlern, auf die ostbengalische Hauptstadt Dhaka vorrückte. Die US-Regierung stellte jede Wirtschafts- und Militärhilfe für Indien ein, während sie die Lieferungen an das Militärregime in Pakistan fortsetzte. Am 9. Dezember entsandte Washington zudem die Siebente US-Flotte in den Golf von Bengalen, um dem indischen Vormarsch auf Dhaka entgegenzutreten. Unter Indiras Vorsitz und unter Teilnahme aller Chefs der Teilstreitkräfte fand um Mitternacht in Delhi eine Notstandssitzung statt, auf der man beschloß, die Siebente Flotte zu ignorieren und den Vormarsch auf die bengalische Hauptstadt fortzusetzen. Gleichzeitig wurde ein Sonderbeauftragter nach Moskau entsandt. Die Sowjetunion setzte nun ihre Flotte von Wladiwostok in Richtung Golf von Bengalen in Marsch, und ein ranghoher sowjetischer Minister erschien am 12. Dezember in Delhi, um den Kriegsverlauf zu beobachten. Die Sowjets versicherten der indischen Regierung, daß man Chinesen wie Amerikaner im Falle einer Intervention bestrafen werde.

Während des ganzen Krieges wurde Indira über jede einzelne Initiative auf dem Schlachtfeld unterrichtet. Am 13. Dezember richtete General Maneckshaw, der die indischen Operationen leitete, ein Ultimatum an die Pakistaner. Sie seien eingeschlossen und hätten drei Tage Zeit, um zu kapitulieren. Am 16. Dezember ergab sich die pakistanische Armee den indischen Truppen. Die gefangengenommenen Soldaten und Offiziere, deren Zahl in die Zehntausende ging, wurden nach Indien abtransportiert. Der Völkermord-Krieg gegen Bangladesh war zu Ende, und der neue Staat erhielt bald die Anerkennung zahlreicher Länder. In Pakistan stand Yahya Khan vor einer drohenden Meuterei. Er wurde zum Rücktritt gezwungen, und die total diskreditierte Armee, am Ende ihrer Möglichkeiten angelangt, rief Zulfiqar Ali Bhutto, damit er übernahme, was von Pakistan übriggeblieben war.

Die Schaffung von Bangladesh übte auf Indiens moslemische Minderheit eine dramatische Wirkung aus. Zum erstenmal seit 1947 gab es so gut wie keine Sympathien mehr für Pakistan. Selbst in Kaschmir hatte die Behandlung bengalischer Moslems durch die Pakistaner Abscheu bei den ehemaligen Anhängern Jinnahs erregt. Auch anderswo herrschten Zorn und Empörung. Es war das bisher deutlichste Zeichen dafür, daß die Teilung von 1947 eine der größten Tragödien des Subkontinents war.

An der Heimatfront war Indiras Position nun unangreifbar. Sie war die »Befreierin von Bangladesh«; sie hatte die pakistanische Militärmaschine vernichtet und Yahya Khan gestürzt. Selbst die unerbittlichsten Oppositionsführer erkannten, daß ihnen eine lange Durststrecke bevorstehen würde, denn Indiras Handhabung des Krieges hatte sie im allerbesten Lichte gezeigt. Wie aber würde sie nun den Frieden handhaben? Sie stand unter gewaltigem Druck, den Konflikt fortzusetzen und Yahya Khan mit seinen Kohorten in seiner eigenen Höhle zu demütigen. Die indische Armee hätte Lahore mühelos nehmen können, aber Indira widerstand der Versuchung. In einem Gespräch mit dem Autor schilderte sie im Januar 1984 die Vorgänge jener Tage, in denen ein bedeutsames Merkmal der indischen Politik zutage trat: die funktionierende Kontrolle der Armee durch die Zivilregierung.

Ich wurde gerade vom schwedischen Fernsehen interviewt [am 16. Dezember 1971], als das Telefon läutete. Es war General Maneckshaw. »Madame«, sagte er, »wir haben sie geschlagen. Sie haben kapituliert. Dhaka ist gefallen.« Ich dankte ihm, verabredete ein Treffen für den nächsten Tag und brachte mein Fernsehinterview zu Ende. Nachdem ich das Parlament informiert hatte, berief ich eine Notstandssitzung des Kabinetts ein. Viele der heutigen Oppositionsführer ... saßen damals in meinem Kabinett. Jubilierend betraten sie den Raum – »wir haben gewonnen, wir haben gewonnen« – und bestanden darauf, daß der Krieg bis zum Ende weitergeführt werde. »Laßt uns den Feind für immer zerschmettern«, so der allgemeine Tenor.
Lassen Sie sich von mir sagen, daß ich bei Beginn der Sitzung allein dastand mit meiner Forderung nach einem einseitigen Waffenstill stand unsererseits. Als die Kabinettsitzung zu Ende war, hatte ich mich durchgesetzt. Ich bin ein sehr entschlossener Mensch, wenn ich davon überzeugt bin, daß ich recht habe. Das Kabinett verabschiedete dann eine Resolution, in der ein Inkrafttreten des Waffenstillstands verlangt wurde.
Später an jenem Tag traf ich mit dem Oberkommando zusammen. Als Generale, die eine entscheidende Schlacht gewonnen hatten, wollten sie natürlich den Krieg auf ihre Weise zu Ende bringen. Ich hielt ihnen einen Vortrag über meine Position, die auf einer politischen Einschätzung der Gesamtsituation beruhte. Sie würgten und schluckten, aber ich ließ sie wissen, daß ich mit der Autorität eines einmütigen Kabinetts spräche. Nun, sie grüßten militärisch und sagten, sie würden unsere Anweisungen ausführen.

Das hätte in vielen Ländern so nicht geschehen können, und ich denke dabei nicht nur an die Dritte Welt.

Als Resultat der folgenschweren Ereignisse von 1971 erhielt das Jahr 1972 einzigartige Bedeutung in der Geschichte des Subkontinents seit seiner Unabhängigkeit. Ein neuer Staat war geschaffen worden, noch bedeutsamer aber war die Tatsache, daß jede der vier Regierungen des Subkontinents ein Mandat ihrer jeweiligen Bevölkerung besaß. Die Probleme, denen sich Indira Gandhi in Indien, Bhutto in Pakistan, Mujibur Rahman in Bangladesh und Sirimavo Bandaranaike in Sri Lanka gegenübersahen, glichen einander in bemerkenswerter Weise. Das galt auch für ihre Antworten auf diese Probleme. Hinter ihrem Populismus verbarg sich bei allen vieren ein autoritärer Zug. Für Indira erwiesen sich die ersten Monate des Jahres 1972 als eine relativ ruhige Periode. Die Gewitterstürme waren am Horizont schon sichtbar, aber sie konnte es sich leisten, sich für eine Weile in ihrer nicht zu leugnenden Popularität zu sonnen.

Bei den Feiern zum Tag der Republik am 26. Januar 1972 in Neu-Delhi wurde jeder Gedanke an Not und Sparsamkeit beiseite geschoben, und es gab ein rauschendes Fest voller Prunk und Farbe. Indira erntete Jubel und Beifallsstürme, als sie den Vorbeimarsch der Truppen abnahm. Es folgten große außenpolitische Auftritte und Erfolge.

Dem Führer von Bangladesh, Scheich Mujibur Rahman, wurde in Delhi ein herzlicher Empfang bereitet, und Indira wurde in Dhaka wie eine Heldin gefeiert. Pakistans Führer, Zulfiqar Ali Bhutto, mußte nach Indien reisen, um die Freilassung pakistanischer Kriegsgefangener zu erwirken. Der Gipfel von Simla zwischen Bhutto und Indira Gandhi war trotz einiger Unstimmigkeiten ein Erfolg und führte dazu, daß Pakistan einige Monate später Bangladesh anerkannte. Wie ihr Vater hatte Indira eine Passion für die Weltpolitik entwickelt, und gelegentlich hatte es den Anschein, als ziehe sie die stattliche Bühne der internationalen Angelegenheiten der grob zusammengezimmerten Plattform indischer Innenpolitik vor. Immer war es letztere, auf der die Probleme hervortraten. Auf der außenpolitischen Bühne erschien sie ihrem Volk als Wiedergeburt der uralten indischen Kriegsgöttin Durga. Auf nationaler Ebene jedoch verflüchtigte sich ihr Durga-Image rasch, und sie erschien als die Führerin einer politischen Partei, die viel versprach, aber wenig hielt.

1972 war ein Jahr des Triumphes, aber auch der Krise. In den meisten Landesteilen gab es eine verheerende Dürre, von der 180 Millionen Menschen betroffen wurden. In einigen Gebieten wurde Trinkwasser zu einem Luxusartikel; die Armen wurden zu Notleidenden. Gleichzeitig mit der Verschärfung der Wirtschaftskrise brach eine Serie von Skandalen aus, an denen Minister und, in einem Fall, Indira Gandhi selbst beteiligt waren. Die Minister wurden beschuldigt, im Namen des Kongresses Spenden von Schwarzhändlern und Mafiabossen für nicht näher bezeichnete Gegenleistungen angenommen zu haben. In dieser Periode begann die indische Politik Ähnlichkeit mit derjenigen der Vereinigten Staaten in den zwanziger und dreißiger Jahren, vor Beginn des New Deal, anzunehmen. In einer Reihe von Städten wurde die Politik zum Geschäft, das Geschäft zur Politik, und Gangstermethoden hielten sowohl beim »Big Business« als auch in der großen Politik Einzug. Politische, wirtschaftliche und kriminelle Mafias begannen zu verschmelzen. Eine Untersuchungskommission befand einen ranghohen Kongreßpolitiker, Harekrishna Mahatab, ehemals Chefminister von Orissa, für schuldig, große Bestechungssummen von Industriellen angenommen zu haben. Er blieb ungeschoren. Indira selbst wurde beschuldigt, ein unsolides Projekt gefördert zu haben, das ihr jüngerer Sohn Sanjay vorangetrieben hatte. Es sah die Entwicklung eines neuen Autos für Indien vor, genannt Maruti (Sohn des Windgottes). Der Vorwurf wurde bestritten, aber die allgemeine Unzufriedenheit nahm zu.

In den Jahren 1972/73 stiegen die Preise um 22 Prozent, und das unter einer Regierung, die angetreten war, die Armut abzuschaffen. In verschiedenen Landesteilen begann sich eine Streikwelle auszubreiten. Allein in Bombay, der industriellen Hauptstadt Indiens, gab es 1972/73 insgesamt 12089 Streiks und Arbeitsunterbrechungen. Die zunehmenden höhnischen Kommentare satt, die sie an die versprochene Beseitigung der Armut erinnerten, erklärte Indira im April 1973 gegenüber der in Bombay erscheinenden Wochenschrift *Blitz*: »Wenn jemand zu behaupten versucht, daß die Armut noch zu meinen Lebzeiten oder während meiner Amtszeit als Ministerpräsidentin verschwinden könnte, dann irrt er sich. Sie hat sehr tiefe Wurzeln.« Etwa zur gleichen Zeit beschied Bhutto während einer öffentlichen Versammlung in Karachi Zwischenrufer: »Als ich in unserem Manifest Nahrung, Kleidung und Obdach versprach, da meinte ich nicht *für jeden*.« In Dhaka mußte Mujibur Rahman zur Kenntnis nehmen, daß sein paternalistischer Stil und sein ewiger Refrain »Ich liebe mein Volk, mein Volk liebt mich« nicht länger als

ausreichend akzeptiert wurden. Und in Sri Lanka hatte Frau Bandaranaike gerade der Niedermetzelung eines massiven Jugendaufstandes
präsidiert, der die Insel 1971 völlig überraschend heimgesucht hatte.
Indira, Bhutto und Mujib behaupteten, Sozialisten zu sein. Frau
Bandaranaike war Buddhistin. Keiner der vier war sich der Tatsache
bewußt, daß er den Keim der Selbstvernichtung legte.

Hochmut und Fall
1974–1979

Die indische Demokratie stand vor ihrer bislang kritischsten Phase.
Hungersnot, Ausschreitungen, Gemetzel, bitterste Armut, Infamie,
Verzweiflung und Knechtschaft waren die Ingredienzen, und der
gewaltige Kübel, der sie enthielt, sollte schon bald in einem Sturz über
dem Haupt von Mutter Indien ausgeleert werden. Jener Mutter
Indien, die Jawaharlal in den dreißiger Jahren auf so bewegende
Weise definiert hatte: die gesichtslosen Millionen, die sich unablässig
mühten, den Reichtum des Landes zu schaffen. Was hingegen erwartet und dringend benötigt wurde, war eine befreiende Sintflut, stark
genug, um die Unterdrückungen durch Kaste und Klasse hinwegzu-
schwemmen, die Zeichen der Armut und des Hungers auszulöschen
und neue Lebensbedingungen zu schaffen. Viele hatten geglaubt, daß
die Kampagne zur »Beseitigung der Armut« dazu beitragen würde,
genau das zu erreichen und vielleicht noch ein wenig mehr – aber sie
bewirkte nichts dergleichen, und die andauernde Verzweiflung der
Bauern und Arbeiter wich wieder einmal dem Zorn, ja sogar dem
Haß. Indira Gandhi entging diese Veränderung in der Stimmungslage
der Massen nicht. Den Anzeichen dafür begegnete man überall im
Land.
    Im Jahre 1967 entfesselte der Bezirksausschuß der KP(M) in
Naxalbari, einem kleinen Dorf in Nordbengalen, einen Bauernauf-
stand, der auf andere Teile des Landes übergriff. Das nachhaltigste
Echo fand er allerdings bei jenen, die nach 1947 die indischen
Universitäten absolviert hatten. 1951 hatte es in Indien 65000 Ingenieure gegeben; 1963 waren es bereits 330000. Die Zahl der Ärzte
kletterte in der gleichen Zeit von 62000 auf 103000. Es gab 1963
150000 Lehrer im höheren Lehramt, 65000 Naturwissenschaftler,
mehrere tausend Journalisten, 50000 Juristen und Hunderttausende

von Universitätsabsolventen anderer Fächer. Ein großer Teil von ihnen fand keine Arbeit. Besonders schlimm war die Lage in Westbengalen, und die Fürsprecher einer gewaltsamen Revolution in Naxalbari fanden Gehör bei Hunderten von jungen Leuten aus dem städtischen Mittelstand. Die KP(M) distanzierte sich von den ››Naxaliten‹‹ und schloß ihre Führer aus. Sie gründeten unverzüglich eine weitere kommunistische Partei mit dem Markenzeichen ››Marxistisch-Leninistisch‹‹, deren Mekka nicht Moskau, sondern Peking war.

Diese neue Welle war in vieler Hinsicht Teil einer breiteren Radikalisierung, die in den Jahren 1968-75 die fortgeschrittenen Länder Nordamerikas und Westeuropas sowie Japan erfaßt hatte. In Indien machte sie sich zum Teil selbst wieder zunichte, erlebte aber auch eine äußerst brutale Repression. Was Delhi nicht erreichen konnte, das vollbrachte schließlich der alte Mann in Peking. Die sino-amerikanische Allianz, der Tod Lin Piaos, der Aufstieg und nachfolgende Sturz der ››Viererbande‹‹, Deng Xiaopings Liberalisierungskurs – das alles war selbst für die sklavischsten Anhänger Pekings zuviel.

Eine ernstere Situation entwickelte sich innerhalb der städtischen Arbeiterschaft, für die die wirtschaftliche Lage eher eine Katastrophe als eine gewöhnliche Krise war. Auf Hungersnöte und Überschwemmungen folgte das kaum minder verheerende Ansteigen der Ölpreise auf den Weltmärkten. 1974 erreichte das indische Zahlungsbilanzdefizit zwei Milliarden Dollar; das war mehr als die erhaltene Netto-Auslandshilfe. Verschärft wurde die Situation durch die gewaltige Auslandsverschuldung, die 25 Prozent des Jahresexporterlöses aufzehrte. Die Regierung beschloß, die Einfuhr von Rohstoffen einzuschränken. Das bedeutete, daß es zusätzlich zum Mangel an Lebensmitteln eine Unterversorgung mit Speiseöl, Heizöl, Zündhölzern, Holz und sogar Papier gab. Die *Times of India,* gedruckt auf so gelbem Papier, daß sie nahezu unlesbar war, nahm sich in einem Leitartikel der Einkaufsprobleme mittelständischer Hausfrauen an, die jetzt gezwungen seien, ››gefährlich zu leben‹‹, weil ››das Einkaufen zu einem täglichen Abenteuer geworden ist, bei dem es gilt, jeden Tag neue Überraschungen zu bestehen‹‹. Die Zeitung erinnerte ihre Leser nicht an die ››täglichen Abenteuer‹‹ jener Menschen, die auf dem Pflaster von Bombay lebten, mit einer Mahlzeit am Tag auszukommen hatten und ihre Zeit damit verbringen mußten, auf der Suche nach Nahrung die Abfalleimer der großen Hotels zu durchstöbern. 1974 kostete eine durchschnittliche Mahlzeit im Taj Mahal Hotel in Bombay zwischen 17 und 35 Dollar pro Person. Im gleichen Jahr lebten vierzig Prozent der Bevölkerung von weniger als einer halben Rupie (zwölf US-Cents) pro Tag.

Wären diese Umstände zehn Jahre früher eingetreten, dann hätten die kommunistischen Parteien einen gewaltigen Zulauf erlebt. Doch die Situation hatte sich verändert. Die KPI unter Führung des Parteiveteranen Dange hatte sich Indiras Kongreß angepaßt und litt folglich unter der Diskreditierung der Regierungspartei mit. Ihr Rivale, die KP(M), befand sich zwar in einer etwas besseren Verfassung, verlor aber wegen ihrer glanzlosen Leistungen in den Koalitionsregierungen, an deren Spitze sie in Kerala und Westbengalen stand, gleichfalls an Ansehen. Ihr Vorgehen gegen die Naxaliten hatte zu einer weiteren Demoralisierung ihrer Anhänger geführt. In dem von vielen Krebsarten heimgesuchten Land, von denen die Korruption die am tiefsten verwurzelte zu sein schien, gab es zwei »Krebsstationen«: Kerala und Westbengalen. Als gegen Ende der Behandlung offenkundig wurde, daß die Ärzte selbst der Krankheit zum Opfer gefallen waren, verloren die indischen Massen die linke Alternative zu Indira Gandhi allmählich aus dem Blickfeld.

So mußten die Arbeiter Indiens ihren Kampf allein führen. In den späten sechziger und in den siebziger Jahren entstand in Bengalen eine neue Arbeitskampfmethode, die sich über den ganzen Subkontinent ausbreitete. Sie hieß *gherao* (umzingeln und belagern) und bestand darin, Manager und Unternehmer in ihren Fabriken und Büros einzusperren, bis sie sich schriftlich verpflichteten, die Forderungen der Arbeiter zu erfüllen. Die *gheraos* wurden überaus populär, weil viele von ihnen Erfolg hatten und weil sie viel dynamischer wirkten als eine passive Arbeitsverweigerung oder selbst eine Fabrikbesetzung. Die Unternehmer und Investoren waren empört, was kaum überraschen konnte, und begannen, nach entschlossenem Handeln zu rufen. Tata und Birla verkündeten überall, daß Anarchie und Chaos das Land überschwemmten. Weniger offen sprachen sie von den erbärmlichen Lebensbedingungen der Mehrheit der Inder. Zu ihrer Erleichterung war sich die Regierung des Status Indiens bewußt. Es war eine kapitalistische Demokratie, und wenn die Kapitalisten wütend wurden, mußten sie besänftigt, mußten ihre Gemüter und Taschen beruhigt werden. Neue paramilitärische Einheiten wurden geschaffen, um die industriellen Rebellen in Schach zu halten. Repression wurde zur Routine. Polizei und private Schlägertrupps arbeiteten zusammen, um Gewerkschafter einzuschüchtern und zu überfallen.

Aktivisten der Arbeitskämpfe wurden im Gefängnis gefoltert. Die *gherao*-Bewegung fand ein jähes Ende.

Das Gespenst der *gheraos* war gebannt, aber die Welle ››normaler‹‹ Streiks ging weiter und lähmte die Industrie. Seit März 1974 waren der Regierung die Forderungen der Eisenbahner-Gewerkschaften bekannt. Indien besaß ein Schienennetz von 64 000 Kilometern Länge, eine der solideren Leistungen des *Raj*. In einem Land, in dem die Gewerkschaftsbewegung politisch gespalten war, konnte es nicht geschehen, daß eine einzige Gewerkschaft eine ganze Branche abdeckte; die Eisenbahnarbeiter gehörten in der Tat einhundert verschiedenen, großen und kleinen Gewerkschaften an. Der einzige jemals unternommene Versuch, einen allindischen Eisenbahnerstreik zu organisieren, war 1948 zum Scheitern gebracht worden.

Die Regierung Indira Gandhis erklärte Mitte April 1974 nach wochenlangem Schweigen, sie habe keine ››förmliche Streikankündigung‹‹ erhalten. Diese wurde daraufhin am 23. April übergeben. Nun gab Indira bekannt, daß jeder Streik als illegal erklärt werden würde. Vorbeugend wurden Notstandsverordnungen zur Verteidigung Indiens in Kraft gesetzt. Anstatt die Verhandlungen wiederaufzunehmen, gab die Regierung am 27. April die Streichung einer Anzahl von Personenzügen bekannt. Der ››Ausschuß für Politische Angelegenheiten‹‹ des Kabinetts war entschlossen, den Arbeitern eine Lektion zu erteilen, und lehnte die Forderungen der Gewerkschaften, die rein ökonomischer Natur waren, rundheraus ab. Offensichtlich wollte man den Streik zur Kraftprobe machen und als politische Herausforderung des Staates behandeln. Zusätzlich zur Verordnung von Zugstreichungen versetzte die Regierung die Streitkräfte und paramilitärischen Verbände in höchste Alarmbereitschaft. Am 1. Mai wurde ein Führer der Eisenbahner, George Fernandes, verhaftet. Es folgte eine Razzia gegen alle lokalen Funktionäre des Nationalen Koordinierungsausschusses der Eisenbahner, dessen Vorsitzender Fernandes war.

Am 7. Mai begann der Streik unter Beteiligung aller Gewerkschaften mit Ausnahme derjenigen, die dem Kongreß-Verband INTUC angegliedert waren. Eine Million Arbeiter befanden sich im Ausstand. Innerhalb weniger Tage wurden 60 000 Arbeiter verhaftet; zahlreiche Aktivisten und Gewerkschaftsführer gingen in den Untergrund, um einer Verhaftung zu entgehen. Die Kampagne gegen die Streikenden wurde von Indira Gandhi persönlich geführt. Gegenüber einem für Verhandlungen eintretenden Kabinettskollegen soll sie erklärt haben, wenn dieser Streik erst einmal niedergeschlagen sei, werde es fünfzig Jahre lang keinen neuen geben. Die ganze Operation wurde tatsächlich wie ein Krieg geführt. Der Sekretär der Nationalen Eisenbahner-Gewerkschaft, C. Radhakrishnan, erklärte in einem Interview mit der britischen Zeitschrift *Race Today* im April 1975:

> Die Regierung versuchte alles. Wir wurden gejagt wie Kriminelle, und sie versuchten buchstäblich, uns durch Aushungerung zu unterwerfen. Während des Streiks hätten sie eigentlich nur noch die Luftwaffe zur Bombardierung der Eisenbahnersiedlungen einsetzen müssen; jede andere Methode wandten sie an, um uns zu terrorisieren und den Streik zu brechen. Armee und Marine wurden mobilisiert. Sie wurden zum Schutz der Eisenbahnanlagen vor Sabotage, zur Bedienung der Signale und der Fernmeldeverbindungen, zur Bewachung der Züge und ganz allgemein zur Aufrechterhaltung von Gesetz und Ordnung eingesetzt. Beinahe über Nacht verwandelten die Bundes- und Landespolizeireserven die Eisenbahnerkolonien in belagerte Festungen. Es war wie eine Besatzung. Jeden Morgen gingen Polizisten und Soldaten von Haus zu Haus und fragten die Arbeiter, ob sie sich zum Dienst melden würden. Wer nicht ging, wurde verhaftet. Unter diesen Umständen fingen die Leute schließlich an, die Arbeit wiederaufzunehmen . . . Auch unsere Angehörigen wurden terrorisiert. Es gab Fälle, wo Polizisten, weil sie einen bestimmten Arbeiter nicht finden konnten, dessen Kinder packten und zur Polizeiwache schleppten. Dann schickten sie einen Brief nach Hause: ››Wenn Sie Ihr Kind lebendig zurückhaben wollen, holen Sie es auf der Polizeiwache ab und nehmen Sie Ihre Arbeit wieder auf.‹‹ Alte Frauen, Mütter von Arbeitern, wurden in ähnlicher Weise in die Polizeireviere gebracht, wo man ihnen erklärte: ››Wenn Ihr Sohn bis dann und dann nicht hier erschienen ist, werden Sie verhaftet. Sagen Sie ihm das.‹‹ Das sind keine Übertreibungen. Diese Dinge haben wir gesehen und gehört mit unseren eigenen Augen und Ohren . . .

Über viele ähnliche Zwischenfälle wurde in den indischen Zeitungen und auf Massenversammlungen, die vor den Bahnhöfen stattfanden, berichtet. Es gab einen Fall, wo Eisenbahnerhütten in Brand gesteckt wurden, so daß die Bewohner obdachlos wurden. Das waren Zwischenfälle wie im Bürgerkrieg; selbst diejenigen, die keine Sympathien für die Streikenden hegten, waren schockiert von der Brutalität.

Der Streik dauerte zweiundzwanzig Tage. Er wurde unter Anwendung beispielloser Gewalt niedergeschlagen. Die Eisenbahner dienten Indira Gandhi als Sündenbock; sie ging mit eiserner Faust vor, um das Vertrauen der Handelskammern wiederherzustellen. Viele Arbeiter wurden entlassen, aber keine Regierung kann eine Million Arbeiter ersetzen. Also ging man selektiv vor: Die sogenannten Wort- und Rädelsführer wurden ohne Einspruchsmöglichkeit entlassen, die anderen wurden gezwungen, eine Loyalitätserklärung gegenüber der Eisenbahn zu unterschreiben. Wer seine Unterschrift verweigerte, wurde ebenfalls fristlos entlassen.

Der Eisenbahnerstreik endete mit einem klaren Sieg für Indira Gandhi. Einen bedeutenden Verlust erlitt die Regierung allerdings mit Eisenbahnminister L. N. Mishra. Er wurde bei einem Bombenanschlag getötet. Die Mörder wurden nie gefunden. Mishra war für die Kongreßpartei ein wichtiger Spendensammler in Unterweltskreisen gewesen. Indira Gandhi hatte nunmehr ihr Können als skrupellose und eisenharte Kriegsherrin überzeugend unter Beweis gestellt. Während Bangladesh ihr Ansehen vergrößert hatte, hinterließ ihr Sieg über die Eisenbahner einen bitteren Nachgeschmack. Die Handelskammern waren natürlich erfreut, brachten aber bei Wahlen nicht viele Stimmen auf. Selbst jene politischen Beobachter, die Indira Sympathien entgegenbrachten, mußten jetzt einräumen, daß ihre Popularität erheblich gelitten hatte. Die nächsten Wahlen waren für 1976 vorgesehen, und eine Niederlage des Kongresses war nicht mehr auszuschließen. Viele hatten den Eindruck gewonnen, daß es Indira nicht länger darum ging, die Armut zu beseitigen, sondern vielmehr darum, sich der Armen zu entledigen. Ein südindischer Dichter fing die Atmosphäre jener Zeit ein[1]:

> ...Das Publikum begann zu gehen.
> Die verfluchte Bande merkte es,
> und schrie »Sozialismus!«
> Beklebte die Mauern: »Sozialismus!«... »Sozialismus!«
> Überall im Land hallten die Parolen wider.
> Aber unter dem infernalischen Getöse
> Plünderten sie weiter das Volk aus...

Nachwahlen und Wahlen in den Bundesstaaten spiegelten das veränderte Klima wider. Der Kongreß verlor mit einer Geschwindigkeit Mandate, die auf die explosive Stimmung in der Wählerschaft schließen ließ. In manchen Orten, darunter Kongreßbastionen wie

Gujarat, wurde Indira nun mit Steinen, Beschimpfungen und schwarzen Fahnen, dem Zeichen für Opposition, begrüßt. Die Bundesstaatswahl in Gujarat verlor der Kongreß. Wer würde diese Massenopposition für sich mobilisieren, wer würde ihr eine politische Richtung geben können? Das war die Frage, die in der Presse, in den politischen Parteien und im Kabinett immer wieder gestellt wurde. Die Antwort sollte sich als eine spezifisch indische herausstellen.

Anfang 1974 beschloß ein alter Freund und einstiger Verbündeter Jawaharlal Nehrus, nachhaltig in die indische Politik einzugreifen. Sein Name war Jayaprakash Narayan. Er war 1936 nach dem Parteitag in Lakhnau aus dem Kongreß ausgetreten, weil er meinte, daß Gandhis Sieg über Nehru einen Wendepunkt im Kampf um die Unabhängigkeit bedeutete. In der Folgezeit war JP – unter diesem Kürzel wurde er bekannt – als Gründungsmitglied und Parlamentsabgeordneter der Sozialistischen Partei aufgetreten, um sich schließlich als Unabhängiger zu versuchen. In letzterer Eigenschaft hatte er 1962 Pakistan besucht und war dem Charme des damaligen Militärdiktators, General Ayub Khan, erlegen. Dieser hatte ein Verfahren indirekter Wahlen erfunden, das er »Basisdemokratie« getauft hatte. Es war ein ausgemachter Schwindel, aber JP war beeindruckt und erklärte, Indien brauche ein ähnliches System. Sonderlich ernst genommen wurde er von niemandem.

Nun machte sich JP das Versagen der Linken zunutze und rief zu einer Massenkampagne für Preissenkungen und die Ausrottung der Korruption auf. Narayan war zum Gandhianer geworden und glaubte, daß nur eine Rückkehr zum Dorf als der Keimzelle des politischen und wirtschaftlichen Lebens Indien voranbringen könne. Sein Programm war denkbar einfach. Er wollte eine freiwillige Föderation von Dorfrepubliken, deren Grundlage *sarvodaya* (die Wohlfahrt der Gemeinschaft) war.

Das Mittel zum Erreichen dieses Zieles sollte der gewaltlose Widerstand der Massen sein, wie Gandhi ihn populär gemacht hatte. Unter normalen Umständen wäre dieser Versuch, die Geschichte zu parodieren, als Farce geendet, aber die zu jener Zeit in Indien herrschenden besonderen Umstände waren derart, daß die Menschen auf eine führende Hand warteten. Kaum einer verstand Narayans Programm, aber er selbst beschrieb es als »totale Revolution«, was populär war, und schließlich war jeder, dessen Einkommen unterhalb einer bestimmten Grenze lag, für Preissenkungen und gegen Korruption. In Bihar und Gujarat brach eine Massenbewegung auf der Basis der von JP erhobenen Forderungen los. Die Presse fing an, sie als JP-Bewegung zu bezeichnen, und bei Indira machten sich, zumal nach ihrer Wahlniederlage in Gujarat, Anzeichen von Nervosität bemerkbar.

Der Neu-Gandhianer und einstige Sozialist Narayan entwickelte bonapartistische Attitüden. Er erklärte sich zu einem Bündnis mit dem Jan Sangh bereit, wohl wissend, daß die Kombination seiner Wirkung auf die Massen mit dem gutgeölten Parteiapparat des Sangh für so manche Überraschung bei den Wahlen von 1976 gut sein würde.

Mitten in dieser Krise wirkte ein Urteil des Obersten Gerichtshofs in Allahabad vom 12. Juni 1975 wie ein dröhnender Paukenschlag. Es war von einem Außenseiter namens Raj Narain angestrengt worden, der bei den Parlamentswahlen von 1971 von Indira mit einer Mehrheit von 100000 Stimmen geschlagen worden war. Das Gericht befand sie unkorrekter Wahlpraktiken für schuldig und wies sie an, im Parlament künftig nicht mehr mit abzustimmen; ihr Amt als Ministerpräsidentin durfte sie weiterhin ausüben. Besonders pikant, wenngleich ohne Folgen, war die Tatsache, daß dieser Spruch sie auf die Dauer von sechs Jahren für ungeeignet erklärte, ein öffentliches Amt innezuhaben.

Die Kongreßpartei war durch dieses Urteil in ihren Grundfesten erschüttert. Die Opposition jubelte. Indiras Vergehen war unbedeutend gewesen. Es war um die Verwendung von Fahrzeugen und Personal der Regierung für Wahlkampfzwecke gegangen. Intern waren sie alle, ihre Gegner eingeschlossen, darin einig, daß die gegen sie erhobenen Anklagen reine Bagatellen waren und daß der Richter seine Kompetenzen weit überschritten hatte. Wäre das alles am Ende des Bangladesh-Krieges geschehen oder unmittelbar nach der Kampagne »Beseitigt die Armut«, es hätte zweifellos eine Welle von Sympathiebekundungen für Indira gegeben. Wahrscheinlich hätte es in solchen Zeiten nie einen derartigen Richterspruch gegeben, denn die indische Justiz ist ebenso wie die britische empfänglich für die Stimmungen der öffentlichen Meinung. Im Jahre 1975 jedoch feierte das Volk dieses Urteil. JP steigerte nun seine verbalen Sturmangriffe und rief die Offiziere von Polizei und Armee auf, »ungesetzlichen« Befehlen nicht zu gehorchen. Zudem griff er den Kongreß wegen aller erdenklichen Mißstände an: Schmuggel, Schwarzhandel, Korruption, Armut, Reichtum, Preissteigerungen, Wahlschwindel, Repression und so weiter. Am 25. Juni gab JP bekannt, daß er für die Zeit vom 29. Juni bis zum 5. Juli einen einwöchigen Protest vor der Residenz der

Ministerpräsidentin organisiere. Dieser solle Teil einer ganzen Reihe von Aktionen sein, die das Ziel verfolgten, das Volk von Indien wiederzuerwecken.

Am gleichen Tag stattete Indira Staatspräsident Fakhruddin Ali Ahmed überraschend einen Besuch ab, um ihn streng vertraulich zu informieren, daß seine Dienste in Kürze benötigt würden und er sich bereithalten möge. Um 23.00 Uhr am Abend jenes 25. Juni erschien sie erneut beim Präsidenten, diesmal mit einem Dokument, das zu unterzeichnen er sich bereit erklärt hatte. Es war die Proklamation des Ausnahmezustands. Noch bevor das Papier unterzeichnet war, forderten die indischen Geheimdienste die Gefängnisdirektoren im ganzen Land auf, sich auf Masseneinlieferungen in allernächster Zukunft vorzubereiten. Am 26. Juni wurde folgende Erklärung veröffentlicht: »In Ausübung der mir durch Paragraph 1, Absatz 352 der Verfassung übertragenen Vollmachten erkläre ich, Fakhruddin Ali Ahmed, Präsident von Indien, durch diese Proklamation, daß ein ernster Notstand besteht, durch den die Sicherheit Indiens infolge interner Unruhen bedroht ist.« Kurz darauf erläuterte Indira die Maßnahme in einer Sondersendung des Rundfunks. Ihre einleitenden Sätze waren ein Meisterstück des Understatements: »Der Präsident hat den Notstand ausgerufen. Es gibt keinen Grund zur Panik.«

Es folgten die Massenverhaftungen führender Oppositionspolitiker (darunter Narayan, Desai und zahlreiche Jan Sangh- und RSS-Aktivisten), eine drakonische Pressezensur sowie ein Demonstrations- und Streikverbot, gekoppelt mit einem Lohnstopp. Die Zensur war zeitweise so streng, daß selbst die Schriften Mahatma Gandhis und Jawaharlal Nehrus über den Kampf um demokratische Rechte und Pressefreiheit unter den Briten verboten wurden. Indira hatte befürchtet, ihr eigenes Kabinett nicht dazu bewegen zu können, derartige Maßnahmen zu unterstützen. Deshalb war die Entscheidung, zum Präsidenten zu gehen, nicht einstimmig vom ganzen Kabinett, sondern nur von einer winzigen Clique getroffen worden, die aus den engsten, zum Teil in keiner ihrer Funktionen vom Volk gewählten Beratern der Regierungschefin bestand. Der Bericht der Shah-Kommission über den Ausnahmezustand, sechs Jahre später veröffentlicht, war eine nüchterne, sorgfältig dokumentierte Darstellung, in der Übertreibungen ebenso vermieden wurden wie Abrechnungen mit alten Gegnern. Dort heißt es:

Es gibt keinerlei Hinweis auf einen Zusammenbruch von Gesetz und Ordnung in irgendeinem Teil des Landes – noch auf irgendwelche Befürchtungen dieser Art. Die wirtschaftliche Lage war hinreichend unter Kontrolle und hatte sich in keiner Weise verschlechtert... Die amtlichen Protokolle jener Zeit, seien sie geheim, vertraulich oder öffentlich, und die Zeitungsveröffentlichungen sagen einstimmig aus, daß es kein ungewöhnliches Ereignis oder auch nur eine in diese Richtung weisende Tendenz gegeben habe, die eine Verhängung des Ausnahmezustands gerechtfertigt hätten. Es gab keine äußere oder innere Bedrohung des Wohlergehens der Nation. Als Schlußfolgerung ergibt sich mangels jeglichen Gegenbeweises seitens Indira Gandhis oder irgendeiner anderen Person, daß das einzige und alleinige Motiv dafür, dem Präsidenten den außerordentlichen Rat zu geben, den »inneren Notstand« auszurufen, die intensive politische Aktivität war, die in der regierenden Partei und in der Opposition durch das Urteil des Hohen Gerichtshofes in Allahabad ausgelöst worden war, welches die Wahl des damaligen Ministerpräsidenten aufgrund korrupter Wahlpraktiken für ungültig erklärte. Es gibt keinen Grund zu der Annahme, daß sich bei Befolgung der demokratischen Gepflogenheiten der ganze politische Aufruhr im normalen Gang der Dinge nicht wieder gelegt hätte. Aber in ihrer Entschlossenheit, an der Macht zu bleiben, führte Madame Gandhi statt dessen eine Situation herbei, die direkt zu ihrem Verbleiben an der Macht beitrug und Kräfte erzeugte, die die Interessen vieler zugunsten der Ambitionen weniger opferten. Tausende wurden inhaftiert, und es folgte eine Reihe ganz und gar illegaler und ungerechtfertigter Aktionen, die unsägliches menschliches Elend und Leid bedeuteten.[2]

Die offizielle Propaganda pries den Ausnahmezustand als einen Schlag gegen den »Faschismus« und gegen Versuche rechtsgerichteter Parteien, die Verfassung zu beseitigen und Indien zu einem neuen Chile zu machen. Die KPI, die die Maßnahme unterstützte (und sich deshalb den Beinamen Kommunistische Partei Indiras erwarb), feierte sie als einen »Schlag gegen die Konterrevolution« sowie gegen »neokolonialistische, reaktionäre, kommunalistische und faschistische Kräfte«. Erklärungen dieser Art klangen schon damals hohl, aber im Rückblick erscheinen sie als ganz und gar lächerlich. Hätte Indira Gandhi versucht, ein radikales Programm sozialer Reformen nach dem Vorbild Salvador Allendes in Chile zu verwirklichen, sie hätte massive Unterstützung in der Bevölkerung gefunden. Das

Indien des Jahres 1975 war nicht Chile. Wäre sich Indira sicher gewesen, die Wahlen von 1976 zu gewinnen, so hätte es keinen Ausnahmezustand gegeben. Mit ihm sollte im Grunde zweierlei erreicht werden: Die Position der Kongreßpartei und Indiras selbst zu sichern und gleichzeitig die ländlichen und städtischen Unruhen in vielen Teilen des Landes gewaltsam zu beenden.

Als Bestandteil des Ausnahmezustands verkündete Indira ein Zwanzig-Punkte-Wirtschaftsprogramm, das in Rundfunk und Presse immer wieder verlesen wurde und das bekannte Sammelsurium alter Kongreß-Versprechungen enthielt. Es verhieß radikale Agrarreformen und einen Abbau von Beschränkungen für die Privatwirtschaft. Nur eine einzige Agrarreform sollte dann tatsächlich verwirklicht werden: Es gab höhere Kredite für die grundbesitzenden Bauern. Von Unternehmern und Investoren im In- und Ausland wurde der Ausnahmezustand begrüßt, weil er zu einer dringend erforderlichen Stärkung der Arbeitsdisziplin führe. J. R. D. Tata, der reichste Mann Indiens, vertraute einem Journalisten an: »Es war alles viel zu weit gegangen. Sie können sich gar nicht vorstellen, was wir hier alles durchgemacht haben: Streiks, Boykotte, Demonstrationen. Wissen Sie, es hat Tage gegeben, an denen ich von meinem Büro nicht auf die Staße gehen konnte! Das parlamentarische System eignet sich nicht für unsere Bedürfnisse.«[3]

Der Ausnahmezustand schien auf den ersten Blick vor allem gegen die Staaten Nordindiens gerichtet zu sein. Doch es war Tamil Nadu im Süden, wo DMK-Chefminister M. Karunanidhi noch am Abend seiner Verkündung eine Protestversammlung einberief. Mindestens eine Viertelmillion Menschen fanden sich ein, in einigen Berichten war sogar von einer Million die Rede. Als die Sonne über der Koromandel-Küste unterging, forderte Karunanidhi die Anwesenden auf, einen Eid zu schwören und ihm nachzusprechen:

Wir erklären feierlich, daß wir nicht zögern werden, Indiens Demokratie zu schützen, was immer sich uns entgegenstellt, vor welcher Krise wir immer stehen mögen. Diese gewaltige Versammlung der Bewohner von Tamil Nadu ersucht die Ministerpräsidentin von Indien, die Forderung zu erfüllen, daß die verhafteten nationalen Führer in die Freiheit entlassen und die legitimen Rechte der Presse wiederhergestellt werden. Lang lebe die Demokratie.[4]

Die Regierung von Tamil Nadu sollte bald entlassen werden, aber dieser Akt der Auflehnung durch eine so gewaltige Versammlung trug zu einem Teil dazu bei, daß der Süden des Landes von den Exzessen bewahrt blieb, die im Norden zur Alltäglichkeit wurden.

Insgesamt wurden ohne Gerichtsverfahren und für die gesamte Dauer des Ausnahmezustandes 34 630 Menschen aufgrund des »Gesetzes zur Aufrechterhaltung der inneren Sicherheit« und weitere 72 000 aufgrund der »Verordnungen zur Verteidigung Indiens« verhaftet. Die Festnahmen beschränkten sich keineswegs auf Personen des rechten Flügels. Eine große Zahl von KP(M)-Mitgliedern, linksgerichteten Studenten und Gewerkschaftern sowie radikalen oder auch nur kritischen Professoren fand sich im Gefängnis wieder. Dort begegneten sie zahlreichen Maoisten, die einige Jahre zuvor eingesperrt worden waren.

Schon bald sollte deutlich werden, daß der Ausnahmezustand kein außerparlamentarisches Phänomen war. Es handelte sich um einen konstitutionellen Putsch, ausgeführt mit Unterstützung der großen Kongreß-Mehrheit im Parlament. Ohne diese Unterstützung hätte Indira Gandhi dem Lande eine Maßnahme dieser Tragweite nicht auferlegen können. Da das Mittel der Patronage nicht mehr ausreichte, um die beherrschende Position der Kongreßpartei aufrechtzuerhalten, wurde zum Mittel der Einschüchterung gegriffen. Jede Partei einer kapitalistischen Demokratie, die nach Suspendierung der Verfassung zeitlich unbegrenzt weiterregiert, muß sich jedoch fragen, wie weit sie ohne Unterstützung durch die Armee gehen kann. Keine der einflußreichen gesellschaftlichen Kräfte im Lande verspürte Lust auf irgendeine Form von Militärdiktatur; von allem anderen abgesehen, hätte sie eine sehr ernste Bedrohung für die Einheit der indischen Föderation bedeutet.

Der Aufstieg Sanjays

Gandhi vernahm die Rundfunkmeldung, daß seiner Mutter durch einen Spruch des Hohen Gerichtshofes das Mandat entzogen worden sei, mit Empörung, aber auch Besorgnis. Schließlich hätte die Maruti-Affäre zu einer Anklageerhebung führen können, wäre sie nicht Ministerpräsidentin gewesen. Er brauchte noch ein weiteres Jahr, um die Angelegenheit zu bereinigen.

Ich war in der Fabrik, als ich die Nachricht hörte. Ich bin sofort hergekommen (in die Safdarjung Road 1). Hunderte von Menschen waren schon hier. Von meiner Mutter hörte ich nichts von Rücktritt, aber derlei wurde besprochen. Meine eigene spontane Reaktion war, daß sie weitermachen müsse, da der Hohe Gerichtshof in Allahabad ihr unbeschränkten Vollzugsaufschub gewährt hatte.[5]

Indira selbst war von dem Urteil völlig überrascht worden. Sie war wie betäubt. Einige ihrer Parteifreunde hatten begonnen, informell die Frage ihrer Nachfolge zu erörtern, wobei der Name des Regierungschefs von Maharashtra, Chavan, erwähnt wurde. Sanjays ›»spontane Reaktion‹‹ wurde von seiner Mutter zweifellos wärmstens begrüßt, zumal alle Berichte, in denen ihr Rücktrittsabsichten nachgesagt wurden, grob übertrieben waren. Wann immer sie einen persönlichen oder politischen Rückschlag erlitt, bestand ihre erste Reaktion darin, sich zurückzuziehen. Das war stets eine vorübergehende Phase gewesen, nach der sie ins Getümmel zurückkehrte. Es ist daher unwahrscheinlich, daß Sanjays Rückhalt in jenem Augenblick ausschlaggebend war.

Während der Jahre des Ausnahmezustands wurde Sanjay zu einem regelmäßigen Teilnehmer an den politischen Diskussionen in der Safdarjung Road 1. Sein neuerwachtes Interesse an der Politik war ein Geschenk für alle Klinkenputzer und Höflinge, die stets die Zentren der Macht umschwärmen. Sanjay hatte während der Maruti-Jahre einen ganzen Hofstaat von *chamchas* um sich versammelt. Die wörtliche Übersetzung lautet ›»Löffel‹‹, aber es handelt sich um ein Synonym für Schmeichler und Kriecher ohne Scham und Skrupel. Diese neue Bedeutung hatte das Wort *chamcha* während der ersten Jahre der britischen Herrschaft erlangt. Vor jener Zeit hatte jedermann in Indien, ganz gleich, welcher Kaste oder Klasse er angehörte, mit den Fingern gegessen. Als der Landadel im Norden anfing, die neuen Eroberer zu sich nach Hause einzuladen und üppig zu bewirten, brauchte er Bestecke. Im Laufe der Zeit begannen diese Leute, die Manieren der neuen Herrscher nachzuäffen, weshalb sie von einem geistreichen Mann, der leider anonym geblieben ist, als die *chamchas* der Engländer bezeichnet wurden.

Zu Sanjays Clique gehörten auch seine alten Freunde von der Doon School. Unter seinen *chamchas* befand sich der Chefminister von Haryana, Bansi Lall, der den Landverkauf (und die Vertreibung von Bauern) genehmigt hatte, um der Maruti Inc. zu einem guten Start zu verhelfen. Auch Vidya Charan Shukla war als *chamcha* bezeichnet worden, aber er war nur einer jener typischen opportunistischen Kongreßpolitiker, die sicherstellten, daß ihre Karriere keinen Schaden nahm. Als Informationsminister war er nun dafür verantwortlich, daß sich die zensierte Presse an die vereinbarten Regeln hielt. Nikhil Chakravarty vom *Main- stream,* einem Magazin, das als kritisches Gewissen des Kongresses fungierte, hatte sich gewiß einiges dabei gedacht, als er in seiner Kolumne »Notizbuch des Herausgebers« unter der Überschrift »Tagore für heute« ein Tagore-Gedicht abdrucken ließ:

> Freiheit von Furcht ist die Freiheit, die ich für dich fordere, mein Mutterland! – Furcht, das dämonische Phantom, geformt von deinen eigenen verworrenen Träumen;
> Freiheit von der Bürde der Jahrhunderte, die deinen Kopf beugt, dein Rückgrat bricht, deine Augen blendet, so daß du den rufenden Wink der Zukunft nicht erkennst;
> Freiheit von den Fesseln des Schlummers, mit denen du dich an die nächtliche Stille bindest, mißtrauend dem Stern, der vom kühnen Weg der Wahrheit erzählt;
> Freiheit von der Anarchie eines Schicksals, dessen Segel sich schwächlich ergeben den blinden, ungewissen Winden und dessen Ruder eine Hand hält, immer starr und kalt wie der Tod;
> Freiheit von der Beleidigung, in einer Marionettenwelt zu leben, wo Bewegungen durch hirnlose Drähte begonnen, durch gedankenlose Gewohnheiten wiederholt werden; wo Figuren in geduldigem Gehorsam den Meister ihres Spiels erwarten, um sich einen Lidschlag lang bewegen zu lassen zur Mimikry des Lebens.

Andere Zeitungen hatten eine ähnlich widerspenstige Haltung eingenommen, indem sie Äußerungen Jawaharlal Nehrus und Mahatma Gandhis über die Bedeutung von Demokratie und Pressefreiheit druckten. V. C. Shukla, ein hochkultivierter Mann, rief sie alle zusammen und erklärte ihnen unverblümt, daß das Spiel nun aus sei. Tagore, Nehru und Gandhi seien nicht immun gegen Zensur. Dann fügte er hinzu, als könne er die Gedanken der versammelten Chefredakteure lesen: »Hier handelt es sich nicht um das britische Kolonialregime. Hier handelt es sich um einen nationalen Notstand.«

Shukla handelte nicht aus eigener Machtvollkommenheit. Er sprach mit den Stimmen Indiras und Sanjays. Der Machtzuwachs Sanjays war einer der beunruhigendsten Aspekte des Ausnahmezustands. Es war das erste deutliche Anzeichen, das Indien sowohl von einer im Entstehen begriffenen Dynastie als auch von der Konzentration der Macht in den Händen einer in der Verfassung nicht vorgesehenen Person erhielt. Sanjays Autorität leitete sich aus einer einzigen Tatsache her: Er war der Sohn der Ministerpräsidentin von Indien. Die von der Regierung kontrollierten Medien förderten während des Ausnahmezustands den Personenkult um Sanjay auf schamlose Weise. Traf er in einer Provinzhauptstadt ein, wurde er vom Regierungschef des jeweiligen Bundesstaates begrüßt, was wiederum in den Medien groß herausgestellt wurde. Dabei hatte er keinerlei offizielle Position in der Kongreßführung oder der Regierung inne. Er war in keine einzige Funktion je gewählt worden. Er war einfach nur der Sohn seiner Mutter; und es herrschte der Ausnahmezustand.

Indiras Versuch, Sanjay als ihren Nachfolger aufzubauen, erregte ein allgemeines Gefühl des Abscheus in einem Land mit einer wirklichen demokratischen Tradition, wie fadenscheinig und ausgefranst sie inzwischen auch geworden sein mochte. Zwei Maßnahmen, die die angestaute Wut der Bevölkerung bis an den Rand des aktiven Widerstands trieben, wurden beide von Sanjay Gandhi initiiert: Eine Kampagne zur Zwangssterilisierung und die brutale Vertreibung von Slumbewohnern aus den Großstädten. Diese chirurgischen Eingriffe in die indische Politik spielten eine bedeutende Rolle bei der Spaltung der Kongreßfraktion und bei der Entfremdung der traditionellen Kongreßanhänger. Zu ihnen gehörten Angehörige der Moslem-Minderheit, die seit 1947 einen erheblichen Stimmenblock für den Kongreß gestellt hatte.

Theoretisch konnte natürlich jeder aufgeklärte Mensch der Notwendigkeit einer Geburtenkontrolle, neuer Wohnungsbauprojekte und anderer Reformen zustimmen. In der praktischen Durchführung dieser Maßnahmen aber schlug Sanjay, von der Presse abwechselnd gefeiert als Sonne, Mond, Messias und »Stimme der Jugend und der Vernunft«, schlimme Irrwege ein. Es gelang ihm, den Ausnahmezustand total zu diskreditieren. Freunde Indiras, die sie warnend darauf hinwiesen, was da vor sich ging, wurden gesellschaftlich und politisch ins Abseits gestellt. Zwei der weitsichtigsten Beamten Indiens, P. N. Haksar und T. N. Kaul, hatten sie beide darauf aufmerksam gemacht, daß sich Sanjays Geschäftsmethoden und sein politischer Stil ungünstig auf ihr Prestige im Lande auswirkten. Das hatte zur Folge, daß beide bei ihr in Ungnade fielen. Der ständigen Angriffe auf Sanjay überdrüssig, erklärte Indira schließlich: »Wer Sanjay angreift, der greift mich an!« Eine faire Stellungnahme.

Shukla sorgte dafür, daß Sanjay, das junge Genie, täglich im Fernsehen zu sehen und regelmäßig im Rundfunk zu hören war und daß sein Photo bei jeder passenden und unpassenden Gelegenheit in der überregionalen Presse erschien. Solcherart gewappnet, brach Sanjay zur Kampagne der Zwangssterilisierung auf. Dorfbewohner wurden verschleppt, sterilisiert und dann zurückgebracht. Als die wütenden Bauern begannen, die Mannschaftswagen der Sterilisierungsteams mit einem Steinhagel zu empfangen, wurde Polizei eingesetzt. In Nordindien kam es häufig zu wahren Terrormethoden, um die Befehle des jungen Herrn zur Durchführung zu bringen. Jeder zwangsweise sterilisierte Mann wurde in Sanjay Gandhis Büro erfaßt. Die eingehenden Zahlen wurden fleißig addiert, und die Summen wurden als Demonstration für den Erfolg der Kampagne regelmäßig veröffentlicht.

Der Abbruch von Moslem-Häusern in den Vierteln rings um die alte Moschee Jama Masjid zur »Säuberung« Delhis für die Grundstücksspekulanten besiegelte schließlich das Schicksal des Ausnahmezustands. Staatspräsident Ahmed, ein Moslem, bat Sanjay persönlich, behutsamer vorzugehen. Er wurde ignoriert. Scheich Abdullah, der alte und hochangesehene kaschmirische Moslemführer, kam eigens nach Delhi und bat Indira inständig, zugunsten der Moslems von Delhi zu intervenieren und diese Demütigung zu verhindern. Auch seine Bitten fruchteten nichts. Die Einwohner rings um das Turkoman-Tor lebten nicht etwa in provisorischen oder nicht genehmigten Unterkünften. Sie und ihre Vorfahren hatten seit Jahrhunderten hier gewohnt. Verzweifelt schickten sie Petitionen und Abordnungen zu den Behörden. Jag Mohan, der stellvertretende Vorsitzende der Entwicklungsbehörde von Delhi, ein *chamcha,* ein Gauner und Kommunalist, empfing eine dieser Abordnungen mit den höhnischen Worten: »So, Sie wollen also hier im Herzen von Delhi ein kleines Pakistan errichten?« Diese Moslems hatten 1947 beschlossen, nicht nach Pakistan zu gehen. Abul Kalam Azad und Jawaharlal Nehru hatten sie davon überzeugt, daß Delhi ihre Heimat sei. Viele ihrer Verwandten waren bei den Unruhen von 1947 umgekommen. Jetzt ging Nehrus Enkel unter den Augen von Nehrus Tochter daran, sie obdachlos zu machen und ihre Gemeinschaft zu sprengen. Und Jag Mohan warf ihnen sogar Verrat vor. Der Säkularismus, selbst in seiner verwässerten Kongreßvariante, erlitt während des Ausnahmezu-

stands einen tödlichen Schlag. Jeder Gosseninstinkt wurde aufge-
putscht, jeder reaktionäre Reflex wurde bestärkt im Namen eines
Notstands, der verhängt wurde, weil angeblich die Gefahr eines
Rechtsputsches la Chile bestanden hätte!

Am 18. April 1976 setzten sich die moslemischen Bewohner vom
Turkoman-Tor gegen den Versuch zur Wehr, sie aus ihren Wohnun-
gen zu vertreiben. Die Polizei eröffnete das Feuer. Zwölf Menschen
wurden getötet, viele verletzt, zumeist durch die Knüppelschläge der
Polizei. Ein nicht-moslemischer Sozialarbeiter aus dem Viertel, Inder
Mohan, ging zu Sanjay und beklagte sich bitter im Namen der kleinen
Geschäftsleute, deren Läden man mit Bulldozern in Grund und
Boden gewalzt hatte. Zwei Tage später wurde er verhaftet, von der
Polizei brutal zusammengeschlagen und ohne Gerichtsverfahren ein-
gesperrt. Bis zum Ende des Ausnahmezustands blieb er im Gefängnis.
Die Schmeichler und *chamchas* versicherten Mutter und Sohn unab-
lässig, daß alles in schönster Ordnung sei. Die Ärzte in den Sterilisie-
rungswagen wußten es besser. Wohin sie auch kamen, überall wurden
sie mit dem Sprechchor begrüßt: »*Nasbandi ke tin dalal Indira,
Sanjay, Bansi Lal!*« (Die Sterilisierung hat drei große Zuhälter:
Indira, Sanjay und Bansi Lal.)

Sanjays Ziel war es, freie Bahn zu schaffen für ein ungehemmtes
freies Unternehmertum in Stadt und Land. Die Männer, die er im
JugendKongreß hinter sich scharte, waren sich darin einig, daß die
traditionellen Vorurteile von Kaste und Klasse nicht länger der
Schaffung einer einheitlichen Gruppe von Besitzbürgern im Wege
stehen dürften, die Stadt und Dorf gleichermaßen umfaßte. Besonders auf dem Lande sah man die mittleren Kasten von den Oberkasten
eingeengt und daran gehindert, ihre unternehmerischen Talente voll
zu entfalten. Das Problem bestand darin, daß die oberen Kasten auf
allen Ebenen des Kongresses wohlvertreten waren. Um ihren wirtschaftlichen Würgegriff zu lösen, meinte Sanjay, sei es zunächst
einmal erforderlich, ihnen ihren Zugriff auf die politische Macht in
den Provinzen wie im Zentrum zu nehmen. Das war sein eigentliches
Programm: Zerbrich zuerst die Macht der alten Klassen, dann konso-
lidiere den Mittelstand in Stadt und Land und schaffe gleichzeitig
einen starken Staatsapparat, um die Armen unter Kontrolle zu halten.
Letzteres war von entscheidender Bedeutung, denn Sanjays Pläne
hätten die Klassenpolarisierungen um ein Vielfaches verschärft. Zwar
war dieser Prozeß der sozialen Umschichtung längst im Gange, aber er
vollzog sich langsam, wie vieles in diesem Land. Sanjay wollte ihn

beschleunigen. Damit machte er sich viele derjenigen zum Feind, deren Position als Makler von Stimmen und Einfluß von höchster Wichtigkeit für ein Verbleiben des Kongresses an der Macht war. Das soll nicht heißen, daß der Ausnahmezustand ohne Sanjay populär gewesen wäre. Seine Unpopularität wurde lediglich durch Sanjays Ungeduld und Tempoversessenheit beschleunigt.

Die Verhängung des Ausnahmezustands war in praktisch jeder westlichen Hauptstadt verurteilt worden, aber hier fühlte sich Indira unangreifbar. Kritische amerikanische Äußerungen nahm sie nicht allzu ernst. Sie spottete oft über Washingtons heuchlerisches Gehabe gegenüber Indien, das während der Nixon-Kissinger-Jahre so kraß und durchsichtig geworden war. Auch konnte sie sich den Hinweis nicht verkneifen, daß dieselben Regierungen in Westeuropa und Nordamerika, die den Ausnahmezustand in Indien kritisierten, überall in der Welt bedenkenlos brutale Militärdiktaturen unterstützten und am Leben erhielten. Als Präsident Ford seinen Indienbesuch wegen des Notstands absagte, wich der anfängliche Ärger in Delhi einer zynischen Belustigung, als das Weiße Haus die bevorstehende Reise des Präsidenten nach Peking ankündigte. (Es ist seither zum Bestandteil des Allgemeinwissens geworden, daß Hunderttausende von Chinesen während der sogenannten »Großen Proletarischen Kulturrevolution« umgekommen sind.) Aber als ihre eigene Partei sich zu spalten begann, wobei der angesehene Jagjivan Ram abtrünnig wurde und den Kongreß für Demokratie (CFD) gründete, beschloß Indira, die sich bedrohlich anhäufenden innenpolitischen Streitfragen durch eine Wahl entscheiden zu lassen.

Es ist nicht auszuschließen, daß auch die Ereignisse in Bangladesh, wo der Gründervater des jungen Staates, Mujibur Rahman, und nahezu seine ganze Familie auf brutale Weise ermordet wurden, Indira den Wunsch zu einer eiligen Rückkehr zur Normalität eingaben. Mujib hatte einen Einparteienstaat geschaffen, und seine Verwandten waren ganz offen an korrupten Praktiken gigantischen Ausmaßes beteiligt. So kam es, daß die jungen Armee-Offiziere, die ihn erschossen, ihre Tat damit begründeten, sie hätten das Land von der Tyrannei befreien wollen, und daß nur sehr wenige Menschen in Dhaka gegen Mujibs Ermordung protestierten. Indira war erschüttert von dieser Nachricht. Freunden gegenüber erzählte sie, wie oft sie Mujib auf die mangelhaften Sicherheitsvorkehrungen in seiner Residenz hingewiesen habe; er aber habe immer nur gelacht und erwidert: »Wer will mich denn töten? Mein Volk liebt mich.« Das Zusammenfallen dieser Ereignisse im Nachbarland wie auch daheim erleichterte ihr die Entscheidung, für den 20. März 1977 eine Wahl auszuschreiben und den Notstand zu lockern. Führende Politiker wurden freigelassen, und alle jene, die eine permanente Diktatur in Indien vorausgesagt hatten, rieben sich erstaunt die Augen.

Das Ergebnis der Parlamentswahl von 1977 stellte eine Wasserscheide in der modernen indischen Politik dar. Vier Tage lang strömten die wahlberechtigten Inder – nahezu zweihundert Millionen Frauen und Männer – im ganzen Land zu den Wahlurnen. Durch den Ausnahmezustand praktisch aller Formen des außerparlamentarischen Widerspruchs wie Streiks, Demonstrationen, oppositionelle Presse beraubt, nutzten die indischen Massen die Wahlurnen, um ihrer tiefen Unzufriedenheit Ausdruck zu verleihen. Das Resultat war ein politisches Erdbeben, das Indien erschütterte und dessen Stoßwellen auch in den Nachbarstaaten Pakistan und Sri Lanka zu spüren waren. Die Tyrannin war gestürzt. Auch in anderen Teilen der Welt war die Wirkung beträchtlich: In Moskau herrschte düstere Niedergeschlagenheit, in Washington kaum verhohlener, wenn auch kurzsichtiger Jubel, und in Peking wurde das Ergebnis als »Schlag gegen den sowjetischen Sozialimperialismus« begrüßt.

Die Entscheidung, vor der das indische Volk gestanden hatte, war nicht kompliziert gewesen. In dieser Wahl ging es um den Ausnahmezustand, daher handelte es sich eher um ein Referendum als um eine Wahl. Der Notstand wurde mit Indira und der Kongreß-Herrschaft identifiziert, und da Indiras Porträt – und nicht das der lokalen Kongreßkandidaten – in jedem Wahllokal hing, fiel es den Wählern leicht, ihren Stimmzettel zu einem Denkzettel zu machen. Es war keine Entscheidung zwischen Brot und Freiheit; eher schon war es eine Gelegenheit, die Bedingungen zu wählen, unter denen es leichter möglich sein würde, für Brot zu agitieren. Die Armen in Stadt und Land demonstrierten auf sehr konkrete und eindringliche Weise, daß Fragen der bürgerlichen Grundrechte nicht nur eine Angelegenheit des städtischen Mittelstands waren.

Die Gesamtzahl der Wahlberechtigten betrug 320 Millionen, womit dies die größte demokratische Wahl der Welt war. Die Wahlbeteiligung lag bei 60,54 Prozent, also viel höher als bei der berühmten »Indira-Wahl« von 1971. In absoluten Zahlen war es die höchste verzeichnete Wahlbeteiligung der indischen Geschichte. Der Kongreß wurde als die große Regierungspartei abgesetzt, und die 1937 geschaffene politische Tradition zerbrach nach vierzig Jahren. Die nord- und zentralindischen Bastionen der Kongreßpartei wurden von einer Oppositionskoalition erobert, der Janata-Partei. Von 49 Ministern, die sich zur Wahl gestellt hatten, konnten nur 15 ein Mandat erzielen; im größten Staat, Uttar Pradesh, errang der Kongreß nicht einen einzigen Sitz! Indira selbst wurde von einer eher komischen Gestalt der Opposition geschlagen, Raj Narain, jenem Mann, der die Verhängung des Ausnahmezustands mit provoziert hatte, als er Indiras Mandat aus der letzten Wahl vor dem Hohen Gerichtshof in Allahabad anfocht. Es ist dies der einzige Fall in den Annalen der repräsentativen Demokratie, daß ein amtierender Ministerpräsident in dieser Weise gedemütigt worden ist. Zugleich war es ein bemerkenswerter Beweis für die Elastizität der indischen politischen Institutionen. Indiras persönliche Niederlage im Wahlkreis Allahabad (zusammen mit derjenigen ihres Sohnes Sanjay in einem benachbarten Wahlkreis) bezeichnete den absoluten Tiefpunkt in der Geschichte der Nehru-Dynastie. Vater Jawaharlal und Großvater Motilal hatten ihre Popularität in Allahabad nie verloren.

Die andere große Verliererin der Wahl war die KPI, die von Schamgefühlen geplagte Verbündete des Kongresses. Sie schrumpfte ruhmlos auf sieben Mandate, beschränkt auf die Südstaaten Kerala und Tamil Nadu. Die KP(M) (die unter dem Notstand gelitten hatte) behauptete ihre Stärke, wenngleich sie bis auf sechs alle ihre Sitze ausschließlich in Westbengalen eroberte. Für die Kongreßpartei waren insgesamt 35,54 Prozent der Stimmen abgegeben worden, und ohne ihre Gewinne im Süden wäre ihre Niederlage vollständig gewesen. Für die Kongreß-Gewinne in den Südstaaten Andhra Pradesh, Kerala, Tamil Nadu und Karnataka gab es spezielle Gründe. Man befürchtete dort, daß die Janata-Koalition, ein rechtsgerichtetes Kartell, versuchen könnte, Hindi wieder zur Nationalsprache zu machen und das sprachliche und kulturelle Erbe des Südens niederzutrampeln. Zweitens hatte man von den Exzessen der Notstandsjahre im Süden kaum etwas gespürt, und drittens war die Kongreß-KPI-Koalition in Kerala weniger korrupt gewesen als die Regierungen anderer Bundesstaaten. Die führenden Kongreßpolitiker von Kerala hatten es beispielsweise entschieden abgelehnt, Sanjay Gandhi während des Ausnahmezustands in ihrem Staat zu empfangen. Diese kluge Haltung zahlte sich bei den Wahlen in stattlicher Dividende aus.

Die Niederlage des Kongresses wurde weithin wie ein Volksfest gefeiert. Delhis historische Moschee, Jama Masjid, wurde illuminiert, um Sanjay Gandhis Sturz zu feiern. In dieser euphorischen Atmosphäre verflüchtigten sich die alten Spannungen innerhalb der Opposition, aber als der Jubel verrauscht war, begannen die Menschen eine neue Frage zu stellen. Indira war geschlagen worden, aber wer hatte gewonnen? Die siegreiche Janata-Partei war ein heterogenes Bündnis, in dem rechtsgerichtete Parteien dominierten. An ihrer Spitze stand J. P. Narayan, der die Opposition gegen den Notstand symbolisiert hatte, aber ihre politischen Erklärungen waren während des ganzen Wahlkampfs verschwommen geblieben. Im Mittelpunkt hatten scharfe persönliche Angriffe auf Indira, ihren Sohn Sanjay und die beiden devotesten Mitglieder ihres Gefolges gestanden, die Minister Bansi Lal (Verteidigung) und V. C. Shukla (Information). Man hatte sie die »Viererbande« genannt, das indische Äquivalent der dramatischeren Mao-Witwe Chiang Ching und ihrer drei Spießgesellen, die zur gleichen Zeit in China ihre Macht verloren. Die Forderung nach Wiederherstellung der bürgerlichen Freiheiten sowie die Verurteilung der Kampagne zur Zwangssterilisierung bildeten die gesamte Substanz des Janata-Wahlkampfs, der gleichwohl zu einem beachtlichen Erfolg wurde. Janata eroberte 270 der 493 Sitze, um die sie sich beworben hatte, und gewann 43,17 Prozent der Stimmen. Damit gebot sie über die Hälfte aller Mandate im Parlament, und zusammen mit den Stimmen des Kongresses für Demokratie (Jagjivan Rams Gruppierung) und der KP(M) war der neuen Regierung eine komfortable Mehrheit sicher. Der eigentliche Gewinner der Wahl war jedoch die kommunalistische Jan Sangh-Partei. Ihre organisatorische Beherrschung der Janata-Koalition zahlte sich in Parlamentsmandaten aus. Sie verfügte im neuen Parlament über einen harten Kern von mindestens 90 Abgeordneten, verglichen mit 22 in der alten Legislative, womit sie eine tonangebende Position innerhalb des Bündnisses besaß.

Der Kommunalismus in Indien war politisch von der Hindu Mahasabha großgezogen worden, die ihre erste Versammlung im Jahre 1923 abgehalten hatte, damals noch unter Beteiligung namhafter Kongreßführer. Während der folgenden zehn Jahre existierte sie in lockerer Verbindung mit dem Kongreß, dessen säkulare Ideologie und dessen Anerkennung gewisser von den Moslems geforderter demokratischer Rechte die Kommunalisten jedoch zunehmend verprellte. 1933 spalteten sie sich vom Kongreß ab und brandmarkten ihn hinfort wegen seiner »Beschwichtigungspolitik gegenüber den Moslems«. Die Hindu Mahasabha ließ sich bald von ihrem Kommunalismus so sehr hinreißen, daß sie sogar bereit war, sich mit den Kolonialbehörden zu arrangieren. Auf ihrem Parteitag in Ajmer im Jahre 1933 erklärte ein Mahasabha-Führer: »Ich spüre einen Impuls in mir, daß die Hindus bereitwillig mit Großbritannien zusammenarbeiten werden, wenn ihr Status und ihre verantwortliche Stellung als die führende Gemeinschaft Indiens in den politischen Institutionen des neuen Indiens anerkannt werden.«[6]

Im Jahre 1925 hatte die Mahasabha die Bildung des Rashtriya Swayamsevak Sangh (RSS) initiiert, des »Nationalen Freiwilligenkorps«, das dem Hindu-Kommunalismus als eigene Sturmtruppe dienen sollte. Der RSS organisierte systematische Angriffe auf Moslems und verübte Brandstiftungen und Sabotageakte in der Absicht, die minoritäre Religionsgemeinschaft zu demoralisieren. Jawaharlal hatte diese Schlägertruppe in unzweideutiger Weise verurteilt: »Der Hindu-Kommunalismus ist die indische Ausgabe des Faschismus.« Eine präzisere Analogie wäre es jedoch, sie mit den protestantischen Oranier-Logen und dem loyalistischen Kommunalismus in den sechs nördlichen Grafschaften Irlands zu vergleichen. Der RSS sollte die »Hindu-Interessen als Gesamtheit«, ohne Rücksicht auf Parteien, verteidigen. Es gab eine intensive Ausbildung, zu der ideologische Schulung, militärischer Drill, Sangh-Rituale, Freiübungen und Exerzieren gehörten. Die Mörder Mahatma Gandhis hatten eine solche Schule absolviert.

Der RSS war hierarchisch strukturiert, sein Führer übte die absolute Kontrolle über die Organisation aus. Ihre politischen Ideen bezog die Truppe von der Hindu Mahasabha, deren einflußreichster Führer V. D. Savarkar war. Dieser hatte seiner Bewegung die Definition eines wahren Gläubigen geliefert: »Ein Hindu ist jemand, der dieses Land Bharat Varsha, vom Indus bis zu den Meeren, als sein Vaterland ebenso wie als sein Heiliges Land betrachtet, das die Wiege seiner Religion ist.«[7] Für Savarkars Anhänger und die RSS-Getreuen war das Land, das ihnen als Vorbild diente, die rückwärtsgerichtete, ritualbeladene Monarchie Nepal. Deren König war ihre Kultfigur. Die Jünger des Hindu-Konfessionalismus glaubten zweifellos, daß ihr Führer eines Tages eine ähnliche Position in Indien einnehmen werde. Das Haupthindernis hierfür waren die beträchtliche Größe der Moslem-Minderheit und natürlich die Kongreßanhänger, die ihr schmeichelten und sie hegten. Deshalb galt es, den Moslems beizubringen, welchen Platz sie in Wirklichkeit in der indischen Gesellschaft einnahmen. Zu diesem Zweck wurden kommunalistischer Aufruhr und Ausschreitungen bis hin zu Tötungen nach Kräften geschürt. Jeder

Kongreßpolitiker, der gegen den RSS auftrat, wurde als Verräter beschimpft. Nehru war ein bevorzugtes Ziel des Hasses der RSS-Leute, aber vor allem Gandhis Einfluß wurde als unerträglich betrachtet. Daher das Attentat von 1948. Der RSS wurde für die Dauer von zwei Jahren verboten, doch nie wirklich aufgelöst.

Vor diesem Hintergrund wurde der Jan Sangh (Volksbund) Anfang der fünfziger Jahre von S. P. Mookerji gegründet. Mookerji war 1943 Vorsitzender der Hindu Mahasabha gewesen. Er hatte auch, was überraschender ist, als Unabhängiger drei Jahre lang (1947–50) im ersten Kabinett Nehru gesessen, war aber aus Protest gegen Nehrus säkulare Politik zurückgetreten. Mookerjis geistige Väter waren Savarkar und Hedgewar, der Gründer des RSS, gewesen, aber er betrachtete deren Haltung als zu grobschlächtig und hatte die Mahasabha wegen ihrer Weigerung verlassen, Nicht-Hindus in ihren Reihen aufzunehmen. Der Jan Sangh stellte einen intelligenteren Versuch dar, die Politik der Rechten in Indien neu zu formieren und ernsthafte rechtsgerichtete Kräfte zu sammeln, die sich von dem groben Kommunalismus des RSS abgestoßen fühlten. Der Jan Sangh gab sich offiziell nichtkommunalistisch, was aber lediglich eine taktische Maßnahme war. Nehru hatte seine Gründung sofort mit für ihn charakteristischen Worten verurteilt: »Er ist das uneheliche Kind des RSS.« Im Gegenzug wurde er »Moslembeschwichtiger« geschimpft. Die vier Säulen der Jan Sangh-Ideologie standen fest und unverbrüchlich. In einem Land mit Dutzenden verschiedenen Nationalitäten, mit mehr als zwanzig wichtigen Sprachen und starken religiösen Minderheiten erklärte diese Partei, sie stehe für »Ein Land, eine Nation, eine Kultur und die Herrschaft des Gesetzes.« Und um irgendwelche Zweifel gar nicht erst aufkommen zu lassen, forderte sie die »Nationalisierung aller Nicht-Hindus durch ihre Impfung mit der Idee der Bharatiya-Kultur«. Es kann nicht verwundern, daß diese Partei in den indischen Südstaaten immer zutiefst unpopulär geblieben ist.

Im Jahre 1952 brachte es die Hindu Mahasabha auf vier Abgeordnete in der Lok Sabha, der Jan Sangh (JS) auf drei; 1957 gewann der JS vier Mandate, die Mahasabha verlor zwei; 1962 erzielte der JS 14 Unterhaussitze sowie 115 Sitze in den Parlamenten der Bundesstaaten (er wurde zweitstärkste Partei in Uttar Pradesh und in Madhya Pradesh); 1967 errang er 35 Sitze; 1971 fiel er infolge der »Indira-Welle« auf 22 Sitze zurück. Seine Resultate von 1977 stellten einen gewaltigen Sprung nach vorn dar. Der Jan Sangh übte sowohl in den Städten als auch in den Landgebieten eine starke Anziehungskraft aus. In seinen Wahlmanifesten von 1967 und 1971 verteidigte er offen die Interessen der reichen Bauern und attackierte Landreformen und bäuerliche Genossenschaften. Sein Generalsekretär, S. S. Bhandari, erklärte 1971: »Die Bestrebungen, die Höchstgrenze des Landbesitzes zu senken, könnten zu Ungewißheit und Unsicherheit in den ländlichen Gebieten führen.«[8] 1972 nahm die Partei einen leichten Kurswechsel vor und erging sich nun in einer auf dem ganzen Subkontinent modern gewordenen Sozialdemagogie. In den Städten hatte sie beträchtlichen Anhang in den Basaren, bei den großen und kleinen Ladenbesitzern, bei Händlern und Geldverleihern, aber auch in den Reihen der städtischen Arbeitslosen.

Die Mitgliederzahl des Jan Sangh stieg nach eigenen Angaben von 275 000 in den Jahren 1960-61 auf zwei Millionen im Jahre 1973. Auch wenn man nur die Hälfte davon glaubt, blieb er eine Organisation von Gewicht mit weitaus stärkerer Disziplin und strafferem politischen Zusammenhalt als die meisten seiner Rivalen, einschließlich derjenigen auf der Linken. So ist es verständlich, daß er zur organisatorischen Hauptstütze der dem Notstand vorausgehenden JP-Bewegung und zum wichtigsten Motor des Wahlkampfs von 1977 wurde. Sein Führer, Atal Behari Vajpayee, der der Janata-Außenminister wurde, war ein erfahrener und weitblickender Politiker und ein begnadeter Redner. Er hatte eine langjährige politische Lehrzeit als Mookerjis Privatsekretär hinter sich.

Die anderen Parteien des Janata-Bündnisses waren, organisatorisch gesehen, relativ schwach. Desais Kongreß lag in den letzten Zügen und war bei weitem nicht so gesund wie sein Führer. Der Eisenbahnerführer George Fernandes war in Bihar mit einer Mehrheit von 340 000 Stimmen gewählt worden, doch das war mehr sein persönlicher Triumph als ein Maßstab für die Stärke der Sozialistischen Partei. Eine der ersten Maßnahmen, die Fernandes in seiner neuen Eigenschaft als Verkehrsminister ergriff, war die Wiedereinstellung aller Eisenbahner, die nach dem Streik von 1974 entlassen worden waren. Es war zugleich seine letzte wirkungsvolle Tat als ein Führer der Linken. Die Bharatiya Lok Dal (Indische Volkspartei) entstand 1974 durch die Fusion eines halben Dutzends rechtsgerichteter Parteien, deren prominenteste die Swatantra-Partei war. Ihr Führer war ein reicher Bauer, Charan Singh, der aus seiner Abneigung gegen jegliche Art von Landreform kein Geheimnis machte. Ein Spätling in den Reihen der Opposition war Jagjivan Ram, der Führer der »Unberührbaren«. Sein Abfall von Indiras Kongreß hatte das Kräftegleichgewicht zugunsten der Opposition verlagert, denn er hatte die Menschen in dem Glauben bestärkt, daß es möglich sei, Indira Gandhi und den Ausnahmezustand loszuwerden.

Die wichtigste Frage jedoch, auf die die neue Koalition eine Antwort finden mußte, war die nach dem neuen Ministerpräsidenten. Drei Kandidaten standen bereit. Chancenreichster Anwärter war der 81 Jahre alte Morarji Desai. Für ihn sprachen seine beträchtliche Erfahrung und die Tatsache, daß er sich seit Nehrus Hinscheiden im Jahre 1964 um das Amt bemüht hatte. Dann war da der bodenständige, handfeste 74jährige Bauer Charan Singh, der für sich in Anspruch nahm, der Sprecher des wahren, des ländlichen Indiens zu sein. Hier gab es allerdings das Problem, daß die armen Bauern an Zahl stärker waren als Charan Singhs reiche Bauern und deren Tiere zusammengenommen. Der dritte Kandidat war Jagjivan Ram, ein rüstiger 64jähriger, dessen Gegner allerdings Stein und Bein schworen, daß er in Wirklichkeit schon siebzig sei und versuche, die Gesetze der Biologie zum Narren zu halten. Eingedenk der Tatsache, daß die Janata in ihrem Wahlkampf geschworen hatte, mit allen undemokratischen Praktiken der Vergangenheit aufräumen zu wollen, wurde weithin angenommen, daß die Janata-Fraktion ihren Führer und damit den Ministerpräsidenten wählen werde. Doch weit gefehlt. Das Gezänk der drei alten Männer wurde schließlich so laut, daß sie sich darauf einigten, Jayaprakash Narayan entscheiden zu lassen. Kaum also waren sie an der Macht, da ignorierten sie das Parlament und ließen ihren Wegbereiter JP entscheiden. Der alte Mystagoge warf einen Blick auf die drei Kandidaten und entschied sich für Morarji Desai. Endlich war er Regierungschef von Indien geworden. In einem Kommentar, der sich als äußerst scharfsinnig erweisen sollte, schrieb Inder Malhotra am 14. April 1977 in der *Illustrated Weekly of India*:

Diejenigen, die soviel Zeit brauchten, um die Zusammensetzung des Kabinetts oder die Verteilung der Ressorts zum Abschluß zu bringen, und die sich dabei auch noch schrecklich empfindlich zeigten in Bagatellen des persönlichen Stolzes oder Vorurteils, könnten sich durchaus als noch zänkischer erweisen, wenn es um Gegensätze der hohen Politik geht, die verschiedene Klassen mit gegensätzlichen Interessen berühren. Das Problem war schon akut, als der Kongreß noch an der Macht war. Zu einer Zeit, wo die vier konstituierenden Teile der Janata-Partei unterschiedliche

229

soziale Verankerungen und politische Zielvorstellungen haben, kann es sich nur noch verschlimmern.

Innerhalb von zwei Jahren zerfiel die Janata in einander bekämpfende Fraktionen und verlor ihre Mehrheit. Vorgezogene Neuwahlen wurden für 1980 angekündigt.

Nach der Niederlage der Kongreßpartei im Jahre 1977 waren ihre noch verbliebenen Parlamentsabgeordneten gezwungen, einen neuen Führer zu wählen, weil Indira in ihrem Wahlkreis durchgefallen war. Ihre Wahl fiel auf Y. B. Chavan, einen einstigen Kabinettsminister aus Maharashtra. Er war ein Mann von recht konventionellen rechtsorientierten Ansichten, der nicht unbedingt durch Dynamik auffiel. Kaum einer glaubte, daß er eine ausgelaugte und demoralisierte Truppe würde motivieren und in eine schlagkräftige Organisation verwandeln können, aber die Partei wankte noch unter dem Eindruck des erlittenen Debakels und dachte nicht viel über die Zukunft nach. Die erste Sitzung des Arbeitsausschusses nach der Niederlage glich einem Pandämonium, aber niemand attackierte Indira Gandhi. Sie selbst ergriff die Initiative und schrieb einen Brief an den Kongreß-Präsidenten und den Ausschuß, in dem sie die volle Verantwortung für die Niederlage übernahm und erklärte, sie sei nicht daran interessiert, Alibis oder Ausreden für sich zu finden oder irgend jemanden in Schutz zu nehmen. Sie sprach sich dafür aus, daß der Kongreß, anstatt Sündenböcke zu suchen, sich für die bevorstehenden Schlachten rüsten sollte.

Ihre Parteifreunde ließen sich nicht überzeugen. Bansi Lal, der berüchtigte Verteidigungsminister und enge Kumpan Sanjay Gandhis, wurde von den meisten Mitgliedern des Arbeitsausschusses verabscheut. In Indiras Abwesenheit schloß man ihn wegen »undemokratischen, autokratischen und würdelosen Verhaltens« aus dem Kongreß aus. Alle drei Adjektive waren in Wirklichkeit noch beschönigend. Als Lal auf einer vorangegangenen Sitzung angegriffen wurde, hatte Indira die Kritiker aufgefordert, dann doch gleich sie selbst auszuschließen, weil sie für alles verantwortlich sei. Ihre Logik war wie üblich unanfechtbar, aber sie wußte ganz genau, daß die Partei ohne sie politisch verwaist wäre und deshalb einen solchen Schritt nie wagen würde. V. C. Shukla, der ehemalige Informationsminister, kam mit einer Rüge davon. Er bestritt später, daß er und Sanjay enge Freunde gewesen seien. Uber seinen in Ungnade gefallenen früheren Kabinettskollegen hatte er außerdem dies zu sagen: »Natürlich kenne ich Bansi Lal, aber er ist ein Einfaltspinsel, er hat kein Auge für die Malerei, kein Ohr für die Musik. Er ist ein Mann, der angesichts eines schönen Sonnenuntergangs hinter einem Weizenfeld emsig ausrechnen würde, wieviel der Weizen wert ist.«[9] Sanjay Gandhi kam ungeschoren davon. Die Hauptdiskussion, die innerhalb des Arbeitsausschusses stattfand, drehte sich um organisatorische Fragen. Wie und wann sollte oder könnte eine kollektive Führung eingesetzt werden? Sollte der Arbeitsausschuß als moralische Geste insgesamt zurücktreten? Was gänzlich fehlte, waren Wille und Fähigkeit, eine politische Bilanz zu ziehen. Das hätte eine scharfe Abrechnung mit dem Ausnahmezustand erforderlich gemacht sowie eine öffentliche Entschuldigung an die Adresse aller seiner Opfer. Die Kongreßführer wußten noch nicht, daß derlei gar nicht nötig sein würde – das Versagen der Janata-Regierung selbst sollte zu Indiras gar nicht so geheimer Geheimwaffe werden.

Bald nach ihrem Sturz mußte Indira Gandhi das Naus Safdarjung Road 1 räumen. Anand Bhavan in Allahabad war der Nation geschenkt worden, und zum erstenmal in ihrem Leben fand sie sich ohne Haus wieder. Ein alter Freund der Familie, Mohammed Yunus, ein Kongreß-Veteran und Pathane aus der nun zu Pakistan gehörenden Grenzprovinz, räumte sofort sein Haus am Willingdon Crescent in Neu-Delhi. Yunus war einer der wenigen Moslems (wenn nicht der einzige), die aus Protest gegen die Teilung des Subkontinents im Jahre 1947 tatsächlich ihre Heimat verlassen hatten und nach Indien gezogen waren. Seit den dreißiger Jahren hatte er Nehru und Indira nahegestanden und galt allgemein als enger Familienfreund. Und ohne Zweifel brauchte Indira jetzt dringend Freunde. Sie war isolierter denn je. Daß der Kongreß die Wahl verlieren könnte, mag sie erwartet haben. Aber sicherlich hat sie nicht ernsthaft daran gedacht, daß ihr eigenes Mandat gefährdet sein könnte. Ihr Gegner war ein ausgemachter Hanswurst, der seine eigenen Parteifreunde von einer Verlegenheit in die andere stürzte. Doch ihre Unpopularität war so groß geworden, daß die Janata-Partei auch einen Papageien hätte aufstellen können, und er hätte gesiegt.

Obwohl sie nicht die Spur von Reue empfand, dachte Indira während der ersten Tage nach der Niederlage doch daran, sich ins Privatleben zurückzuziehen. Das war ihre erste Reaktion auf den Schock. Ähnlich hatte sie sich nach dem Tod ihres Vaters gefühlt. Freunden und Jouralisten sagte sie, daß sie Erleichterung darüber empfinde, die Bürde der Verantwortung los zu sein, und das war sicher nicht völlig erfunden. Sie näherte sich ihrem sechzigsten Lebensjahr, hing sehr an ihren Enkelkindern und hatte engen Kontakt zu ihrer italienischen Schwiegertochter Sonia gefunden, der Frau Rajivs. Zweifellos gab es eine Stimme in ihr, die für die bequeme Lösung der sich stellenden Probleme votierte. Aber ihr Charakter besaß auch eine andere Seite, die sich bei früheren Gelegenheiten immer als die stärkere erwiesen hatte: Sie empfand tiefe Abneigung dagegen, Niederlagen oder Kompromisse passiv hinzunehmen. Hierin, das sollte gesagt werden, unterschied sie sich merklich von Jawaharlal. Die Verbindung seiner frühen Politik mit ihrer Charakterstärke hätte eine faszinierende Persönlichkeit hervorgebracht.

Zu vieles ist von einigen Biographen aus ihrer kindlichen Vernarrtheit in Johanna von Orleans gemacht worden. Sie wünschte weder das Martyrium, noch genoß sie es. Ihr erstes Interesse galt der Ausübung politischer Macht. Wäre sie in den Tagen und Monaten ihres Exils am Willingdon Crescent zu der Ansicht gelangt, daß sie von denjenigen verlassen worden sei, die bestimmenden Einfluß auf die Wahlresultate hatten, dann hätte sie sich vielleicht aus dem politischen Leben zurückgezogen. Innerhalb weniger Wochen aber wurde ihr neues Domizil zu einer Pilgerstätte der Armen. Sie wußten, daß sie keine materielle Hilfe zu vergeben hatte; sie kamen nur, um ihre allgemeine Verbitterung über ihre Lebensumstände zum Ausdruck zu bringen. Was als dünnes Rinnsal begann, wuchs nach den ersten sechs Monaten zu einer wahren Flut an. So lange nämlich hatte die Janata-Regierung gebraucht, um der Wählerschaft deutlich zu machen, daß sie nicht imstande war, irgend etwas zur Milderung der allgemeinen Misere zu tun. Ein zu Besuch weilendes amerikanisches Ehepaar zeigte sich zutiefst erstaunt über die große Zahl der offenkundig bitter armen Menschen, die darauf warteten, Indira zu sehen. Als der Amerikaner bemerkte, daß sie eine Menge für diese Armen getan haben müsse, wenn sie noch immer kamen, um sie zu sehen, antwortete Indira mit bemerkenswertem Freimut: »Nein. Diejenigen, für die etwas getan worden ist, sind nirgendwo zu sehen!«

In einem seltsamen Zusammenspiel sollte Indiras Wahlniederlage Auswirkungen haben auf das Geschick eines anderen populistischen Führers: Pakistans Zulfiqar Ali Bhutto. Auch in Pakistan hatte es Anfang 1977 Wahlen gegeben. Bhutto hätte so oder so gewonnen, aber übereifrige Parteianhänger und Beamte veranstalteten Wahlmanipulationen gigantischen Ausmaßes, wobei sie die Opposition praktisch ausschalteten. Indiras würdevolles Ausscheiden aus dem

Amt stellte einen allzu frischen Kontrast dar, und die pakistanische Opposition, ebenfalls unter einem Schirm nach Art der Janata versammelt, begann mit einer Kampagne des zivilen Ungehorsams, die am Ende dem Militärputsch den Weg ebnete, durch den General Ziaul Haq im Juli 1977 die Macht übernahm. Als Bhutto aus dem Hausarrest entlassen wurde, organisierte er eine nationale Kampagne. Bei seiner Ankunft in Lahore wurde er von Hunderttausenden begrüßt; er war von diesem Empfang so bewegt, daß er in Tränen ausbrach. An jenem Abend sagte er zu einem Freund: »Sie sind meinetwegen hergekommen trotz allem, was ich ihnen angetan habe!« Indiras Situation war derjenigen Bhuttos nicht unähnlich. Einige Jahre später erinnerte sie sich in einem Gespräch mit dem Autor: »Ich habe in jener Zeit viel an ihn [Bhutto] gedacht. Als er von der Armee zum Tode verurteilt wurde, saß ich selbst im Gefängnis. Ich erinnere mich daran, daß ich Briefe an verschiedene Staatsoberhäupter schrieb und sie ersuchte, zu intervenieren, um sein Leben zu retten. Die Janata-Leute, die damals an der Macht waren, machten keinen Finger krumm, um ihn zu retten. Wir hätten anders reagiert.«

Als Indira erkannte, daß sie den Rückhalt der Bevölkerung würde wiedergewinnen können, beschloß sie, zu kämpfen. Kriege, politischer oder militärischer Art, hatten sie noch stets herausgefordert, und alles andere wurde dem einen, übergeordneten Ziel unterworfen: Sieg. Der unaufhörliche Lärm zankender Politiker, der vom ersten Amtsjahr der Janata-Regierung ausging, ebnete den Weg für einen neuen Triumph Indiras.

Die Janata-Führer, die ein noch substanzloseres Programm hatten als der Kongreß, glaubten, unangefochten an der Macht bleiben zu können, wenn sie die Bevölkerung nur beharrlich an den Notstand und an diejenigen, die ihn verbrochen hatten, erinnerten. Hier unterlief ihnen eine ernste Fehlkalkulation. Sie machten Indira Gandhi zu einer Märtyrerin, und die öffentliche Meinung begann sich von ihnen abzuwenden. Der Versuch, alles und jedes ihr in die Schuhe zu schieben und gegen sie zu kehren, ließ sie mächtiger erscheinen, als sie tatsächlich war, und der Anblick einer ganzen Regierung, die eine einsame Frau verfolgte, gefiel Mutter Indien gar nicht. Es war ein deutliches Eingeständnis totaler Impotenz auf seiten der neuen Machthaber. Hätten sie Pläne zur Verbesserung der Lebensumstände auch nur schrittweise, aber für alle sichtbar vorangetrieben, so hätten sie es nicht nötig gehabt, sich wie besessen auf eine Politikerin zu fixieren, die sie doch erst vor wenigen Monaten an den Wahlurnen entscheidend geschlagen hatten.

Bald begannen auch Skandale die Janata-Regierung zu beuteln. Es wurde bekannt, daß Desais Sohn in dunkle Geschäfte verwickelt war. Der Sohn von Verteidigungsminister Jagjivan Ram geriet ins Zwielicht, als anstößige Photos von ihm in Umlauf kamen. Ram junior erklärte, man habe ihn und das mitabgebildete Mädchen mit Drogen betäubt, entkleidet und dann photographiert, um der Regierung zu schaden. Was immer sich ereignet haben mag, es sollte nicht unerwähnt bleiben, daß die Photos erstmals in *Surya* erschienen, einem von Maneka Gandhi, Sanjays Frau, herausgegebenen Magazin.

Als ob das noch nicht gereicht hätte, fing nun Raj Narain, der Joker im Janata-Kartenspiel, an, eine Reihe absurder Erklärungen abzugeben, die seine eigenen Führer zum Gespött machten. Er war der Gesundheitsminister der neuen Regierung, und seine regelmäßigen Angriffe gegen die moderne Medizin brachten die gesamte Ärzteschaft gegen die Regierung auf und ließen diese in einem lächerlichen Licht erscheinen. Allem Anschein nach hatte er sich Idi Amin, den Diktator von Uganda, zum Vorbild genommen. Narains unablässige Intrigen gegen Desai trieben diesen zur Verzweiflung. Nun folgte auch noch ein offener Brief von Innenminister Charan Singh an Desai mit der Bitte, er möge seinen Sohn wegen dessen korrupter Geschäfte zur Ordnung rufen und unverzüglich eine Untersuchung einleiten. In Desais ebenfalls öffentlicher Erwiderung hieß es unter anderem: »Ich habe eine Anzahl von Briefen erhalten, in denen Behauptungen über Sie, Ihre Schwiegersöhne und, so schmerzlich es ist, das sagen zu müssen, Ihre Frau Gemahlin aufgestellt werden...«[10] Dieses unersprießliche Brief-Duell wurde einige Wochen lang fortgesetzt.

Charan Singh wandte seine Aufmerksamkeit bald anderen Dingen zu. Er erhob im Parlament wilde Anschuldigungen gegen Indira Gandhi und erklärte, sie habe beabsichtigt, während des Ausnahmezustands sämtliche Oppositionsführer im Gefängnis ermorden zu lassen. Indira saß noch nicht wieder in der Lok Sabha, aber dieser Schuß ging nach hinten los. Die öffentliche Erklärung, die sie abgab, bezeichnete ihre Rückkehr in die Politik des Landes und wurde weithin als wirksame Zurückweisung Charan Singhs betrachtet:

Seit den letzten Wahlen, als ich in aller Demut die volle Verantwortung für die schweren Rückschläge übernahm, die meine Partei, der Kongreß, in den Nordstaaten hirnehmen mußte, habe ich mich absichtlich von der Politik und allen persönlichen und öffentlichen Auftritten ferngehalten. Die Einsetzung verschiedener Kommissionen, die sich auf ein breites Spektrum von Aktivitäten erstrecken, die mit meiner Amtszeit in Verbindung stehen, hatte zu der Erwartung Anlaß gegeben, daß man das Gesetz walten lassen werde.

Ich muß jedoch feststellen, daß einige führende Mitglieder der Janata Regierung entschlossen sind, ihre schmutzige Kampagne des Rufmordes innerhalb und außerhalb des Parlaments fortzusetzen, um nicht allein mich, sondern die Kongreßpartei als Ganzes herabzusetzen. Die vor kurzem vom Innenminister abgegebene Erklärung über einen angeblichen Plan (oder »Überlegungen«) meiner Regierung, Führer der Opposition im Gefängnis niederzuschießen, ist absurd und entbehrt jeglicher Grundlage ... In Wirklichkeit wurden Mr. J. P. Narayan, Mr. Vajpayee, Mr. Charan Singh selbst und andere prominente Politiker aus Gesundheitsgründen gegen Ehrenwort aus der Haft entlassen.

Daß wir uns zur Demokratie bekennen, wird bestätigt durch die Tatsache, daß wir die bedeutende Entscheidung trafen, Wahlen abzuhalten, die unserem Volke Gelegenheit gaben, seine Ansichten auszudrücken und eine Regierung seiner Wahl zu haben ...

Ich hoffe, daß die Führer der Janata-Partei sich wenigstens jetzt den ernsteren und wachsenden Problemen zuwenden, die verschiedene Teile des Volkes bedrücken, insbesondere die Industriearbeiter, die Bauern, die ländlichen und städtischen Armen, die Minderheiten, die schwächeren Bevölkerungsteile und den Mittelstand. Unmittelbare Aufmerksamkeit muß den Ausschreitungen gegen Unberührbare, der zunehmenden Gesetzlosigkeit und den in die Höhe schnellenden Preisen zugewandt werden. [11]

Der letzte Absatz enthielt einen klaren Hinweis darauf, mit welchen Themen Indira ihren Wahlkampf bei den nächsten Wahlen bestreiten würde. Unterdessen beschäftigte sie sich damit, ihre Rückkehr ins Parlament vorzubereiten und ihre Partei zu erneuern, das Instrument, das sie brauchen würde, um die Janata zu schlagen. Die Männer, die den Ausnahmezustand in geradezu sklavischer Weise unterstützt, liebedienerische Parolen wie »Indira ist Indien« geprägt und Sanjay Gandhi unentwegt umschmeichelt hatten, beschlossen nun, mit Indira zu brechen, nicht, weil sie ihre Irrtümer eingesehen und daraus gelernt hätten, sondern weil sie glaubten, sie sei erledigt. Es wäre unbedacht, den Entscheidungen von Männern wie Chavan, Reddy und Borooah irgend etwas zuzuschreiben, das auch nur entfernt politischen Grundsätzen ähnelte.

Im Mai 1977 spaltete sich der Kongreß noch einmal, und die Schar der Getreuen Indira Gandhis wurde unter dem Namen Kongreß (I) bekannt. Das I stand für Indira, nicht für Indien. Im November 1978 kandidierte sie bei einer Nachwahl in Karnataka. Im Janata-Kabinett brach Panik aus. Man schickte die eigenen Spitzenminister in den Wahlkampf gegen sie, und von seinem Krankenbett aus appellierte der alte JP an die Wähler, sie nicht wieder ins Parlament zu lassen. Die Wähler im Süden ließen sich davon nicht beeindrucken und schickten sie mit großer Mehrheit ins Parlament zurück. Neue Panik auf den Regierungsbänken. Zunächst einmal ließ man sie verhaften und eine Woche lang einsperren, um sie dann aber wieder freizulassen. Als nächstes wurde ein Verfahren eingeleitet, um ihr den soeben eroberten Parlamentssitz zu entziehen. Die Entscheidung wurde von einem parlamentarischen Untersuchungsausschuß getroffen, der Unregelmäßigkeiten bei der Wahl entdeckt hatte, aber die Maßnahme diskreditierte die Janata-Partei im ganzen Lande. Sie war nicht zuletzt gewählt worden, um die Demokratie zu retten, und nun manipulierte sie an Wahlvorgängen herum. Die ständige Furcht vor Indira Gandhi war zu einem Kennzeichen der Janata-Jahre geworden. Die Angst vor ihrer Rückkehr hatte das buntscheckige Bündnis zusammengehalten. Doch als Devraj Urs, der Kongreßvorsitzende von Karnataka, Indira nach ihrem Nachwahl-Triumph und dem folgenden Mandatsentzug die Unterstützung versagte, weil er Sanjay Gandhis zunehmenden Einfluß nicht dulden wollte, glaubten die Janata-Führer, daß sie nun endgültig am Ende wäre. Bald hörten sie auf, sich auf sie zu konzentrieren, und wandten sich statt dessen gegeneinander.

Zwei Mitglieder des Desai-Kabinetts, die einander immer wieder an die Gurgel gesprungen waren, Charan Singh und H. N. Bahuguna, beschlossen nun, gemeinsame Sache zu machen und den achtzigjährigen Desai abzuhalftern. Kurz zuvor noch hatte Singh behauptet, Bahuguna sei ein KGB-Agent, und Bahuguna hatte Singh als ››geistig minderbemittelt‹‹ bezeichnet, nun aber gaben die beiden Minister eine gemeinsame Erklärung ab, in der es hieß, sie könnten nicht in einer Regierung verbleiben, an deren Spitze ein Ministerpräsident stehe, der sich unter dem Einfluß des Jan Sangh und des RSS befinde. In verschiedenen Regionen des Nordens hatte es eine Serie von Morden gegeben. Die Opfer waren Unberührbare, die Mörder der oberen Kaste zugehörige Hindu-Kommunalisten gewesen. Es hatte außerdem eine beträchtliche Zunahme von Zusammenstößen zwischen Hindus und Moslems gegeben, und die Beteiligung des RSS daran war offenkundig. Nun also erklärten Bahuguna und Charan Singh, »daß die zwingende Notwendigkeit bestehe, eine gemeinsame Front zur Bekämpfung der faschistischen Kräfte zu schmieden, vertreten durch jene, die an die Hitlersche Theorie der völkischen Reinheit, der religiösen Überlegenheit und der Bigotterie glauben«. Sie riefen zu Säkularismus, Gerechtigkeit und zur Verteidigung der Unberührbaren und der Stammesangehörigen *(adivasis)* auf.[12]

Am 12. Juli 1979 begannen die beiden Minister ihre Kampagne zur Entthronung Desais. Am 15. Juli trat George Fernandes von seinem Kabinettsposten zurück. Was folgte, glich eher dem beliebten Kinderspiel »Reise nach Jerusalem«. Die Musik dazu machte in erster Linie Indira Gandhi. Sie saß nicht einmal im Parlament, wurde aber durch einen Rumpf von 71 Abgeordneten vertreten, deren Stimmen jetzt entscheidende Bedeutung erlangten. Am 27. Juli trat Desai angewidert zurück, unter heftigen Angriffen auf Charan Singh, der inzwischen seine Pläne aufgegeben hatte, Indira vor ein Sondergericht stellen zu lassen, und statt dessen ihren Abgeordneten den Hof machte.

Am 28. Juli wurde Charan Singh von Staatspräsident Reddy mit der Bildung einer neuen Regierung beauftragt. Sechs Kandidaten auf seiner Ministerliste waren Mitglieder des Kongresses (O) (offiziell), der sich von Indiras Kongreß abgespalten hatte. Fünf davon waren Minister der Notstandsregierung gewesen. Chavan wurde als stellvertretender Ministerpräsident nominiert. Indira verweigerte Charan Singh ihre Unterstützung. Es war klar, daß er keine Mehrheit erzielen würde, die zu erreichen der Präsident ihm drei Wochen Zeit gab. Er war auf Indira angewiesen und erflehte geradezu ihren Beistand. Ein paar Tage lang ließ sie ihn zappeln, dann, am 20. August, erklärte sie endgültig, daß ihr Kongreß seine Kandidatur nicht unterstützen könne. Desais Nachfolger als Janata-Führer war Jagjivan Ram geworden. Als Chef der größten Einzelpartei erhob er nun den Anspruch, eine Regierung zu bilden. Wie er das machen wollte, blieb sein Geheimnis. Als ein Journalist ihn fragte, ob er an eine Einparteienregierung oder an eine Koalition denke, überlegte er eine Weile, um dann die scharfsinnige Antwort zu geben: »Beides.«

Am 22. August 1979 löste Präsident Reddy das Parlament auf. Bis zur Neuwahl leitete Charan Singh geschäftsführend die Regierung.

Die Janata-Führer zeigten sich verstimmt. Angesichts ihrer ständig zur Schau getragenen Sorge um die Demokratie hatte die Offentlichkeit zumindest ein Anzeichen der Freude darüber erwartet, daß die Wahl wieder einmal beim indischen Volk liege. Statt dessen klagten Jagjivan Ram und Chandrashekhar (einst ein Jungtürke Indiras, dann, während des Notstands, von ihr eingekerkert und jetzt eine Stütze der Janata), daß sich Indien auf dem Weg in eine Präsidialdiktatur befinde.

Janata war als Reaktion auf den Ausnahmezustand an die Macht gekommen. Sie hatte eine Rückkehr zu ehrbaren politischen Normen, eine Stärkung der Demokratie, eine Beendigung der Willkürherrschaft und die unvermeidlichen besseren Lebensbedingungen für die Armen versprochen. Innerhalb von zwei Jahren hatte sich die wirtschaftliche und politische Lage spürbar verschlechtert. Abgesehen von einer beträchtlichen Zunahme der Kasten- und der kommunalistischen Gewalt, für die wichtige Bestandteile der Janata, nämlich der RSS und der Jan Sangh mitverantwortlich waren, gab es den unerträglichen Puritanismus Morarji Desais, die Maßlosigkeit Charan Singhs, die politische Promiskuität Jagjivan Rams, die unverzeihliche Ohnmacht von George Fernandes, die unbändige Habgier zahlloser Mitläufer, die endlosen Intrigen, Machenschaften und Skandale; das alles hatte die Janata nicht so sehr zum Gegenstand des Hasses als vielmehr der Verachtung und Gleichgültigkeit gemacht.

Die Entscheidung, um die es bei den Wahlen von 1980 ging, war einfach: Regierung oder keine Regierung? Je weiter der Wahlkampf voranschritt, um so deutlicher wurde wieder einmal, daß nur ein einziger Politiker landesweit Anklang fand – Indira Gandhi. Sie legte 64 000 Kilometer zurück, redete auf täglich 22 öffentlichen Wahlveranstaltungen und sprach insgesamt ein Publikum von einhundert Millionen Menschen an. Gelegentlich ließ sie sich herbei, sich für einige der Notstandsexzesse zu entschuldigen, um aber sogleich hinzuzufügen, daß sie wirksam bestraft worden sei, und ihr Publikum zu fragen, ob es denn etwa mit ihren Nachfolgern zufrieden sei. Sie sprach über den Preis von Petroleum und wesentlicher Grundnahrungsmittel und davon, wie hoch die Inflationsrate sei verglichen mit der Zeit, als der Kongreß an der Macht war. Sie streckte ihre Handfläche empor und sagte zu den Massen, daß dies das neue Symbol der Partei sei. Neben dieses Symbol müßten sie ihr Zeichen machen, wenn sie sie wiederhaben wollten. Je wirksamer ihr Wahlkampf wurde, um so schneller stieg die Zahl der Kongreß-Abtrünnigen, die jetzt zur Herde zurückeilten. Auch Bahuguna kehrte zurück. Sie machte ihn zum Generalsekretär der Partei. Er war unter den Moslems im ganzen Norden weithin respektiert. Wegen des Ausmaßes der Desertionen von ihren Reihen hatte Indira dem jungen Sanjay erlaubt, die Jugend in den Kongreß einzubringen, und er hatte mehr als hundert handverlesene Kandidaten für die Wahlen von 1980 aufgestellt. Indira kehrte in ihren Wahlkreis Ray Bareli zurück; Sanjay ließ sich in einem benachbarten Wahlkreis aufstellen, in Amethi. Beide Orte waren nicht weit von Allahabad entfernt, dem alten Ausgangspunkt der Familie Nehru.

Die Opposition zerfiel in bemerkenswertem Tempo. Abgesehen von den beiden kommunistischen Parteien auf der Linken und der Jan Sangh/RSS-Lobby auf der Rechten trat sie kaum ernsthaft in Erscheinung. Einige Mitglieder der alten Garde sorgten dafür, daß die komische Seite der Janata-Jahre nicht in Vergessenheit geriet. Auf dem Höhepunkt des Wahlkampfs etwa erklärte Charan Singh, daß Jagjivan Ram ein CIA-Agent sei. Seymour Hersh, der amerikanische Schriftsteller und Journalist, korrigierte diese Behauptung später in seinem Buch über Kissinger und versicherte, daß der CIA-Maulwurf in der indischen Regierung im Jahre 1971 in Wahrheit Morarji Desai gewesen sei!

Am 3. Januar 1980 gingen die Inder erneut zu den Wahlurnen. Es hatte verbreitete Befürchtungen gegeben, daß es zu Aufruhr und Gewalt kommen könnte, aber nichts davon trat ein. Es war eine der ruhigsten Wahlen in der jüngeren indischen Geschichte. Im Gegensatz zu früheren Wahlen war die Beteiligung gering, eine Folge des Zynismus, der Verzweiflung und der Gleichgültigkeit, die die zurückliegenden Vorgänge ausgelöst hatten. Der Spruch des Volkes konnte kaum überraschen: Indira Gandhi wurde zum dritten Mal zur Ministerpräsidentin von Indien gewählt; sowohl die Janata als auch der Ausnahmezustand wurden zu den Akten der Geschichte gelegt. Das gemeinsame Stimmenergebnis der beiden kommunistischen Parteien spiegelte die stärkste Opposition wider, die diese Wahl hervorgebracht hatte. Indiras Kommentar zum Wahlergebnis war kurz und unbestreitbar: »Sie hatten ihre Chance, und was haben sie daraus gemacht? Einen großen Schlamassel. Das Volk hat uns durch seine Wahlentscheidung mit großer Mehrheit an die Macht zurückgeholt.«[13]

Triumph und Tragik
1980–1984

Indira Gandhi wurde zum vierten Mal als Ministerpräsidentin von Indien vereidigt. Das Ausmaß ihres Wahlsiegs war eine besondere Genugtuung für sie. Ihr Kongreß hatte 351 der 542 Sitze der Lok Sabha erobert, auch wenn die Opposition durchaus zu Recht darauf hinwies, daß die Hälfte der Wähler sich enthalten hatte – nur 196 Millionen Menschen hatten ihre Stimme abgegeben. Das war immer noch eine erheblich höhere Wahlbeteiligung als die durchschnittliche etwa bei US-Präsidentschaftswahlen, aber für Indien war sie zweifellos gering, ja die geringste aller bisherigen Wahlen überhaupt.

Wer waren die 351 neuen Kongreßabgeordneten? Bei einigen handelte es sich um altvertraute Gesichter aus der Vergangenheit. Andere waren Männer aus der Notstandsperiode, die zu Indira gehalten hatten und nun wieder da waren: Bansi Lal, V. C. Shukla und Sanjay Gandhi waren alle gewählt worden. Es gab jedoch eine Mehrheit von neuen, jungen Männern. Für 234 Kongreßabgeordnete war nicht nur das Parlament, sondern die Politik selbst eine neue Erfahrung. Von diesen galten zwischen 100 und 150 weithin als »Sanjays Jungen«. Er war ihr oberster Führer, und sein Wort galt ihnen als Richtschnur. Von der traditionellen Kongreßpolitik wußten und verstanden sie wenig; für sie ging es in der Politik um Macht, und Macht war nötig, um Geld zu machen. Diese Neulinge betrachteten Idealismus oder Grundsätze nicht als Tugenden. Sie waren bereit, sogar noch »pragmatischer« zu sein als Indira Gandhi.

Dem Wahlkampf selbst hatte es gänzlich an Glanz gefehlt. Nichts war mehr übriggeblieben von dem Zauber, dem Leuchten der alten »Beseitigt die Armut«-Tage. Dieses Mal hatte das offenkundige Versagen der Janata das Leitmotiv der Reden Indiras gebildet. Das und, natürlich, die steigenden Preise – insbesondere die skandalöse Verteuerung der Zwiebeln. Sie schwor, daß der Kongreß die Zwiebelpreise stabil halten werde. Sie siegte jedoch nicht wegen der Zwiebeln, sondern weil sich die Janata in nicht wiedergutzumachender Weise diskreditiert hatte. Das war eine interessante Umkehrung. Im Jahre 1977 hatte Indira wegen des Ausnahmezustands verloren, so daß ihre Rivalen aus weitgehend negativen Gründen siegten; das gleiche konnte man vom Kongreß-Sieg des Jahres 1980 sagen. Aus diesem Grunde war ihr keine Atempause vergönnt. Die Probleme, die sie vom ersten Monat nach ihrer Rückkehr in die Safdarjung Road 1 an plagten, blieben ihr bis zum Ende treu.

Die Sowjetunion war mitten im indischen Wahlkampf in Afghanistan einmarschiert. Zehntausende sowjetischer Kampfsoldaten überschritten am 27. Dezember 1979 den Fluß Oxus, der die Grenze zwischen der UdSSR und Afghanistan bildet. Indiras erste Reaktion nach ihrem Amtsantritt als Ministerpräsidentin bestand darin, eine ›verständnisvolle Haltung‹ gegenüber Moskau einzunehmen, aber schon bald darauf forderte sie energisch den Abzug der sowjetischen Truppen. Was sie vermeiden wollte, war eine indische Ausrichtung am Westen oder am benachbarten Pakistan in dieser Frage. In ihrer Sicht war das Pentagon aus Gründen des eigenen Kalküls überhaupt nicht an einem raschen sowjetischen Abzug interessiert, sie aber wollte Bedingungen schaffen, die einen Rückzug der Sowjets aus Afghanistan erleichtern würden. Abgesehen von den Fragen, um die es in diesem Land selbst ging, wobei in erster Linie das Recht des afghanischen Volkes auf Selbstbestimmung zu nennen war, warf das Afghanistanproblem Fragen auf, die Indiens strategische Interessen unmittelbar berührten. Der sowjetische Einzug in Kabul hatte das elende Militärregime des Generals Ziaul Haq in Pakistan in eine ›Grenzbastion der freien Welt‹ verwandelt, was bedeutete, daß sich bald wirtschaftliche und militärische US-Hilfe in das Land ergießen würde. Die pakistanische Armee hatte in der Vergangenheit ihre Waffen gegen zwei Ziele eingesetzt: gegen die eigene Bevölkerung und gegen diejenige Indiens. Delhi befürchtete jetzt, daß der Westen Pakistan mit den modernsten Waffen versorgen und die Augen vor den Plänen des Landes, einen nuklearen Sprengsatz zu testen, verschließen werde. Aus diesem Grunde war der indischen Regierung alles an einer politischen Regelung in Afghanistan gelegen.

Die größten Probleme jedoch, denen sich Indira konfrontiert sah, lagen im eigenen Land. Da war zunächst einmal die Wirtschaftspolitik, die Gegenstand einer nie endenden Debatte zwischen Wirtschaftsexperten und Politikern war. Dann gab es die Frage des politischen Managements im Lande, die durch die Tatsache akzentuiert wurde, daß Anfang 1980 in den meisten Bundesstaaten Oppositionsregierungen an der Macht waren. Schließlich konnte Indira die Tatsache nicht übersehen, daß sich der Kommunalismus wieder einmal im Aufschwung befand.

Die Kongreßpartei war ihrer soziologischen Zusammensetzung nach ein Bündnis der reichen Landbesitzer mit dem städtischen Unternehmertum, aber sie hatte auch ihre eigene Gewerkschaft, den Indischen Gewerkschaftskongreß (INTUC), der in den dreißiger Jahren entstanden war und in den meisten Fabriken als betriebseigene Gewerkschaft galt. Dieses Bündnis spiegelte sich auf allen Ebenen des Kongresses wider, aber die Spaltungen, die Austritte und schließlich die totale Hegemonie Indiras hatten dazu geführt, daß den Männern, die die wirtschaftliche Macht ausübten, einigermaßen unbehaglich zumute wurde. Ihre Erlebnisse mit der Janata jedoch ließen sie eilends zu der Ministerpräsidentin zurückkehren, die sie kannten.

Mittlerweile war es offenkundig geworden, daß auf dem Lande tiefgreifende strukturelle Veränderungen erforderlich waren, um die Kaufkraft der Bauern zu stärken und damit das Wirtschaftswachstum des Landes zu beschleunigen. Die Vergleiche, die die Wirtschaftsexperten anstellten, bezogen sich meist auf Südkorea und Mexiko, beides Länder mittleren Einkommens. Indien war noch immer als Land niedrigen Einkommens klassifiziert. Der Grund für diese Disparität konnte nicht im sogenannten Investitionssog durch den öffentlichen Sektor zu suchen sein, denn auch Südkorea verfügte entgegen der landläufigen Meinung über einen beträchtlichen im Staatsbesitz befindlichen Sektor, und wie Indien verfolgte es eine Strategie der Import-Substitution. Der Unterschied lag natürlich auf politischer Ebene. Südkorea war eine Diktatur, in der die Armee das Land regierte, und konnte deshalb für eine fügsame Arbeiterschaft sorgen sowie Streiks und militante Gewerkschaften unterbinden. Unweigerlich gab es einige indische Stimmen, die die Ansicht vertraten, daß Indien die gleiche Art von Disziplin nötig habe. Der Notstand sei ein Versuch in der richtigen Richtung gewesen, nur sei er leider schlecht gehandhabt worden. Der maßgebliche Wortführer dieser Ansicht war Sanjay Gandhi, der bereits als Kronprinz gehandelt wurde.

Ganz andere Statistiken und Vergleiche standen zwar zur Verfügung, wurden aber meistens ignoriert. Das einzige Land zum Beispiel von vergleichbarer Größe und Bevölkerungszahl innerhalb der Kategorie der Länder niedrigen Einkommens war China. Die Wachstumsrate der beiden asiatischen Giganten war nicht unähnlich, aber hinsichtlich der Verteilung des Erwirtschafteten war der Gegensatz auffällig. Die Alphabetisierungsrate lag in China bei 76, in Indien lediglich bei 36 Prozent. Die Kindersterblichkeit in China betrug 81 pro 1000, die Lebenserwartung lag bei 67 Jahren. Die entsprechenden Zahlen für Indien lauteten 121 und 52. In diesen Bereichen mußte sich etwas ändern, wenn das seit 1947 verzeichnete Wirtschaftswachstum genutzt werden sollte, aber das war ohne eine soziale Umwälzung von chinesischen Ausmaßen nahezu unmöglich.

Der Kongreß jedenfalls war nicht das Instrument für einen derartigen Wandel. Und auch die beiden kommunistischen Parteien waren für eine solche Aufgabe nicht sonderlich gut geeignet. Ihre Stärke lag in einzelnen Staaten; seit der Spaltung im Jahre 1964 hatten sie aufgehört, als landesweite Kraft in der indischen Politik in Erscheinung zu treten. Die KPI hatte ihrem Ansehen geschadet, als sie es zuließ, mit dem Ausnahmezustand assoziiert zu werden. Die KP(M) war gegen den Notstand aufgetreten. Viele ihrer militanten Gewerkschafter und studentischen Anhänger waren eingekerkert und gefoltert worden. Dies hatte dazu beigetragen, daß sie die KPI an den Wahlurnen zu überholen vermochte. Sie erzielte 1977 mehr als acht Millionen Stimmen und behauptete sich bei den Wahlen von 1980. In den Bundesstaatswahlen von 1977 hatte sie in Westbengalen und Tripura den Sieg errungen.

Das Auseinanderfallen der Bundes- und Staatenregierungen war ein relativ neues Phänomen. Zu Nehrus Zeiten war der Gedanke an nicht vom Kongreß gestellte Administrationen eine Neuheit gewesen, und als die KPI 1957 Kerala eroberte, war Indira bekanntlich in aller Eile dorthin aufgebrochen, um dafür zu sorgen, daß es eine kurzlebige Neuheit blieb. In den späten sechziger Jahren hatte sie den Sturz der gewählten KP(M)-Regierung in Westbengalen herbeigeführt und den Staat einer Präsidialregierung unterstellt. Indiras neue Regierung beschloß nun, der mißlichen Situation, daß Oppositionskoalitionen die Provinzen regierten, ein Ende zu bereiten. Die fraglichen Provinzregierungen wurden aufgelöst und Neuwahlen angeordnet. Für einen Präzedenzfall hatte die Janata nach ihrem Wahlsieg von 1977 selbst gesorgt. Morarji Desai hatte sämtliche Parlamente der Bundesstaaten aufgelöst und Neuwahlen mit der Begründung angeordnet, daß das Land einen Wandel wünsche. Diesen Präzedenzfall machte sich Indira nun zunutze. Sie argumentierte, daß es für die Zentralregierung schwierig sei, sinnvoll Politik zu betreiben, solange nicht zumindest eine Mehrheit der Provinzen hinter ihr stehe. Das war ein verfassungswidriges Argument, das nur die regionalen Befürchtungen verstärkte und eine unnötige Spannung zwischen den Staaten und der Bundesadministration hervorrief.

In neun Bundesstaaten fanden in der Folgezeit Neuwahlen statt. Interessanterweise blieben die KP(M)-Regierungen in Westbengalen und Tripura unangetastet. In acht der neun Staaten siegte die Kongreßpartei. Die Ausnahme war Tamil Nadu, wo ein Bündnis regionaler Organisationen mit den beiden kommunistischen Parteien den Sieg davontrug. Die Resultate schienen eine eindeutige Bestätigung dafür zu sein, daß der Kongreß landesweit wieder den Ton angab. Doch schon nach wenigen Monaten war ein neuerlicher Stimmungsumschwung in der Öffentlichkeit zu verzeichnen. Ein wichtiger Grund hierfür war das Scheitern aller Versuche, die Preise zu senken, doch eine erhebliche Rolle dürften auch die Possen gespielt haben, die in den frisch eroberten Staaten ebenso wie in Delhi von der Kongreßpartei aufgeführt wurden. Indira ließ sich ein ganzes Jahr lang Zeit, um über die Zusammensetzung ihres neuen Kabinetts zu entscheiden, und während sie über dieses Thema meditierte, brachen in den Landesverbänden der Partei erbitterte Grabenkämpfe und bösartige Intrigen aus. In den drei größten Staaten, in Uttar Pradesh, Maharashtra und Andhra Pradesh, stiegen Regierungschefs auf und stürzten wieder in einem Tempo, das ihre Vorgänger von der Opposition als Musterbeispiele von Stabilität erscheinen zu lassen begann.

Diese Vorgänge hielten Indira lange Zeit in Atem. Sie hörte sich die Meinungen der zerstrittenen Gruppen an, erörterte mit ihrem Sohn Sanjay die Kräftekonstellation im jeweils betroffenen Staat, erwog mit ihm die von den jeweiligen Rivalen vertretenen Interessen und fällte schließlich die endgültige Entscheidung. Sie übte die Macht über Leben und Tod in dem politischen Bürgerkrieg aus, der nun allem Anschein nach auf Dauer die neuerstandene Kongreßpartei heimsuchen sollte. Es war Teil des Kriegsspiels, daß die Geschlagenen, die von den Siegern als tot angesehen wurden, niemals die Hoffnung fahren ließen. Das könnte eine Folge des alten, tief verwurzelten Glaubens an die Seelenwanderung gewesen sein, aber es gab eine einfachere Erklärung. Sie waren sich voll und ganz der Tatsache bewußt, daß den auserwählten Favoriten früher oder später die Luft ausgehen würde, Sobald es so weit war, reinigten sich die Geächteten, streiften die weiße Uniform des Kongresses über, tauchten hinter den Vorhängen auf und erwarteten den Ruf nach Delhi.

Wie dieses Spiel geendet hätte, kann man nur vermuten. Es wurde viel davon geredet, daß Sanjay auf eine große Säuberung unter der alten Garde hinarbeitete, Seine Männer hatten keine Mehrheit in der Kongreßfraktion, fingen aber an, sich so aufzuführen, als wäre es der Fall, was wiederum einigen Veteranen große Sorge bereitete. Nicht so Indira. Sie schätzte Sanjays Rat hoch. Er war ihr eine starke Stütze in der Zeit vor und während des Ausnahmezustands gewesen und, was noch wichtiger war, auch in den Jahren, als Indiens Wähler sie in die Wüste geschickt hatten.

Doch dann, als Indiras Abhängigkeit von ihrem Sohn einen Gipfel erreicht hatte, kam Sanjay am 23. Juni 1980 bei einem Flugzeugabsturz ums Leben. Er war 33 Jahre alt. Für Indira war es ein betäubender, ein unbeschreiblich grausamer Schlag. Freunde, die in jenen Tagen bei ihr waren, sind überzeugt, daß der Schock seines Todes sie verändert hat. Auch ein Teil von ihr war gestorben. Im Jahr zuvor hatte der indische Schriftsteller und Lyriker Dom Moraes sie gefragt, wessen Tod sie am meisten getroffen habe. Es hatte bis dahin drei Schlüsselfiguren in ihrem Leben gegeben: Motilal, Jawaharlal und Feroze. Sie antwortete, daß der Tod von Motilal und Jawaharlal sie mit Trauer erfüllt habe, aber nicht überraschend gekommen sei. Beide waren alt; beide hatten ernste Anzeichen von Erschöpfung und Krankheit erkennen lassen. »Der wichtigste Tod in meinem Leben war der meines Mannes... Mein ganzes geistiges und physisches Leben veränderte sich plötzlich, meine Körperfunktionen veränderten sich... Was auch immer zwischen uns geschah, Feroze hat nie viel Aufhebens gemacht.«[1] Selbst im Falle Ferozes hatte es eine gewisse Vorwarnung gegeben, denn er hatte mehrere Monate vor seinem Herztod bereits einen leichten Herzanfall erlitten. Aber Sanjays Tod war ein plötzlicher und unbarmherziger Schlag. Selbst ihre entschiedensten Gegner empfanden mit ihr und bekundeten ihre aufrichtige Anteilnahme.

Diejenigen, die sich für einen posthumen Sanjay-Kult und ein kostspieliges Staatsbegräbnis aussprachen, konnten unmöglich zu Indiras loyalen Anhängern gehört haben. Falls sie diese Entscheidung selbst getroffen haben sollte, so war das eher ein Zeichen dafür, daß sie sich in einem Zustand der Verstörtheit befand, und man hätte ihr abraten müssen. Rajiv als einziger riet zu einer privaten Trauerfeier, aber er wurde überstimmt. Die vielen Menschen, die zu Ferozes Einäscherung erschienen waren, konnten als spontaner Beweis für die Zuneigung gelten, die Tausende für ihn empfanden. Im Falle seines Sohnes werden wir die Wahrheit nie erfahren, denn Liebedienerei und Schmeichlertum erstickten alle etwa vorhandenen echten Gefühle.

Der flüchtige und leicht bizarre Charakter der Trauerfeier und die sorgsam orchestrierte Zurschaustellung von Schmerz ließen bereits erkennen, daß auch die Pläne, Sanjay-Denkmäler und Sanjay-Krankenhäuser zu errichten und Straßen nach dem jungen Gott umzubenennen, rasch wieder dahinschwinden würden. Sie waren, und das auszusprechen ist durchaus berechtigt, ein ebenso plumper wie zynischer Versuch jener Abgeordneten, die ihre ganze Karriere einzig Sanjay verdankten, doppelte Sicherungen gegen ein plötzliches Ende ihrer Privilegien einzubauen. Und dies waren nicht etwa parlamentarische Privilegien: Es waren jene Privilegien, die sie benötigten, um überhaupt erst ins Parlament zu gelangen.

Indira hat sich von dem Schlag nie vollständig erholt. Zweimal an jenem verhängnisvollen Tag besuchte sie den Ort des Absturzes – beim ersten Mal inspizierte sie das Flugzeug, beim zweiten Mal fragte sie nach Sanjays Schlüsseln und seiner Uhr. In der Gerüchteküche von Delhi hieß es alsbald, daß die Schlüssel den Zugang zu einem großen Privatvermögen eröffneten; viele andere, gleichermaßen unwahrscheinliche und bösartige Geschichten wurden in jenen Tagen erzählt, geglaubt und ausgeschmückt. Wahrscheinlich war es nichts anderes als die verzweifelte Handlungsweise einer vom Schmerz betäubten Mutter, die nach Erinnerungszeichen suchte, die fassungslos immer und immer wieder die Maschine anstarrte, die ihr Kind getötet hatte. Innerlich muß sie die Fliegerei-Besessenheit ihres Vaters und ihrer beiden Söhne verflucht haben.

Es blieb Indira keine Zeit, lange zu weinen. Es galt, die Trauer niederzukämpfen, da die Forderungen der Regierungsgeschäfte übermächtig wurden. Da die große Mehrheit ihres Kabinetts aus Opportunisten und Postenjägern bestand, die sie allerdings selbst dorthin gesetzt hatte, konnte sie sich nie völlig auf ihre Mannschaft verlassen. Abgesehen von Narasimha Rao, dem Außenminister, einem intelligenten und fähigen Administrator aus Andhra Pradesh, gab es niemanden, dem sie wirklich vertraute. Deshalb war Sanjay so wichtig für sie gewesen; deshalb sollte nun sein älterer Bruder Rajiv, Pilot einer Luftverkehrsgesellschaft, einen mütterlichen Ruf erhalten. Es hätte sein können, daß sie seiner Fliegerei ein Ende setzen wollte, daß sie von nun an allein schon den Anblick von Flugzeugen haßte. Wieviel besser war es doch, wie Jawaharlal in seinen Träumen zu fliegen als in diesen entsetzlichen »Vorrichtungen«. Das hätte der Grund ihres Rufs gewesen sein können, aber er war es nicht. Rajiv wurde aus streng dynastischen Gründen benötigt. Sie spürte, daß sie einen Nehru-Gandhi an ihrer Seite brauchte.

Dieses Bedürfnis war die Folge einer allzu starken Konzentration auf die Mittel, ohne daß Zwecke in Sicht gewesen wären. In einer Situation, in der einer politischen Partei keine anderen Prinzipien verblieben sind als diejenigen, an der Macht zu bleiben und den Status quo zu verteidigen, ist ihre Qualität, vorausgesetzt, der Staat verfügt über eine gefestigte Infrastruktur, keine so entscheidende Frage mehr. Aber selbst ein stabiler Staat braucht einen machtvollen Führer und die Rudimente einer landesweiten politischen Partei. Jawaharlal Nehru, Shastri und Indira Gandhi haben alle auf sehr unterschiedliche Weise die erste Bedingung erfüllt. Die politische Partei aber begann an den Rändern auszufransen. Das war weitgehend Indiras Werk. Gangstertum und Korruption machten sich breit. Die Basis für die Anwerbung neuer Kongreßmitglieder waren nicht länger politische Orientierungen, sondern die Lockungen des Amtes, die Hoffnung auf Pfründen und die Aussicht, in Gestalt lukrativer agrargeschäftlicher Kontrakte und dergleichen zu schnellem Geld zu kommen. Manchmal hatte es den Anschein, als sei die Bedienung des Kongreßapparats eine weitaus mühsamere Aufgabe als das Regieren Indiens.

Sanjays feurige Witwe, Maneka Gandhi, war nicht glücklich darüber, daß Rajiv auserwählt wurde, Sanjays Platz an der Seite seiner Mutter einzunehmen. Sie glaubte, sie könne die Clique ihres verstorbenen Mannes im Parlament und anderswo ebensogut manipulieren, wie er es getan hatte, aber das erwies sich als Irrtum. Es sollte ein kostspieliger Irrtum sein. Sie zog mit ihrem kleinen Sohn Feroze aus der Safdarjung Road 1 aus und erklärte ihrer Schwiegermutter und dem Usurpator Rajiv, der dabei war, den Königsmantel ihres geliebten Sanjay zu stehlen, den Krieg. Sie erwies sich als kluge Politikerin, was in diesem Falle hieß, daß sie so etwas wie einen Killerinstinkt besaß. In dieser Beziehung ähnelte sie ihrer Schwiegermutter. Ihre politischen Ansichten waren auf dem rechten Flügel angesiedelt und hatten bösartige Züge, aber sie trug den Namen Gandhi und hatte, gleichsam als Beglaubigungsschreiben, einen Gandhi-Sohn. Und so könnte Indien lernen, daß die Vergötterung von Dynastien ein teurer Fehler sein kann.

Familienzwistigkeiten konnten jedoch nicht allzu lange die Aufmerksamkeit vom gefährdeten Zustand der Wirtschaft ablenken. Das Bruttosozialprodukt des Landes wies 1980 einen leichten Rückgang auf; die Arbeitslosenrate war auf dem Lande rasch, in den Städten langsamer gestiegen, und Unmut einer sehr gefährlichen Sorte braute sich im nordöstlichen Staat Assam zusammen, wo eine Organisation, die sich Allassamischer Studentenbund nannte, eine Kampagne gegen eingewanderte Arbeiter startete, die sich in wenigen Jahren als äußerst unangenehm erweisen sollte. Das politische Klima wurde allmählich unberechenbar. Eine besondere Art von Verzweiflung begann sich auszubreiten. Früher hatten die Menschen das Gefühl gehabt, daß es Alternativen zu den Miseren ihrer Alltagsexistenz gebe. Sie waren nach links gerückt und hatten es mit der Kommunistischen Partei versucht. Das war keine ganz und gar negative Erfahrung gewesen, aber sie hatte sich auf zwei Bundesstaaten beschränkt. Dann hatten sie es mit dem rechten Janata-Bündnis versucht, was in einer Katastrophe endete. Die ganze Politik war in Mißkredit geraten. Die Rechte wandte sich wieder einmal dem schamlosen Mißbrauch der Religion zu, und der RSS bereitete einen organisierten Kreuzzug durch ganz Indien vor. Diese Karawane der reaktionären religiösen Wiedererweckung war angeblich unpolitisch, aber in Wirklichkeit handelte es sich um eine kaum verschleierte Provokation der religiösen Minderheiten des Landes.

Zwei andere Episoden waren typisch für die indische Realität zu dieser Zeit. Im Distrikt Bhagalpur im Staate Bihar, der eine der höchsten ländlichen Arbeitslosenraten ganz Indiens aufwies, war Ende 1979 ans Licht gekommen, daß die dortige Polizei eine neue Methode der Behandlung von in ihrem Gewahrsam befindlichen Kriminellen entwickelt hatte – ihnen wurde Säure in die Augen gegossen, so daß sie für immer erblindeten. Eine indische Zeitung deckte den Skandal auf, interviewte die Blinden und stellte die Polizei an den Pranger. Das war möglich geworden, weil ein Strafvollzugsbeamter entsetzt war über diese Bestialitäten und nicht länger schweigen wollte. Es gab einen Aufschrei der Empörung im ganzen Lande. Ein paar kosmetische Änderungen wurden vorgenommen, aber an der praktischen Autonomie der Polizei und paramilitärischer Verbände in Teilen des Landes änderte sich nichts.

Der zweite Vorfall drehte sich um eine legendäre Banditin, Phoolan Devi (»Blumengöttin«), die in vielen ländlichen Gebieten zu einer Volksheldin wurde. Diese 24jährige analphabetische Frau bäuerlicher Herkunft war nach ihrer Flucht aus dem Gefängnis in den Jahren 1980-81 eine der meistgesuchten indischen »Kriminellen«. Sie war wie Tausende andere aufgrund falscher Aussagen eingesperrt worden, wehrte sich aber erfolgreich dagegen, gefesselt zu werden, und konnte aus dem Gefängnis entkommen. Kaum war sie draußen, bestand ihre erste Tat darin, ihrem Mann den Laufpaß zu geben und sich einen Geliebten zu nehmen, einen jungen Mann namens Vikram. Dadurch erzürnte sie die örtlichen Thakurs (Hindus der oberen Kasten), und sie beschlossen, ihr eine Lektion zu erteilen. Sie töteten Vikram, entführten Phoolan Devi und verschleppten sie in das Dorf Behmai. Dort sperrten sie sie in einen winzigen Raum und vergewaltigten sie zwanzig Tage lang reihum; Kasten-, Klassen- und sexuelle Unterdrückung vereinigten sich zu einem qualvollen, abscheulichen Verbrechen. Manche Frau wäre wahnsinnig geworden oder in fatalistische Passivität versunken, nicht jedoch Phoolan Devi. Sie entkam schließlich ihren Peinigern und schloß sich einer Bande von Gesetzlosen an. Innerhalb weniger Wochen wurde sie ihre Anführerin. Sozial bedingtes Banditentum hat in Indien eine lange Vorgeschichte, aber ganz ungewöhnlich war es, daß erfahrene Banditen eine Frau als Führerin akzeptierten, zumal eine, die ihre Unabhängigkeit herauskehrte.

In den Verstecken der Banditen fand Phoolan die erste wirkliche Freiheit ihres Lebens: wirtschaftlich und sexuell. *Sie* suchte sich ihre Liebhaber aus, und *sie* entschied über die Strategie der Gruppe. Zwei Jahre lang führte ihre Bande bewaffnete Angriffe gegen die ländlichen Reichen aus, aber eine Tat war es ganz besonders, die ihr den Respekt von Frauen im ganzen Lande eintrug. Sie kehrte in das Dorf Behmai, den Schauplatz ihrer Erniedrigung, zurück und erteilte ihrer Schar folgende knappe Anweisung: »Heute nehmen wir Rache an den Thakurs.« Zwanzig Thakurs wurden eingefangen. Vor den Augen der Dorfbewohner, die wie Phoolan selbst größtenteils einer niederen Kaste angehörten, wurden sie an die Wand gestellt und erschossen. Es war das erste Mal in der Geschichte dieser Region, daß mit Oberkasten-Hindus in dieser Weise verfahren wurde, Was diese Tat betraf, so hat Phoolan Devi nie Reue gezeigt. Als eine Journalistin sie in ihrem Versteck besuchte und sie nach der Zukunft fragte, blieb sie bemerkenswert kühl. Auf die Frage, ob sie denn kein normales Leben zu führen wünsche, antwortete sie, daß keine Frau, die das habe durchmachen müssen, was sie durchgemacht habe, je wieder an ein normales Leben würde denken können. Ihr jedenfalls sei der Tod lieber als die Kapitulation. Doch bald schon sah sie sich vor die Wahl gestellt: eine Gesetzlose zu bleiben und von den Thakurs und deren Agenten gejagt zu werden, oder sich den Behörden zu stellen. Alles andere war besser, als wieder den Thakurs in die Hände zu fallen, denn sie gab sich keinen Illusionen darüber hin, auf welche Weise sie sie getötet hätten. Also stellte sie sich den Behörden, und in ohnmächtiger Wut sahen die Thakurs zu. Sie befindet sich, während diese Zeilen geschrieben werden, im Gefängnis.

Indira Gandhi und Phoolan Devi. Zwei Frauen – eine auf dem

Gipfel der Machtpyramide, die andere darunter begraben. Ein krasserer Gegensatz ist nicht denkbar, und doch symbolisierten beide das zeitgenössische Indien. Hinterließen die Bilder von Phoolan Devi, die um die ganze Welt gingen, einen Eindruck bei der indischen Ministerpräsidentin? Indiras Vater wäre bewegt gewesen beim Anblick dieses trotzigen, entschlossenen Gesichts, das zornig in Dutzende von Kameras starrte. Diese beinahe zierliche Frau mit dem weißen Stirnband, die ein Gewehr trug, das größer war als sie selbst, hätte zweifellos ihre Wirkung auf den alten Romantiker nicht verfehlt. Er hätte über die Episode gesprochen, historische Parallelen entdeckt, sie in der einen oder anderen Rede erwähnt und ihr Beispiel benutzt, um den Kongreß-Männern eine Lehre zu erteilen. Indira jedoch hat Phoolan Devi öffentlich nie erwähnt. Sie mußte sich mit anderen, dringlicheren Problemen auseinandersetzen. Das Indien der achtziger Jahre war ein anderes als das der fünfziger Jahre. Es gab keine Zeit mehr für Sentimentalitäten.

Der sowjetische Staats- und Parteichef Breschnew stattete Indien 1980 einen Besuch ab. Bei seiner vorangegangenen Visite im Jahre 1973 hatte er die Opposition (einschließlich der beiden kommunistischen Parteien) verärgert, weil er Zweifel an ihrer Funktion geäußert hatte. Mit Indira am Ruder vermochte er keine Notwendigkeit für eine derartige Institution zu erkennen. Dieses Mal war er umsichtiger, erwies aber wiederum Indiras Kongreßpartei seine Reverenz. Er unterzeichnete eine Reihe von Wirtschaftsabkommen, um die Industrialisierung Indiens zu beschleunigen und die ohnehin engen Verbindungen zu Indira zu festigen. Die Janata-Führer hatten sich den Vereinigten Staaten angenähert, ohne jedoch mit Indiens Blockfreienstatus zu brechen, was ein wichtiger Hinweis auf die feste innenpolitische Verankerung der indischen Neutralität war.

Die KPI, gewöhnlich eher schweigsam nach Besuchen sowjetischer Würdenträger, äußerte diesmal eine gewisse Besorgnis. Auf dem KPI-Parteitag in Varanasi (Benares) im März 1982 wurde Breschnew zwar nicht direkt kritisiert, dafür aber wurden scharfe Angriffe gegen Indiras Regierung entfesselt, der vorgeworfen wurde, sie baue eine antidemokratische Sicherheitsgesetzgebung aus, um Arbeiter und Bauern ohne Prozeß einsperren und Unmutsäußerungen der Massen niederhalten zu können. Eine falsche Einschätzung der Situation war das sicherlich nicht. Als überraschend wurde jedoch empfunden, daß die KPI darauf versessen schien, ihren Bruch mit Indira komplett zu machen, indem sie ihre Hände wusch, um sich von dem Schmutz der

Notstandsperiode zu befreien. So wurde unter anderem folgende Erklärung verabschiedet:

> Indira Gandhi pflegt nicht nur ihren eigenen Kult, sondern auch den ihrer Familie, um die Herrschaft der Dynastie zu verewigen. Ihr Wort ist Gesetz innerhalb des Kongresses(I). Niemand kann auch nur den kleinen Finger gegen ihre Politik erheben. Alle Arten von Jasagern, Schwarzmarkt-Schiebern, asozialen und kriminellen Elementen sind in den Kongreß(I) eingezogen. Die Korruption ist an der Tagesordnung, selbst in den höheren Rängen der Kongreß(I)-Regierungen. Der Klassencharakter des Kongresses(I) hat sich nicht grundlegend gewandelt. Aber es muß festgestellt werden, daß der Kongreß(I) nicht mehr der gleiche alte Kongreß mit seinen demokratischen Traditionen ist.

Diese Ansicht war weit verbreitet. Neu daran war, daß die KPI-Führer in den Chor einstimmten. Darüber war Indira sehr verärgert. Fast gekränkt, als fühle sie sich von der KPI verraten, erklärte sie gegenüber dem Autor: »Sehen Sie sich deren neue Verbündete mal an! Sie tun sich mit den Kommunalisten zusammen und mit Leuten, die traditionell ihre Feinde waren, wie zum Beispiel Charan Singh. Deshalb nehme ich ihre Kritik nicht allzu ernst. Ich glaube, sie handeln sehr prinzipienlos.« Auf die Einwendungen, ob nicht die Kritik am Kongreß berechtigt sei, ob denn eine dynastische Herrschaft eine funktionierende politische Partei ersetzen könne und ob nicht, was das politische Bewußtsein anbelange, ein gigantischer Unterschied zwischen dem derzeitigen Kongreß und der alten Partei Nehrus und des anderen Gandhi bestehe, antwortete sie lächelnd: »Aber das Niveau sinkt überall, ist es nicht so? Ist die britische Konservative Partei heute noch das, was sie unter Churchill war, oder die Labour Party, als Mr. Bevan noch lebte?« Sie machte gar nicht ernsthaft den Versuch, zu bestreiten, daß es in der Kongreßpartei einen tiefreichenden Niedergang gebe.

Es mußte etwas geschehen. Im alten Rom pflegten die Tribunen, die wiedergewählt werden wollten, mit der Verteilung von Brot und der Veranstaltung von Spielen Stimmen zu fangen. Aber wir leben im Zeitalter des Fernsehens und der Satelliten. Also wurden ein paar grandiose Pläne ausgearbeitet – eine Asiade in Delhi, gefolgt von einem Treffen der Commonwealth-Staatsoberhäupter in Goa und dem Gipfel der Blockfreien. Diese drei großen Ereignisse sollten mit allem Pomp inszeniert werden, ohne Rücksicht auf die Kosten. Vielleicht würden sie ja die Nation von ihren Sorgen ablenken und den Eindruck vermitteln, daß die Welt in Ordnung sei, daß eine Regierung regierte und ein Führer führte.

Die Verwandlung Delhis als Resultat der Asiatischen Spiele mußte man gesehen haben, um sie zu glauben – eine ganze Reihe neuer Fünf-Sterne-Hotels, riesige Umgehungsstraßen, ein Dorf für die Sportler, Verschönerungspläne jeder Art. An Geld war kein Mangel. Genauer gesagt, eine große Zahl lukrativer Aufträge war zu verteilen. Die Günstlingswirtschaft erreichte gigantische Ausmaße, und die Kongreß-Bosse wurden reich und reicher. Die Korruption war inzwischen in Indien institutionalisiert. Vielleicht wird ein geschäftstüchtiger Verleger einmal einen Indienführer in Form einer ››Do-It-Yourself-Einführung in die Korruption‹‹ herausbringen, mit genauen Angaben darüber, welche Bestechungsgelder auf den verschiedenen Ebenen erforderlich sind, um zu erreichen, daß bestimmte Arbeiten ausgeführt werden. Indien ist nicht das einzige Land, wo es so etwas gibt. Korruption existiert überall, in Ost und West. In Indien jedoch hat das Bestechungswesen neue Gipfel erklommen, es findet in aller Offenheit und, sofern der Ausdruck in diesem Zusammenhang anwendbar ist, in aller Aufrichtigkeit statt.

Einige wurden reich, während andere Sklavendienste leisteten, um neue Ergänzungen zu einer alten Stadt zu bauen. War das nun aber die ››magische Stadt‹‹, von der Jawaharlal Nehru in seiner Gefängniszelle geträumt hatte? Es war ein lebendig gewordener Alptraum für diejenigen, die in den Steinbrüchen von Faridabad außerhalb von Neu-Delhi beschäftigt waren. Artikel 23 der indischen Verfassung verbot ausdrücklich den ››Handel mit Menschen und andere, ähnliche Formen der Zwangsarbeit‹‹. Diese Bestimmung war aufgenommen worden, weil die Verfassungsväter die Sklavenarbeit als ein Übel ansahen, das die Würde des einzelnen zerstörte. Dieser Artikel stellte ebenso wie viele andere das Recht des Arbeitgebers in Abrede, Arbeitskräfte bedingungslos auszubeuten. Die Asiade hätte nicht stattfinden können ohne die Arbeit dieser Geknechteten, die zum größten Teil von skrupellosen Kontraktoren entführt und zur Arbeit nach Delhi verschleppt worden waren. Es waren Analphabeten. Sie hatten zuviel Angst, um zu protestieren. Sie schufteten für einen Hungerlohn.

Am Ende griff der Oberste Indische Gerichtshof ein, um die Rechte dieser Arbeiter zu schützen, und unter dem Einfluß einiger mutiger Richter kam es zu einer neuen Entwicklung im indischen Recht. Bekannt wurde sie unter der Bezeichnung ›Gesetzgebung der sozialen Aktion‹. Sie bedeutete einen definitiven Bruch mit angelsächsischen Rechtsnormen, wie sie heute in Großbritannien angewandt werden. Diese Initiative spaltete Anwälte, Richter und Politiker in zwei Lager. Die Konservativen waren für den rechtlichen Status quo, für die unveränderte Beibehaltung der von Großbritannien übernommenen Rechtsprechung. Die Reformer wiesen darauf hin, daß diese Normen selbst für Großbritannien nicht sonderlich geeignet seien, daß sie in Indien aber zur kompletten Farce würden. Eine aktivere, eingreifendere Rechtsprechung werde gebraucht. Wenn schon keine Volksrichter, dann doch wenigstens Richter für das Volk.

Einen historischen Präzedenzfall schuf ein Oberrichter des Obersten Gerichtshofes, H. N. Bhagwati, als er entschied, daß dort, wo die Geschädigten aus gleich welchen Gründen außerstande sind, eine direkte Habeas-Corpus-Klage einzureichen, diese Klage in ihrem Namen von jedem privaten Bürger eingebracht werden könne. Das Gericht werde dann untersuchen, ob eine solche Beschwerde gerechtfertigt sei, und entsprechend handeln. Der Oberste Gerichtshof schuf tatsächlich einen für die Gerichte im ganzen Lande bindenden Präzedenzfall, indem er ein Dutzend sogenannte ›Soziale Aktionsgruppen‹ in verschiedenen Teilen des Landes finanzierte und einsetzte. ›Ich meine‹, so Richter Bhagwati gegenüber dem Autor, ›daß die Richter eine aktive Einstellung entwickeln müssen, insbesondere in einer sich entwickelnden Wirtschaft, wo die Armen kaum als menschliche Wesen anerkannt werden.‹

Richter Bhagwati führte den Vorsitz in der Sache der Steinbruch-Arbeiter gegen die Indische Union und andere. Das waren die Männer und Frauen, deren Arbeitskraft die Bauwerke für den Asiade-Zirkus hervorbrachte. Die Geschichte ihres Lebens war eine des sozialen Abstiegs, der Verlassenheit, der vernichtenden Niederlage und totalen Isolierung, und sie konnten sich nicht organisieren, weil ihre Bosse das nicht zuließen. In der Klageschrift an das Oberste Gericht hieß es, daß es abgesehen von der Rechtswidrigkeit der unfreien Arbeit zahllose Todesfälle und schwere Verletzungen infolge des totalen Mangels an Sicherheitsvorkehrungen gegeben habe:

Der Steinstaub-Ausstoß ist in der Nähe der Steinzertrümmerer so groß, daß viele wertvolle Menschenleben durch Tuberkulose verloren gehen, während andere durch TB und sonstige Krankheiten zu bloßen Skeletten abmagern. Medizinische Fürsorge gibt es nicht, geschweige denn irgendwelche Maßnahmen zur Entschädigung bei Verletzung oder Tod. Klagen gegen die Minenbesitzer oder -pächter wegen Verstoßes gegen die im Bergbau-Gesetz vorgesehenen Sicherheitsbestimmungen sind nicht registriert ...

Nahezu 99 Prozent der Arbeiter sind Zuwanderer aus dürregefährdeten Gebieten in Rajasthan, Madhya Pradesh, Andhra Pradesh, Maharashtra und Bihar ... Die Gesetze werden in diesen Minen in flagranter Weise verletzt. [Die Arbeiter] sind ohne jede Unterkunft, die diesen Namen verdient, sie haben nicht einmal ein Strohdach, das Schutz gewähren könnte gegen die eisigen Winde und den Regen des Winters oder gegen die glühende Hitze des Hochsommers ... [Sie haben] unzureichende Kleidung, unreines und verseuchtes Trinkwasser ... keinerlei Schulen oder Kinderpflegestätten ... Diese Tausende von Söhnen und Töchtern Mutter Indiens verkörpern die »Entrechteten der Erde«.

Zu dieser ganzen Ausbeutung kommt noch das vollständig illegale System der *thokdars* (Mittelsmänner) hinzu, die 30 Prozent der erbärmlichen Arbeitslöhne als ihre schändliche Provision einbehalten (20 von 60 Rupien Lohn pro Wagenladung Steinballast). Die Lastwagen werden häufig überladen, aber die Zahlung bleibt die gleiche. Die umliegenden Hügel sind übersät mit Händlern, die legal oder illegal Branntwein verkaufen. Mord und Sexualstraftaten sind sehr häufig.[2]

Diese Anklageschrift, die hier auszugsweise zitiert wurde, ist ein anschauliches Stück beschreibender Tatsachenliteratur. Sie ließe sich aber ohne große Schwierigkeiten, bei Abänderung von ein paar Namen, in einen Roman von Dickens oder, gegenwartsbezogener, von Steinbeck oder Dos Passos einfügen. Glücklicherweise ließ sich der Oberste Gerichtshof vom Zirkus der Asiade nicht aus dem Gleichgewicht bringen. Nach einer längeren Untersuchung fällte er sein Urteil gegen die Regierung und wies die Provinzverwaltung von Haryana an, alle widerrechtlich herangeholten Arbeiter in ihre Heimatprovinzen zurückzuführen und die Arbeitsbedingungen in den Brüchen drastisch zu verbessern. Ein gerichtlicher Ombudsmann wurde eingesetzt und beauftragt, die Ausführung der gerichtlichen Auflagen zu überwachen. Das von Richter H. N. Bhagwati aufgesetzte Urteil war ein massiver Angriff auf die sozialen und wirtschaftlichen

Verhältnisse im Lande. Gleich zu Beginn findet sich folgende Passage, die einen Eindruck von der neuen Denkweise in den oberen Rängen der indischen Richterschaft vermittelt:

Die erschreckenden Bedingungen, unter denen die Kontraktarbeiter leben, nicht als Menschen, sondern als Leibeigene, erinnern an die folgenden Zeilen aus dem ››Mann mit der Hacke‹‹, die, so scheint es beinahe, im Blick auf diese vernachlässigte und vergessene Spezies der indischen Gemeinschaft geschrieben sein könnten:

Gebeugt unter der Last der Jahrhunderte, stützt er sich
Auf seine Hacke und starrt zu Boden;
Die Leere der Zeiten auf seinem Antlitz
Und auf seinem Rücken die Bürde der Welt.

Sie sind Nicht-Wesen, Ausgestoßene der Zivilisation, ein schlimmeres Leben führend als die Tiere. Denn Tiere sind wenigstens frei, umherzustreifen nach Belieben, und sie können, wenn sie hungrig sind, Nahrung plündern oder jagen, aber diese Ausgestoßenen der Gesellschaft werden in Knechtschaft gehalten, beraubt ihrer Freiheit, und sie werden einer Existenz überantwortet, wo sie entweder in Höhlen leben müssen oder unter freiem Himmel, und wo sie sich begnügen müssen mit dem wenigen, was sie an unzuträglicher Nahrung sich beschaffen können, an Nahrung, die nicht einmal ausreicht, den Magen zu füllen. Da sie keine Wahl haben, werden sie von Armut und Hunger zu einem Leben der Unfreiheit gezwungen; sie werden hinab gestoßen in eine finstere Grube ohne Boden, aus der sie in einer grausamen, ausbeuterischen Gesellschaft nicht hoffen können, befreit zu werden.[3]

Hier spüren wir einen Hauch von Emile Zolas ››Germinal‹‹. Das heutige Indien ist eine äußerst sonderbare, einzigartige Mixtur, in der sich Aspekte des viktorianischen Englands, des französischen zweiten Kaiserreichs und der Vereinigten Staaten der zwanziger Jahre finden. Der Kontrast zwischen dem Gepränge der Asiade und dem entwürdigenden Leben der Steinbruch-Arbeiter mag die Unbeständigkeit Indiens erklären und die vielfältigen Muster, die zu den Explosionen führen, welche sich jeden Tag irgendwo in der Länge und Breite des Subkontinents ereignen.

Es ist ein Subkontinent der Widersprüche. Es gab jedoch in den achtziger Jahren eine ganz neuartige Erscheinung. Die indische Volkswirtschaft, gleichzeitig fortgeschritten und weit zurückgeblieben, hat in einigen Gebieten Nischen des Wohlstands hervorgebracht. Obwohl die Industrialisierung es nicht vermocht hat, das ländliche Elend zu bekämpfen, hat sie doch in den Städten und auf dem Lande eine halb-privilegierte Klasse entstehen lassen. Und diese Schicht war es, aus der in jüngster Zeit die beängstigendsten Herausforderungen für die indische Gesellschaft hervorgegangen sind. Die drei großen Erhebungen, die zwischen 1980 und 1984 im ganzen Lande Widerhall fanden, waren keine Revolten der Besitzlosen. Nicht die auf den Straßen von Bombay vegetierenden Menschen, nicht die Bewohner der Slums von Kalkutta, nicht die Steinbrucharbeiter von Delhi und auch nicht die großen Armeen der Hungernden rings um alle Großstädte waren es, die sich erhoben und ihren Anteil forderten, ihr Recht auf Arbeit und ein Leben in Frieden. Wären sie es gewesen, dann hätte man das Phänomen schwerlich überraschend oder originell nennen können, aber die drei hier zu schildernden Geschehnisse – die Sharad Joshi-Kampagne in Maharashtra, die Bewegung von Assam und der Sikh-Aufstand – waren im wesentlichen Erhebungen von Wohlhabenden, die ihren Besitzstand wahren beziehungsweise mehren wollten.

Das erstgenannte dieser Ereignisse war in mancher Hinsicht das bedeutendste, denn es besaß Symbolwert. Sharad Joshi, ein ehemaliger UNO-Beamter, gab seine Stellung auf und kehrte in sein Heimatland zurück, um eine Kampagne für bessere Lebensbedingungen auf dem Lande zu führen. Vielleicht geschah das in allerbester Absicht. Die zentrale Forderung Joshis war jedoch die Anhebung der Preise für agrarische Grunderzeugnisse. Die Diskussion hierüber war alt. Bis zu welchem Grade sollte das Land die Städte subventionieren und umgekehrt? Joshis Bewegung entwickelte einen gewissen Schwung, und während eines Aufenthalts in Großbritannien wurde er von der BBC in einem Interview als aufopferungsvoller Sozialarbeiter vorgestellt. Dabei standen hinter seiner Kampagne ausschließlich die reichen Bauern und Grundbesitzer, und es ging weder ihnen noch Joshi um Verteilung oder gar Umverteilung, sondern allein um die Forderung, die Preise zu erhöhen, zum Beispiel für Milch. Das hätte den Nährwert der Kost von Arbeitern und anderen Städtern noch weiter verringert, ohne eine entsprechende Steigerung des Lebensstandards der Landarbeiter und armen Bauern zu bewirken, weil jede

Preiserhöhung zwar mit Sicherheit zu höheren Gewinnen für die Farmer geführt, das Leben für die Armen auch auf dem Lande aber weiter erschwert hätte. Doch Joshis Bewegung wurde von der Opposition unterstützt, genoß eine ganz erstaunliche Publizität und schuf eine kommunale Polarisierung.

Der Chefminister von Maharashtra, Abdul Rahman Antulay, war ein Moslem, und diese Tatsache wurde von den reichen Bauern, die sich in Politiker verwandelt hatten, skrupellos ausgebeutet. Antulay wurde gestürzt, allerdings nicht durch die Joshi-Agitation, sondern weil seine korrupten Geschäfte und Machenschaften in einer Artikelserie des *Indian Express* enthüllt worden waren. Daß er in eine Reihe trüber Geschäfte verwickelt war, unterlag keinem Zweifel, aber viele fragten sich, warum nur Antulay unter diesem Vorwurf ausgebootet wurde, während das ganze Land nur so strotzte von korrupten Politikern. Der üble Geruch des Kommunalismus hatte angefangen, praktisch jeden Aspekt der Politik des ganzen Landes zu durchdringen. Die Maharashtra-Bewegung für höhere Preise versickerte nach dem Sturz Antulays ziemlich schnell im Sande, aber sie war ein klares Zeichen der Zeit.

Die Maharashtra-Affäre nahm sich geradezu unbedeutend aus im Vergleich zu dem, was sich in Indiens nordöstlicher Grenzprovinz Assam ereignete. In dieser Region gab es eine der größten Konzentrationen von Stammesgemeinschaften des ganzen Landes. Ihre Herkunft geht auf einige der ersten Bewohner des Subkontinents zurück. Ihre Ursprünge reichen zurück in die Zeiten vor dem ersten Auftreten des Hinduismus und vor der Entstehung der Industal-Zivilisation, und in ihren Sitten und Gebräuchen fanden sich Gemeinsamkeiten mit denen der Ureinwohner Nordamerikas, Australiens und Neuseelands. Die indo-arischen Herrscher ebenso wie die Moslem-Eroberer hatten sie nicht gut behandelt, aber von einem Völkermord konnte nie die Rede sein. Man überließ sie weitgehend sich selbst, auch wenn ihr Land und ihre Wälder mit jeder neuen Invasion an Ausdehnung verloren.

Von 1816 bis 1824 fielen die Birmanen in Assam ein und entfesselten eine Schreckensherrschaft. Die Stämme setzten sich mutig zur Wehr, doch sie wären zusammengebrochen, hätte es nicht Unterstützung durch die Briten gegeben. Von 1824 bis 1826 kämpften die Briten, unterstützt von den Einheimischen, die Birmanen nieder, usurpierten aber, wie sie es stets zu tun pflegten, nun ihrerseits Assam und brachten es unter die Ägide des expandierenden *Raj*. Bald erschienen Missionare, um die Heiden zu bekehren. Im Jahre 1828 vereinigten sich die Stämme von Assam zum Kampf gegen die Briten. Sie verloren, erhoben sich aber im folgenden Jahr aufs neue. Dieses Mal gelang es ihnen unter der Führung von Teerat Singh, britische Offiziere, darunter einen General, und Hunderte von Indern, die in der britischen Armee dienten, zu massakrieren. Diese Revolte wurde erst 1833 niedergeschlagen. Der hohe Selbstbehauptungswille zu jener Zeit läßt sich daran ermessen, daß die Lushais bereits 1834 erneut Guerillaüberfälle auf britische Siedler unternahmen und erst 1850 endgültig besiegt werden konnten. Die Missionare versuchten nun von neuem ihr Glück und erzielten einige Erfolge. Mit der Niederschlagung jeder neuen Stammesrebellion breiteten sich die Eroberer weiter aus und rodeten die Wälder für ihre Teeplantagen.

Die Stammesvölker fürchteten die Oberkasten-Hindus ebensosehr wie die Briten. Sie zogen sich zurück und wurden zu einer stark introvertierten Gemeinschaft, die sich an ihre alten Traditionen klammerte. Auch nach der Unabhängigkeit kamen Veränderungen nur langsam voran. Die britischen Teepflanzer waren grausame Ausbeuter gewesen, aber die an ihre Stelle tretenden Marwaris aus Südindien waren kaum besser. Einige Fortschritte gab es im Laufe der Jahre aber doch. Zunächst einmal wurde in der Region Öl gefunden, die größten Vorkommen Indiens, und eine begrenzte Industrialisierung schuf Bedarf an billigen Arbeitskräften. Zu Beginn der achtziger Jahre besaß Assam vier Universitäten und eine landwirtschaftliche Hochschule. Das Analphabetentum ging zurück. Es gab zwanzig Millionen Einwohner, von denen 17,4 Prozent *adivasis* (Stammesangehörige) waren. Mehr als die Hälfte der Assamesen lebte unterhalb der Armutsgrenze.

Im Jahre 1971 flohen während des Krieges in Ostpakistan, dem späteren Bangladesh, Hunderttausende von Bengalis über die Grenze nach Westbengalen, um dort Schutz zu finden. Einige wenige kehrten später in ihre Heimat zurück, aber viele blieben. Da die Verhältnisse auf dem Arbeitsmarkt in Westbengalen extrem ungünstig waren, suchten die Flüchtlinge nach Gegenden, in denen es noch Arbeit gab. Mittelsmänner und skrupellose Anwerber, die nach billigen Arbeitskräften für die Teeplantagen Ausschau hielten, lockten sie nach Assam. Die einheimischen Assamesen behaupteten später, es gäbe nahezu acht Millionen Einwanderer bei ihnen. Fünf Millionen von ihnen seien ››illegal‹‹ ins Land gekommen, wobei diese Kennzeichnung wenig besagt, wenn man bedenkt, daß die Grenze zwischen

Indien und Bangladesh 2600 Kilometer lang ist und sich mitten durch Dörfer und Reisfelder hinzieht. Die Menschen zu beiden Seiten der Grenze sehen gleich aus, tragen die gleichen Kleider und sprechen oft die gleichen Dialekte; es war folglich ganz unmöglich, zu entscheiden, wer da »legal« oder »illegal« war. Hier reiften die bitteren Früchte der Teilung von 1947 heran. Sie stellte sich rückblickend in noch viel stärkerem Maße als zur Zeit ihres Vollzugs als ein Verbrechen an den Bewohnern des Subkontinents dar.

Schlimmeres sollte noch kommen. Die Studenten Assams gründeten einen Studentenbund, die AASU. Diese Organisation sollte sich in der Folgezeit als Motor kommunalistischer und regional-chauvinistischer Ausschreitungen betätigen. Die Ärmsten der Armen, die eingewanderten Arbeiter, deren einziger Besitz im buchstäblichsten Sinne des Wortes ihre Arbeitskraft war, wurden zum kollektiven Sündenbock für die tiefsitzenden Ängste und Frustrationen der Assamesen gemacht. Dies fiel in Anbetracht der Tatsache leicht, daß ein Großteil der eingewanderten Flüchtlingsarbeiter Moslems waren, nahezu achtzig Prozent der Bevölkerung von Assam hingegen Hindus. Die Forderungen der AASU lauteten, die indische Bundesregierung solle alle Einwanderer registrieren, ihnen unverzüglich das Wahlrecht aberkennen, sie nach Bangladesh deportieren oder auf andere Teile Indiens verteilen. Den AASU-Führern mißfiel besonders die Tatsache, daß die Einwanderer zum Stimmenreservoir für die herrschende Kongreßpartei geworden waren.

Die Reaktion in Neu-Delhi war eine Mischung aus Panik und Konfusion. Regierungsvertreter versuchten, die AASU-Leute zu besänftigen, indem man sie bat, doch zwischen legalen Siedlern und »illegalen« Einwanderern zu unterscheiden. Sie versprachen, eine Stacheldrahtgrenze zwischen Assam und Bangladesh zu errichten. Sehr wenige nur stellten die Frage, ob die Angaben der AASU überhaupt stimmten und ob ihre reaktionären Forderungen nicht grundsätzlich abgelehnt werden sollten. Der Kongreß befand sich in der Defensive. Die Opposition war hoch erfreut, wieder einmal eine Massenbewegung entdeckt zu haben, deren Zorn sich nutzen ließ, um den Kongreß in Mißkredit zu bringen.

Die AASU nutzte die Gelegenheit, einen Feldzug großen Stils gegen die »Ausländer« zu beginnen. Delhi erklärte Assam zum »Unruhegebiet«, die Regierung des Bundesstaates trat zurück, die Provinz wurde einer Präsidialregierung unterstellt. Doch anstatt mit den AASU-Führern und deren Mitstreitern in harte Verhandlungen einzutreten, versuchte die Kongreßpartei, die Situation durch Ausrufung baldiger Neuwahlen unter Kontrolle zu bringen, offenkundig in der Annahme, daß eine von ihr gestellte Provinzregierung eine Entspannung der Lage herbeiführen werde. Das war ein schwerer Irrtum. Die Wahlen wurden zu einer kompletten Farce. Die große Mehrheit der Stimmberechtigten boykottierte sie. Abgesehen von einer Region, in der die Wahlbeteiligung bei 10,47 Prozent lag, betrug sie fast überall weniger als zwei Prozent. Dessenungeachtet wurde eine Regierung ››gewählt‹‹, aber das Problem bestand darin, daß sie keine Legitimität besaß.

Die Polizei war so sehr damit beschäftigt, die Wahlen zu überwachen, daß sie trotz wiederholter Bitten ihre Pflicht, das Leben der Bürger zu schützen, vernachlässigte. Die assamesischen Nationalisten, zu ängstlich, sich der Zentralgewalt in einer direkten militärischen Konfrontation zu stellen, entfesselten ihren Krieg gegen die Sündenböcke. Die provisorischen Flüchtlingsdörfer wurden angegriffen und dem Erdboden gleichgemacht. Am 20. Februar kam es in einer kleinen Ortschaft namens Nellie und einer weiteren Flüchtlingssiedlung namens Darrang zu einem der schrecklichsten Massaker der jüngeren indischen Geschichte. Etwa 1300 wehrlose Männer, Frauen und Kinder wurden von fanatischen Hindu-Kommunalisten aus dem Umkreis von AASU und RSS kaltblütig und systematisch ermordet, sechzehn Dörfer wurden ausgelöscht, eine halbe Million Menschen wurde obdachlos.

Daß die Kongreßpartei aufgrund ihrer nachgiebigen Haltung gegenüber den fanatisierten Assam-Nationalisten von der Mitverantwortung für diese Katastrophe nicht freigesprochen werden konnte, lag auf der Hand, aber es war schon bemerkenswert, daß nur wenige in Indien aufstanden und sich den Urhebern des Blutbades entgegenstellten. Selbst die seriöseren Zeitungen und Zeitschriften druckten Kommentare wie: ››Es wäre eine grobe Vereinfachung, das Geschehen in Assam dem RSS zuzuschreiben‹‹; ››Die Gewalttätigkeiten in Assam waren ihrem Wesen nach nicht kommunalistisch‹‹; usw. Atal Behari Vajpayee, der Führer des alten Jan Sangh in ihrem neuen Gewande der Bharatiya Janata-Partei (BJP), gab denjenigen die Schuld, ››die nicht nur die Wahlen erzwungen, sondern sich offen um Moslem-Stimmen bemüht hatten‹‹. Nach dieser verrückten Logik ließ sich das Leben der Moslems am besten dadurch schützen, daß man den Minderheiten das Wahlrecht entzog. Als ein Reporter von *India Today* die AASU-Führer fragte, ob sie garantieren könnten, daß es zu einem »Holocaust wie in Nellie« nicht wieder kommen werde, erwiderten sie: »Die Regierung allein wird dafür verantwortlich sein, wenn etwas Derartiges geschieht ... Wir wollen nur, daß den Ausländern das Wahlrecht entzogen wird und daß sie abgeschoben werden ... Wir wollen kein Blutvergießen.«

Während sich die Nachricht vom Massaker in Nellie im übrigen Indien ausbreitete, rüstete sich die Hauptstadt für den Gipfel der Blockfreien, auf dem Fidel Castro den Vorsitz an Indira Gandhi abtreten sollte. Diese Veranstaltung wurde zwar nicht mit dem gleichen Aufwand vorbereitet wie die Asien-Spiele, aber gleichwohl als wichtiges Spektakel für die Auflösungserscheinungen zeigende Kongreß-Wählerschaft begriffen. Doch weder das Gipfeltreffen der Blockfreien noch die bald darauf folgende Konferenz der Commonwealth-Staatsoberhäupter konnten das Ausmaß der Probleme verbergen, vor denen Indira Gandhi stand. Assam war nicht die einzige Provinz, in der das Böse seine Kräfte sammelte. Auch im Panjab bereitete sich eine Katastrophe vor, die ein selbst von den pessimistischsten Beobachtern der indischen Politik nicht vorhergesehenes Ausmaß erreichen sollte.

Der Kontext, in dem diese gewalttätigen Ausbrüche stattfanden, und das Bühnenbild jedes politischen Schachzugs von 1983 an waren die bevorstehenden Parlamentswahlen. Das letzte zulässige Datum war der Januar 1985, aber Indiras Gegner rätselten, ob sie womöglich einen Überraschungscoup plante, indem sie kurzfristig Neuwahlen ansetzte, oder ob sie einen Aufschub anstrebte, indem sie eine notstandsreife Situation heraufbeschwor. Das unter Zynikern populärste Szenario war ein Krieg mit Pakistan, der sowohl einen Wahlaufschub als auch einen Wahlsieg sicherstellen würde – eine ideale Kombination. In dieser Atmosphäre der Ungewißheit fand im Dezember 1983 in Kalkutta die 77. Vollversammlung des Allindischen Kongreß-Ausschusses statt.

Kalkutta war die erste Hauptstadt des *Raj*. Es war zugleich die Geburtsstätte des indischen Nationalismus. Es war nunmehr die Hauptstadt des kommunistisch regierten Bundesstaates Westbengalen. Obwohl es dort viele Probleme gab, deutete nichts darauf hin, daß Regierungschef Jyoti Basu oder sein Finanzminister Ashok Mitra korrupt waren. Zahlreiche kritische Außerungen wurden laut, aber die Beschuldigung der Korruption wurde nicht erhoben. Das ist an sich schon keine geringe Leistung in der indischen Politik. Kalkutta ist mit mehr als zehn Millionen Einwohnern die größte Stadt Indiens.

Viele Ausländer, die diese Metropole besuchen, bekommen es mit der Angst zu tun. Armut, die Menschenmassen in den Stoßzeiten, die Verkehrsstauungen, die Elendsviertel ... die Liste der Probleme ist lang. Selbst wenn die verwirrten Eindrücke des fremden Beobachters beredten Ausdruck finden, scheint immer noch die simple Überraschung darüber durch, daß eine solche Stadt überhaupt existiert. So schreibt Günter Grass in *Der Butt:*

> Es gibt nicht einzelne Slums oder Bustees in Kalkutta. Die ganze Stadt ist Bustee und Slum. Weder der Mittelstand noch die Oberschicht können sich entziehen. Das Straßenbild zeigt höhere Töchter mit Schulbüchern, die hinter und vor gleichaltrigen Lumpenbündeln im Straßengefälle drängen, im Verkehr Inseln bilden, eins sind mit allem. Wo der Verkehr Flecken ausspart, hat auch das Pflaster seine Bewohner. Neben Parkanlagen und zwischen verrotteten Herrschaftshäusern gruppieren sich dorfähnlich Hütten aus Blech und Pappe ... Die Steinzeit will zukünftig werden. Schon beginnt sie, die Stadt zu erobern.[4]

Hier also fand die Kongreß-Versammlung statt, und hier sprach Indira auf einer öffentlichen Kundgebung, an der eine Viertelmillion Menschen teilnahm. Die Kongreß-Sitzung selbst war eher eine Einfamilienveranstaltung. Auf dem Boden der hölzernen Plattform saßen Indira und Rajiv, umgeben von den führenden Politikern der Provinz. Im Publikum befanden sich »Delegierte« von Kongreßgliederungen aus dem ganzen Lande. »Delegierte« ist vielleicht ein Euphemismus. Sie machten den Eindruck von Leuten, die man auf der Straße aufgelesen und denen man ein paar schöne Tage in einer großen Stadt versprochen hatte, gegen Erstattung aller Unkosten natürlich. Etliche von ihnen mußten ständig aus Polizeizellen und Bordellen ausgelöst werden. Sie waren zwar offenkundig an vielen Aspekten des Lebens interessiert, aber die Politik gehörte nicht dazu. Sie hörten Indira zu, applaudierten ihr begeistert und verließen dann sofort den Saal, sofern nicht zufällig Rajiv sprach. Als ein altgedienter Jubelexperte, V. C. Shukla, aus dem Publikum heraus schrie: »*Desh ka Neta?*« (Der Führer der Nation?), riefen sie aus vollem Halse: »Rajiv Gandhi«. Dann gingen sie.

Das schuf gewisse Probleme, denn es waren hochrangige ausländische Gäste aus Bruderparteien zugegen – die Ostdeutschen, die Tansanier, Vertreter der französischen Sozialistischen Partei und, als

Stargast, ein Mitglied des Zentralkomitees der KPdSU. An dessen Rede knüpfte sich eine bezeichnende Episode. Besorgt, daß die Delegierten verschwinden könnten, bevor sie den hochgeschätzten Vertreter von der KPdSU angehört hatten, hielt Indira den Versammelten eine Standpauke auf Hindi (die der Dolmetscher des KPdSU-Mannes diesem übersetzt haben dürfte): »Hört mal«, rief sie, »es macht auf die Ausländer einen sehr schlechten Eindruck, wenn ihr alle geht, sobald ich gesprochen habe. Setzt euch hin! Ihr da an der Tür, setzt euch hin ! Und jetzt hört mich an.« Die Ruhe war vorläufig wiederhergestellt. »Der nächste Redner kommt aus der Sowjetunion. Er hat eine lange Reise auf sich genommen, um zu uns zu sprechen. Die Sowjetunion ist uns sehr freundschaftlich gesonnen, und ich rufe euch auf, hierzubleiben, seine Rede anzuhören und ihm ein herzliches Willkommen zu bereiten.« Dann ging sie wieder zum Englischen über und stellte den sowjetischen Gast vor. Die Zuhörer warteten nicht einmal ab, bis die gutgekleidete, beleibte Gestalt das Mikrophon erreicht hatte. Es gab ein wildes Gerenne zur Tür. Indira war wütend, aber hilflos. Als der Russe nach ermüdenden Erklärungen und Abschweifungen etwa die Halbzeit seiner Rede erreicht hatte, waren noch gerade hundert Zuhörer übriggeblieben, und sie sahen ganz so aus wie Polizisten in Zivil. Die Arena faßte mehrere tausend Menschen.

Die Eindrücke, die man auf dieser Versammlung gewinnen konnte, waren eine Bestätigung dessen, was viele seit langem ausgesprochen hatten und was Indira selbst wußte. Die Kongreßpartei befand sich in einem fortgeschrittenen Stadium der politischen Fäulnis; bar einer zusammenhängenden Ideologie oder eines Programms, hatte sie den Pragmatismus zu ihrem eisernen Prinzip entwickelt. Die Qualität ihrer Abgeordneten in Delhi wie in den Bundesstaaten war in derartige Tiefen abgesunken, daß man sich nur schwer vorstellen konnte, wie die Partei je wieder Tritt fassen würde. Ungeachtet dieser Tatsache war es offenkundig, daß die indische Oberschicht die Kongreßpartei den unausgereiften Cocktails der Opposition vorzog, die zu jener Zeit ebenfalls in Kalkutta eiligst zusammengerührt wurden. Ihre Erfahrungen mit der Janata hatten diese Kreise als eher schmerzhaft empfunden, und nach einer Wiederholung stand ihnen nicht der Sinn. Mit dieser Einstellung standen sie keineswegs allein da.

Das politische Erscheinungsbild Indiens setzte sich zu Beginn des Jahres 1984 im wesentlichen aus drei Komponenten zusammen. Da waren zum einen der Kongreß Indira Gandhis, die Janata-Partei (ohne die Kommunalisten) und die verschiedenen Kongreß-Splittergruppen, die verzweifelt das Alphabet plünderten, um eine eigene Identität zu finden. Diese Parteien repräsentierten die alte Koalition, die Mahatma Gandhi, Jawaharlal Nehru und G. D. Birla so mühsam aufgebaut hatten. Unter der Janata-Regierung hatte es keine grundsätzlichen Unterschiede hinsichtlich der finanziellen Ausstattung von Planungsvorhaben gegeben. Die Haushaltspläne von Kongreß und Janata waren ihrem Charakter nach sehr ähnlich. Unter dem Gesichtspunkt der politischen Stabilität und Vernunft betrachtet, hätte eine Verschmelzung dieser Gruppen unter dem Banner eines reformierten Kongresses zweifellos zu einer Klärung der herrschenden Konfusion beigetragen.

Der Hauptgrund, der einer solchen Möglichkeit entgegenstand, waren Indiras Entschlossenheit, ein totales Monopol der politischen Ämterpatronage zu errichten, und ihre Weigerung, die Macht mit einer Führungsmannschaft zu teilen. Hatte sie sich erst einmal zu diesem autokratischen Stil durchgerungen, so erhielt die Rückkehr zur Erbfolge, jenem feudalen Herrschaftsprinzip, entscheidende Bedeutung; eine Dynastie wurde praktisch zur Notwendigkeit. Politische Hausmeier traten an die Stelle gewählter Politiker, wenn es darum ging, über die Behandlung der großen Probleme des Landes zu entscheiden, und jede wirkliche Chance für eine geeinte liberale und demokratische Partei war ausgeschlossen.

Den zweiten festen Pol der indischen Politik stellte zweifellos die kommunalistische Allianz aus BJP und Lok Dal dar, geführt von Vajpayee beziehungsweise Charan Singh. Sie richtete sich an den Hindi sprechenden Gürtel im Norden des Landes und beruhte auf einem ganz unverhohlen kommunalistischen Programm. Dieses neugeschlossene Bündnis nannte sich National-Demokratische Allianz. In den Reihen der Opposition war es in mancher Beziehung die bestorganisierte Gruppierung, aber das Erlebnis der Janata-Regierung hatte die Beziehungen zu anderen Parteien getrübt, und insbesondere die Parteien der Linken verspürten nicht die geringste Lust, irgendwelche neuen Bündnisse mit den Kommunalisten einzugehen.

Der dritte wichtige Faktor der indischen Politik war die Linke. Seit dem Bruch der KPI mit Indira Gandhi hatte sich die Perspektive einer Wiedervereinigung der beiden kommunistischen Parteien aufgetan. Freundschaftliche Beziehungen wurden hergestellt, Diskussionen wiederaufgenommen, aber konkrete Ergebnisse stellten sich kaum ein. Keiner der beiden Parteien gelang es, das in den fünfziger Jahren genossene Prestige wiederzugewinnen. Die Spaltung war nicht der einzige Grund hierfür. Die von beiden Parteien betriebene Koalitionspolitik war nicht dazu geschaffen, eine neue Generation von Aktivisten zu inspirieren. Im Gegenteil, die Bemühungen vieler hingebungsvoller Ex-Maoisten und anderer engagierter Linker konzentrierten sich zunehmend auf eine jeweils begrenzte Arbeit mit Bergarbeitern, Bauern, Stammesangehörigen, Dalits und anderen gesellschaftlichen Randgruppen und Minderheiten. Die Erfahrungen, die sie namentlich mit der KP(M) in der Regierung gemacht hatten, waren für viele potentielle Anhänger enttäuschend gewesen. Sie zogen sich auf rein lokale Arbeit zurück und gaben das Konzept einer »nationalen Politik« auf, weil sie gleichbedeutend geworden war mit Korruption und opportunistischem Wahlverhalten.

Die vierte Dimension der indischen Politik in diesem Stadium war eine bizarre Mischung aus Komödie und Tragödie. Idole der Leinwand hielten ihren Einzug auf der politischen Bühne. In Tamil Nadu und Andhra Pradesh war der Einfluß der Religion nicht so stark wie im Norden; seit langem schon war die Vorherrschaft der Brahmanen in diesen Gebieten verhaßt. Aber man suchte sich neue Götzenbilder in Gestalt der Schauspieler, die im Kino Gott darstellten. In Indien ist das populäre Kino auf regionaler wie nationaler Ebene ein nicht zu unterschätzender Faktor der sozialen Stabilität. Die Produktionen aus der Filmmetropole Bombay, in denen Hindi gesprochen wird, sind wohl das einzige volkstümliche Instrument zur Förderung der sprachlichen Einheit; die Schlager, die in diesen schmalzigen Melodramen gesungen werden, kennt man im ganzen Lande. In Indien spielt daher das Kino eine Rolle, die vergleichbar ist mit derjenigen des Fernsehens im Westen. Die Wirklichkeitsflucht der beliebtesten Leinwandschinken erinnert stark an die Hollywood-Musicals aus der Zeit der großen Depression der zwanziger Jahre – nur mit dem Unterschied, daß es in Indien eine permanente Depression und infolgedessen einen nie versiegenden Strom derartiger Filme gibt. Vor allem im Süden ist dieses kinematographische Opium zur Religion der Massen geworden. Die Schauspieler haben größere Anhängerscharen als die Politiker (was ein interessantes Schlaglicht auf die politischen Vorgänge wirft). »Tatsächlich ist es ja so«, bemerkte Indira gegenüber dem Autor, »daß bei uns Schauspieler die Regierung unserer großen Staaten Andhra Pradesh und Tamil Nadu geführt haben, lange bevor die Amerikaner im Traum an Ronald Reagan dachten.«

N. T. Rama Rao (NTR) war ein Schauspieler, der in den Filmen tatsächlich Gott spielte. Niemand hatte je zu ihm gesagt: »Darling, Sie waren göttlich«, bis die Wähler von Andhra Pradesh kamen, ihn wie eine Gottheit behandelten und seine hurtig gebildete Partei Telugu Desam in die Regierung wählten. Vorher schon war der Schauspieler M. G. Ramachandran (MGR) als Führer des regionalen DMK in Tamil Nadu ins hohe Amt getragen worden. Die erste Reaktion des Kongresses und aller anderen Parteien war Gelächter gewesen. Daß NTR eine eher komische Figur war, stand außer Zweifel; seine Verschrobenheiten waren nur allzu bekannt. Doch bald schon fing der Kongreß-Apparat seinerseits an, in den gleichen Gebieten nach kongreßfreundlich eingestellten Schauspielern zu suchen. In Tamil Nadu entdeckte man einen Rivalen für MGR, den Schauspieler Sivaji Ganesan, einen alten Kongreßanhänger und Protegé des verstorbenen Kamaraj, der in längst vergangenen Tagen an der Spitze des Syndikats gestanden hatte. Ganesan erklärte, daß Indira Gandhi seine *amma* (Mutter) sei (er meinte das bildlich), und bot seine Dienste an:

> Wegen meiner Kino-Popularität bringe ich einen Vorteil mit. Wenn ich auf einer öffentlichen Veranstaltung spreche, kommen mehr Menschen. In der Politik von Tamil Nadu müssen Führungspersönlichkeiten populär sein und eine Massenbasis haben. Wegen meiner Kino Popularität habe ich diese Massenbasis . . . Ich werde auch in den geringfügigsten Angelegenheiten niemals gegen sie auftreten. Wenn Amma mich bittet, zu sterben, werde ich sterben. Wenn ich sie in Frage stelle oder an ihr zweifle, bin ich kein wirklicher Kongreßarbeiter.[5]

Als er von Journalisten gefragt wurde, was denn die Schauspielerei überhaupt mit Politik zu tun habe, erwiderte Ganesan: »Alle haben gesagt, daß NTR und MGR von nichts eine Ahnung hätten außer davon, wie man sich schminkt. Heute aber sind sie Regierungschefs zweier großer Staaten. Die Menschen kommen in Massen eben wegen ihres Filmruhms. Von hundert Menschen, die kommen, um mich zu sehen und anzuhören, werden mindestens zehn mir folgen.«[6]

Wenige Wochen nach der Kongreß-Tagung im Dezember 1983 in Kalkutta versammelten sich die Oppositionsführer an gleichem Ort. Schauplatz war das Great Eastern Hotel, mit seinen eleganten Läden und pompösen Suiten einst der Stolz des *Raj,* mittlerweile aber verunstaltet durch Fünf-Sterne-Monstrositäten, deren Zweck nicht Komfort, sondern Profit war. Das Gebäude war heruntergekommen und schäbig, ein Museumsstück, das man nicht allzu pfleglich behandelt hatte. Hier traf sich die Opposition, um die Strategie für ihren Kampf gegen Indira Gandhi und ihren Kongreß festzulegen. Das Resultat der Zusammenkunft war mager. Die zu Beginn stattfindende öffentliche Kundgebung war kaum größer als die des Kongresses, und es drängte sich der Eindruck auf, daß viele der Dörfler und viele der großen Lastwagen, mit denen man sie herangeschafft hatte, beidemal die gleichen waren. Die Reden während der Tagung waren unglaublich langweilig. Banalitäten wurden als Strategie maskiert, wenngleich die Träume der Anwesenden natürlich, wie bei solchen Anlässen üblich, viel farbenprächtiger waren als die verblichene Kulisse des Tagungsorts. Die wirklichen Diskussionen fanden wie stets hinter der Bühne statt. Die eigentliche Frage lautete, ob die verstümmelte Janata-Partei den Wählern eine Alternative anzubieten hatte. Wenn ihre Führer nicht imstande waren, mit ihrer Vergangenheit zu brechen, wenn sie weiterhin den Bildern von gestern verhaftet blieben, dann würde ihre neuerliche Herausforderung des alten Widersachers in sich zusammenfallen, und die Partei würde von der Niederlage ins Nichts taumeln.

Der Präsident der Janata, Chandrasekhar, ehemals Jungtürke im Indira-Kongreß, hatte einen 4 000 Kilometer langen Marsch durch die Dörfer gemacht, die nur selten von Politikern besucht werden. Er war tatsächlich den ganzen Weg zu Fuß gegangen und war entsetzt über die Lebensbedingungen, die er vorfand. Er hielt einen totalen Bruch mit den Kommunalisten der BJP für erforderlich, aber ihm mangelte es an der nötigen Festigkeit, diese Ansicht in der Partei durchzusetzen. Seine beiden engen Gefährten, George Fernandes, der einstige Sozialist und Gewerkschafter, und Biju Patnaik, einst Kongreß-Regierungschef von Orissa, schreckten davor zurück, ohne die alten Verbündeten in den Kampf gegen Indira zu ziehen. Beobachtete man die Janata-Politiker in den Debatten, dann gewann man nicht den Eindruck, daß sie sich auf nationaler Ebene mit dem Kongreß messen konnten. Eine Opposition, die sowohl einen NTR als auch den KP(M)-Führer Jyoti Basu in ihren Reihen hatte, erheiterte das Publikum eher, als daß sie ernst genommen wurde. Der einzige gemeinsame Nenner war die Gegnerschaft zum Kongreß, doch eine solche rein negative Haltung konnte schwerlich Begeisterung wecken bei einer zunehmend verzweifelten Wählerschaft. Die Diskussionen und Streitereien in den Reihen der Opposition schienen kein Ende zu nehmen.

Unterdessen begann Tausende von Kilometern westlich von Kalkutta eine Opposition Dampf anzustauen, die gänzlich anderer, weit bedrohlicherer Natur war. Ihr Hauptquartier befand sich in Amritsar, der alten religiösen Hauptstadt der Sikhs.

Die Sikhs – Indiras Verstrickung

Nanak, der Gründer der Sikh-Religion, wurde 1469 in einem kleinen Dorf in der Nähe der Panjabi-Stadt Lahore geboren. Er war stark vom Mystizismus der moslemischen *sufis* beeinflußt, deren unorthodoxe Haltung ihrer eigenen Religion gegenüber sich im Panjab ebenso rasch ausgebreitet hatte wie die vorwiegend hinduistische *bhakti*-(Frömmigkeits-)Bewegung. Sufismus und die *bhaktas* gingen beide von einer existentialistischen Einstellung gegenüber der Religion aus. Sie lehnten entschieden die Exklusivität der Hindu-Pandits und der Moslem-Mullahs ab und sprachen sich für Harmonie zwischen allen Religionen aus; zu den Führern der *bhaktas* gehörte ein moslemischer Weber namens Kabir, dessen Gedichte von Hindus und Moslems gleichermaßen rezitiert wurden. Nanaks Eltern waren Hindus, aber er wurde stark beeinflußt von der kulturellen Gärung im Panjab. Indien befand sich am Vorabend der Mogul-Eroberungen im Zustand des Chaos. Religiöse Gemeinschaften verschanzten sich, die Moslem-Herrscher Nordindiens gingen gegen die »Ungläubigen« vor, Hindus zogen sich in die religiöse Orthodoxie zurück.

Nanak hatte sich den damals vorherrschenden Mystizismus zu eigen gemacht; er hatte so etwas wie eine göttliche Stimme vernommen, die ihm ein Glas Nektar *(amrit)* zu trinken gegeben und ihn angewiesen hatte, die Welt zu unterweisen in Barmherzigkeit, Reinheit, Andacht, im Dienen und im Glauben an den einen Gott. Er predigte seine Botschaft durch seine Gedichte, die von hoher Qualität waren, und wie bei den *sufis*, die das Konzept von *pir-murid* (Lehrer-Schüler) nach Indien brachten, begann man ihn als Lehrer, als *guru*, zu sehen, dem es zu folgen galt. So kam es, daß man ihn *Guru* Nanak nannte, und so kam es auch, daß der Titel des *guru* allen seinen Nachfolgern verliehen wurde. Nanak selbst griff das Kastensystem an, lehnte es ab, einen göttlichen Status für sich zu beanspruchen, und wirkte der Vergötterung entgegen. Die späteren *gurus* waren in dieser Frage nicht so entschieden und erhoben keinen großen Widerspruch, wenn man sie als eine Art Höchstes Wesen behandelte. In gewisser Hinsicht war das unvermeidlich. Nanak war einen Schritt über die *sufis* und *bhaktas* hinausgegangen. Er hatte die Rolle des Lehrers institutionalisiert, dessen Meditation, wie er sagte, unentbehrlich sei für die Erlösung. So wurde der *guru* zu einem entscheidenden Faktor im Sikhismus. Nanak verzichtete auf die Erbfolge als Auswahlprinzip. Er betrachtete seine Söhne nicht als würdige Nachfolger und erwählte deshalb einen solchen aus dem Kreise seiner Anhänger. Er starb im Jahre 1539.

In die Zeit des vierten *guru,* Ram Das (1534-81), fiel die Gründung von Amritsar in Gestalt eines heiligen Teiches. Das umliegende Land hatte die Frau des *guru* von Kaiser Akbar als Geschenk erhalten, dem größten der Mogul-Herrscher, der sich selbst mit dem Gedanken einer synthetischen Religion zur Vereinigung der indischen Hindus und Moslems trug. Um den Teich herum begann eine Siedlung zu wachsen, die den Namen Amritsar erhielt. Sie wurde zum religiösen Mittelpunkt des Sikhismus und neben Jerusalem, Mekka, Benares und Rom zu einer der religiösen Hauptstädte der Welt. Die Schriften Nanaks und seiner Nachfolger, zumeist Gedichte, wurden im *Adi Granth* (ursprüngliches Buch) zusammengefaßt, das zur heiligen Schrift des Sikhismus wurde. Die Sikhs befanden sich oft im Konflikt mit den Mogul-Herrschern, auch wenn Dara Shikoh, der ketzerische Sohn des Kaisers Shah Jahan (jenes Mannes, der den Bau des Taj Mahal befahl), ein anerkannter *sufis* war und regen Austausch mit dem *guru* seiner Zeit führte. Der Charakter der Sikhs als einer friedlichen Sekte, die weder moslemisch noch hinduistisch war, wurde grundlegend verändert, als Kaiser Aurangzeb den neunten *guru,* Tej Bahadur, hinrichten ließ. Bahadurs letzte Botschaft an seinen Sohn, Gobind, war die beschwörende Bitte, seinen Tod zu rächen: »Meine Kraft ist erschöpft, Fesseln haben sich um meine Glieder gelegt, es gibt nun kein Entkommen mehr.« Gobind war es dann, der den Sikhismus in eine kämpferische Kraft verwandelte und den Namen Singh (Löwe) annahm. Die neuen Krieger wurden bekannt als die *khalsa* (dem *guru* Gehörende), und jeder Gefolgsmann hatte den gleichen Nachnamen zu führen, Singh. Auch die Frauen hatten einen gemeinsamen Nachnamen: Kaur (Löwin).

Gobind Singh (1666-1708), der letzte *guru,* war entschlossen, die religionsbedingte Ungleichheit unter seinen Gefolgsleuten zu beseitigen, um sie zu einer geeinten und ihrer Identität bewußten Kampfgemeinschaft zu machen. Neue Eide wurden geschworen, um den vollständigen Bruch mit den Resten der Hindu-Tradition deutlich zu machen. Diese Eide, *hukamnamas* (Edikte), waren obligatorisch für die Gläubigen; es war ihnen verboten, das Haar abzuschneiden oder den Bart zu rasieren; sie mußten bis zum Knie reichende Hosen tragen, wie es militärische Sitte der Zeit war; am rechten Handgelenk mußten sie einen stählernen Armreifen tragen und zu jeder Stunde mit einem Schwert bewaffnet sein. Soweit die Kleiderordnung. Um die Disziplin der Truppe zu wahren, wurde es den Sikhs verboten, zu rauchen, Tabak zu kauen, Alkohol zu sich zu nehmen und moslemische Frauen zu vergewaltigen. Gobind schloß die Verkündung dieser dramatischen Neuerungen mit einer Rede an die Getreuen:

Ich will, daß ihr euch zu *einem* Glauben bekennt und *einem* Wege folgt, und daß ihr alle Unterschiede des Glaubens auslöscht. Vergeßt die vier Hindu-Kasten, denen in den *sastras* unterschiedliche Regeln vorgeschrieben sind, beschreitet den Weg der Zusammenarbeit, verbindet euch frei untereinander. Laßt niemanden sich einem anderen überlegen dünken. Folgt nicht den alten Schriften. Laßt niemanden den Ganges achten und andere Pilgerstätten, die im Hinduglauben als heilig gelten, und laßt niemanden die Hindugottheiten anbeten ... vielmehr sollen alle an Guru Nanak glauben und an seine Nachfolger. Laßt Männer der vier Kasten die Taufe empfangen, aus demselben Gefäß essen und keinen Ekel, keine Verachtung füreinander empfinden.[7]

Dergestalt wurde der moderne Sikhismus geboren. Für immer brach er mit dem Hinduismus und dem Islam, aber auch mit dem Stil und dem Temperament Nanaks und der ersten sieben *gurus*. Gobind Singh wurde von zwei Pathanen im Solde eines örtlichen Potentaten ermordet. Sterbend sagte er zu seinen Gefolgsleuten, daß es nach ihm keine neuen *gurus* mehr geben dürfe und sie sich hinfort nur noch von dem heiligen Buch, dem *Adi Granth,* leiten lassen sollten.

Der *Adi Granth* ist eine bemerkenswerte Sammlung von Folklore und Dichtung des Panjab. Er besteht nicht etwa ausschließlich aus den Schriften Nanaks und seiner Nachfolger. Tatsächlich war es ein *sufi*-Poet, Shaikh Ibrahim Farid, der als erster eine gesprochene Sprache, das Panjabi, gebrauchte, um sich in Versen mitzuteilen. Mit ihm beginnt die eigentliche Panjabi-Literatur, und viele seiner Dichtungen sind im *Adi Granth* enthalten, der erst vom fünften *guru,* Arjun (1581–1606), zusammengestellt worden ist. Der folgende Vers Farids vermittelt einen Eindruck von der Lebensanschauung dieses Mannes:

Farid, verachte den Staub nicht,
Es gibt nichts, was ihm gleicht.
Im Leben ist er unter unseren Füßen,
Im Tode bedeckt er uns.

Die politische Macht der Sikhs erreichte ihren Scheitelpunkt unter ihrem fähigsten Herrscher, Ranjit Singh (1781–1839), der 1799 in Lahore einzog, seine Rivalen aus der Klasse der Grundbesitzer besiegte und den Panjab in den ersten Jahrzehnten des 19. Jahrhunderts einte. Sein Hof zu Lahore war eine prunkvolle Zurschaustellung der Leistungen, die Nanaks Anhänger im Laufe eines Jahrhunderts nach dem Tode des letzten *guru* erbracht hatten. Während seiner Regierungszeit waren die Briten nach Indien gekommen und besetzten allmählich das ganze Land, aber Ranjit Singh entzog den Panjab durch kluge Diplomatie und die Unterhaltung einer starken Kavallerie ihrem Zugriff. Für die Ausbildung seiner Truppen warb er Ausländer an, wobei er besonderen Wert darauf legte, daß es sich um erklärte Gegner der Briten handelte. Im Jahre 1822 fanden zwei ehemalige Hauptleute der besiegten Truppen Napoleons, Jean-Baptiste Ventura und Jean Franois Allard, den Weg nach Lahore. Sie erhielten ein hohes Salär und luxuriöse Unterkunft als Gegenleistung für die Unterweisung der Sikh-Truppen in den Methoden und der Disziplin der Grande Armée. Ranjit Singh ahnte, daß die Briten seinen Tod abwarten wollten, bevor sie einen Schlag gegen den Panjab führten, und er hatte recht. Während der 1840er Jahre beendete eine Serie schneller Kriege die unabhängige politische Macht der Sikhs auf dem Subkontinent.

Als der Panjab fest in ihrer Hand war, beschlossen die Briten, sehr viel Geld und Sorgfalt auf die Kultivierung des Landes und seiner Bewohner zu verwenden. Sie verbündeten sich fest und dauerhaft mit den Großgrundbesitzern unter den Sikhs, Moslems und Hindus und sorgten dafür, daß diese in möglichst ungetrübten Beziehungen mit ihren Pächtern lebten. Von den vierziger Jahren des 19. bis zu den zwanziger Jahren des 20. Jahrhunderts gab es im Panjab kaum Hungersnöte und so gut wie keine Bauern-Unruhen. Die ländlichen Erhebungen fanden zumeist in Bengalen, in den Vereinigten Provinzen (damals Oudh, heute Uttar Pradesh), in Haidarabad (heute Andhra Pradesh) und an der Malabar-Küste im Südwesten des Subkontinents statt. Der Panjab sollte Kornkammer und »Schwertarm« Britisch-Indiens werden. Der *Raj* entwickelte und hegte das

Konzept der »kriegerischen Rassen«, die in den rückständigeren Teilen Indiens anzutreffen seien. Die Bengalis zum Beispiel galten entschieden nicht als eine solche, und die Panjabi-Offiziere der pakistanischen Armee, die 1971 das damalige Ostpakistan überfiel, waren allen Ernstes davon überzeugt, daß die Schwächlinge in Bengalen nicht kämpfen könnten. Sie erlebten eine böse Überraschung.

Sobald der Panjab politisch und wirtschaftlich stabilisiert war, sollten die Freisassen und Bauern der Sikhs und der Moslems aus dieser Provinz zum hochgeschätzten Kanonenfutter in der Britisch-Indischen Armee werden. Im Jahre 1911 verfaßte ein britischer Geheimdienstoffizier namens Petrie eine nur für englische Augen bestimmte Denkschrift. Sie trug den Titel »Die Politik der Sikh-Gemeinschaft« und kann heute im Nationalarchiv in Delhi eingesehen werden. Hier ein Auszug:

Gegenwärtig ist eines der wichtigsten Instrumente zur Bewahrung der Sikh-Religion die Praxis der [britischen] Offiziere, Sikh-Rekruten zur Taufe nach den von Guru Gobind Singh niedergelegten Regeln zu schicken. Von den Sikh-Soldaten wird ferner verlangt, sich streng an die Gebräuche und Zeremonien ihrer Religion zu halten, und es ist keine Mühe gescheut worden, um sie vor der Ansteckung durch den Götzendienst zu bewahren. Die in der britischen Indien-Armee dienenden Sikhs sind mit allem Vorbedacht »nationalisiert« worden, das heißt, sie sind dazu angehalten worden, sich als eine deutlich unterschiedene, separate Nation zu betrachten: Ihr Nationalstolz ist auf jede mögliche Weise gepflegt worden, und der *granth sahib*, die heiligen Schriften der Sikhs, werden von den britischen Offizieren der Sikh-Regimenter militärisch gegrüßt. Der Grund für diese Politik liegt nahe. Mit seinem Rückfall in den Hinduismus und der Wiederaufnahme der damit verbundenen abergläubischen und verwerflichen gesellschaftlichen Gebräuche verliert der Sikh, wie sich erwiesen hat, viel von seinen kriegerischen Instinkten und seinen Qualitäten als Kampfmaschine.

... ein Abfall von der Orthodoxie [des Sikh-Glaubens] wirkt sich nicht nur schädlich auf den Kampfwert der Sikh-Soldaten aus, sondern führt zugleich unweigerlich dazu, seine gesamte Einstellung der britischen Macht gegenüber im ungünstigen Sinne zu beeinflussen.

Die Sikhs haben im Ersten Weltkrieg in der britischen Armee gekämpft, und viele sind gefallen. Diejenigen, die überlebten und aus der Armee entlassen wurden, kamen in ein Land zurück, das unter den Auswirkungen einer Wirtschaftskrise litt – Indien war während des »Großen Krieges« regelrecht ausgezehrt worden. Viele von ihnen wanderten nach Nordamerika aus. Im Panjab selbst radikalisierte die Boykottbewegung des Kongresses viele Sikhs in den Städten wie auf dem Lande. Das Massaker von Jallianwala Bagh veranlaßte einen großen Teil der Sikhs dazu, sich erstmals seit den vierziger Jahren des 19. Jahrhunderts dem Nationalismus und Terrorismus und zum ersten Mal überhaupt dem Kommunismus zuzuwenden. Sie reihten sich jetzt in großer Zahl in den Kampf zur Vertreibung der Briten ein. Wurden sie verhaftet, so pflegten sie die britischen Ordnungswächter dadurch zu verwirren, daß sie auf der Anklagebank neue Namen annahmen. Englischer Polizeirichter: »Ihr Name?« Sikh-Gefangener: »Bombardiert London Singh, Sir.«

Gleichzeitig beschlossen die Sikhs, die korrupten *mahants,* jene Priester, denen die *gurdwaras,* die heiligen Stätten der Sikhs, unterstanden und die die von den Gläubigen gespendeten Gelder verwalteten, von ihren Posten zu vertreiben. Im November 1920 wurde ein »Zentralkomitee für die Verwaltung der Gurdwaras« (SGPC lautete dessen Kürzel in der Sikh-Schrift *gurmukhi)* geschaffen, das die Verantwortung für sämtliche heiligen Stätten der Sikhs übernahm. Es beschloß, den *Raj* um die Erlaubnis zu ersuchen, die Kontrolle über sämtliche Tempel zu übernehmen. Eine militantere Gruppe unterstützte zwar diese Initiative, beschloß aber, daß entschiedeneres Vorgehen erforderlich sei. Sie gründete den Akali Dal (Bund der Unsterblichen) mit dem Ziel, ein Freiwilligenkorps zu organisieren, es im Waffengebrauch auszubilden und den *mahants* die Kontrolle über die heiligen Stätten gewaltsam zu nehmen.

Der Akali Dal erhielt Massenzulauf, als die *mahants* Bürgerwehren organisierten, um jegliche Demokratisierung der Tempel abzuwehren. Es kam zu hitzigen Gefechten, wobei die Briten zumeist die *mahants* unterstützten. Nach und nach gingen die Schlüssel der Tempel an das SGPC über, wobei es zu einem von den britischen Behörden bewußt provozierten Konflikt um die Schlüssel zum Goldenen Tempel von Amritsar kam, dem größten Heiligtum der Sikhs. Am Ende wurde auch diese Schlacht gewonnen. Die Akalis erkannten nun, daß sie ohne die Kontrolle über die *gurdwaras* keine Existenzberechtigung hatten, weshalb sie alles Menschenmögliche unternahmen, um diese zu behalten, was ihnen seit den zwanziger Jahren dieses Jahrhunderts auch gelungen ist.

Nach dem Zweiten Weltkrieg zog die Teilung des indischen Subkontinents düster am Horizont auf. Die Akali Dal-Führer hatten sich nie für einen geeinten Panjab ausgesprochen. Sie erklärten nun, daß sie nie und nimmer eine moslemische Mehrheit hinnehmen würden, weshalb die Provinz geteilt werden müsse. In ihren Gesprächen mit den Briten hoben sie die in der Vergangenheit von den Sikhs bewiesene Loyalität hervor und forderten mehr Brosamen, als man ihnen geben konnte. Die Sikhs stellten nur vierzehn Prozent der Bevölkerung des Panjab. Eine Teilung der Provinz entlang der Religionsgrenzen hieß, daß der Westpanjab pakistanisch und der Ostpanjab indisch werden würde. Die Sikhs aber waren über die ganze Provinz verteilt. Ihre reichsten Böden und nicht weniger als 150 ihrer heiligen Stätten befanden sich im Westpanjab. Gleichwohl wollten sie die Teilung. Nicht zuletzt wegen des von ihnen ausgeübten Drucks trat schließlich auch die Kongreßpartei energisch für die Teilung ein. 1947 gingen alle Hoffnungen, daß beide neuerstehenden Staaten multireligiös bleiben könnten, in kommunalistischen Blutbädern unter. Morde, Vergewaltigungen und Plünderungen überzogen den Panjab. Der Subkontinent errang seine Unabhängigkeit.

Die Sikh-Flüchtlinge aus Pakistan wurden weitgehend in Delhi und im Ostpanjab angesiedelt. Viele von Sikhs geleitete Geschäfte, Betriebe und Restaurants tragen den Namen von Städten und Dörfern im jetzigen Pakistan, eine weitere lebhafte und bleibende Erinnerung an die Tragödie des Jahres 1947. Die Forderung nach einem separaten Staat der Sikhs, Khalistan, wurde 1946/7 von den Akalis erhoben, war aber damals weitgehend als Hebel gedacht, um größere Gebiete in den Westregionen zu bekommen, und wurde von niemandem sonderlich ernst genommen.

In Indien hatte sich der Kongreß verpflichtet, Staaten nach Sprachgrenzen zu schaffen. Nehru war zwar, wie wir gesehen haben, persönlich gegen diese Maßnahme, erklärte sich aber damit einverstanden, ein altes Versprechen auch einzulösen. Die Akalis verlangten sogleich einen Panjabi-Staat. Hätte der dem Kongreß angehörende Regierungschef der Provinz eine Kampagne für einen solchen Staat angeführt, wäre der Kongreß wahrscheinlich in der Lage gewesen, den Akalis das Wasser abzugraben. Aber Pratap Singh Kairon hielt nicht viel von der Idee. Er ließ eine Zählung organisieren, um zu ermitteln, wie viele Menschen Panjabi zu ihrer Muttersprache erklärten. Die

Hindu-Kommunalisten starteten daraufhin eine Kampagne, in der sie die Hindus der Provinz aufforderten, Hindi als ihre Muttersprache registrieren zu lassen, was offenkundig falsch war. Die Propaganda hatte Erfolg, und als die neuen Staaten formiert wurden, spaltete man den alten Ostpanjab noch einmal in Panjab und Haryana mit der in den fünfziger Jahren von Le Corbusier erbauten neuen Stadt Chandigarh als Unionsterritorium und gleichzeitig Hauptstadt beider Staaten. Die Sikhs dominierten jetzt im Panjab, die Hindus in Haryana; eine Bevölkerungsbewegung gab es kaum. Beide Provinzen blieben multireligiös. Der Regierungschef, der am Ende einen Panjabi-Staat durchsetzte, war Indira Gandhi.

Die Bevölkerung des Panjab stimmte keineswegs geschlossen für die Akalis. Sowohl der Kongreß als auch die beiden kommunistischen Parteien erhielten einen großen Anteil der Stimmen, wobei die Auseinandersetzung zwischen Kongreß und Akalis im Mittelpunkt aller Wahlkämpfe stand. Mit Ausnahme des Jahres 1977 hatten die Akalis stets nur etwa fünfzig Prozent der Sikh-Stimmen bekommen. Unterprivilegierte Sikhs gaben ihnen nur selten ihre Stimme und hatten sich mit der Zeit sogar ihre eigenen heiligen Stätten geschaffen. Bei den Wahlen von 1980 konnten die Akalis nur einen einzigen Sitz in der Lok Sabha erringen. Die Gleichsetzung der Sikh-Gemeinschaft mit dem Akali Dal gab es nur in der Propaganda des letzteren. Daß die indischen Medien und der Kongreß auf diese Propaganda hereinfielen, sollte sich als Katastrophe erweisen.

Im Jahre 1980 begannen die Akalis eine neue Agitationsrunde gegen die Bundesregierung, um ihre eigene politische Basis zu verbreitern und eine Revanche für die nächste Runde vorzubereiten. Über ihre Forderungen ließ sich verhandeln, aber dahinter verbarg sich ein wirtschaftliches Muskelspiel. Im Gegensatz zu der von den Akalis verbreiteten Legende hat es eine *wirtschaftliche* Diskriminierung der Sikhs nie gegeben - tatsächlich ist der Panjab die reichste Region ganz Indiens. Die »grüne Revolution« errang etliche Erfolge, wenn auch um den Preis einer rapiden Klassenpolarisierung auf dem Lande. Der Schlüssel zum Verständnis der Akali-Agitation – und es sollte nicht vergessen werden, daß es sich um eine von den privilegierteren Teilen der Sikh-Gemeinschaft dominierte Partei handelt – liegt in der Tatsache, daß sie von bitteren Ressentiments gegen den von den Monopolisten des indischen Kapitalismus angehäuften Reichtum erfüllt war. Nachdem sie wohlhabend geworden waren, verlangten die Panjab-Bauern ein größeres Maß an Kontrolle über die Verteilungssysteme. Zu diesem Zweck gründeten sie ihren eigenen Interessenverband, der höhere Preise für landwirtschaftliche Grundprodukte und niedrigere Preise für staatliche Versorgungsleistungen forderte. Am 6. Oktober 1984 hieß es in einem Kommentar der *Economic and Political Weekly* treffend: »Wird dem Verlangen des kapitalistischen Grundbesitzers nicht entsprochen, dann wird die Lösung des Panjab-Problems in Gestalt einer Erfüllung regionaler Forderungen sich als kurzlebig erweisen.« In diesem Zusammenhang muß auch die Akali Dal-Agitation der Jahre 1981/2 gesehen werden.

Der Kongreß war gegen viele Forderungen der reichen Grundbesitzer gar nicht abgeneigt, da auch er Anhänger unter ihnen hatte, aber ernsthaft wollte er sie nur in Betracht ziehen, wenn er dadurch den Akali Dal als politischen Widersacher im Panjab hätte verdrängen können. Noch unter dem Sikh Giani Zail Singh als Innenminister (er wurde 1982 Staatspräsident) begann der Kongreß Ausschau nach Verbündeten zu halten, um die Akalis zu schlagen. Anstatt aber den Kommunalismus zu bekämpfen und die reformerischen Sikh-Sekten zu stärken, trafen sich Zail Singh und Sanjay Gandhi Ende 1979 mit einem Mann namens Jarnail Singh Bhindranwale, der die Akalis als zu gemäßigt zu attackieren pflegte. Beinahe jeder Beobachter, der nicht gerade ein bezahlter Parteigänger des Kongresses war, erklärte später, daß Zail Singh es war, der Bhindranwale Mut gemacht habe, mit stillschweigender Unterstützung des Kongresses die Akalis anzugreifen. Er kandidierte im Namen des Kongresses für das Gurdwara-Komitee, erlitt aber eine schlimme Niederlage. Wie lange er unter den Fittichen des Kongresses verblieb, kann nur vermutet werden. Keinem Zweifel jedoch unterliegt es, daß er sich sehr bald als Jarnail Singh Frankenstein entpuppte.

Im April 1980 geriet Bhindranwale in den Verdacht, den Tod des Baba Gurbachan Singh angeordnet zu haben, eines Führers der Nirankari-Sekte der Sikhs, die von den Akalis als ketzerisch verurteilt worden war. Am 9. September 1981 wurde Lala Jagat Narain von Terroristen erschossen, ein Journalist, der die Forderung nach der Gründung eines Staates Khalistan kritisiert hatte. Am 13. September erging ein Haftbefehl gegen Bhindranwale. Er suchte Zuflucht in einem *gurdwara* in Mehta Chowk in der Nähe von Amritsar. Seine Anhänger sicherten das Gelände und kämpften gegen die Polizei. Am 20. September stellte sich Bhindranwale überraschend, wurde aber am 15. Oktober auf Anordnung Innenminister Zail Singhs wieder auf freien Fuß gesetzt, die Strafverfolgung eingestellt. Offensichtlich hoffte man, daß ein freier Bhindranwale weiterhin dem Akali Dal als wählbare Kraft Schaden zufügen und damit einer Kongreß-Hegemonie im Panjab den Weg ebnen würde. Das war ein zynisches Stück Realpolitik, das sich als sehr kostspielig erweisen sollte. Wenige Monate später, Anfang 1982, kam es zu schweren Unruhen zwischen Hindus und Sikhs, nachdem vor zwei Hindu-Tempeln die abgetrennten Köpfe von Kühen gefunden worden waren. Eine sezessionistische Gruppe namens Dal Khalsa bekannte sich zu der Tat.

Als die Festnahme von Sikh-Fanatikern begann, erkannte Bhindranwale, daß er einer neuerlichen Verhaftung nicht würde entgehen können. Am 19. Juni 1982 suchte der »Khomeini der Sikhs«, wie einige seiner Anhänger ihn nannten, zusammen mit einer bewaffneten Anhängerschar Zuflucht im Goldenen Tempel zu Amritsar. Es muß darauf hingewiesen werden, daß Sikh-Fundamentalisten aller Art bis dahin mehr Glaubensgenossen ermordet hatten als irgend jemand sonst. Warum erlaubten die etablierten Sikhs es Bhindranwale, sich im Goldenen Tempel zu verschanzen? Und warum hielt die Polizei, die ihn unter Anklage des Mordes verfolgte, vor dem Tempel inne?

Die Antwort auf die erste Frage ist in den Veränderungen zu suchen, die sich im Panjab vollzogen. Die begrenzte Modernisierung hatte zu scharfen Polarisierungen zwischen konkurrierenden sozialen Gruppen geführt. Marx hatte von der französischen Bauernschaft gesprochen als von einer »einfachen Addition gleichnamiger Größen, wie etwa ein Sack von Kartoffeln einen Kartoffelsack bildet«.[8] In den 1970er Jahren begannen sich die Kartoffeln im Panjab voneinander zu unterscheiden. Sie waren keine gleichnamigen Größen mehr. Die reichere, erlesenere Sorte konnte man in einem separaten Sack sehen, getrennt von der zahlreicheren Sorte minderer Klasse. In beiden Fällen waren viele Sikhs darunter. Sumanta Banerji, ein indischer Politikwissenschaftler, erläuterte die Vorgänge in der Gemeinschaft der Sikhs:

Das Wiedererstarken fanatischer Treue zu traditionellen Riten und Symbolen der Sikh-Religion entspringt nicht rein religiösen Motiven. Es hat viel mit dem Wunsch gewisser Kreise zu tun, entstehende kulturelle und wirtschaftliche Abweichungen innerhalb der Gemeinschaft zu ersticken. Trotz der ursprünglichen Botschaft der Kastenlosigkeit werden religiöse Sikh-Institutionen heute mit den mächtigen Jat-Großgrundbesitzern und reichen Bauern assoziiert. Die Angehörigen der niederen Kasten der Gemeinschaft, die zugleich auch die Ärmsten sind, schließen sich reformistischen Sekten wie den Nirankaris oder den Radha Soamis an, die ihnen einen Status der Gleichheit verheißen. Um die religiöse Gemeinschaft intakt zu erhalten (und das ist notwendig für die neue wohlhabende Klasse der Jat-Bauern, wenn sie in Verhandlungen oder Auseinandersetzungen mit der Bundesregierung die Massen der Sikhs hinter sich mobilisieren wollen), hat man Fundamentalisten wie Bhindranwale für nützlich befunden.[9]

Bhindranwale repräsentierte einen Wiedererweckungs-Sikhismus, ein konfessionelles Eiferertum, das imstande war, eine militante Minderheit in eine moralische Mehrheit zu verwandeln. Gewalt und Ritual waren in dieser Hinsicht beide von Bedeutung. Das erklärt, warum er eine so starke Anziehungskraft auf viele ehemalige Sikh-Maoisten im Panjab ausübte. Deren politische Welt war ebenfalls stark von Ritual, Liturgie und Gewalt geprägt. Die Tatsache, daß die Polizei sie in den späten sechziger und frühen siebziger Jahren mit äußerster Brutalität behandelt hatte, war die Ursache ihrer dauerhaften Abwendung vom herrschenden System. Bhindranwale impfte diesen demoralisierten Ex-Maoisten Stolz auf ihre ländliche Welt und die alten Sikh-Werte Kollektivität, Gleichheit und Militanz ein. Er sprach davon, »alle Ungerechtigkeiten zu rächen« und sich gegen das Gesetz zu schützen. Viele ehemalige Naxaliten schlossen sich seiner Schar an und wurden zu den beredtesten Verteidigern des Sikh-Chauvinismus. Nach Kräften bemühten sie sich, diese neu entdeckten Werte an eine jüngere Generation von Sikh-Studenten weiterzugeben.

Dessenungeachtet gehörte es zu den Praktiken der Bhindranwale-Banden, arme Sikhs zu überfallen, die sich zu reformistischen Sekten wie den Nirankaris bekannten. Die Privilegierten unter den Sikhs fanden in Jarnail Singh Bhindranwale einen Kriegerpriester, der für die Aufrechterhaltung der etablierten Gesellschaftsordnung sorgte. Der religiöse Fundamentalismus wurde zu einem Deckmantel, unter dem sie ihre Glaubensgenossen weiterhin ausbeuten konnten. Der einzige »säkulare« Teil dieser fundamentalistischen Agitation, der die breiten Massen ansprechen sollte, war ein wirtschaftlicher Chauvinismus. Der Panjab, so hieß es, stehe ausgezeichnet da und erzeuge mehr Wohlstand als die Nachbarstaaten (wie zum Beispiel Rajasthan und Himachal Pradesh). Warum sollte er sich zwingen lassen, seinen Reichtum mit den ärmeren Regionen Nordindiens zu teilen? Das war natürlich Demagogie der schlimmsten Sorte, denn es wurde bewußt die Tatsache ignoriert, daß es in diesem Reich des Uberflusses (nämlich im Panjab) auch weit verbreitete Armut gab. Nirgendwo sonst in Indien gab es so viele unfreie Arbeitskräfte. Die Löhne der besitzlosen Landarbeiter waren 1984 seit nahezu zwölf Jahren nicht mehr erhöht worden. Tatsachen wie diese wollten die Akali-Führer und die reichen Bauern der allgemeinen Aufmerksamkeit entziehen. Bhindranwale war eine nützliche und höchst wirksame Ablenkung.

Was aber sollte man zum Verhalten der Regierung sagen? Warum hatte sie den aufrührerischen Priester nicht bis in den Tempel hinein verfolgen und verhaften lassen? Schließlich gab es für ein solches Vorgehen in Indien selbst und anderswo Präzedenzfälle. So war die Polizei in einen berühmten Hindu-Tempel eingedrungen und hatte dort einen korrupten Priester verhaftet. Einen Aufschrei der öffentlichen Empörung hatte es nicht gegeben. Als im saudiarabischen Mekka, der heiligen Stadt des Islam, eine dem mittelalterlichen Monarchen jenes Landes verfeindete religiöse Splittergruppe die Kaaba besetzte, hatten die Saudi-Herrscher (selbst religiöse Fundamentalisten erster Ordnung) einen Kommandotrupp, dem auch Franzosen angehörten, in das Heiligtum geschickt, um die Feinde an Ort und Stelle zu liquidieren. Warum also ließ man es zu, daß Bhindranwale den Goldenen Tempel besetzt hielt? Woher nahm er die Gelassenheit, auf dem Gelände des Tempels einen mittelalterlichen Hofstaat zu errichten und ohne die geringsten Probleme Journalisten, Besucher aus der ganzen Welt und seine eigenen Anhänger zu empfangen? Wie konnte es Bhindranwales Männern gelingen, den Tempel in ein gigantisches Arsenal zu verwandeln, das mit einer unglaublichen Vielfalt an Waffen und Bomben vollgestopft war?

Im Panjab war damals eine Kongreß-Regierung an der Macht. Sie unternahm nichts gegen die Männer im Goldenen Tempel, und Bhindranwale blieb dort zwei volle Jahre lang unbehelligt. Nach einem Jahr der Besetzung der heiligen Stätte handelte die Zentralregierung und erlegte dem Panjab wegen der »sich verschlechternden Lage von Gesetz und Ordnung« eine Präsidialregierung auf. Dann verhielt sie sich ein weiteres Jahr lang passiv. Es fällt angesichts dieser Umstände schwer, sich gegen die Schlußfolgerung zu wehren, daß die Kongreß-Administration Bhindranwale tolerierte, um ihr altes Ziel zu erreichen und die Akalis zu vernichten. Je länger Bhindranwale im Tempel blieb, so etwa lautete die Überlegung, um so größere Spannungen würde dies innerhalb des Akali Dal schaffen. Das war keine irrige Annahme. Als Bhindranwales Anziehungskraft sich auf die Wählerbasis der Akalis auszuwirken begann, taten sich unter ihnen gewaltige Risse auf. Es war jedoch zugleich eine extrem gefährliche Taktik, für die sich die Zentralregierung hier entschieden hatte. Mit dem Zermürben der Akalis förderte sie objektiv das Heranwachsen eines ebenso zähen wie unheilvollen Sikh-Nationalismus, der sich über alle ungeschriebenen Spielregeln hinwegsetzte. So verschleppte man die Verhandlungen zwischen Akali und Kongreß so lange, bis die Sikh-Extremisten den Eindruck gewannen, daß der Akali-Führer Longowal zu viele Zugeständnisse mache. Daraufhin fanden die Verhandlungen ein abruptes Ende. Es war ein äußerst zynisches politisches Manöver, das schon sehr bald zur Katastrophe führen sollte.

In einer ausgedehnten Diskussion mit dem bengalischen Historiker Nenai Sadhan Bose, die im August 1984 stattfand und am 4. November 1984 in der in Kalkutta erscheinenden Wochenzeitung *Sunday* veröffentlicht wurde, ging Indira Gandhi ausführlich auf den Panjab ein. Erstaunlicherweise zählte sie zwar etliche interessante Details über die Akalis und ihren Opportunismus auf, kritisierte aber nicht ein einziges Mal Bhindranwale. Das mag daran gelegen haben, daß er mittlerweile tot war; aber seine Anhänger lebten noch.

Heute würde ich sagen [so Indira in jener Diskussion], daß die Panjab-Frage sehr ernst ist, weil die Integrität des Landes noch nie zuvor in dieser Weise herausgefordert worden ist. Und diese Herausforderung hat sich nicht im Panjab erhoben. Sie ist von draußen gekommen. Der Ruf nach einem eigenen Staat wird nicht in unserem Lande erhoben. Er kommt von außen. Er wird in den USA erhoben, er wird in Kanada erhoben, er wird in Westdeutschland erhoben. In Großbritannien ist er verhaltener, aber in Kanada ist er am lautesten, dicht gefolgt von den USA...

Nun ist die Panjab-Situation selbst sehr komplex; das Kastenelement ist hinzugekommen, weil unter den Sikhs die Jat-Sikhs glauben, sie seien anderen überlegen. Aber auch der Akali Dal ist überzeugt, daß man kein Sikh ist, wenn man kein Akali ist... es ist wie in alten Zeiten, als die Hindu-Mahasabha sagte, wer nicht für uns ist, der ist kein echter Hindu, oder als die Moslem-Liga behauptete, daß ein Moslem im Kongreß kein wirklicher Moslem sei.

Daher sind das sehr gefährliche Theorien, weil sie uns zum

Fundamentalismus führen, der den Keim der Zerstörung in sich trägt, der eigenen Religion sogar, wenn man so engstirnig geworden ist . . .

Die Situation im Panjab verschlechterte sich 1982/3 erheblich. Indira beschloß, einen Sikh zum Präsidenten der Union zu machen. Am 15. Juli 1982 wurde Zail Singh, einst Regierungschef des Panjab, dann Innenminister der Zentralregierung, der Mann, der Jarnail Singh Bhindranwale entdeckt hatte, mit großer Mehrheit zum Staatspräsidenten von Indien gewählt. (Das dafür zuständige Wahlgremium setzt sich aus Mitgliedern der Provinzparlamente und des Unionsparlaments zusammen.) Zail Singh war der erste Sikh, der in dieses Amt gewählt wurde. Als ein Journalist ihn fragte, was er von seiner Nominierung halte, erwiderte er: »Wenn meine Führerin gesagt hätte, ich solle einen Besen in die Hand nehmen und Straßenkehrer werden, dann hätte ich es getan. Sie hat mich dazu ausersehen, Präsident zu sein.«

Zail Singhs Aufstieg zur Präsidentschaft hatte keinerlei Auswirkung auf Bhindranwales Verhalten. Er fuhr fort, die Zentralregierung zu verhöhnen; seine Motorradkommandos fuhren fort, seine Gegner zu ermorden. Die Lage im Panjab näherte sich dem Chaos. Die lokale Polizeitruppe war, wie es hieß, extrem korrupt; zwar hatte man bei Einsetzung der Präsidialregierung einen neuen Polizeichef eingeflogen, aber der blieb untätig und wartete auf Befehle von oben. Die lokalen Verwaltungsbosse behaupteten, sie könnten ohne Genehmigung aus Delhi keinerlei Initiativen ergreifen. In Delhi wurden Indira widersprüchliche Ratschläge erteilt. Von Dezember 1982 an sprach sich ihr Sohn Rajiv für einen Kurswechsel und für die Vertreibung Bhindranwales aus dem Tempel aus. »Sagt ihm, er soll kommen und es versuchen«, erwiderte Bhindranwale in seinem lupenreinen Dorf-Panjabi. »Ich habe keine Angst vor ihm oder seiner Mutter. Wer ist sie denn schon? Die Tochter eines Pandits. Sagt ihr, sie solle herkommen, wenn sie mit mir reden will.«

Die Entscheidung Delhis, die Sache einfach treiben zu lassen oder, wie ein britischer Vizekönig es einmal genannt hatte, in »meisterlicher Untätigkeit« zu verharren, führte zu einer scharfen kommunalen Polarisierung im Panjab. Als Reaktion auf Bhindranwales Exzesse waren Hindu-Kommunalisten auf die Straße gegangen, und es war klar, daß bald Blut fließen würde. Indira wachte endlich auf und wurde gewahr, in welch schwieriger Situation sie sich befand. Indem sie sich dagegen entschieden hatte, Bhindranwales Bande gleich zu Beginn des Dramas im Goldenen Tempel zu stellen, hatte sie zugelassen, daß sich die Initiative von Delhi nach Amritsar verlagerte. In dieser Situation würden Zugeständnisse nur Bhindranwales Appetit anregen. Sie wurden gleichwohl gemacht. Am 25. November 1982 proklamierte Indira Amritsar zur heiligen Stadt (das war eine alte Forderung der Sikh-Ältesten). Das bedeutete, daß der Verkauf von Tabak, Alkohol und Fleisch auf dem Gelände des Goldenen Tempels hinfort verboten war. Außerdem sollte es eine tägliche Rundfunkübertragung von Sikh-Gottesdiensten geben.

Während der Brand im Panjab schwelte, gab es drei andere innenpolitische Ereignisse unterschiedlichen Charakters, die die Aufmerksamkeit der indischen Führerin beanspruchten. In Kaschmir starb am 8. September 1982 der alte kaschmirische Nationalist Scheich Abdullah. Indira nahm an den Beisetzungsfeierlichkeiten teil und beriet seine Familie bei der Bestimmung der Nachfolge. Die Nehrus waren nicht die einzige Dynastie im indischen politischen Leben. Es gab andere, und die Abdullahs in Kaschmir gehörten zu den prominentesten unter ihnen. Sohn Farooq Abdullah, ein Doktor der Medizin, war es denn auch, auf den die Wahl der Witwe des Verstorbenen fiel. Der einzige andere Kandidat war der Schwiegersohn, G. M. Shah. Farooq wurde erwählt und zum Führer der Nationalkonferenz von Kaschmir ernannt, einer regionalen Formation, die in der Periode nach 1947 eifersüchtig ihre Unabhängigkeit verteidigt hatte. Die Beziehungen zwischen ihm und Indira verschlechterten sich rapide, nachdem er die Kongreß-Kandidaten in einer Provinzwahl geschlagen hatte, und im Sommer 1984 arrangierte Indira seine Absetzung. Abgeordnete des Provinzparlaments wurden zynisch gekauft (gegen bar) und veranlaßt, zu G. M. Shahs Fraktion überzulaufen. Farooq stürzte. Sein Ansehen hatte sich in den Jahren 1983/4 enorm gesteigert, und er wurde allgemein als einer der wirkungsvollsten indischen Oppositionsführer anerkannt. Auf riesigen öffentlichen Versammlungen verteidigte er mit Nachdruck und Beredtsamkeit den Säkularismus und die Demokratie. Um die Behauptung zurückzuweisen, daß er die unbedeutenden pro-pakistanischen Elemente im Tal unterstütze, verkündete er: »Ich bin als Inder geboren, und ich werde als Inder sterben.«

»Sie wird zu alt«, so Abdullah 1984 gegenüber dem Autor über Indira, bevor er von ihr gestürzt wurde.

Sehen Sie mich an. Wer bin ich? Nach indischen Begriffen ein Niemand. Ein Provinzpolitiker. Hätte sie mich in Frieden gelassen, hätte es überhaupt keine Probleme gegeben. Ihre Kongreßmänner in Kaschmir waren über ihre Niederlage verbittert, also begannen sie zu agitieren. Aber wofür? Für die Macht, die ihnen die Wähler verweigert hatten. Ich habe Mrs. Gandhi ein paarmal getroffen, um ihr zu versichern, daß wir loyal seien, daß wir die Absicht hätten, es zu bleiben, und daß wir freundschaftliche Beziehungen zur Zentralregierung wünschten. Ihre Paranoia war dermaßen stark, daß sie von uns totale Unterwürfigkeit verlangte. Das aber war unmöglich. Also gab sie dem Kongreß von Kaschmir grünes Licht, die Arbeit unserer Regierung zu behindern. Sie war es selbst, die mich zu einem *nationalen* Führer gemacht hat. Ich wäre viel glücklicher, wenn man mich in unserem wunderschönen Kaschmir in Frieden gelassen hätte.

Als ich Indira Gandhi befragte, sagte sie: »Ja, ja, ich weiß, das ist das, was er *sagt*. Ähnliches hat er auch zu mir gesagt, aber er handelt anders. Er erzählt Lügen, und wir können ihm nicht trauen.« Kaschmir hat ihr mindestens achtzehn Monate lang ziemlich viel Arbeit bereitet.

Beschäftigt mit dem Panjab, mit Kaschmir und mit wichtigen Entscheidungen in der Innen- und Außenpolitik, sah sich Indira zu allem Überfluß mit einem häuslichen Putschversuch konfrontiert. Ihre Schwiegertochter Maneka Gandhi, Sanjays Witwe, verließ den gemeinsamen Familiensitz Safdarjung Road 1 und erklärte ihrer Schwiegermutter und Rajiv einen persönlichen Krieg. Sie gab ihren Eintritt in die Politik bekannt und forderte Rajiv zu einem öffentlichen Wahl-Duell heraus. Dieses kam nur deshalb nicht zustande, weil sie noch nicht volljährig war und nach dem Gesetz bei Wahlen noch nicht kandidieren durfte. Rajiv gewann seine Nachwahl, aber das Gespenst seiner Schwägerin begann ihn zu verfolgen. Maneka behauptete, aus dem Familienheim vertrieben worden zu sein. Das war eine Unwahrheit. Wie wir sehen werden, war ihr Auszug Teil eines sorgfältig geplanten Komplotts mit dem Ziel, Indira zu einer Zeit, in der sie in der politischen Arena vor entscheidenden Problemen stand, in größtmögliche Verlegenheiten zu stürzen.

In jenem Jahr wurde viel schmutzige Familienwäsche in aller Öffentlichkeit gewaschen. Indira war tief bekümmert über den erzwungenen Auszug ihres kleinen Enkels Feroze Varun, an dem sie sehr hing. Um sicherzustellen, daß Maneka Sanjays Namen nicht zur Förderung ihrer eigenen politischen Karriere benutzen konnte, wurde dem um ihn getriebenen Persönlichkeitskult ein abruptes Ende bereitet. Der Ziegelsteinsockel, auf dem Sanjays Scheiterhaufen bei seiner Einäscherung entzündet worden war, wurde abgerissen. Die Tatsache, daß der Kult diese offizielle Beendigung nicht überlebte, war der deutlichste Hinweis darauf, wie überflüssig und künstlich er gewesen war.

Zur gleichen Zeit gelangten Rajiv Gandhi und seine Berater zu der Überzeugung, daß der Zeitpunkt gekommen sei, sich der gewählten Regierung in dem südlichen Staat Andhra Pradesh zu entledigen. Sie sollten bald merken, daß sie mit Geld keine Zuneigung kaufen konnten, aber es war eine in jeder Beziehung kostspielige Lektion. Sie fügte Indiras Ansehen im Lande ernsten Schaden zu. Tatsächlich wurde in der Andhra Pradesh-Affäre so stümperhaft verfahren, daß man kaum glauben mag, eine hocherfahrene Umstürzerin von Provinzregierungen, ja eine Pionierin dieses Verfahrens wie Indira könnte den dortigen Geschehnissen allzu genaue Aufmerksamkeit geschenkt haben.

Der kränkelnde Schauspieler NTR geriet durch seine eigenen Umtriebe von Tag zu Tag mehr in Mißkredit. Was sich seine Regierung auf dem Gebiet der Bürgerrechtsverletzungen leistete, war erschreckend. NTR regierte in Andhra Pradesh wie ein Diktator. Er hatte Gewerkschafter verunglimpft, die um ihren Arbeitsplatz kämpften, und bei Angriffen auf *harijans* (Unberührbare) beide Augen zugedrückt. NTR-Anhänger aus den oberen Kasten hatten allein in einem Dorf 86 Häuser angezündet. Vier Unterkasten-Hindus waren bei lebendigem Leibe verbrannt. Bei einem weiteren Angriff auf ein benachbartes Dorf waren zwei Menschen ermordet und mehrere Frauen vergewaltigt worden. Es gab drei voneinander unabhängige Berichte über Fälle von Vergewaltigung weiblicher Häftlinge im Polizeigewahrsam durch Polizisten. Angriffe der Polizei auf Bauern waren an der Tagesordnung. Das Bürgerrechtskomitee von Andhra Pradesh berichtete von einer Reihe von Übergriffen bewaffneter Sondereinheiten der Polizei auf die Armen:

Die Umstände wechseln, die Dörfer wechseln, aber die Einzelheiten eines Überfalls bleiben die gleichen. Zerstörte Häuser, zertrümmerte Ställe und Gerätschaften, verschwundener Schmuck, Früchte und Getreide in die Brunnen geworfen, Männer mit gebrochenen Armen und Beinen, mißbrauchte Frauen, zum Schweigen terrorisiert – das alles findet der Besucher am Morgen nach einem Überfall vor... Alles in allem sind im vergangenen Jahr 250 Dörfer von derartigen Polizeiüberfällen betroffen gewesen.[10]

Das war die Leistungsbilanz von NTR. Als er sich erstmals zur Wahl stellte, hatten die Menschen versucht, ihn zu berühren, weil er ein Schauspieler-Gott sei. Eine Frau war sogar in Ohnmacht gefallen, nachdem sie gerufen hatte: »Da kommt Gott!« Seine Beliebtheit war in der Folgezeit allerdings rasch dahingeschwunden. Selbst zahlreiche politische Gegner Indiras waren zu der Ansicht gelangt, daß der Kongreß beim nächsten Mal in Andhra Pradesh obsiegen werde. In diesem kritischen Augenblick nun hatten Rajiv und seine Freunde die Popularität des alten Schwindlers wiederhergestellt, indem sie seine Regierung absetzten. Ihr Streich geriet jedoch zu einem kläglichen Fehlschlag. Der Telugu-Nationalismus war beleidigt worden. NTR reiste mit seinen Parlamentariern nach Delhi und bat den Präsidenten, darüber zu befinden, wer denn die Mehrheit in der Legislative von Andhra Pradesh habe. Am Ende mußte der Kongreß zum Rückzug blasen, und NTR wurde wieder als Regierungschef eingesetzt. Die ganze Eskapade hatte sich als ein einziges Desaster erwiesen. Geht man davon aus, daß dieser Coup von Kapitän Rajiv und seiner neuen, saubereren Crew ersonnen und gesteuert worden war, dann war das kein gutes Vorzeichen für die Zukunft der indischen Demokratie.

Kehren wir in den Panjab zurück, wo die wilde Demagogie der Sikh-Fundamentalisten begann, breiteres Gehör zu finden. Je länger die Regierung in Delhi zögerte, im Goldenen Tempel einzugreifen, um so mehr erschien es der Bevölkerung, daß sie es war, die sich fürchtete. In dem Maße, in dem diese Schwäche offenkundig wurde, begann man Bhindranwale nicht länger als das Ungeheuer zu betrachten, das er zweifellos war, sondern als einen menschlichen Helden in der Tradition der *gurus* des Sikhismus. Und der *guru,* mit dem er am häufigsten verglichen wurde, war natürlich der martialische Gobind. Das soll nicht heißen, daß die gesamte Sikh-Bevölkerung nur darauf wartete, das Banner von Khalistan zu entrollen. Die Mehrheit der Sikhs stand nie – und steht auch heute nicht – hinter der Forderung nach einem unabhängigen Sikh-Staat. Ohne eine entschlossene Opposition aus den Reihen der Sikh-Gemeinschaft jedoch erschien Bhindranwale als deren maßgeblicher Wortführer, zumal die Akalis zunehmend damit beschäftigt waren, innerparteiliche Kämpfe auszutragen. Ihre Führer waren zudem ausnahmslos von Indira eingekerkert worden.

Die KP(M), die einzige Linkspartei mit einer Basis im Panjab, sah ihre Rolle als Vermittler zwischen Regierung und Akalis, anstatt eine offensive Kampagne gegen den mittelalterlichen Unsinn zu entfesseln, der aus dem Goldenen Tempel zu vernehmen war. Diese Zurückhaltung war eine alte Krankheit der Linken, deren Wurzeln in einer absonderlichen Vorstellung von Säkularismus lagen. Anstatt ihn als Gelegenheit zu sehen, die junge Generation im Geiste der Rationalität zu erziehen und bei ihr ein weltliches, weltoffenes Bewußtsein zu fördern, lobten die meisten nicht-kommunalistischen politischen Gruppierungen in schöner Ausgewogenheit alle Religionen über den grünen Klee. Diese Haltung war, milde ausgedrückt, ein Eigentor. Sie ließ den Säkularismus zu einem ganz und gar negativen Konzept verkommen und predigte im Grunde die Vorzüge und Verdienste der Religion.

Im Februar 1984 war es Indira Gandhi und ihrem engsten Beraterkreis klargeworden, daß es keine auf dem Verhandlungswege herbeigeführte Einigung mit Bhindranwale geben könne. Noch im April jenes Jahres konstatierte Rajiv, daß Bhindranwale ein »religiöser Führer« sei und kein Politiker. Wenn das als Versuch gemeint war, Bhindranwale versöhnlich zu stimmen, dann war es ein kläglicher Fehlschlag. Das Ausmaß, in dem der Kongreß in den Jahren 1982–84 mit Bhindranwale verhandelte, ist noch nicht bekannt, dürfte aber früher oder später ans Licht kommen. Indien ist keine zur Geheimhaltung neigende Gesellschaft. Bis dahin ist jedoch jede Spekulation über dieses Thema fruchtlos.

Im Mai 1984 genehmigte die Regierung einen Plan, in den Goldenen Tempel einzudringen. Der Polizei konnte die Aufgabe nicht übertragen werden, denn die Anzahl an Waffen, über die Bhindranwales Bande gebot, war nach allen vorliegenden Berichten beträchtlich. Also wurde die Armee mit der Operation betraut, wobei die Beteiligung von Sikh-Offizieren und -Soldaten von entscheidender Bedeutung war, um den säkularen Charakter der Verfassung zu wahren. Seit Beginn der Tempelbesetzung war viel Zeit verstrichen. Kaum jemand zweifelte an Inbrunst und Fanatismus der Sikhs im Tempel – die von den Besetzern aufgenommenen Photos waren ausreichende Warnung. Mitunter trug Bhindranwale ein Schnellfeuergewehr, nie aber wurde er ohne Revolver und Patronengurt gesehen. Amrik Singh, sein Adjutant, Vorsitzender des Sikh-Studentenverbandes, trug eine Maschinenpistole und einen Revolver. Auch die Sikhs, die Tag und Nacht Wache hielten, waren schwer bewaffnet. Auf ihren Gesichtern, alt und jung, lagen Zorn und Ratlosigkeit. Wußten eigentlich die meisten von ihnen, warum sie überhaupt dort waren und was ihnen bevorstand?

Das Areal des Goldenen Tempels war um einen riesigen Teich angelegt, in dessen Mitte sich der Harmandir Sahib, der allerheiligste Schrein der Tempelanlage, befand. Die Wege rund um den Teich waren mit Marmorplatten belegt. Auf der einen Seite befanden sich die Quartiere, in denen die Akali-Führer wohnten und arbeiteten; auf dem gegenüberliegenden Ufer befand sich neben weiteren Unterkünften der *Akal Takht,* wo das höchstinstanzliche Gremium des Sikh-Glaubens zur Beratung und Urteilsfindung zusammentrat. Seine Edikte waren heilige Schriften, denen alle Sikhs zu gehorchen hatten; wer sich gegen sie auflehnte, wurde exkommuniziert. In diesem Teil der Tempelanlage schlug Bhindranwale sein Hauptquartier auf. Der Tempel selbst war unter der Herrschaft des Maharadscha Ranjit Singh mit einem goldenen Dach versehen worden. Dieser hatte auch die von Ahmed Shah Abdalis Banden geplünderten und nach Afghanistan verbrachten Reliquien aus dem Tempel zurückgeholt und wieder an ihren alten Platz im Heiligtum von Amritsar gebracht. Hier fand nun die Schlacht statt, die viel zu lange hinausgezögert worden war.

Der Mai ist einer der heißesten Monate in den Ebenen des Panjab. Die Temperaturen steigen dann nicht selten auf über vierzig Grad an. Wenn der heiße Wind weht, der *luh,* wirken die Straßen wie ausgestorben, weil die Menschen sich in den Schatten ihrer Häuser flüchten. Am Abend des 30. Mai 1984 begann die indische Armee, das Gelände des Goldenen Tempels zu umstellen. 70000 Mann waren an der Operation beteiligt. Am 2. Juni trat Indira Gandhi zu einer Sondersendung an die Nation vor die Fernsehkameras. Sie erklärte, die Regierung habe beschlossen, der Gewalt und dem Terrorismus im Panjab ein Ende zu bereiten; sodann schlug sie den Akali-Führern eine Kompromißlösung vor. Sie appellierte an sie, ihre Aktion einzustellen.

General Ranjit Singh Dayal, ein Sikh-Offizier, dem das Kommando West unterstand, wurde als Sonderberater des Gouverneurs nach Amritsar entsandt. Drei Tage lang ließen die Militärs den Tempel und andere Gebiete im Panjab beobachten. Am 3. Juni wußten sie, daß sie einer entschlossenen Bande von Guerilleros gegenüberstanden, von denen etliche militärisch ausgebildet waren. Das waren keine hohlköpfigen Radaubrüder. Ein Sikh-Generalmajor, Shahbeg Singh, der ein Jahr zuvor wegen Korruption aus der Armee verstoßen worden war, hatte sich der Brigade im Goldenen Tempel angeschlossen. Am 4. und 5. Juni rief die Armee die bewaffneten Banden im Tempel auf, sich kampflos zu ergeben. Die Antwort waren Feuerstöße aus Maschinengewehren. Am späten Abend des 5. Juni gelang es einem Kommandotrupp, im Schutze der Dunkelheit in den Teil des Tempels einzudringen, in dem sich die Akali-Führer festgesetzt hatten. Indira hatte persönlich den Befehl erteilt, um jeden Preis alle unbewaffneten Akalis unversehrt herauszubringen. Die vierzig Mann des Stoßtrupps retteten die wichtigsten Führer des Akali Dal, unter ihnen Sant Longowal. Bhindranwales Scharfschützen jedoch erschossen einen alten Widersacher, Gurcharan Singh, den ehemaligen Sekretär der Akalis, sowie Bagga Singh vom SGPC, der sich offen über Bhindranwales Anmaßung lustig gemacht hatte, die Sikhs führen zu wollen. Drei Mann der Kommandotruppen wurden getötet und vierzehn verwundet.

Am Morgen des 6. Juni begann die Schlacht. Die Armee hatte Befehl, allzu große Schäden am Tempel zu vermeiden, und das brachte ihren Gegnern einen deutlichen Vorteil. Mehr als einhundert Soldaten wurden während des ersten Sturmangriffs getötet. Ein höherer Offizier erklärte gegenüber der Zeitung *India Today:* »Es war äußerst bitter für die *jawans* [Soldaten], zusehen zu müssen, wie ihre Kameraden in dem aus dem Tempel abgefeuerten Kugelhagel fielen, und nicht zurückschießen zu dürfen. Offen gesagt, auch wir hätten nie geglaubt, daß unsere Männer so viel Geduld aufbringen würden.« Gegen Ende des Tages wurden Panzer und Artillerie eingesetzt, und die Verteidigung zerbröckelte. Bhindranwale, Amrik Singh und Shahbeg Singh starben mit ihren Schnellfeuergewehren in der Hand, ihre überlebenden Anhänger ergaben sich im Laufe der nächsten Tage. »Operation Bluestar« war beendet.

Einer der ersten, die den Tempel nach der Erstürmung betraten, war Präsident Zail Singh. Die Verluste sprachen für sich: 800 bis 1000 Anhänger Bhindranwales und 200 bis 300 Soldaten der indischen Armee waren in der Schlacht um den Goldenen Tempel gefallen. Am 11. Juni erklärte Indira auf einer öffentlichen Versammlung: »Was da geschah, ist eine Tragödie für Indien. Es sollte nicht als Sieg gefeiert werden.« Bhindranwale wurde für viele Sikhs zum Heiligen, zum Märtyrer in einer Gemeinschaft, deren Religion vom Märtyrertum inspiriert ist. Viele Geschichten kursierten sogleich über seinen Tod, die meisten davon reine Phantasieprodukte. Bauern behaupteten, sie hätten ihn mit einem Falken auf dem Handgelenk gesehen. Ein fliegender Falke war plötzlich von vielen Menschen gesehen worden, zumindest in ihrer Einbildung. Der Falke war der Lieblingsvogel des letzten *guru,* Gobind, gewesen.

Indira Gandhis Entscheidung war unvermeidlich gewesen. Es gab keine andere Möglichkeit, die Herrschaft des Terrors im Panjab zu beenden, die Hunderte von unschuldigen Menschen das Leben gekostet hatte. Die einzige legitime Frage lautete, warum Delhi drei Jahre gebraucht hatte, bevor es zur Tat schritt - drei entscheidende Jahre, in denen ein umfangreiches Arsenal von Waffen gehortet und Bhindranwales Männer im Kampfe ausgebildet worden waren. In London erklärte ein alter Akali-Extremist, Jagjit Singh Chauhan, selbsternannter Führer von Khalistan, daß Indiras Tage gezählt seien. Chauhan verfügt über prominente Kontakte in den Vereinigten Staaten. Sein engster Kontaktmann ist der Senator aus North Carolina, Jesse Helms, aber er behauptet, auch von General Daniel Graham unterstützt zu werden, einem der Vorsitzenden des Nationalen Sicherheitsrates. Chauhan soll Zeitungsberichten zufolge auch Verbindungen zur südafrikanischen Regierung haben. Seine Anhängerschaft im Panjab selbst hingegen ist einigermaßen begrenzt.

Bis zur Operation Bluestar stand fest, daß die Idee eines unabhängigen Khalistan mehr Anhänger außerhalb als innerhalb Indiens besaß. »Der beste Platz für Chauhans Khalistan ist Kalifornien«, so ein Sikh-Professor aus Delhi gegenüber dem Autor. »Mögen ihm doch die Amerikaner etwas Land geben und ihm erlauben, dort einen Sikh-Staat zu errichten, denn im Panjab werden wir so etwas nicht unterstützen.« Ob dies auch nach dem 6. Juni 1984 noch gilt, bleibt abzuwarten. In Ramgarh in Bihar gab es eine Meuterei von Sikh-Soldaten. Sie erschossen einen ihrer Offiziere, aber die Revolte wurde rasch erstickt. Sie symbolisierte jedoch den weiten Weg, den viele Sikhs seit dem Einzug Bhindranwales in den Goldenen Tempel zurückgelegt hatten.

Die Verhandlungen über die Reparatur des Tempels wurden zwischen der Zentralregierung und Baba Santa Singh von der paramilitärischen Sikh-Organisation Nihang geführt. Die Nihangs (Krokodile) führen ihre Herkunft auf eine Kamikaze-Kavallerietruppe zurück, die *guru* Gobind aufgestellt hatte. Während sie sich an die Arbeit machten, richtete Santa Singh ohne Unterlaß Angriffe gegen die

Akalis, weil sie überhaupt zugelassen hatten, daß sich Bhindranwale auf dem Tempelgelände verschanzen konnte: »Warum haben die Akalis nicht gehandelt, als Bhindranwales Männer sich hier in dieser Weise aufführten, als sie ihre Notdurft auf den Balkons des Akal Takht verrichteten, als sie ihre Leibwäsche dort zum Trocknen aufhängten? Warum haben sie mich nie um Hilfe gebeten? Ich hätte nur zu gern meine Kavallerie hineingeschickt. Wofür sind denn diese tapferen Reiter da, wenn nicht dafür, die heiligen Stätten vor der Schändung zu bewahren? Weil sie ihre eigenen Sikh-Truppen nicht gerufen haben, mußte Mrs. Gandhi die ihren schicken.«[11]

Als die ersten Reparaturen abgeschlossen waren, wurde der Tempel wieder der Offentlichkeit zugänglich gemacht. Tausende eilten herbei, um den Schaden zu betrachten und um zu beten, und viele weinten, als sie die Zerstörungen und Einschüsse am *Akal Takht* sahen. Die Sikhs des Panjab befanden sich in einem Zustand tiefer Betroffenheit. Ob die Zeit diese emotionalen Wunden bald geheilt hätte, bleibt eine rein hypothetische Frage, denn drei Monate später wurde in Delhi ein Verbrechen begangen.

Nachdem die Konfrontation im Panjab zu einem vorläufigen Ende gebracht worden war, nahm Indira Gandhi ihre Reisen durch das Land auf, die den bevorstehenden Wahlkampf einleiten sollten. Sie verbrachte zwei äußerst anstrengende, mit Terminen und Veranstaltungen vollgepackte Tage in Orissa. Wie ihr Vater neigte sie bei solchen Anlässen dazu, alle Sicherheitsmaßnahmen zu ignorieren. Am 30. Oktober kehrte sie nach Delhi zurück. Ihre ranghöchsten Minister befanden sich auf Reisen in anderen Teilen des Landes; Rajiv war in Westbengalen und versuchte, den Kongreß-Anhängern in der wichtigsten Bastion der indischen Linken Mut zu machen. Den Morgen des 31. Oktober verbrachte Indira in der Safdarjung Road 1 mit ihren Enkelkindern, als ihr gemeldet wurde, daß der Schauspieler Peter Ustinov mit einem Fernsehteam in ihrem Büro, nur wenige Minuten Fußwegs von ihrem Haus entfernt, auf sie wartete, um sie zu interviewen. Zwei Sikh-Sicherheitsbeamte hatten Dienst. Einer von ihnen, Unterinspektor Beant Singh, gehörte seit vielen Jahren zu ihrer Leibgarde und hatte in dieser Eigenschaft auch schon bei Auslandsreisen zu ihrer Begleitung gehört. Ihre Geheimdienstchefs hatten nach den Ereignissen im Goldenen Tempel seine Versetzung angeordnet, aber Beant Singh war in Tränen ausgebrochen und hatte sie gebeten, den Befehl aufzuheben. Mit den Worten: »Wie können wir eine ganze

Gemeinschaft dafür bestrafen, was irgendeine Minderheit getan hat?« hatte sie daraufhin die geheimdienstliche Anordnung widerrufen.

Als Indira an jenem 31. Oktober von ihrem Haus zum Büro hinüberging wurde sie durch Gewehrsalven von Beant Singh und Wachtmeister Satwant Singh niedergestreckt. Selbst als sie schon reglos am Boden lag, schoß Satwant Singh noch mit seiner Maschinenpistole auf sie. Sie starb kurz darauf. Beant Singh wurde von anderen Sicherheitsbeamten erschossen, Satwant wurde gestellt. Das Attentat war sorgfältig geplant, die Mörder waren sorgfältig ausgesucht worden. Beant Singh hatte gewußt, daß Indira an jenem Tag keine kugelsichere Weste trug. Beide Männer werden der Überzeugung gewesen sein, daß sie sie um der Ehre ihrer Religion willen töten müßten.

Die fortdauerude Kraft der Religion in der modernen Welt ist einer der aufschlußreichsten Aspekte dieses Jahrhunderts. Indien steht in dieser Beziehung keineswegs alleine da. Das, was der Schriftsteller V. S. Naipaul »die Zugkraft der alten Barbarei« nannte, als er über den Mord an Indira Gandhi schrieb, ist nicht auf Indien begrenzt. Die Mitglieder des Ku Klux Klan in den Vereinigten Staaten stehen alle fest im christlichen Glauben. Ihr Symbol ist immerhin ein brennendes Kreuz, und sie beten, bevor sie ausziehen, um zu lynchen. Die protestantisch-katholische Spaltung in Irland, ursprünglich nach Kräften von London gefördert, ist für zahlreiche britische Regierungen zu einem ihrer Hauptprobleme geworden.

Bhindranwale hat seine Entsprechungen heute in den Vereinigten Staaten ebenso wie in Polen. Das Überleben der Religion aus Welten, die in ihren anderen Aspekten längst verschwunden sind, muß eine Antwort auf ein tief empfundenes psychologisches Bedürfnis sein. Die Religion muß ein Identitätsgefühl in einer Welt vermitteln, die ansonsten die Atomisierung der individuellen Existenz befördert. Für Marx war sie nicht allein »Opium des Volks«, sondern gleichermaßen »das Gemüt einer herzlosen Welt, der Geist geistloser Zustände«. Sie schuf ein Gefühl der Kollektivität und Solidarität gegen eine feindliche Welt. Derartige Gefühle sind blind. Einmal erweckt, bedeuten sie den Tod rationalen Verhaltens und Denkens. Satwant Singh und Beant Singh waren Werkzeug und Opfer derjenigen, die die Religion vor den Karren der Politik zu spannen suchten. Sie ließen sich bereitwillig benutzen, aber die wirklichen Mörder stolzieren weiter durch das Land.

Am Abend desselben Tages, an dem seine Mutter so brutal

ermordet worden war, wurde Rajiv Gandhi von Staatspräsident Zail Singh als neuer Ministerpräsident vereidigt. Die Beamtenschaft und eine winzige Schar gewählter und nicht gewählter Berater der toten Regierungschefin führten ihre Wünsche aus. Ein Nehru-Gandhi saß weiterhin in der Safdarjung Road 1. Rajiv Gandhis rasche Nachfolge im Amt des Ministerpräsidenten bezeichnete die Existenz einer politischen Dynastie, wie sie in der Nachkriegsgeschichte der demokratischen Welt einzigartig ist.

Nach der Ermordung Mahatma Gandhis war ganz Indien wie betäubt vor Trauer und Entsetzen. Scham lag auf vielen Hindugesichtern, weil sein Mörder ein Brahmane war. An der Bestattungszeremonie nahm eine unübersehbare, ehrfurchtsvoll schweigende Menschenmenge teil. Nach seinem Tod fand die kommunale Gewalttätigkeit in Indien ein Ende. Indira war von zwei Sikhs getötet worden, die den Auftrag hatten, sie zu beschützen. Der Zorn überall im Lande war echt. Er wurde jedoch sofort von fanatischen Kongreß-Anhängern in Delhi und anderen Städten ausgebeutet. Während Indiras Leichnam auf dem Scheiterhaufen verbrannt wurde, ganz in der Nähe der Stätten, an denen man von ihrem Vater, ihrem Sohn Sanjay und von Gandhi Abschied genommen hatte, stand auch die Stadt, in der sie den größten Teil ihres Lebens verbracht hatte, in Flammen. Versessen darauf, Rache zu üben, überfielen Hindus Sikh-Familien und brannten ihre Häuser, Geschäfte und Firmen nieder. Delhi ertrank im Blut, während die Polizei teilnahmslos zuschaute. M. J. Akbar, Chefredakteur des in Kalkutta erscheinenden *Telegraph,* schickte seiner Zeitung folgenden Bericht aus der brennenden Stadt:

Die Wildheit des Hindu-Pöbels, der durch die Hauptstadt tobte, zeigte wieder einmal, wie sehr die Menschen sich überschätzen; kein Tier hätte je in solcher Brutalität geschwelgt. Auch jetzt noch, während ich im Büro an der Schreibmaschine sitze, weit weg von der gespenstischen, makabren Wonne der jungen Männer, die tanzten, während sie brandschatzten und plünderten, tritt mir der kalte Schweiß auf die Stirn, bevor ich in tiefe Niedergeschlagenheit versinke. Wenn das die indische Wirklichkeit werden soll, welchen Sinn hat es dann, Indien zu erhalten?

Kleine Kinder wurden lebendigen Leibes verbrannt, Frauen vergewaltigt. Die ältere Generation erinnerten die Greueltaten an die Teilung des Subkontinents 1947, als die gleichen Schreie und brennenden Häuser die ersten Tage der Unabhängigkeit gekennzeichnet hatten. Damals wie jetzt gab es Menschen, die der flüchtenden Minderheit Schutz und Zuflucht gewährten; damals wie jetzt wurden Patrouillen gebildet von Menschen, die anständig und ehrenhaft waren und sich weigerten, die grauenhaften Ausschreitungen gutzuheißen, zu tolerieren oder die Augen vor ihnen zu verschließen.

Was in Delhi geschah, war schlimmer als irgendwo anders. Der Pöbel riß die Herrschaft an sich. Elias Canettis Beschreibung einer tobenden, von ihren eigenen Haßgefühlen und Traumata geblendeten Menge in seinem Buch *Masse und Macht* ist eine erschütternd genaue Darstellung dessen, was sich in Delhi nach der Ermordung Indira Gandhis ereignete:

Die Hetzmasse bildet sich im Hinblick auf ein rasch erreichbares Ziel. Es ist ihr bekannt und genau bezeichnet, es ist auch nah. Sie ist aufs Töten aus, und sie weiß, wen sie töten will. Mit einer Entschlossenheit ohnegleichen geht sie auf dieses Ziel los; es ist unmöglich, sie darum zu betrügen. Es genügt, dieses Ziel bekanntzugeben, es genügt zu verbreiten, wer umkommen soll, damit eine Masse sich bildet. Die Konzentration aufs Töten ist eine besondere Art und an Intensität durch keine andere zu übertreffen. Jeder will daran teilhaben, jeder schlägt zu. Um seinen Schlag führen zu können, drängt sich jeder in die nächste Nähe des Opfers. Wenn er nicht treffen kann, will er sehen, wie es von anderen getroffen wird. Alle Arme kommen wie aus ein und demselben Geschöpf . . .
Ein wichtiger Grund für das rapide Anwachsen der Hetzmasse ist die Gefahrlosigkeit des Unternehmens. Es ist gefahrlos, denn die Überlegenheit auf seiten der Masse ist enorm. Das Opfer kann ihnen nichts anhaben. Es flieht oder es ist gefesselt. Es kann nicht zuschlagen, in seiner Wehrlosigkeit ist es nur noch Opfer.[12]

Canetti spricht von einem *universalen* Phänomen, aber das hilft nicht, die Verbrechen, die kollektiv in Delhi begangen wurden, zu entschuldigen oder zu mindern. Eine ganze Gemeinschaft wurde für den Tod Indira Gandhis bestraft. Der neue Ministerpräsident befahl schließlich der Armee, den Massen Einhalt zu gebieten, ganz gleich zu welchem Preis. Er begab sich dann in die eilig organisierten Flüchtlingslager, wo die Sikhs von Delhi Zuflucht suchten vor den brandschatzenden und mordenden Hindu-Horden. Er weinte, so wird berichtet, und schüttelte viele Hände. »Wenn *Sie* uns hätten töten wollen«, sagte eine Sikh-Frau zu ihm, »dann hätte ich das verstanden. Schließlich haben diese beiden Sikhs Ihre Mutter getötet. Aber Sie sind ruhig, und *die da* töten uns!« Als Rajivs Großvater Ministerpräsident wurde, hatte auch er Flüchtlingslager in Delhi besucht und sich voller Zorn über das Unvermögen der Polizei geäußert, das Leben unschuldiger Menschen zu schützen. Auch Rajiv übte massive Kritik an den Polizeikräften. Während er der Einäscherung seiner Mutter beiwohnte, wird sein Schmerz auch jenen anderen Opfern der Tragödie gegolten haben.

Indira war nicht mehr. Jawaharlals Tochter war tot, und mit ihr endete eine Epoche. Sie war in vieler Hinsicht das letzte Bindeglied zwischen dem alten und dem neuen Kongreß. Sie war in einer Zeit großgeworden, in der Ideale noch etwas bedeuteten, als es Ziele zu erkämpfen gab und die Zukunft rosig erschien, als viele Kongreß-Mitglieder glaubten, daß in den vor ihnen liegenden Jahren die magische Stadt erbaut werden könne, von der Jawaharlal gesprochen hatte. Indira hatte all die Veteranen der Unabhängigkeitsbewegung, die nationalistischen und die sozialistischen, gekannt. Was mag sie angesichts des Niedergangs einer einst machtvollen politischen Organisation empfunden haben? Damals war das Geld von G. D. Birla und seinen Freunden gekommen. Es war kapitalistisches Geld, aber ihm haftete nichts Zwielichtiges an, und jedermann wußte, daß Indiens Kapitalisten auf ihre Weise auch Nationalisten waren. An Birlas Stelle war jetzt Haji Maastan getreten, dessen Geld »schwarz« war, anrüchig, illegal und böse, und mehr noch, er forderte Gegenleistungen und Vergünstigungen. Sein Vorbild war Marlon Brando in »Der Pate«, aber in Interviews sagte er, daß er sich selbst zwar als Brando sähe, daß aber die Wirklichkeit eher dem »Paten II« gliche und der Verbindung zwischen Gangstertum und Politik.

Liebedienerei und Schmeichelei waren in den Indira-Jahren zu einem nationalen Zeitvertreib geworden. In den alten Tagen im Anand Bhavan war Jawaharlal Nehru, als einige seiner Anhänger in begeisterter Schwärmerei anfingen, ihn das »Juwel Indiens« zu nennen, von allen daheim unbarmherzig verspottet worden: »Würde das Juwel Indiens so liebenswürdig sein und mir das Salz reichen?« Oder: »Möchte das Juwel Indiens vielleicht noch etwas essen?« Die ganze Familie hatte lauthals gelacht, einschließlich des Objekts der Heiterkeit. Als Indira von einem alten Familienfreund an diese Szenen erinnert und gefragt wurde, wie sie auf ihre

Schmeichler reagiere, erwiderte sie: »Zur Zeit meines Vaters waren uns derartige blumige Reden neu, deshalb machten wir uns darüber lustig. Heute werden Superlative so unterschiedslos gebraucht, daß ich bezweifle, ob irgend jemand sie ernst nehmen kann. Meine Familie und ich tun es jedenfalls nicht.«[13]

Indira war sich immer bewußt, daß sie von der Kugel eines Attentäters niedergestreckt werden könnte. Wenn amerikanische Präsidenten schon nicht sicher waren, dann war es niemand. Wenige Wochen vor ihrem Tod gestand sie einem Interviewer, daß sie auf alles vorbereitet sei, denn sie habe ein verantwortliches Leben geführt - allerdings konnte auch sie sich nicht träumen lassen, daß ihre eigenen Leibwächter sie vor der Tür ihres Hauses töten würden. Sie war eine starke und skrupellose politische Führerin, doch in ihrem Privatleben war sie eine liebevolle, herzliche Mutter und Großmutter. Wohnten denn zwei Seelen in ihrer Brust? Sie selber neigte dazu, derartige Behauptungen mit den Worten zu leugnen: »Ich bin immer dieselbe.« Aber niemand ist jederzeit und immer derselbe. Jeder Mensch hat viele Seiten, wenn auch die meisten dieser Seiten den Blicken der Öffentlichkeit verborgen bleiben. Das politische Erbe, das Indira ihrer Nation vermachte, war zwiespältig. Sie baute auf der von Jawaharlal Nehru und Krishna Menon begründeten Außenpolitik auf und stärkte sie. Ihr Erfolg auf diesem Gebiet wurde deutlich an den Gästen, die zu den Trauerfeierlichkeiten kamen, um ihr ihren Respekt zu erweisen.

An der innenpolitischen Front begann das riesige Land zunehmend Auflösungserscheinungen zu zeigen. Die sozialen Polarisierungen verschärften sich. Trotz aller rhetorischen Beteuerungen war der Kongreß zu einem Werkzeug der Klassen geworden, die Indien beherrschen, auch wenn er sich mit seinem immer matteren Appellen an die Unterprivilegierten zu wenden versuchte.

Es gab durchaus eine Kluft zwischen Indiras persönlichem Leben und ihrer Politik. In Pirandellos Stück »Sechs Personen suchen einen Autor« sagt an einer Stelle der mit Tragik beladene Vater:

Mir ist bewußt, daß jeder von uns sich für »Eines« hält, aber das stimmt nicht. Er ist »Vieles« ... entsprechend all den Möglichkeiten des Seins, die in uns liegen. »Eines« mit diesem, »eines« mit jenem – und mit völlig Verschiedenen! Und dabei stellen wir uns vor, für alle immer »einer« zu sein, und zwar dieser »Eine«, für den wir uns bei jeder unserer Handlungen halten. Das stimmt aber nicht! Das ist nicht wahr, Es wird uns klar, wenn wir durch einen unglücklichen Zufall plötzlich an irgendeine unserer Handlungen gekettet sind. Das heißt: wir erkennen, daß diese Handlung nicht unser ganzes Wesen ausdrückt und daß es daher eine fürchterliche Ungerechtigkeit wäre, uns allein nach ihr zu beurteilen, uns auf sie festzunageln und an den Pranger zu stellen, als würde unsere ganze Existenz in dieser einen Handlung sichtbar.[14]

Das ist ein treffender Nachruf auf Indira Gandhi, die fast sechzehn Jahre lang Indiens Ministerpräsidentin gewesen ist, schillernd, wechselhaft und doch von einer erstaunlichen Charakterstärke und Konsequenz geprägt.

TEIL III

DIE BRÜDER GANDHI

Sanjay (1946–1980)
Rajiv (geb. 1944)

Die Enkel der Nation

Rajiv Gandhi wurde am 20. August 1944 in Allahabad, sein Bruder Sanjay am 14. Dezember 1946 in Delhi geboren.

Die Kindheit ihrer Mutter war, wie sie selbst gesagt hat, »anomal« gewesen, »voller Einsamkeit und Unsicherheit«. Das hatte sie zu dem Entschluß gebracht, dafür Sorge zu tragen, daß es ihren Kindern nie an Liebe, Geborgenheit und der Gesellschaft von Kindern gleichen Alters mangeln sollte. So erfuhr Rajiv während seiner ersten drei Lebensjahre ein hohes Maß an Zuwendung und Aufmerksamkeit. Die Familie lebte noch im Anand Bhavan. Feroze und Indira hatten das Haus für sich, da Jawaharlal im Gefängnis saß. Rajiv war ein fröhliches Kind und lachte gern. Im Jahre 1946 dann trafen ihn gleich zwei Schläge: sie mußten Allahabad verlassen und nach Lakhnau umziehen, und Sanjay wurde geboren. Seine Mutter erinnerte sich später: »Mir ging es alles andere als gut, und seine zornigen Trotzanfälle störten mich sehr. Schelte machte alles nur noch schlimmer. Also versuchte ich es mit einem Appell an seine Vernunft. Ich erklärte ihm, daß mich sein Gebrüll bei aller Liebe zu ihm doch sehr störe.« Dann kam es zu folgendem Gespräch zwischen dem Dreijährigen und seiner Mutter:

Rajiv: Was soll ich machen? Ich will nicht weinen, aber es kommt einfach.

Indira: Da ist ein schöner Springbrunnen im Garten. Wenn du weinen mußt oder schreien, geh zu dem Springbrunnen und tu es dort.

Nach diesem kinderpsychologischen Experiment, berichtete Indira später, »flüsterte ich beim ersten Anzeichen von Tränen das Wort ›Springbrunnen‹, und schon zog er ab. Im Garten gab es viel, was seine Aufmerksamkeit ablenkte, und bald hatte er seinen Kummer vergessen.«[1] Feroze seinerseits war ein liebevoller, stets zu Spiel und Scherz aufgelegter Vater. Er war nicht im geringsten autoritär und seinem ganzen Wesen nach alles andere als ein Patriarch. Auch spielte er nicht die Rolle eines gestrengen Vaters. Er bastelte Spielzeug aus Holz für die Kinder und spielte mit ihnen, so oft er Zeit fand. Es war kein Geheimnis, daß er zutiefst unglücklich war, als Indira die Kinder zu ihrem Großvater mitnahm und sie hinfort in der palastartigen Residenz des Ministerpräsidenten in Delhi lebten. Sanjay war noch sehr klein, aber Rajiv war schon über drei Jahre alt, als er zum zweiten Mal eine gerade erst liebgewonnene Heimat verlassen mußte.

Eine der ersten bösen Erinnerungen müssen für Rajiv die kommunalen Unruhen gewesen sein, die Delhi im Jahre 1947 erschütterten, als Sikh- und Hindu-Flüchtlinge aus Pakistan unter den unschuldigen Moslems der Stadt Massaker anrichteten. Indira und die Kinder waren zu der Zeit in Massuri gewesen, einem Kurort in den Bergen. Feroze hatte ihnen telegraphisch mitgeteilt, daß sie unter gar keinen Umständen nach Delhi zurückkehren sollten. Indira zerbrach sich den Kopf darüber, was das wohl zu bedeuten habe. »Wie alle jungen Ehefrauen wurde ich mißtrauisch, und ich dachte, das wäre wohl ein guter Grund, sofort zu kommen.«[2] Am Telephon schilderte Feroze die Scheußlichkeiten, die Tag für Tag begangen wurden, und machte ihr deutlich, daß dies kein Ort sei für Frauen und Kinder. Indira reagierte genau umgekehrt. Sie packte die Koffer und nahm den nächsten Zug nach Delhi. In Shahdara, einem Vorort der Hauptstadt, wurden sie und ihre Kinder Zeuge, wie eine tobende Menschenmenge Anstalten machte, einen Moslem auf dem Bahnsteig zu lynchen. Indira war außer sich vor Empörung. Ihr Nehru-Temperament ließ sich nicht mehr zügeln. Ihre völlig verstörten Söhne im Zug zurücklassend, sprang sie aus dem Abteil und brachte die Menschenmenge durch einen höchst wirksamen Auftritt zur Ruhe. Das Opfer war gerettet, der Zug fuhr weiter.

Im Teen Murti House, dem Amtssitz des Ministerpräsidenten in Delhi, lebten Rajiv und Sanjay abgeschirmt von der rauhen Außenwelt. Das Haus war auf allen Seiten von riesigen Rasenflächen umgeben; es hatte große, hohe Räume und ausladende Veranden und Balkons. Jawaharlal liebte Tiere, und das Gebäude wurde durch einen kleinen Zoo erweitert, in dem die Tiere lebten, die dem Ministerpräsidenten auf seinen Reisen durch Indien geschenkt wurden. Es gab Hunde aller erdenklichen Rassen, Papageien und alle möglichen anderen Vögel, Eichhörnchen, Kaninchen und aufregendere Neuankömmlinge, die dem Großvater und den Enkeln immer neue Abwechslung boten. In Assam war Nehru ein roter Himalaya-Panda geschenkt worden. Es war ein Jungtier. Rajiv und Sanjay hatten noch nie ein solches Tier gesehen und schlugen in einer örtlichen Bibliothek in einem Buch über indische Tiere nach, um diese kleine Kugel aus Fell näher bestimmen zu können. Rajiv gab dem Tier den Namen Bhimsa, und es bewohnte eine Ecke im Badezimmer der Jungen. Indira übte zähneknirschend Nachsicht: »Ich konnte das Tier nicht dazu erziehen, stubenrein zu sein, und es kletterte immer auf den Handtuchständer, um sein Geschäft zu verrichten. Außerdem rannte es ständig im ganzen Haus herum.« Der Panda wurde am Ende in den Garten verbannt, und im Sommer, wenn es in Delhi zu heiß wurde, kam er in das kühlere Klima von Nainital. Die Assamesen sorgten für eine Gefährtin für Bhimsa. Sie hieß Poma – das sikkimesische Wort für Lotus. Die beiden Pandas fanden sofort Gefallen aneinander. Es war Liebe auf den ersten Blick, und sie bekamen Junge, was höchst ungewöhnlich ist für Pandas, die in Gefangenschaft leben. Rajiv und Sanjay waren ganz hingerissen vor Freude. Ihrem Großvater ging es nicht anders. Es kam zu einem kleinen Wettstreit um die Zuneigung der Tiere. Jawaharlal verbrachte jeden Morgen und jeden Abend einige Zeit mit ihnen. »Er fehlte ihnen sehr, wenn er mal nicht zu Hause war«, erinnerte sich Indira später. Fühlte sich Jawaharlal nicht wohl, brachten ihm seine Enkel Bhimsa in sein Schlafzimmer, was ihn jedesmal merklich aufmunterte.[3]

Ein Jahr, bevor Rajiv und Sanjay ins Internat geschickt wurden, gab es eine Vergrößerung des Zoos von Teen Murti. Drei Tigerjungen kamen ins Haus. Rajiv und Sanjay schlossen sie sofort ins Herz. Es dauerte nicht lange, da tollten sie ganz ohne Furcht mit den Tigern umher. Sie gingen mit ihnen um wie mit ganz gewöhnlichen Haustieren. Andere Kinder, aber auch Erwachsene blieben wie gebannt stehen, wenn sie die jungen Tiger sahen. Sie weigerten sich, ihnen zu nahe zu kommen, zum großen Vergnügen von Rajiv und Sanjay, die bei solchen Gelegenheiten mit ihrem Mut und ihrer Unerschrockenheit prahlten. Als die Tiger zu groß wurden, gab man zwei von ihnen an den Zoo von Lakhnau. Der dritte hatte den Gefallen eines führenden internationalen Politikers gefunden, der gerade zu Besuch in Delhi weilte: Marschall Tito aus Jugoslawien. Nehru machte ihm den Tiger zum Geschenk, und so reiste dieser zusammen mit dem Marschall nach Belgrad.

Das Leben war voller Abwechslung für die beiden Jungen, aber die Atmosphäre in Delhi war sehr verschieden von derjenigen der Tage im Anand Bhavan in Allahabad. Jawaharlal und Indira waren zu einer Zeit herangewachsen, in der Indien in ein langes und zähes Ringen um seine Unabhängigkeit verwickelt war. Eine ausländische Macht hielt das Land besetzt. Indiras Kindheit war geprägt von den ständigen Besuchen im Gefängnis, wo ihr Vater und ihr Großvater saßen, später auch ihre Mutter, bis sie am Ende selbst einige Zeit dort verbringen mußte. Unabhängigkeitskampf und Gefängnis hatten Vater und

Tochter geistig und politisch geprägt. In ihrer Jugend und später als Studentin hatte Indira Beatrice Webb gelesen, Harold Laski, Aneurin Bevan und Bernard Shaw. Später las sie Sartre, Camus und de Beauvoir im französischen Original. Bei ihren Aufenthalten in Europa hatte sie westliche klassische Musik, besonders Bach und Beethoven, schätzen und lieben gelernt. Ihre Lieblingsstadt in Europa war Florenz. Später wurde ihre Lektüre dann etwas weniger anspruchsvoll. In den letzten Jahren ihres Lebens gehörte Barbara Cartland zu ihren Lieblingsautoren, was vielleicht symptomatisch war für den allgemeinen geistigen Niveauverlust des Landes.

Rajiv und Sanjay dagegen wuchsen im Schatten der Machtpolitik heran. Nehru war ein volkstümlicher politischer Führer, aber seine Amtszeit war schwerlich ein goldenes Zeitalter. Das Absinken des politischen Niveaus hatte zu seinen Lebzeiten begonnen. Politik im Indien der fünfziger Jahre, das bedeutete, soweit Rajiv und Sanjay betroffen waren, endloses Photographiertwerden mit der Mutter und dem Großvater, gelegentliche Begleitung des Großvaters auf einem Staatsbesuch und das Aufsagen von Höflichkeiten zu Besuchern und Würdenträgern aus dem Ausland. Es bedeutete auch, Zeuge der schäbigeren Seite der Politik zu werden, wenn die Bosse der Kongreßpartei im Teen Murti House erschienen, um ihre Reverenz zu erweisen. Kurz gesagt, die Brüder Gandhi waren zu Enkeln der Nation geworden. Was immer das sonst bedeutet haben mag, es trug ganz gewiß nicht dazu bei, sie in einer kritischen Betrachtung Indiens und der Welt zu schulen. Die mit der Macht einhergehenden Zeremonien und Rituale werden ihre Wirkung auf die beiden Jungen nicht verfehlt haben. Ihr Leben und ihre Wahrnehmung der Wirklichkeit wären sicherlich anders verlaufen, hätten sie bei ihrem Vater in dessen bescheidenem Abgeordneten-Bungalow gelebt. Feroze Gandhis Lebensstil unterschied sich in fast jeder Beziehung ganz wesentlich von demjenigen im Hause des Ministerpräsidenten.

Feroze hatte sich sein eigenes, unabhängiges Leben geschaffen und war damit glücklich. Er haßte Protokoll, Staatsbankette und Formalitäten jedweder Art. Am wohlsten fühlte er sich beim Familienpicknick, wo er nach Herzenslust lachen, scherzen und herumtollen konnte. Zu seiner Selbständigkeit gehörte auch seine Weigerung, sich an Vertuschungsaktionen aller Art zu beteiligen, um die Einigkeit der Kongreß-Hierarchie zu erhalten. Er war ein Bilderstürmer und stand dem Kurs, den die Kongreßregierungen unter dem Kommando seines Schwiegervaters einschlugen, äußerst kritisch gegenüber. Unter seiner Obhut wären die Kinder nicht so geblendet worden durch ihre Nähe zur Macht.

Indira wurde zunehmend in die Tagespolitik verwickelt, und eine Entscheidung, was mit den Jungen geschehen solle, ließ sich nicht mehr aufschieben. Rajiv war elf, Sanjay acht. Ihre weitere Erziehung wurde für Indira, Feroze und Jawaharlal zu einer brennenden Frage. Es wurde beschlossen, sie auf das führende Internat des Landes, nach Dehra Dun in den Vorgebirgen des Himalayas, zu geben. Dort gab es frische Luft und, wie man hoffte, einen guten Umgang und eine erstklassige Erziehung. Neben der angesehenen Doon School, die 1935 von einem anglophilen Inder gegründet worden war, beherbergte Dehra Dun auch Indiens erste Militärakademie.

In Britisch-Indien war gute Erziehung in erster Linie eine Sache der Oberklasse gewesen. Die ältesten Schulen hatte man gegründet, um die Söhne der königlichen Häuser und die Erben der großen Landgüter des Adels zu erziehen. Das Chief's College in Lahore etwa war, wie sein Name schon sagt, ganz darauf abgestellt, die Chefs von morgen heranzuziehen. Die meisten Inder wurden von seinen Umgrenzungen ferngehalten, nicht, um Polarisierungen zu fördern, sondern um sicherzustellen, daß die alte Elite die neuen Führer der Inder stellte und in deren Namen mit den Briten verhandelte. Andere Schulen standen natürlich auch geringeren Sterblichen offen. Von irgendwoher mußten ja die Beamten kommen, die für das Empire so unentbehrlich waren. Im Laufe der Zeit erkannte man, daß das Chiefs College-Syndrom nicht mehr ausreichte. Polo, Kricket und Müßiggang mochten ausreichen, um einen Großgrundbesitz zu führen oder irgendeine Duodezdespotie, aber um eine Schicht hervorzubringen, die eine Industrie managen und das Land nach Erlangung der Unabhängigkeit führen konnte, bedurfte es doch etwas mehr.

In den zwanziger und dreißiger Jahren dieses Jahrhunderts wurde in den klimatisch angenehmen Gebirgsorten Indiens eine Anzahl von Schulen gegründet. Sie waren nach dem Vorbild der englischen Internate geschaffen, legten großen Wert auf Sport und boten zugleich einen soliden Lehrplan, der von einer ganzen Reihe tüchtiger und relativ aufgeklärter Lehrer unterrichtet wurde. Da gab es St. Paul's und St. Joseph's in Darjeeling; Oak Grove in Massuri; Sherwood College in Nainital; Burn Hall in Abbotabad; Lawrence College in Ghora Gali; Bishops Cotton in Simla; St. Edmund's in Shillong und eben die Doon School in Dehra Dun, um nur einige wenige zu nennen. Die Vorsilbe »St. « führten gewöhnlich jene Schulen, die von Jesuiten oder von katholischen Fratres geleitet wurden. Diese Schulen tendierten zu äußerster Strenge, hielten aber zugleich einen recht rigorosen akademischen Standard aufrecht.

Die Doon School wurde im Herbst 1935 auf einem 28 Hektar großen Gelände in Dehra Dun gegründet. Erklärtes Ziel der Schule war es, eine allseits gebildete Persönlichkeit zu entwickeln. In der Anzeige, mit der die Stelle des Schuldirektors erstmals ausgeschrieben wurde, hieß es: »Obgleich sklavische Nachahmung vermieden werden soll, wird die geplante Schule versuchen, in einer Atmosphäre indischer Kultur und sozialer Einbettung viele der besten Eigenschaften englischer Internate zur Entfaltung zu bringen.« Tatsächlich aber wurde »sklavische Nachahmung« keineswegs vermieden. Das war auch gar nicht möglich. Die englischen Internate waren zu unentbehrlichen Lieferanten von Armee-Offizieren und Beamten geworden, die das Empire in Gang hielten. In Indien wurden diese Schulen benötigt, um die Tradition fortzuführen, aber mit einheimischem Nachwuchs. In gewisser Weise war es symbolisch, daß sich die Militärakademie und die angesehene Internatsschule beide am gleichen Ort befanden; die indische Armee und die Beamtenschaft bedurften solcher und ähnlicher Institute überall im Lande.

Rajiv und Sanjay trafen 1955 in Dehra Dun ein. Jedermann wußte, wer sie waren, aber niemand machte sich etwas daraus. Die Schule war voller junger Männer aus privilegierten Familien, und die Tatsache, daß Nehrus Enkel zu dieser auserlesenen Schar gestoßen waren, konnte niemanden überraschen. Die Freunde, die insbesondere Sanjay hier finden sollte, blieben seine »Kumpel« für den Rest seines Lebens, und ihre Spitznamen wie »Dumpy« und »Roly-Poly« (wie sie Akbar Ahmed und Kamal Nath zuteil geworden waren) sollten später in der indischen Presse ihre Rolle spielen.

Schulleiter im Jahre 1955 war ein legendärer Engländer namens J. A. K. Martyn. Zehn Jahre lang, von 1924 bis 1934, hatte er in Harrow unterrichtet, war dann mit Arthur Foot von Eton nach Indien gegangen und hatte bei der Gründung der Doon School geholfen. 1948 war er deren Direktor geworden und hatte diesen Posten achtzehn Jahre lang inne. Er war stark beeinflußt von den pädagogischen Theorien Kurt Hahns und hatte viele der von ihm eingeführten Reformen übernommen. Er galt allgemein als bescheiden und freundlich und fügte sich mühelos in die indische Gesellschaft der Zeit nach der Unabhängigkeit ein. Er liebte die Berge, und die anstrengenden Klettertouren der Schule wurden von ihm mit größter Sorgfalt bis ins kleinste Detail geplant. Er machte zahllose junge Inder mit den Freuden des Bergsteigens bekannt.

Nach Angaben ihrer Mitschüler fühlten sich sowohl Rajiv als auch Sanjay wohl an der Doon School, wenn auch der jüngere Bruder schon damals als der weitaus extrovertiertere galt. Doch hat man weder von ihm noch von Rajiv je gehört, daß sie mit der Stellung ihres Großvaters im Lande geprahlt oder versucht hätten, daraus Nutzen zu ziehen. Zu ihren Altersgenossen gehörten der Schauspieler Roshan Seth, der später in Richard Attenboroughs Film »Gandhi« Nehru spielen sollte, und Vivan Sunderam, der Marxist und Maler der Baroda-Schule wurde, der aufregendsten und originellsten Künstlergruppe Indiens. Abgesehen von ihnen wurden die meisten Doscos (so nannten sich die »Ehemaligen« der Doon School) später Beamte, Journalisten, leitende Angestellte, Industrielle oder hohe Armee-Offiziere.

Das in Bombay erscheinende Magazin *Imprint* veröffentlichte einmal einen Artikel über die Schule mit einer Anekdote, die der Autor von einem alten »Dosco« mit dem Spitznamen »Taggy« (eine Kurzform von Tagore) gehört hatte. Es ging darin um einen Zwischenfall aus dem indisch-pakistanischen Krieg in Bengalen: »Während des Krieges von 1971 an der pakistanischen Grenze griff sich ein verdienter Kommandeur eines indischen Regiments ein Megaphon und brüllte zur anderen Seite hinüber: ›Gibt es da drüben einen Doon-Schüler?‹ Als die Antwort negativ ausfiel, sagte er: ›OK, also dann: Feuer!‹« Diese Geschichte klingt grotesk, aber sie ist keineswegs erfunden. Es gab andere Zwischenfälle ähnlicher Art, über die damals berichtet wurde. Viele hohe indische und pakistanische Offiziere waren »Ehemalige«, wenn nicht derselben Schule, so doch derselben Militärakademie in Dehra Dun, und nach der Kapitulation wurden bei dem einen oder anderen Glas standesgemäßen schottischen Whiskys manche alten Anekdoten ausgetauscht.

Im Jahre 1960 war Feroze gestorben. Beide Jungen waren tief getroffen. Rajiv war in Gefühlsdingen der zurückhaltendere von beiden, aber auch er hatte seinen Schmerz nicht verbergen können. Sanjay war sichtlich erschüttert. Einem alten Freund der Familie, Mohammed Yunus, schrieb Indira:

> Ich weiß nicht, was ich schreiben soll. Mir ist so elend zumute, ich fühle mich so absolut verlassen. Sie wissen genauer als irgendein anderer, wie sehr Feroze und ich verschiedener Meinung waren, wie oft wir uns im Laufe der Jahre gestritten haben, und doch haben

wir uns nicht getrennt, sind die Bande unserer Freundschaft nicht erschlafft. Im Gegenteil, wir standen einander näher denn je zuvor. Wir haben einen wunderschönen Urlaub miteinander verbracht, beinahe einen ganzen Monat in einem Hausboot in Srinagar, und wir haben so viele Pläne für die Zukunft geschmiedet. Die Jungen sind in einem Alter, in dem sie einen Vater dringender brauchen als eine Mutter. Ich fühle mich verloren und leer und tot, und dennoch muß das Leben weitergehen.[4]

Indira wußte, wie sehr Feroze und seine Söhne aneinander gehangen hatten. Pläne der Eltern, wieder zusammenzuleben – und es liegt auf der Hand, daß darüber gesprochen wurde –, wären von Rajiv wie von Sanjay mit Begeisterung begrüßt worden. Der Tod war eine Tragödie in mehr als nur einem persönlichen Sinn. Es ist sehr unwahrscheinlich, daß Feroze Gandhi irgendwelche dynastischen Prätentionen auf seiten des einen oder anderen Sohnes geduldet hätte. Auch hätte es sich im Falle seines Fortlebens erübrigt, daß sich Sanjay zu einer unentbehrlichen Stütze seiner Mutter glaubte aufbauen zu müssen. Alles, was man über Feroze weiß, deutet darauf hin, daß er jedes Gerede über angeblich göttliche Rechte des Nehru-Clans als einigermaßen abstoßend empfunden hätte und mit Sarkasmus, ja mit aller Schärfe auf jeden Schmeichler reagiert hätte, dem es eingefallen wäre, einen solchen dynastischen Kurs vorzuschlagen. Er selbst hatte stets sorgfältig darauf geachtet, nur ja keinen Nutzen aus der Tatsache zu ziehen, daß Nehru sein Schwiegervater war. Die Gruppe der Schmeichler in der Lok Sabha hatte immer einen großen Bogen um Feroze gemacht, dessen bissiger Humor bekannt war. Sogar Indiras eigene Haltung nach dem Tode Shastris hätte vielleicht anders ausgesehen. Man sollte derartige Spekulationen nicht zu weit treiben, aber es herrscht weitgehend Einigkeit darüber, daß Indiens politische Geschichte sehr viel anders hätte aussehen können – nicht in ihren wesentlichen Merkmalen, aber doch im Hinblick auf einige besondere Aspekte – wenn Feroze nicht schon 1960 gestorben wäre.

Nach Ferozes Tod stand Indira vor einem Dilemma. Die Tage an der Doon School würden bald zu Ende sein. Was sollte folgen? Weder Rajiv noch Sanjay zeigten sich an einer akademischen Laufbahn interessiert. Auch hatten sie sich nicht allzu viele Gedanken über ihre Zukunft gemacht. Indira besprach das Problem mit Jawaharlal. Ihm lag viel daran, daß wenigstens einer der beiden seinen Spuren folgen und nach Cambridge gehen würde. Es war die Zeit, als die indische

Regierung alles tat, um indische Studenten vom Studium im Ausland abzubringen, weil dadurch kostbare Devisen verschwendet würden. Die Entscheidung, Rajiv zu einem Maschinenbaustudium nach Cambridge zu schicken und Sanjay in England Autotechnik studieren zu lassen (das war seine Idee), wurde von Oppositionspolitikern und der Presse heftig kritisiert. Wenn Indern, die ihr Studium in Großbritannien oder den Vereinigten Staaten vollenden wollten, Beschränkungen auferlegt werden müßten, dann, so wurde argumentiert, sollten die Enkel der Nation mit gutem Beispiel vorangehen. Indira reagierte in der für sie typischen brüsken Art: »Nichts könnte mir gleichgültiger sein als das Gerede der Leute. Ich meine eben, daß es nötig ist für meine Jungen, nach England zu gehen.«[5] Und sie gingen nach England. Sie hatten bis dahin nicht das geringste Interesse an der Politik gezeigt. Als später ein Journalist auf diese Tatsache hinwies, erwiderte Indira: »Ich habe alles getan, um sie davon fernzuhalten.« Das war im Jahre 1973.

Rajiv genoß seine Zeit am Trinity College. Er war ein stiller Mensch, außerordentlich bescheiden und allgemein beliebt. Gelegentlich kam es vor, daß ein englischer Student ihn fragte: »Übrigens, bist du mit *dem* Gandhi verwandt? Bist du sein Sohn oder so?« Rajiv lächelte dann und erklärte, daß er mit Gandhi nur den Namen gemein habe. Er fügte nie hinzu, daß er jedoch ein Nehru sei und sein Großvater der Ministerpräsident von Indien. Er war noch in Cambridge, als Jawaharlal im Mai 1964 starb. Freunde von ihm erinnern sich, daß er einige Tage lang besonders still und verstört war, aber mit kaum jemandem über das Ereignis sprach.

Cambridge hatte in Rajiv weder das Interesse an Politik noch an irgendwelchen akademischen Zielen zu wecken vermocht. Er verließ die Universität ohne akademischen Grad. Seine wichtigste Entdeckung in dieser alten englischen Universitätsstadt war eine junge Italienerin gewesen, Sonia, in die er sich 1965 verliebte. Er kehrte bald darauf nach Indien zurück und erklärte, daß er das Fliegen lernen und Pilot werden wolle. Indira war nicht besonders angetan, aber sie sah damals keine ernsthafte Alternative. Was Sonia betraf, so war Indira anfangs auch über diese Wahl ihres Sohnes nicht sonderlich erfreut, und sie überredete Rajiv, die Hochzeit vorerst zu verschieben. Sie machte kein Geheimnis daraus, daß es ihr lieber wäre, wenn ihr Sohn eine Inderin heiratete. Die Schatten des alten Motilal trübten offenbar die Sicht seiner Enkelin, aber als sie sah, daß es Rajiv und Sonia ernst war, gab sie ihre Zustimmung.

Die beiden heirateten 1968 in Delhi, und Sonia wurde mit Herzlichkeit in den Familienkreis der Nehrus und Gandhis aufgenommen. Während Motilal seinem Sohn Jawaharlal gedroht hatte, daß im Falle seiner Heirat mit einer Ausländerin die Kinder darunter leiden würden, weil sie ohne großväterliche Zuneigung aufwachsen müßten, war nichts dergleichen in Indiras Reaktion auf ihr erstes Enkelkind, Rahul, zu finden. Der Neuankömmling wurde auf der Stelle zu ihrem Liebling. Sonia und Indira entwickelten eine tiefe Zuneigung zueinander, die mit der Zeit nur noch stärker wurde. Rajiv fand eine Anstellung als Pilot bei der staatlichen Fluggesellschaft Indian Airlines und war mit seinem Beruf zufrieden und glücklich. Oft hörte man seine Stimme auf Inlandsflügen, aber es hieß immer nur: »Hier spricht Ihr Flugkapitän Rajiv ...« Seinen Nachnamen nannte er nie. Das Leben in Delhi bescherte dem jungen Paar rasch eine schier endlose Folge von diplomatischen und kollegialen Parties und Empfängen sowie jene unbeschwert ziellose Existenz des gehobenen Mittelstands. Rajiv traf sich mit alten Freunden von der Doon School und aus Cambridge; nie jedoch ließ er sich mit den Politikern oder Wirtschaftslobbyisten ein, die sich bald an seine Fersen hefteten.

Sanjays Leben folgte unterdessen einem leicht anderen Kurs, doch mied auch er jegliche Berührung mit der Tagespolitik. Er hatte nicht an der Doon School bleiben können. Nicht, daß er von der Schule gewiesen worden wäre, aber man hatte seine Mutter wissen lassen, daß er anderswo besser aufgehoben sein würde. Er war von Doon nach Delhi zurückgekehrt und hatte Aufnahme an einer Oberschule in der Hauptstadt gefunden, der St. Columbus-Schule. Fragte man ihn, wofür er sich am meisten interessierte, so machte er kein Geheimnis aus seiner Leidenschaft für Autos. Er lehnte alle Angebote ab, eine Universität in Großbritannien oder den Vereinigten Staaten zu besuchen.

Statt dessen beschloß er, drei Jahre lang als Lehrling bei Rolls-Royce in England zu arbeiten. Auch da wieder ging er vor Ablauf der Zeit. Sein Name bedeutete »Sieg«, aber er hatte sich zuerst von der Doon School und dann von Rolls-Royce besiegen lassen. Mit einer lückenhaften Kenntnis der Automechanik kehrte er nach Hause zurück. Inzwischen waren sein Großvater und dessen Nachfolger Lal Bahadur Shastri gestorben, Indira war Ministerpräsidentin von Indien. Sanjay hatte sich nie allzu viel aus seinem Großvater gemacht. Einem Jourualisten gegenüber sollte er später erklären, daß Jawaharlal sein Denken in keiner Weise beeinflußt habe. Bei seiner Rückkehr nach Indien hätte Sanjay eine Stellung in der bereits existierenden Autoindustrie des Landes finden können. Es ist nicht sehr wahrscheinlich, daß man ihm ein entsprechendes Ersuchen abgeschlagen hätte. Statt dessen aber begann er, für ein eigenes kleines Werk Stimmung zu machen. Er erklärte, er wolle einen Kleinwagen für Indien bauen, kompakter und wendiger als die einigermaßen schwerfälligen Ambassadors. Gegen die Einfuhr ausländischer Kraftfahrzeuge nach Indien bestanden Handelsschranken, um die eigene Industrie zu stützen. Sanjay wollte seinen »Maruti« (das war der Name des Sohns eines Hindu-Windgottes) in eigener Regie konstruieren und produzieren.

Sein Wunsch brachte praktisch jedermann in Verlegenheit. Vor seiner Rückkehr von Rolls-Royce in Crewe war eine Reihe von Sachverständigen-Teams von der Regierung damit beauftragt worden, die Möglichkeit zu prüfen, einen wirtschaftlicheren und kleineren indischen Personenwagen zu bauen. Es war die Rede gewesen von einem staatlichen Werk und von der Zusammenarbeit mit einer renommierten europäischen Firma, aber der Plan war wegen der unverhohlen feindseligen Haltung der mächtigen Lobby der privaten Autohersteller nicht weiterverfolgt worden. Auch seitens der staatlichen Wirtschaftsbürokratie gab es eine radikale Opposition gegen das Projekt, da es Mittel verschlingen würde, die dringend zur Deckung des auf dem Lande bestehenden großen Bedarfs an Fahrrädern und Bussen für die öffentlichen Verkehrsbetriebe benötigt wurden. Man hatte die ganze Frage daraufhin erst einmal ad acta gelegt.

Doch dabei blieb es nicht. Sanjay ließ sich von seinem geliebten Maruti-Projekt nicht abbringen, und plötzlich hoben sich alle Schranken – ein Anzeichen dafür, daß Beamte und Industrielle sehr flink reagieren können, wenn sie nur wollen, ganz gleich, welche bürokratischen Hemmnisse sich ihnen in den Weg stellen. Sanjay erhielt die Zustimmung der Regierung, was bedeutete, daß das zuvor auf staatlicher Ebene erörterte Projekt unverzüglich auf den privaten Sektor übertragen wurde. Dann brachte er das erforderliche Kapital zusammen, kaufte in der Nähe von Delhi Land (normalerweise ein schwieriges Vorhaben) und gründete die Maruti-Werke. Indira hatte nicht darum gebeten, ihrem Sohn besondere Vergünstigungen zu gewähren, aber das war auch gar nicht nötig. Sie hatte sich nicht gegen das Maruti-Projekt ausgesprochen, und das reichte den Schmeichlern vollkommen. Als die Opposition die Maruti-Affäre als Indiens Watergate attackierte, war Indira empört. Sie behauptete, die Opposition greife Sanjay nur deshalb an, weil er ihr Sohn war. »Was soll ich denn machen«, fragte sie, »wenn mein Sohn nun mal nicht der Professo-rentyp ist?« Das befriedigte ihre Gegner natürlich nicht. Sie blieben dabei, daß hier das Amt des Ministerpräsidenten indirekt mißbraucht werde, um einem unerfahrenen jungen Mann Privilegien zu verschaf-fen, die der überwältigenden Mehrheit seiner Altersgenossen in Indien verweigert blieben.

Der Maruti-Skandal geisterte noch lange Zeit durch die indische Presse, aber nichts Illegales war geschehen. Es war schlicht ein Fall von Vetternwirtschaft. In Pakistan hatte Mitte der sechziger Jahre der Sohn des damaligen Militärdiktators die Stellung seines Vaters ge-nutzt, um mit Hilfe lokaler Geschäftsleute ein florierendes Unterneh-men aufzubauen. Als ausländische Journalisten ihn nach dieser Affäre fragten, hatte Feldmarschall Ayub geantwortet: »Ich hatte gar nicht gewußt, daß mein Sohn [der zuvor Armee-Offizier gewesen war] ein solches Talent für Geschäfte hat.« Ein neuerer Fall dieser Art drehte sich um die britische Premierministerin Margaret Thatcher und ihren Sohn Mark, der sie auf einem Staatsbesuch nach Oman begleitete, in dessen Verlauf die Firma, deren Angestellter Mark war, Verträge mit der Regierung des Oman abschloß. Der daraus resultierende Furor in der britischen Presse war kurzlebig; etliche Unterhausabgeordnete behaupteten, daß viele Details vertuscht worden seien. Mit anderen Worten, der Fall Sanjay-Maruti war keineswegs beispiellos oder originell. Man könnte viele andere Fälle aus praktisch jeder kapitali-stischen Demokratie anführen, von anderen Gesellschaftssystemen ganz zu schweigen.

Was die Maruti-Affäre zu einem besonderen Fall macht, ist die Tatsache, daß der Wagen nie Gestalt annahm. Sanjay war gut darin, Autos zu fahren und zu frisieren, aber seine Leistungen als Industriel-ler hatten nur dazu geführt, seiner Mutter Probleme zu bescheren. Sehr viel Geld war aufgewendet worden, um Sanjays billiges und sparsames Automobil zu bauen. Die Menschen begannen sich zu fragen, wo all das viele Geld geblieben sei. Eine befriedigende Antwort erhielten sie nicht. Sanjay hatte zum dritten Mal in seinem jungen Leben eine Niederlage erlitten. Der Doon School und der Lehre bei Rolls-Royce konnte jetzt das Fiasko des Maruti hinzugefügt werden. Nun beschloß Sanjay, das kleine Auto aufzugeben und sich in die große Politik zu begeben. Auslösendes Moment dieser Entschei-dung war der berühmte Spruch des Hohen Gerichtshofs von Allahab-ad aus dem Jahre 1975 gewesen, mit dem Indiras Wahl in Ray Bareli für null und nichtig erklärt worden war, und der in der Folge zur

Verhängung des Ausnahmezustands und schließlich zur Wahlniederlage Indiras und ihrer Kongreßpartei geführt hatte.

Sanjay und Maneka

Im Herbst 1974 hatte Sanjay eine junge Sikh geheiratet, Maneka
Anand. Ihre Familie hatte im Westteil des Panjab, dem heutigen
Pakistan, lange Zeit dem *Raj* gedient. Als es zur Teilung des Subkontinents kam, waren die Anands geflohen und hatten Zuflucht in Delhi
gesucht. Manekas Vater war Armee-Offizier. Ihre Mutter hatte
Psychologie studiert, unter anderem in San Diego in den Vereinigten
Staaten. Als Maneka sechs war, hatte man ihren Vater, Oberst
Anand, zu einem Sonderlehrgang im Fernmeldewesen nach Großbritannien abkommandiert. Die Familie hatte ihn begleitet und sich in
dem englischen Dorf Watchfield bei Swindon, nicht weit von Chelten-
ham, niedergelassen. Zwei Jahre lang besuchte die kleine Maneka
eine Schule der britischen Truppenbetreuungs-Organisation NAAFI,
bevor die Familie nach Indien zurückkehrte.

In einem langen Interview mit Dhiren Bhagat, das Anfang 1984 in
der *Illustrated Weekly of India* veröffentlicht wurde, gestand sie, daß
ihr in der Schule besonders das Schreiben Freude bereitet habe. Am
liebsten habe sie Kindergedichte geschrieben, »... womit ich aufgehört haben muß, sobald ich erkannte, daß sie miserabel waren.« Das
stimmte nicht ganz. Nach ihrer Heirat fing sie wieder an, Gedichte zu
schreiben, die sie allerdings nur Sanjay zeigte. Zu ihren schriftlichen
Hervorbringungen gehörten auch regelmäßige Briefe an ihre Mutter.
Einer von ihnen, mit fünfzehn geschrieben, gibt uns einen Eindruck
von der Stärke ihres Familiensinns: »Ich hoffe, daß Onkel Minna
einen gräßlichen Tod stirbt, ich habe alle meine Pläne, seine Kinder zu
entführen, das Essen seiner Frau zu vergiften usw. durch, und jetzt
gebe ich auf.«[1] Der erwähnte Onkel Minna hatte Mrs. Anand ein paar
Schwierigkeiten bereitet.

Ihre Lektüre, so erklärte sie in jenem Interview, bestehe aus
»Studien über den Geist«. »Sie meinen Sachen wie Gilbert Ryles
Concept of the Mind?« unterbrach sie der Interviewer von *Illustrated
Weekly*. Ihre Antwort war ein rasches Dementi: »Nein, nein, nein. Ich
rede von ... Trainingsanleitungen. Memorex-Systemen. Wie man den
Geist sozusagen erweitern kann. Wie man alles erreichen kann, was

man will ... Im Augenblick lese ich ein Buch, das sich ›Die Möglichkeit des Unmöglichen‹ nennt ... [es handelt davon], wie man ein Medium für den Krieg trainieren oder in Krankenhäusern einsetzen kann.‹‹

Als Maneka Sanjay heiratete, war sie an Politik nicht im geringsten interessiert. Ihre Eltern waren nicht allzu begeistert gewesen von dieser Heirat. Sie hielten Sanjay für zu alt und seinen Lebenswandel für zu freizügig. In der Zeit, als er ihr den Hof machte, mußte Maneka jeden Abend um 21.30 Uhr zu Hause sein. Schließlich willigten sie ein, und die beiden entschieden sich für eine Ziviltrauung, die im Hause eines moslemischen Freundes der Familie Nehru stattfand, des allgegenwärtigen Yunus. Dieser schilderte das Ereignis so:

Ungefähr zu dieser Zeit fand ein aufregendes Ereignis in meinem Hause statt – die Hochzeit von Sanjay Gandhi mit Maneka Anand am 29. September 1975 ... Mrs. Indira Gandhi und der Bräutigam selbst wollten eine schlichte Feier ohne jeden Aufwand und ohne eine öffentliche Ankündigung. Da ich der Familie des Mädchens bekannt war, bat man mich, die Zeremonie in meinem Haus abhalten zu dürfen. Diese Tatsache blieb ein gut gehütetes Geheimnis. Die standesamtliche Eheschließung und das Unterschreiben der Urkunden waren in wenigen Minuten erledigt. Ich war Trauzeuge, zusammen mit den beiden Schwiegermüttern.[2]

Manekas Einzug in die Safdarjung Road 1 zur Zeit des Ausnahmezustands führte dazu, daß sich Rajiv und Sonia zunehmend zurückzogen. Sie empfanden ihre Spleens als lästig und ihre Naivität als unerträglich. In dem erwähnten Interview behauptete sie später, daß der Ausnahmezustand sie nicht weiter bekümmert habe: »Sehen Sie, ich war ja eine junge Braut. In der ganzen Zeit des Notstands war mir immer nur eines bewußt, nämlich daß ich sehr verliebt war in Sanjay ... Mein ganzes Leben drehte sich wirklich nur um Sanjay.‹‹ Während der Notstandsjahre studierte sie an der Jawaharlal Nehru-Universität in Delhi. Auch dort, so erklärte sie, habe sie nichts wahrgenommen außer der Tatsache, daß man ihren Mann schlecht behandle:

Ich hatte das Gefühl, daß man Sanjay zum Sündenbock für alles machte. Am Ende lief alles immer wieder auf Sanjay hinaus. Den Provinzchefs wurde keine Schuld angelastet, den Ministern wurde keine Schuld angelastet... alle Leute, die Verantwortung gehabt hatten, standen jetzt auf der anderen Seite und beschuldigten Sanjay... während jener beiden Jahre gab man ihm einfach an allem die Schuld.[3]

In jener Zeit wurde ein erfahrener indischer Journalist, Khushwant Singh, zum engen Freund Sanjays und seiner Mutter. Er hat sich selbst einmal Freunden gegenüber als das »Callgirl des indischen Journalismus« bezeichnet. Zu seinen Lastern gehörte ganz gewiß die politische Promiskuität, und eine Vielzahl von Menschen bediente sich seiner, aber stets im Austausch für Gefälligkeiten, aus denen er nie ein Hehl gemacht hat. So kürte ihn die Familie Nehru-Gandhi als Lohn für seine Unterstützung des Ausnahmezustands zu ihrem Kandidaten für den Posten des Chefredakteurs der *Hindustan Times,* die der Familie Birla gehörte und traditionell als Sprachrohr der Regierung galt. Ferner wurde er mit der Nominierung durch den Kongreß für einen Sitz im Oberhaus des indischen Parlaments beschenkt, einer weitgehend beratenden Kammer. Später fiel er in Ungnade und enthüllte, seiner Gewohnheit folgend, alles. So hatte er beispielsweise Sanjay dabei geholfen, eine Wochenzeitung herauszubringen, *Surya* mit Namen, als deren Chefredakteurin sich Maneka betätigen sollte. In dem Enthüllungsartikel schrieb Khushwant:

In erster Linie wollte er sie aus dem Haus schaffen. Sie ließ ihn wirklich keinen Augenblick in Frieden. Und das ging ihm bald doch sehr auf die Nerven... Kaum war sie verheiratet, da mischte sie sich in *alles* ein. Sie nahm nie ein Blatt vor den Mund; tatsächlich wägt sie nie ihre Worte ab, bevor sie spricht. Und das alles fing an, ihn doch ein wenig zu ermüden. Überdruß stellte sich ein. Und so kam es zur Gründung von *Surya.* Und die ersten sechs Nummern sind beinahe vollständig von mir umgeschrieben worden.[4]

Und über Sanjay, mit dem er während des Ausnahmezustands regelmäßig zusammentraf, wußte Khushwant zu sagen:

Er war ein harter Bursche, das sah man sofort. Er sprach immer leise und höflich. Starke Worte gebrauchte er nie. Er war unglaublich puritanisch... Und er war absolut skrupellos. Leute, die ihm in die Quere kamen, erhielten absolut keinen Pardon... Er allein hat bewirkt, daß ich in die Rajya Sabha [Oberhaus] gekommen bin und

Chefredakteur der *Hindustan Times* wurde. Er gab mir eine lange Liste von Redakteuren der *Hindustan Times* und sagte: »Das sind Kommunisten. Passen Sie auf die gut auf.« Ich hatte nicht die geringste Absicht, seine Worte zu beachten – allerdings habe ich mir die Liste gut aufgehoben –, war aber doch überrascht, daß seine Informationen absolut richtig waren. Es standen ungefähr 25 Leute auf dieser Liste, und sie waren sämtlichst Mitglied der KPI oder der KP(M).[5]

Viele, die über Sanjay geschrieben haben, erwähnen den faschistoiden Zug in seinem Wesen. Demokratie machte ihn ungeduldig, voller Verdruß sah er, wie langsam die Industrialisierung vorankam, er haßte alle verstaatlichten Industrien und die Gewerkschaften. Sein Maruti-Werk war gelegentlich von Streiks gestört worden; aus diesem Grund war sein Haß auf die KPI zur Besessenheit geworden, obwohl die Partei den Notstand loyal unterstützt hatte. Sanjay hatte den Jugend-Kongreß als sein ganz persönliches Werkzeug in die Hand genommen und ein quasi privates Vier-Punkte-Programm aufgestellt: Beseitigung von Elendsvierteln, Massensterilisierung, Aufforstung und Abschaffung der Mitgift.

Das alles schlug nach den Todesfällen am Turkoman-Tor in Delhi, wo auf Sanjays Geheiß ein Moslem-Viertel geräumt werden sollte, gegen ihn zurück. Aber schon vorher zeitigte seine rigide Politik unerwünschte Folgen. Die Kunde von den Zwangssterilisierungen hatte sich rasch über ganz Nordindien verbreitet. Bereits im August/September 1975 waren die Gelegenheitsarbeiter praktisch aus Delhi verschwunden. Das war ganz ungewöhnlich in einer Stadt, wo die Jagd nach Arbeitsplätzen nie aufhörte. Die Arbeiter, so stellte sich schließlich heraus, waren in ihre Dörfer zurückgeflohen, um dem fatalen Schnitt in ihre Genitalien zu entgehen. Im November 1975 mußte das anläßlich der Nehru-Geburtstagsfeiern alljährlich veranstaltete kostenlose Picknick für Hunderte von Kindern abgesagt werden. Die Mütter hatten sich geweigert, ihre Söhne zu dem Fest zu schicken, weil sie fürchteten, daß »Sanjay Gandhis Ärzte« sie sterilisieren könnten. Die Angst kann vielerlei Ausdruck finden. Immer klarer trat nun zutage, daß sich das Notstandsregime nicht mehr lange würde halten können. Die parlamentarische Mehrheit schmolz langsam dahin. Sanjay Gandhi war ohne Zweifel der bestgehaßte Mann im Lande.

Indira war trotz aller Beschwörungen Sanjays nicht dafür, die in Aussicht gestellten Wahlen auf unbestimmte Zeit hinauszuschieben.

Das lag nicht daran, daß sie immer noch Jawaharlal Nehrus Tochter war oder daß ein Teil der alten Kongreß-Tradition doch auf sie abgefärbt hatte. Sondern es lag schlicht und einfach daran, daß sie der scharfsinnigste politische Führer war, den es zu jener Zeit in Indien gab. Sanjay war ein Neuling. Sie war sich des Stimmungsumschwungs im Lande bewußt. Sie wußte, daß es dem allergrößten Teil des Landes gleichgültig war, ob die Züge pünktlich fuhren. Vor allem aber hatte sie begriffen, daß ganz andere Methoden populär werden könnten, falls der Kongreß nicht freiwillig durch Wahlentscheid abtrat, daß die Legitimität des ganzen Systems, nicht bloß das Nehru-Gandhi-Erbe und der Kongreß, aufs Spiel gesetzt werden könnte. Deshalb ließ sie Wahlen ausschreiben. Sanjay schmollte. Über den Rundfunk richtete Indira folgende Botschaft an die Nation:

Jede Wahl ist ein Akt des Vertrauens. Sie bietet die Gelegenheit, das öffentliche Leben von Irrungen zu säubern. Schreiten wir also zur Wahlurne in der Entschlossenheit, die Macht des Volkes aufs neue zu bekräftigen und den ehrenvollen Namen Indiens hochzuhalten.
Wandel ist das Grundgesetz des Lebens . . . Wir leben in einer Zeit, in der vieles in der Welt im Flusse ist. Die zeitgenössische Gesellschaft ist geplagt von Gefahren, für die besonders die Entwicklungsländer verwundbar sind. Deshalb muß sich jeder Wandel friedlich vollziehen. Das ist das Vermächtnis unseres Freiheitskampfes, das Vermächtnis Mahatma Gandhis und Jawaharlal Nehrus.

In Kenntnis des letzten Absatzes fällt es schwer zu glauben, daß die Wahlen von 1977 eine krasse Fehlkalkulation ihrerseits waren oder daß sie angenommen hatte, sie könne gewinnen. Überall in Indien hatten zu viele Menetekel an zu vielen Wänden gestanden, als daß sie sich in dieser Hinsicht irgendwelche Illusionen hätte machen können. Sie wußte schon vor Bekanntgabe des Wahltermins, daß der Kongreß nicht gewinnen würde. Schon der erste Tag des Wahlkampfs genügte, um ihr eine recht genaue Vorstellung von der Unterstützung zu geben, mit der sie würde rechnen können.

Sanjay erlitt seine vierte Niederlage. Trotz der Unterstützung durch den örtlichen Potentaten, den Raja von Amethi, verlor er seinen Wahlkreis. Als die vernichtenden Resultate aus dem ganzen Land eintrafen, erklärte er, daß er sich aus der Politik zurückziehen werde.

Hätte die Janata eine wirkliche Alternative geboten, dann wäre er vermutlich zu einem anderen, neuen Abenteuer aufgebrochen; aber als er ihre bizarren Bocksprünge und politischen Stümpereien sah, erkannte Sanjay mit seiner Bandenführermentalität, daß es möglich sein würde, die erlittene Niederlage in einen Sieg umzumünzen. Er stürzte sich erneut in die Schlacht und wich während der ganzen folgenden Periode nicht von der Seite seiner Murter. Vor allem aber begann er, den Kongreß neu aufzubauen, allerdings nach den ihm eigenen, bereits erwähnten Kriterien. Zu dieser Zeit stieß Akbar Ahmed (Dumpy aus Doon) zu ihm, eine Geste, die Sanjay ihm nie vergessen hat, da in Indien Freunde gewöhnlich zu verschwinden pflegen, wenn man nicht mehr in Amt und Würden ist.

Während der Janata-Jahre kam es zu einer eingehenden Untersuchung des Finanzgebarens Sanjays. Insbesondere die Firma Maruti wurde sehr genau unter die Lupe genommen, doch wurde nichts zutage gefördert, das für eine Anklage ausgereicht hätte. Ein großer Teil des Geldes, das Sanjay für den Kongreß gesammelt hatte, war ohnehin von den Paten der Schmuggelindustrie von Bombay bar auf die Hand gespendet worden. Dieses »schwarze Geld« war niemals irgendwo verbucht worden, so daß Beweise nicht leicht zu beschaffen waren.

Auch Oberst Anand, Manekas Vater, wurde über die Geschäfte seines Schwiegersohns befragt. Er war tief betroffen und beklagte sich bei seinen Freunden über die erlittene Demütigung. Eines Tages wurde er tot aufgefunden, mit einem Revolver in der Hand. War es Mord oder Selbstmord? Er hinterließ einen Zettel, der Rätsel aufgab und auf dem unter anderem die Worte standen: »Druck Sanjay unerträglich.« Alle Kommentatoren sämtlicher Medien wurden zeitweilig zu Detektiven. Sollten die Worte bedeuten, daß der von Sanjay auf den Toten ausgeübte Druck unerträglich geworden war? Hatte Sanjay ihn daran gehindert, vor Gericht die Wahrheit zu sagen? War in diesem Falle der Mörder von Sanjay gedungen worden? Oder war Oberst Anand deprimiert gewesen wegen des Drucks, den die Janata-Regierung auf seinen jungen Schwiegersohn ausübte, und hatte sich deshalb das Leben genommen? Die Antwort blieb eine Sache der Spekulation, abhängig vom jeweiligen politischen Standort des Spekulierenden. Keinerlei Indizien wurden je gefunden, die darauf hindeuteten, daß der Oberst ermordet worden war, geschweige denn von seinem Schwiegersohn. Die Presse sorgte dessenungeachtet dafür, daß der Zwischenfall einen üblen Nachgeschmack hinterließ. Die

Tatsache jedoch, daß sehr viele einfache Menschen an Sanjays Schuld glaubten, bedarf keines eingehenderen Kommentars.

Sanjay wurde jetzt zunehmend als eine zutiefst rätselhafte Person porträtiert. Er hatte noch immer Anhänger, aber unter der Intelligenz, einer Schicht, die er zutiefst verachtete, waren sie nicht sehr zahlreich vertreten. Es ist leicht, ihn als eine Ansammlung grotesker Gegensätzlichkeiten zu schildern: Perfide und hingebungsvoll; selbstsüchtig und großzügig; grausam und freundlich; verschlagen und einfältig; intelligent und dumm; Schurke und Held. Das Problematische einer solchen Beschreibung ist, daß sie mühelos auch auf Hitler oder Stalin angewendet werden könnte. Sie ist eine Mystifizierung, aber sie war während der kurzen Exiljahre der Familie Nehru-Gandhi weit verbreitet. In Wirklichkeit war Sanjays Politik kohärent und logisch, aber sie markierte einen definitiven Bruch mit dem populistischen Konsens, für den die Kongreßpartei so lange Ausdruck war. Was er in Indien vorhatte, entsprach in gewisser Hinsicht dem, was Margaret Thatcher in Großbritannien und Ronald Reagan in den Vereinigten Staaten taten. Das Problem bestand darin, daß eine so scharfe Wende unter indischen Verhältnissen durchaus eine hydraköpfige Reaktion hätte auslösen können, die die Indische Föderation und ihre politischen Strukturen geschwächt haben würde. Indira war sich auf ihre Weise dieser Tatsache bewußt, obwohl sie auch die Probleme sah, mit denen Sanjay fertigzuwerden versuchte. Ihre eigenen Lösungen waren in der für sie typischen Weise pragmatisch, und deren Ausgang war eine Vervielfachung der Tragödien auf dem ganzen Subkontinent.

Für die Wahlen von 1980 hatte Sanjay seine eigene Mannschaft neuer Modell-Kongreßmänner aufgestellt. Er war entschlossen, das Gesicht der Kongreßfraktion zu verändern und den Weg nicht nur für seinen eigenen Einzug in ein Regierungsamt, sondern für eine völlige Umkrempelung der Kongreßpartei zu ebnen. Sein Freund und Kollege Akbar Ahmed hat dies nach Sanjays Tod sehr deutlich ausgesprochen. Das Wort »Jugend« ist dabei eine Chiffre für das Kongreßmitglied neuen Typs:

Sanjay war einer der wenigen Menschen in Indien, die der Jugend wirklich eine Chance gaben. 1980 ging sowohl bei den Bundes- als auch bei den Provinzwahlen ein erheblicher Anteil der Sitze an die Jugend. In Uttar Pradesh erhielt die Jugend mehr als 200 der insgesamt 425 Mandate. In der heutigen Politik wird sich solange nichts bewegen, bis wir uns derjenigen Leute entledigt haben, die schon seit Ewigkeiten da sind . . . Um Indien aufzubauen, brauchen wir eine Wende. Und nur die Jugend kann die Wende herbeiführen, kann die Dinge wirklich ändern . . .

Sanjay war ein Mensch, der die indische Industrie von den vorhandenen Würgegriffen befreien wollte. Er wollte den Akzent auf die Landwirtschaft legen, auf Programme, die verwirklicht werden und nicht einfach im Planungsstadium stecken bleiben würden.[6]

Sanjays Frau Maneka war geringfügig kritischer als Akbar Ahmed. In ihrem Bilderbuch über ihren Mann schildert sie, wie sie manchmal gezwungen war, mit ihm auf dem Umweg Gedichte zu kommunizieren. Sie schrieb dann ein paar Verse und ließ sie auf seinem Tisch liegen. Ein solches Gedicht wurde später von ihr veröffentlicht. Es gibt einen Einblick in ihr gemeinsames Leben[7]:

> Sanjay Gandhi, wildes Wesen
> Dessen Augen alles lesen.
> Dessen Fakten fast immer stimmen.
> Dessen Urteile fast immer ergrimmen.
> Der so sehr auf Arbeit ist bedacht,
> Daß er seine Frau verrückt gemacht
> Mit seinen Fakten, Zahlen, seinem Wissen
> Und seiner Flucht vorm Ruhekissen.
> Sanjay Gandhi Computer-Mann,
> Warum er nur kein Mensch sein kann . . .

Sanjays Antwort darauf ist nicht verzeichnet, aber er muß ein wenig nachgegeben haben, denn im Jahre 1979 schenkte Maneka ihm einen Sohn, Feroze Varun. Als ein Reporter sie fragte, ob sie so lange gewartet habe, um die Familienplanung zu fördern, bekannte sie offenherzig: »Quatsch – ich hatte zehn Jahre warten wollen – dieses Baby war nicht geplant. Ich wollte meinen Mann für mich haben.«

Sanjay blieb weiterhin damit beschäftigt, die Politik des Landes zu reorganisieren. Er hatte auch nach dem triumphalen Wahlsieg der Kongreßpartei Anfang 1980 noch immer keinen offiziellen Posten in der Regierung, benahm sich aber mehr und mehr so, als wäre er der Ministerpräsident von Indien. Er machte Pläne für eine Säuberung großen Stils im Verwaltungsapparat, um ranghohe Beamte durch seine eigenen erprobten Gefolgsleute zu ersetzen. Auch war er eifrig darauf bedacht, daß seine neue Ernte an Kongreß-Abgeordneten angemessen in der neuen Regierung vertreten war. Ein Grund, weshalb Indira so lange für die Bildung ihres neuen Kabinetts brauchte, war der von der SanjayClique unnachsichtig ausgeübte Druck. Bald schon sollte sie ohne Sanjay sein, und Maneka sollte den Mangel an Familienplanung, der ihr den kleinen Feroze beschert hatte, nicht länger bereuen.

Unmittelbar vor der Verhängung des Ausnahmezustands hatte Sanjay begonnen, Flugstunden zu nehmen, und nur wenige Monate später hatte er seinen Flugschein gemacht. Das Maruti-Desaster hatte ihn von seiner Auto-Manie geheilt. Von nun an hatte er nur noch Flugzeuge im Sinn – wie Rajiv, wie einst Jawaharlal. Nach der Kongreß-Niederlage von 1977 hatte ihm die Janata-Regierung den Flugschein entzogen mit der Begründung, er könnte sich mit seiner Mutter per Flugzeug ins Ausland absetzen, um der Strafverfolgung zu entgehen. Inzwischen hatte er seinen Schein jedoch wieder. Ein Freund, Karan Thapar, begleitete ihn einmal als Gast in seinem zweisitzigen Flugzeug. Es war ein furchterregendes Erlebnis, wie sich Thapar in der Londoner Zeitschrift *Spectator* später erinnerte:

> Ich weiß noch, wie ich einmal mit ihm geflogen bin in einer einmotorigen Maschine, und wie er alle Arten von Loopings versuchte, derer das kleine Flugzeug fähig war. Nachdem er alle Kitzel der Luftakrobatik ausgeschöpft hatte, machte er sich daran, die auf dem Felde arbeitenden Bauern zu erschrecken, indem er mit dem Flugzeug genau auf sie zuraste und dann die Maschine in letzter Sekunde dramatisch hochriß. Was immer man von einem derartigen Sport auch halten mag, er erfordert stählerne Nerven und ungeheures Selbstvertrauen.

Am 23. Juni 1980 verließ Sanjay Gandhi um 6.30 Uhr die Safdarjung Road 1 und fuhr mit dem Auto zum Delhi Flying Club. Es war sehr früh, aber er wollte die Hitze vermeiden, die sich kurz nach Sonnenaufgang auf die Stadt senken würde. Er war mit Captain Subhash Saxena verabredet, der ihn in der roten Pitts S-2A begleiten wollte, einem leichten zweisitzigen amerikanischen Flugzeug. Saxena hatte an dem Tag eigentlich nicht fliegen wollen. Ihm stand eine Leisten-Operation bevor, und er fühlte sich nicht besonders gut, aber er hatte sich von Sanjay überreden lassen. Der Chef-Fluglehrer des Fliegerclubs riet Sanjay davon ab, die Pitts zu fliegen, da die Maschine erst seit wenigen Tagen benutzt und noch nicht einmal von den erfahrenen Mechanikern des Clubs im Flug getestet worden war. »Ich muß diesen roten Vogel heute fliegen«, hatte Sanjay gesagt und sich nicht davon abbringen lassen. Damit war die Diskussion beendet.

Die Pitts hatte im Mittelpunkt einer langen Kontroverse gestanden. Sie war Sanjay während des Ausnahmezustands als »Geschenk« avisiert worden, mit den besten Empfehlungen des britisch-asiatischen Industriellen Swaraj Paul. Als sie schließlich in Indien eintraf, war der Kongreß geschlagen, und die Janata war an der Macht. Die neue Regierung beschloß, die Umstände zu untersuchen, unter denen es zu diesem »Geschenk« gekommen war. Die amerikanische Firma verfiel in Panik und erklärte, sie sei gern bereit, das »Geschenk« rückgängig zu machen und das Flugzeug wieder aus Indien zu reexportieren. Während die Verhandlungen noch im Gange waren, schickten die indischen Wähler Indira Gandhi wieder ins Amt zurück. Die ganze Untersuchung wurde eingestellt, und die Firma war nun gern bereit, die Pitts wieder zu einem »Geschenk« werden zu lassen.

Und so stiegen denn an jenem warmen Sommermorgen Sanjay und sein keineswegs begeisterter Passagier, Subhash Saxena, empor in den Himmel von Delhi. Sanjay hatte offensichtlich Saxena, der ein erfahrener Pilot war, mit seinen Flugkünsten imponieren wollen. Er flog die Maschine über die Safdarjung Road und den Willingdon Crescent. Dann begann er in dreihundert Meter Höhe ein paar Loopings vorzuführen. Die Pitts kam aus dem Sturzflug nicht mehr heraus. Sie stürzte unmittelbar hinter dem Willingdon Crescent in eine Baumgruppe. Sanjay und Saxena waren auf der Stelle tot. Der einstige und zukünftige Führer war nicht mehr. Es gab viel Mitgefühl mit seiner jungen Witwe, seiner gramgebeugten Mutter und seinem kleinen Jungen.

Um die Wahrheit zu sagen, es gab viele ehemalige Opfer der Zwangssterilisierung und der »Sanierung von Elendsvierteln«, die kein Geheimnis aus ihrer Überzeugung machten, daß hier die Hand Gottes gewaltet haben müsse. Diese Leute bekannten sich zu dem Wort Voltaires: »Den Lebenden schuldet man Respekt. Den Toten schuldet man nichts als die Wahrheit.« Diese Regel hatte man schon in den ersten Jahren nach Erlangung der Unabhängigkeit beherzigt. Insbesondere die indischen Kommunisten hatten es von sich gewiesen, ihren politischen Feinden posthume Ehren zu erweisen. Während der späten fünfziger Jahre hatten sich KP-Abgeordnete des Provinzparlaments von Westbengalen geweigert, sich zu Ehren verstorbener

Kongreßpolitiker zu einer Schweigeminute zu erheben. Von der Presse abgesehen, hatte es keinen Aufschrei der Empörung gegeben. Im Gegenteil, die westbengalische KP hatte sich Respekt unter den Armen erworben, weil sie nicht in sentimentale Heuchelei verfallen war.

Die Zeiten hatten sich geändert. Im Jahre 1980 handelte es sich um weit mehr als nur um Beileidsbezeugungen für Sanjays Mutter und seine Witwe. Was da stattfand, war ein grotesker Akt der Heuchelei. Männer, die Sanjay unermüdlich als »Faschisten«, »Rasputin« und »Halbstarken« beschimpft und die gefordert hatten, daß die Doon School zu Ehren Sanjays in »Goon School« – Knallkopf-Schule – umbenannt werde, wetteiferten nun darin, den hingeschiedenen Cäsar zu ehren. Der Teufel wurde zum Gott erhoben. Charan Singh, der eine besonders bösartige und rachsüchtige Hexenjagd gegen Mutter und Sohn veranstaltet hatte, als sie nicht mehr im Amte waren, sagte jetzt: »Es ist eine Tragödie, daß ein junger Mann, der von der Größe dieses Landes geträumt hat, nicht mehr unter uns weilt.« Atal Behari Vajpayee, angeblich ein Mann von Prinzipien, wiewohl Kommunalist und Steuermann einer semi-faschistischen Partei, erklärte: »Mr. Gandhis Tod hat den Himmel zur Mittagsstunde verfinstert.« Es ist gerechtfertigt, daran zu erinnern, daß der andere Mr. Gandhi von Männern ermordet worden war, die ihre politische Inspiration von Vajpayees Lehrmeistern bezogen hatten. Indrajit Gupta von der KPI, einer Partei, die von Sanjay als »korrupt« beschimpft worden war, verkündete: »Alle politischen Kontroversen verstummen angesichts des Todes.« Der Regierungschef von Tripura, der der anderen kommunistischen Partei angehörte, verstieg sich zu der Behauptung, daß Sanjays Tod ein Verlust nicht nur für den Kongreß, sondern für das ganze Land sei!

Angesichts dieser Lobhudeleien von seiten seiner Feinde hatten seine Höflinge es natürlich schwer, aber dem alten Khushwant Singh gelang eine persönliche Ehrenbezeigung, die gewisse Maßstäbe setzte:

Wir entbieten unserem jungen dahingegangenen Führer einen Abschiedsgruß mit Tränen in den Augen, die zu trocknen ein ganzes Zeitalter dauern wird. Sein Sterben hat uns arm gemacht *[sic]*. Er hat die Welt beiseite gelegt und den roten Wein seiner Jugend ausgegossen, er hat die Jahre hingegeben, die noch sein gewesen wären. Der schönste Dank, den die Nation ihm sagen kann, besteht darin, das Indien seiner Träume zu erbauen: grün vor üppig sprießenden Bäumen, gesäubert von allem Schmutz seiner Städte; mit kleinen, gesunden Familien und glücklich lächelnden Mädchen, befreit von der Sorge um ihre Mitgift.[8]

Hätte irgendeine einfallsreiche indische Zeitschrift einen ››Goldenen *Chamcha* des Jahres‹‹ gestiftet, so kann kaum ein Zweifel daran bestehen, daß der oben zitierte Schreiber ein hoher Favorit für den Titel des Jahres 1980 gewesen wäre.

Sanjay wurde für einen Tag einbalsamiert, während Rajiv und Sonia zu der Trauerfeier aus Italien heimkehrten. Indira hatte den Wunsch geäußert, daß er an derselben Stelle wie sein Großvater eingeäschert werden möge, aber dagegen hatte die Opposition protestiert. Sanjays Leichnam am gleichen Ort von Rajiv anzünden zu lassen, an dem der Verstorbene sechzehn Jahre zuvor den Scheiterhaufen seines Großvaters entzündet hatte, hielt man für ein Sakrileg. Rajiv pflichtete dem bei. So wurde Sanjay in gehöriger Entfernung zum Ort der Nehru-Einäscherung verbrannt. Seine Asche wurde bei Allahabad in den Ganges gestreut.

Maneka und ihre Mutter waren der Meinung, daß sie als Sanjays Witwe ihm als Abgeordnete für den Wahlkreis Amethi nachfolgen müsse. Als Indira sich mit der Frage an Akbar Ahmed wandte: ››Wen stellen wir in Amethi auf?‹‹, will Sanjays engster Freund geantwortet haben: ››Stellen Sie Rajiv auf.‹‹ Worauf er folgende Antwort erhalten habe: ››Aber seien Sie doch nicht albern. Seine Politik ist nicht unsere Politik. Ich traue ihm nicht. ‹‹ Als er Maneka vorschlug, lautete die Antwort, daß sie erst in vierzehn Monaten das erforderliche Mindestalter erreicht haben werde. Das alles änderte sich in der Minute, als es gelang, Rajiv zu überreden, die Fliegerei aufzugeben und in die Politik zu gehen. Maneka fühlte sich gedemütigt. Die wenigen engen Freunde, die Sanjay gehabt hatte, wurden kaltgestellt. Die meisten von ihnen hatten über Nacht ihren Einfluß eingebüßt, aber sie paßten sich der neuen Situation rasch an.

Die meisten derjenigen, die Sanjay als Abgeordnete ins Parlament geschleust hatte, waren dem Toten persönlich treu ergeben gewesen wegen seiner politischen und materiellen Versprechungen ihnen gegenüber. Ihre Vorliebe für Sanjays Stil beruhte nicht auf irgendeiner moralischen Wertschätzung des Mannes, sondern allein auf seiner Zusage, ihre materiellen Interessen wahren zu wollen. Es galt natürlich als taktlos, das kurz nach seinem Tode laut zu sagen, aber es wurde ausgesprochen, wenn auch nicht von einer der großen politischen Publikationen. In der Mott Lane, einer engen, alten Gasse in Kalkutta, hatte Samar Sen sein Hauptquartier errichtet, ein alter bengalischer Marxist, Intellektueller und Poet. Seine Tätigkeit beschränkte sich inzwischen darauf, ein Wochenmagazin herauszugeben, den *Frontier*. Er war ein engagierter Fürsprecher der Chinesen in den Jahren nach dem sino-sowjetischen Bruch gewesen, und sein Magazin hatte immer gegen den Strom der öffentlichen Meinung anschwimmen müssen. Nach Sanjays Tod erschien im *Frontier* ein Bericht, der all die gespreizten, rührseligen Banalitäten fast aller anderen Publikationen überleben sollte. Er trug den Titel ››Was Sanjay gemeint hat‹‹. Sein Autor hatte es vorgezogen, anonym zu bleiben. Nachdem er geschildert hatte, wie er in den Straßen der Stadt vergeblich nach einem Zeichen der Anteilnahme oder der Trauer über die Nachricht vom Tode des designierten Thronerben Ausschau gehalten habe, beschrieb er sehr anschaulich, wie er nach Besteigen eines halbleeren Flugzeugs nach Delhi einen Blick auf Sanjays Männer erhascht hatte. Seine Schilderung dieser Männer ist unübertroffen:

Das Flugzeug wurde gerade startklar gemacht, als erneut ein hektisches Treiben begann. Plötzlich kamen neue Passagiere an Bord geklettert und ergossen sich in einem schier endlosen Strom blendend weißer, frisch gebügelter Sanjay-Anzüge in die Kabine; jeder hatte sich einen gezackten Streifen schwarzen Bandes an den Arm oder die Brust geheftet. Es mußten mindestens hundert gewesen sein. Kein einziger Platz war mehr frei.

Sie bildeten eine lärmende Schar, diese Spätlinge der Kongreß-Politik. Schweigend beobachtete sie der *Frontier*-Berichterstatter. Als das Flugzeug aufstieg, begann er seine Eindrücke niederzuschreiben:

Nun hatte man Zeit, sich in aller Ruhe einen Überblick zu verschaffen. Diese neue Gruppe von hundert und mehr Sanjay-Anzügen waren fast alles Männer – kaum eine Frau dabei – zwischen 30 und 45 Jahren alt, stämmig, fett und grobschlächtig, erfüllt von plumpem Selbstvertrauen, stinkend nach Old Spice, die Bäuche rund und straff gespannt wie Trommeln. Das waren die Typen, die ich in den Bezirken von Andhra gesehen habe, Besitzer von teilklimatisierten Wohnhäusern und Scheunen groß wie Spielplätze, von großen und mittleren Gütern, von Feldern mit Tabak,

Reis und Ölpflanzen, von neuen, adrett geführten Fabriken zur Weiterverarbeitung von Agrarprodukten. Das waren dieselben Männer, die ich an den Vorstandstischen von Genossenschaftsbanken und anderen staatlichen Finanzierungsinstituten gesehen hatte, wie sie damit beschäftigt waren, Geld abzuschöpfen, das im Namen Hunderter wirklicher oder imaginärer kleiner Nutznießer eingezogen wurde, um es ertragreichen Investitionen zuzuführen und auf ein breites Spektrum von Aktienpaketen in Andhra Pradesh und anderswo zu verteilen. Das waren die Männer, denen die meisten der neuen mittleren und kleinen städtischen Industrien gehörten, die profitable Geschäfts- und Eheverträge abschlossen, die sich Bräute nach dem Ebenbilde von Telugu- und Tamil-Filmen anschafften, jede durch Bande der Ehe, der Kaste und der Abkunft eng der älteren Generation verhaftet, der es gut gegangen war und die den ersten und entscheidenden Schritt zur ursprünglichen Akkumulation getan hatte. Sie stellten das neue, interagierende Dreieck dar: den Landadel auf dem Dorf, das industrielle Unternehmertum in der Stadt und die neue Intelligenz, die beiden zugehörte.

Nur wenige von ihnen im Flugzeug machten sich die Mühe, sich an Chenna Reddy oder Narasimha Rao heranzudrängen, wie es gang und gäbe ist, wenn derartige Würdenträger reisen. Sie blieben unter sich. An einem Abend ganze Harijan-Dörfer auszulöschen, ohne auch nur mit der Wimper zu zucken, war für sie eine ebensolche Alltäglichkeit wie das ruhig und ohne jedes Aufsehen vollzogene Auskaufen von hundert fest gebuchten und bestätigten Passagieren und ein paar Dutzend weiteren, die an jedem Morgen um 9.00 Uhr auf der offiziellen Warteliste stehen, um pünktlich um 12.55 Uhr ihren Platz in der Maschine nach Delhi einzunehmen. Worauf es in beiden Fällen ankam, war, daß es erfolgreich getan wurde, rücksichtslos auch, wenn es sein mußte, und ohne jedes Aufsehen. Beziehungen und stillschweigendes Einverständnis, stillschweigendes Einverständnis und Beziehungen.[9]

Sanjay war tot. Sein politisches Programm jedoch war sehr lebendig. Und seine Frau auch.

Rajiv Gandhi:
Eine Dynastie wird geboren

Als sich Sanjays Tod ereignete, hatte sein Bruder Rajiv seit vierzehn Jahren an den Hebeln und Instrumenten eines Flugzeugs gesessen. Seine Freunde bestätigten, daß er glücklich war. Durch nichts gab er zu verstehen, daß er eine Veränderung wünschte. Für Sanjays Politik während der Notstandsjahre hatte er wenig übrig, sah sich aber nicht imstande, viel daran zu ändern. Später sagte er, er habe nicht allzu viel von »Auswüchsen des Ausnahmezustands« gehört, aber was ihm zu Ohren gekommen sei, habe er an die Mitbewohner des Hauses Safdarjung Road 1 weitergegeben, die es ausnahmslos abgelehnt hätten, ihm zu glauben.

Es wäre falsch zu sagen, daß er politisch gleichgültig gewesen sei. Er hatte gewisse Ansichten, die in seinem Freundeskreis traditionell vertreten wurden. Er war ein liberaler, demokratisch gesinnter Anhänger des Kongresses. Dessenungeachtet waren sowohl er selbst als auch seine Frau Sonia entschieden dagegen, daß er das Cockpit der indischen Politik betrat. Einmal hatte Sonia sogar erklärt, ihr wäre es lieber, daß ihre Kinder auf der Straße betteln müßten, als daß Rajiv Politiker würde. Wahrscheinlich viel entschiedener als er betrachtete sie die Politik als schmutzig, korrupt und durchsetzt mit Speichelleckern, die sie aufs tiefste verabscheute. Schließlich herrschte kein Mangel an ihnen in der Safdarjung Road 1. Ob sie je ihr heimatliches Italien mit Indien verglichen hat, ist nicht bekannt, jedenfalls gab es eine Reihe von Ähnlichkeiten zwischen dem indischen Kongreß und den italienischen Christdemokraten. Beide Parteien befanden sich fest im Griff käuflicher Politiker. Beide stützten sich weitgehend auf das Verteilen und Empfangen von Pfründen. Und beide hatten ihre Verbindungen zur Unterwelt. Die Christdemokraten waren der Mafia verbunden; der Kongreß stand finanziell in der Schuld des indischen Gegenstücks. Politischer Protektionismus wurde in beiden Fällen praktiziert.

Sonia hatte ihren italienischen Paß noch nicht gegen die indische Staatsbürgerschaft eingetauscht. Nach der niederschmetternden Wahl des Jahres 1977 hatte Rajiv seiner Mutter mitgeteilt, daß er und seine Familie Indien für eine Weile verlassen und sich in Italien niederlassen wollten. Das hatte eine Familienkrise ausgelöst. Indira hatte die beiden beschworen, sie zu diesem Zeitpunkt nicht zu verlassen. Sie könne es nicht ertragen, ohne ihre Enkelkinder zu sein. Die Bitten seiner Mutter hatten Rajiv umgestimmt. Sanjays Spießgesellen behaupteten, daß Rajiv und Sonia das Debakel nach dem Ausnahmezustand als Katastrophe gesehen und nicht geglaubt hätten, daß sich das politische Schicksal der Familie nach einem so vernichtenden Schlag noch einmal würde wenden können. An dem von Sanjay gemanagten Wahlkampf von 1980 beteiligte sich Rajiv nicht.

Dann folgte das tödliche Flugzeugunglück. Sogleich entbrannte ein Streit darüber, wer Sanjays Mandat übernehmen solle. Zwei gegnerische Fraktionen bildeten sich. Die eine sah Maneka als Sanjays Erbin, die den Sitz für ihren drei Monate alten Sohn Feroze warmhalten würde. Es war kein Geheimnis, daß die beiden Brüder und ihre Familien nicht im besten Einvernehmen miteinander lebten. Vor allem Sonia und Maneka hatten nicht einmal versucht, ihre gegenseitige Abneigung zu verbergen. Der Kampf um die Nachfolge mit allen seinen grotesken, mittelalterlich anmutenden Untertönen hatte schon vor Sanjays Einäscherung begonnen. Die Maneka-Clique hatte sich im Hause der Anands getroffen und über die Frage diskutiert, wie man den großen Block der Sanjay-Abgeordneten im Griff behalten und als Hebel benutzen könne, um Manekas Ansprüche durchzusetzen.

Indira und ihre engsten Berater entschieden sich für Rajiv. Sobald sie in dieser Frage zur Entscheidung gelangt waren, überließen sie nichts mehr dem Zufall. Im August 1980, knapp zwei Monate nach Sanjays tödlichem Absturz, riefen dreihundert Kongreß-Abgeordnete Rajiv auf, in die Fußstapfen seines Bruders zu treten und sich um das Mandat des Wahlkreises Amethi bei der nun fälligen Nachwahl zu bewerben. Rajiv zögerte. Er war nicht mal ein eingeschriebenes Mitglied des Kongresses. Seine Frau stand dem Gedanken an eine politische Karriere ihres Mannes noch immer ablehnend gegenüber. Mehrere Monate später, im April 1981, schrieb der angesehene konservative Journalist Sunanda Datta-Ray in *The Statesman:* ››Führer hängen nicht an Mama's Rockzipfel, wenn sie Befehle erteilen . . . Sie müssen im verfassungsmäßigen Rahmen agieren und dem Volk für alles verantwortlich sein, was sie tun . . . Mr. Gandhi sollte deshalb entweder seine Position legitimieren oder auf alle Machtansprüche verzichten . . . Will der wirkliche Rajiv Gandhi sich bitte erheben und sich erklären?‹‹

Einen Monat später folgte Rajiv dem Rate Datta-Rays. Er kündigte seine Stellung bei Indian Airlines und beschloß, in Amethi zu kandidieren. Der Sitz war ein ganzes Jahr lang vakant gewesen, eine verfassungswidrige Situation, da vakante Sitze binnen sechs Monaten neu besetzt werden mußten. Amethi war schon Nehrus Wahlkreis gewesen; nach seinem Tode war er erst von seiner Schwester Vijaya-lakshmi, dann von Sanjay und nun von Rajiv vertreten worden. Sonia, die sich unterdessen mit den Gandhischen Familienplanungen abge-funden hatte, gab in aller Stille ihre italienische Staatsbürgerschaft auf. Die Kronprinzessin wurde zur indischen Staatsbürgerin.

Im Juni 1981 wurde Rajiv ins Parlament gewählt; er hatte einen Erdrutschsieg errungen. Wurde er nach seinen politischen Vorstellun-gen gefragt, neigte er zur Verschwommenheit und sagte nur, daß er das Wahlmanifest des Kongresses unterstütze. Seine Differenzen mit Sanjay hatten sich nicht an Grundsatz-, sondern an Stilfragen entzün-det. Er war für freies Unternehmertum, für ausländische Investitionen und für Modernisierung. Er verabscheute Korruption, Schmeichler-tum und Gangstermethoden. Das Problem bestand darin, daß es zwischen beiden Querverbindungen gab. Sanjay hatte das früh er-kannt und versucht, die nun einmal waltenden Kräfte zur Förderung seines politisch-ökonomischen Programms einzuspannen. Auch Rajiv sollte in den folgenden Jahren diese harten Tatsachen entdecken. Sanjays alter Freund Dumpy war wütend, daß Rajiv von der Presse als Saubermann dargestellt wurde, obwohl auch er keinen einzigen spezifischen Vorwurf gegen ihn erheben konnte. Dafür sagte er folgendes:

Während des Ausnahmezustands hatte Sonia mit Maruti Technical Services zu tun. Wenn sie, wie sie später behaupteten, das ganze Maruti-Projekt mißbilligt haben, dann hätte sie nicht Aktionärin werden sollen. Es war nicht etwa so, daß sie Sanjay lediglich helfen wollten. Aus Briefen geht hervor, daß Sonias Bruder zur Zeit des Ausnahmezustands einen Vertretungsvertrag für italienische Spiri-tuosen in Indien wünschte. Sonias Familie war am wirtschaftlichen Leben Indiens beteiligt, wie können sie also behaupten, nicht an Politik interessiert gewesen zu sein?[1]

Im Jahre 1983 kam Rajiv dem Thron um einen Schritt näher, als er von seiner Mutter zu einem der Generalsekretäre der Kongreßpartei ernannt wurde. Dies war sein erstes offizielles Amt in der Partei, und es war ein gewaltiger Sprung nach oben, wenn man bedenkt, daß er erst seit drei Jahren Parteimitglied war. Nachdem er Amethi erobert hatte, begann Rajiv die Früchte des politischen Sieges zu kosten. Einem Korrespondenten der *Times* gestand er vor seiner Wahl:

Ja, ich finde es schon aufregend, in die Politik zu gehen. Aber auch ein wenig beängstigend. Sehen Sie sich die Leute in diesem Wahlkreis an. Sie haben so wenig, und es gibt so viel zu tun. Wie fängt man an, Verbesserungen herbeizuführen? Es wird sehr befriedigend sein, Fortschritte zu erzielen, aber was die Schwierigkeiten anbelangt, so gebe ich mich keinerlei Illusionen hin.

Und in einem Interview der *Sunday Times* sagte er etwa zur gleichen Zeit, daß er ››einen neuen Menschenschlag für die Politik gewinnen möchte – intelligente, westlich orientierte junge Männer mit nichtfeudalen, nichtkriminellen Ideen, die den Wohlstand Indiens wollen, nicht den eigenen‹‹.

Rajivs Politik mag nicht allzu verschieden gewesen sein von derjenigen Sanjays, aber er machte sehr schnell deutlich, daß die Gefolgsleute seines Bruders unter den neuen Gegebenheiten nicht viel Raum vorfinden würden. Statt dessen stützte er sich auf eine festgefügte Gruppe alter Freunde, die sich von ihm nicht allzu sehr unterschieden. Mit Rajiv Dhar, Sohn des verstorbenen kaschmirischen Brahmanen D. P. Dhar, eines der verdientesten Beamten des Landes nach 1947, war Rajiv seit langem befreundet. Zum Kreis seiner Vertrauten zählten auch alte Freunde aus der Doon School und aus Cambridge, darunter auch Arun Singh, Nachkomme einer fürstlichen Familie, Vorstandsmitglied bei Reckitt and Colman, den er in Cambridge kennengelernt hatte. ››Ach, wissen Sie, wir gehörten der Beatles-Generation an‹‹, erklärte Arun einem Interviewer des in Bombay erscheinenden Magazins *Imprint*. Er gestand auch, daß das Leben als Geschäftsmann trüb und langweilig geworden sei. Rajivs Hinwendung zur Politik war auch für ihn ein idealer Augenblick, den Beruf zu wechseln. Arun Singh wurde politischer Berater des künftigen Ministerpräsidenten, äußerte aber die Hoffnung, bald ins Parlament gewählt zu werden, dem er ››fundamentale Bedeutung für die Demokratie‹‹ bescheinigte.

Aus der Nehru-Familie war bereits ein Cousin, Arun Nehru, in Ray Bareli ins Parlament gewählt worden, was Indira zu dem Kommentar veranlaßt hatte: ››Die Leute von Ray Bareli sind nicht glücklich ohne einen Nehru.‹‹ Arun war entdeckt und prompt gewählt worden. Auch er wurde Mitglied in Rajivs Beraterkreis. Es waren die beiden Aruns, die Rajiv mehr als jeder andere dabei halfen, wichtige Entscheidungen wie etwa die Zuteilung der Wahlkreise für die Parlamentswahlen vom Dezember 1984 zu treffen. Zu Sanjays Beratern hatten Schlägertypen vom Lande gehört. Rajivs Berater waren städtische Universitätsabsolventen mit technokratischen Neigungen. Ihre Vorliebe für Computer-Prognosen und Fernseh-Wahlkämpfe trug nicht zu ihrer Popularität bei den vorsichtigeren Mitgliedern der alten Kongreßgarde bei. Das Ethos Rajiv Gandhis und seiner Freunde wurde von Arun Singh folgendermaßen beschrieben:

> Alle Leute, die ich kenne, haben gewisse grundlegende Dinge gemeinsam. Wir sind zuerst und vor allem Inder; wir sind auf jeden Fall säkulare Inder. Was auch immer gesagt werden mag, wir operieren auf einem sehr hohen Niveau der Integrität – der persönlichen Integrität. Ich rede hier nicht nur von Geld, denn Geld ist schließlich nur ein Aspekt der persönlichen Integrität. Sagen wir doch einfach, wir haben einen recht hohen moralischen Standard, und ich halte das für einen Vorteil.[2]

Im Dezember 1983 wurde Rajiv den Kongreß-Delegierten in Kalkutta als zukünftiger Führer des Landes vorgestellt. Die Stadt war über und über mit Bildern von Indira und Rajiv geschmückt, die den Plakaten für Hindi-Filme den Platz streitig machten. Es gab auch ein Plakat, auf dem Rajiv allein zu sehen war; es trug die Unterschrift: »*Führer von heute, Hoffnung von morgen.*« Man wurde das Gefühl nicht los, daß die Werbefachleute des Kongresses hier irgend etwas verwechselt hatten und der Text eigentlich hätte lauten sollen: »*Hoffnung von heute, Führer von morgen.*«

Das einzig Irritierende an diesem harmonischen Dynastiegemälde war die öffentliche Kampagne, die Maneka Gandhi, Sanjays Witwe, gegen Rajiv gestartet hatte. Maneka hatte die Safdarjung Road 1 mit großem publizistischen Wirbel verlassen. Sie erklärte der ganzen Welt, ihre Schwiegermutter habe sie zum Gehen aufgefordert, und präsentierte sich selbst und ihren Sohn als die schwarzen Schafe der Familie, denen bitteres Unrecht angetan worden sei. Die Wahrheit sah ein bißchen anders aus. Von dem Tage an, an dem Rajiv beschlossen hatte, in die Politik zu gehen, hatte sie Rachepläne geschmiedet. Sie war mit Oppositionspolitikern zusammengetroffen und hatte beschlossen, alles zu tun, um Sanjays Anhänger zum Bruch mit der Kongreßpartei Indiras und Rajivs zu bewegen. Es war weit und breit bekannt, daß sie in Ungnade gefallen war, aber Indira hatte keinerlei Entschluß gefaßt, sie aus dem Hause Safdarjung Road 1 zu weisen. Maneka hatte sich bei jedem, der es hören wollte, bitterlich darüber beklagt, daß ihre Schwiegermutter sie schlecht behandle und ignoriere. Fragte man sie, warum sie dann das Haus nicht verlasse und sich eine eigene Wohnung nehme, hatte sie für gewöhnlich geantwortet, daß die Wahl des richtigen Zeitpunkts in solchen Dingen von entscheidender Bedeutung sei.

Im März 1982 hatte sie schließlich ihre Koffer gepackt, nachdem sie die Angelegenheit in einigem Detail mit Angehörigen der BJP, des früheren Jan Sangh, erörtert hatte. Unmittelbar nach ihrem Auszug gab sie die Bildung eines ››Sanjay-Forums‹‹ bekannt, das, wie sie sagte, für ››Sozialismus, Säkularismus und Demokratie‹‹ tätig werden würde, drei Dinge, die nicht zu den stärksten Seiten ihres verstorbenen Ehemanns gehört hatten. Ein Jahr später gründete sie eine politische Partei, die sie *Rashtriya Sanjay Manch* (Nationale Sanjay-Organisation) nannte. Sie gab bekannt, daß sie, Maneka, die Dynastie der Nehrus und Gandhis in Amethi herausfordern und Rajiv einen erbitterten Kampf liefern werde. Die Manchies errangen auch einige Erfolge. In einer Nachwahl wurde Dumpy ins Parlament gewählt, und der Kongreß fing an, Maneka ernst zu nehmen. Sie begann nun, auf Oppositionszusammenkünften zu erscheinen, und viele Oppositionsführer sahen in ihr ein Werkzeug, das speziell dazu geeignet war, Indira und ihren Sohn zu schädigen. Rajiv und Sonia nahmen Manekas Herausforderung zum Anlaß, regelmäßig Amethi zu besuchen, und in der Folgezeit wurde viel Geld in Form von Wohlfahrtsprojekten in den Wahlkreis gepumpt.

Manekas Rezept auf politischen Versammlungen bestand darin, sich den armen Bauern als Witwe zu präsentieren, der schweres Unrecht widerfahren war, die von einer tyrannischen Schwiegermutter unter den kalten Augen des älteren Bruders ihres verstorbenen Mannes und dessen ausländischer Frau auf die Straße gesetzt worden sei. Diese volksnahe Moritat war weitgehend erfunden, verfehlte aber anfangs nicht ihre Wirkung. Die Zänkereien zwischen Indira und Maneka um die Aufteilung von Sanjays Besitz und um das gesetzliche Recht der Großmutter, ihren Enkel zu sehen, sorgten dafür, daß das Interesse der Öffentlichkeit nicht erlahmte. Maneka machte sich dieses Interesse sehr geschickt für ihre öffentlichen Kampagnen zunutze. Auf ihre Weise bewies sie Schneid und ein gewisses politisches Flair, wenn auch von einer etwas anrüchigen Sorte. Mit der Ermordung ihrer Schwiegermutter verlor sie ihre wichtigste wahltaktische Karte, aber sie hatte immer noch den Namen Gandhi. Sollte sich die indische Politik für den Rest dieses Jahrzehnts so fortsetzen, wie sie sich seit 1980 angelassen hat, dann könnte es Maneka gelingen, ihre dynastischen Verbindungen noch weitaus dreister für sich auszuschlachten, als man es sich gegenwärtig überhaupt vorstellen kann.

Unterdessen begannen die Männer der Beatles-Generation das Ausmaß der Probleme zu begreifen, mit denen sie konfrontiert waren. Es waren ja nicht nur die Massaker in Assam, die weit verbreiteten Ausbrüche kommunalistischer Unruhen in Städten wie Bombay oder die drohenden Wolken über dem Panjab. Es war der Zustand der Kongreßpartei selbst. Der ehemalige US-Botschafter in Indien, J. K. Galbraith, hatte zu Nehrus Lebzeiten das indische politische System liebevoll als eine fortgeschrittene Form der »organisierten Anarchie« bezeichnet. Die Kongreßpartei war inzwischen zu undisziplinierter Anarchie verkommen. Sanjays Tod hatte ohne Zweifel ein Vakuum hinterlassen. Eine der häßlichsten Demonstrationen dieser Tatsache war die Konferenz der NSUI (Nationale Studenten-Union Indiens), des studentischen Flügels des Kongresses, im September 1984 in Nagpur. Die Kongreß-Studenten waren seit den späten siebziger Jahren als entfesselte Halbstarke bekannt und berüchtigt. Sanjay hatte sie eine Zeitlang unter Kontrolle zu halten vermocht, aber bald schon konnte selbst er sich kein Gehör mehr verschaffen. Die Versammlung von Nagpur war für zwanzigtausend »Studenten« vorgesehen. Zusätzliche fünfzehntausend erschienen. Verschiedene Gruppen innerhalb des Kongresses hatten ihre Anhänger zu einer Demonstration der Stärke aufgeboten, um ihre Ansprüche auf parlamentarische Vertretung zu unterstreichen.

Diese »Delegierten« waren nicht im geringsten an den Reden interessiert. Sie plünderten die Läden, stürmten die Kneipen und lieferten sich Schlägereien in den Bordellen. Die einfachen Bürger von Nagpur waren entsetzt. Junge Frauen wurden belästigt, etliche Fälle von Vergewaltigung wurden gemeldet. Der aus Bombay stammende Präsident der NSUI, ein anständiger junger Mann, war besorgt um die Sicherheit der weiblichen Delegierten und schickte sie nach Hause. Die Zeitungsberichte waren zu detailliert, als daß irgendein Kongreßführer sie als unwahr hätte zurückweisen können. Indira versuchte, der Opposition die Schuld an den Ausschreitungen zuzuschieben, und erklärte, der RSS habe sich in die Versammlung eingeschleust, um die Regierung in Mißkredit zu bringen. Das war eine bequeme Erklärung, aber sie war falsch. Was hier geschah, war gar nicht so verschieden von den Ereignissen auf der AICC-Tagung der erwachsenen Kongreß-Mitglieder, die im Dezember 1983 in Kalkutta stattgefunden hatte. Nur das Ausmaß war viel größer.

Die Explosion fand schließlich im Panjab statt. Die ››Operation Bluestar‹‹ war erfolgreich, aber der Preis war hoch. Indiens Ministerpräsidentin wurde von ihren eigenen Panjabi-Leibwächtern ermordet. Rajiv sprach gerade in Kanthi in der Nähe von Kalkutta auf einer Vorwahlkampfveranstaltung des Kongresses, als er eine dringende Nachricht aus Delhi erhielt. Man teilte ihm nur mit, daß seine Mutter ins Krankenhaus eingeliefert worden sei. Sein Gesicht zeigte keinerlei Gefühlsregung. Er führte die Versammlung zu Ende und ließ sich zum nächsten Hubschrauber-Startplatz fahren. ››Sie ist zäh‹‹, sagte er zu einem Journalisten. Es war offensichtlich, daß er nicht mit dem Schlimmsten rechnete. Um 12.30 Uhr hörte er die BBC-Nachrichten. ››In unserem Haus, und auch noch von ihren eigenen Sicherheitsbeamten?‹‹ murmelte er ungläubig vor sich hin. Dann sagte er zu den ihn begleitenden Journalisten: ››Jeden Morgen ist mir ein junger Sikh aufgefallen, der zwischen Safdarjung Road 1 und der Akbar Road postiert war. Er sah sehr verdächtig aus.‹‹ Rajiv hatte seiner Mutter gesagt, daß er diesem Mann nicht traue. Es war Beant Singh gewesen. Sie hatte über seine Befürchtungen nur gelacht. Alle Reporter, die während jener Stunden mit ihm sprachen, berichteten, daß er absolut ruhig geblieben sei. Er flog mit dem Hubschrauber zum Flughafen von Kalkutta, wo schon ein Flugzeug wartete, um ihn nach Delhi zu bringen.

Sonia war in der Safdarjung Road 1 gewesen. Gegen 9.00 Uhr hatte sie eine Freundin angerufen, um ihr zu sagen, daß Indira einige Baumwoll-*Saris* für den Wahlkampf benötige, der am 25. November eröffnet werden sollte. Als sie die Schüsse hörte, war sie hinausgelaufen, um den Dienern zu sagen, daß sie endlich aufhören sollten, mit den *diwali-* Feuerwerkskörpern zu spielen. Das *diwali*-Fest hatte am 24. Oktober stattgefunden. Als sie sah, was vorgefallen war, half sie, ihre schon bewußtlose Schwiegermutter in ein Auto zu tragen, und fuhr mit ihr sofort ins nächste Krankenhaus. Sie war noch im Morgenrock. In banger Ungewißheit wartete sie. Als die Ärzte Indira Gandhi für tot erklärten, brach sie zusammen.

Rajiv fuhr sofort vom Flughafen zum Krankenhaus. Unterdessen hatten in der Safdarjung Road 1 schon die Diskussionen über die Nachfolge begonnen. Üblicherweise war es Aufgabe des Staatspräsidenten, einen amtierenden Ministerpräsidenten zu ernennen, für gewöhnlich den dienstältesten Minister im Kabinett, der die Geschäfte führte, bis die Kongreßfraktion einen neuen Vorsitzenden gewählt haben würde. Dem üblichen Verfahren folgend, schlug R. K. Dhavan, Indiras engster politischer Berater und langjähriger persönlicher Assistent, Finanzminister Pranab Mukherji als Interimsregierungschef vor. Arun Nehru, der Familien-Abgeordnete des Wahlkreises Ray Bareli, und V. S. Tripathi, ein anderer enger Berater Indiras, plädierten für eine direkte Nachfolge Rajivs. Dharan und Kamal Nath (»Roly Poly«), jener alte Schulfreund Sanjays und jetzige inoffizielle Sprecher der Sanjay-Abgeordneten, wurden mit Arun Nehru in einem Raum festgehalten, bis die endgültige Entscheidung gefallen war.

Präsident Zail Singh befand sich auf einem Staatsbesuch. Finanzminister Pranab Mukherji war mit Rajiv von Kalkutta aus zurückgeflogen. Innenminister Narasimha Rao, einer der fähigeren Parteiführer, befand sich gerade auf einer Reise durch seinen Heimatstaat Andhra Pradesh. Verteidigungsminister Shankar Chavan war in Moskau. Die Bekanntgabe von Indiras Tod wurde um vier Stunden verzögert, um die Nachfolgefrage zu klären. Rajivs erster Instinkt ließ ihn gegenüber seinen Ratgebern erklären, daß ein ranghoher Minister die Geschäfte bis zur Fraktionssitzung übernehmen solle. Beide Aruns brachten ihn davon ab. Andere erörterten die Frage, welcher ranghohe Minister interimistischer Regierungschef werden solle. Mukherji war die Nummer zwei, aber er gehörte der Rajya Sabha, dem Oberhaus, an, und das, so erklärten Narasimha Raos Anhänger, könne zu einem unglücklichen Präzedenzfall werden, wie kurz das Zwischenspiel auch immer sei. Rao hingegen gehörte der Lok Sabha an. Ein anderer warf die Frage auf, ob nicht Rao als Innenminister zurücktreten müsse, da sein Ministerium für den mangelhaften Schutz der ermordeten Ministerpräsidentin verantwortlich sei. Erdölminister Vasant Sathe machte der Debatte schließlich ein Ende. Ohne Umschweife erklärte er, jedermann wisse, daß Indira Gandhi ihren Sohn Rajiv zu ihrem Nachfolger erkoren habe, und »im Interesse der Stabilität« sollten sie dem Rat ihrer toten Chefin folgen.

Als Zail Singh nach Delhi zurückkehrte, bewarf eine zornige Menschenmenge seinen Wagen mit Steinen. Dieser drastische Wutausbruch erinnerte jeden daran, welcher Religionsgemeinschaft er angehörte. Er traf Rajiv im Krankenhaus und bestand darauf, daß er ihn zum Präsidentenwohnsitz begleite. Der Fraktionsvorstand des Kongresses hatte unterdessen Zail Singh in einem formellen Schreiben ersucht, Rajiv zum neuen Ministerpräsidenten zu ernennen. Dem Vorstand gehörten fünf Mitglieder an. Einer davon war tot. Zwei waren abwesend. Die beiden übrigen, Pranab Mukherji und Narasimha Rao, waren zusammengekommen und hatten sich auf Rajiv Gandhi geeinigt. Noch am gleichen Abend nahm Zail Singh dem neuen Ministerpräsidenten Rajiv den Amtseid ab.

Währenddessen brannte Delhi. Als erste Amtshandlung trat Rajiv Gandhi vor die Mikrophone und rief zu Frieden und Ruhe auf. »Indira Gandhi ist tot«, sagte er in seiner nüchternen und emotionslosen Art. »Indien lebt. Indiens Seele lebt.« Indien lebte, aber Indira war tot. Und die Furien des Kommunalismus forderten das Leben vieler unschuldiger Menschen. Zwei Tage lang lebten die Sikhs von Delhi in Todesangst. Dann wurde, weil die Polizei untätig zugesehen hatte, die Armee ausgesandt, um die Sikhs vor dem Hindu-Mob zu beschützen. Rajiv besuchte Überlebende des Pogroms und versprach ihnen Hilfe und Unterstützung. Einige Wochen später sollte sich herausstellen, daß die Gewalttaten kein spontaner Wutausbruch gewesen, sondern von einigen Fanatikern im Kongreß geschürt und angeführt worden waren; von finsteren Elementen, die sich nicht sonderlich von denjenigen unterschieden, die Nagpur während des Studentenkongresses terrorisiert hatten. Das Problem von Gesetz und Ordnung war in diesem Fall im wesentlichen eine Frage der Rückführung von Teilen des Kongresses und der weitgehend kommunalistisch verseuchten Polizei unter ein gewisses Maß an Kontrolle.

Als die Einäscherungsfeiern vorüber waren, entschied sich der neue Ministerpräsident für eine rasche Wahl. Er wünschte sich eine neue Fraktion, die ihm helfen würde, den internen Zank zu beenden, der die ganze Partei gelähmt hatte. Noch wichtiger: Er wollte die Legitimierung durch das Volk. Das mußte schnell geschehen. Jede Verzögerung konnte sich als Eigentor erweisen, denn die Tragödie der Ermordung Indiras hatte vorübergehend alle miteinander verfeindeten Splittergruppen geeint. Sie hatten Rajiv akzeptiert, weil sie glaubten, nur mit ihm einen Wahlsieg erringen zu können. Das hatten sie gemeint, als sie von »Stabilität« redeten.

Der Wahlkampf kam in der ersten Dezemberwoche 1984 auf Hochtouren. Rajivs zentrales Thema war ein altes Lieblingsmotiv seiner Mutter: Die Einheit des Landes sei in Gefahr; nur der Kongreß könne die indische Föderation erhalten. Er gab zu, daß Fehler gemacht worden seien, und er versprach dafür zu sorgen, daß sie korrigiert würden. Auf dem Spiel aber stünden die Integrität und Einheit Indiens. Dafür gelte es zu kämpfen. Und für den Fall, daß diese simple Botschaft nicht durchdringen sollte, sicherte sich die

Beatles-Generation die Dienste einer älteren und erfahreneren Künstlergeneration: der Stars der BombayFilme. Andhra hatte seinen NTR, Tamil Nadu seinen MGR. Die Attraktivität dieser Schauspieler war jedoch im wesentlichen regional begrenzt. Der Kongreß brauchte Schauspieler, die im ganzen Land bekannt waren.

Amitabh Bachan, der populärste Schauspieler Indiens, war eine Kreuzung zwischen Errol Flynn und Robert Redford. Er war auch, und das war in diesem Falle besonders wichtig, ein Freund Rajivs aus gemeinsamen Kindertagen. Er erklärte sich bereit, in die Politik zu gehen, um Rajiv zu helfen; gleichzeitig hieß es, er liebäugele mit einem Kabinettsposten. Er kandidierte in Allahabad, nicht weit von Amethi. Auf den Kongreß-Wahlveranstaltungen in Uttar Pradesh traten somit zwei Stars auf: Amitabh Bachan und Rajiv Gandhi. Bachan, zu dessen schauspielerischen Leistungen phantastische Sprünge in Himmelshöhen gehörten, übertrug diese akrobatische Gabe auf die Politik: »Was Indien braucht«, erklärte er in einem Interview, »das ist ein Riesensprung in das einundzwanzigste Jahrhundert.« In Bombay, dem Hollywood Indiens, war der Kongreß durch einen weiteren Star vertreten, Sunil Dutt, der den zusätzlichen Vorzug mitbrachte, mit der legendären Nargis verheiratet gewesen zu sein, einem der ersten weiblichen Filmstars des Landes.

Der Wahlkampf wäre zu einer indischen »Magical Mystery-Tour« geworden, ohne handfesten Bezug zu den wirklichen Problemen des Landes, hätte es nicht jenes schreckliche Unglück gegeben, das am Morgen des 3. Dezember 1984 die Stadt Bhopal im Bundesstaat Madhya Pradesh heimsuchte. Aus dem undichten Tank einer vom amerikanischen Chemiemulti Union Carbide errichteten Pflanzenschutzmittel-Fabrik war tonnenweise Giftgas ausgetreten. Das tödliche Gas forderte mehr als dreitausend Menschenleben und ließ Zehntausende erblinden. Es war die schlimmste Umweltkatastrophe, die die Welt bis dahin erlebt hatte. Schon lange hatten amerikanische Umweltschützer die Union Carbide der »Umwelt-Erpressung« geziehen. Das US-Magazin *Fortune* hatte die Firma einmal als »profitbesessenes reaktionäres Ungeheuer« beschrieben. Auch war mehrfach davor gewarnt worden, in den USA und in der Dritten Welt »zweierlei Maßstäbe« anzulegen. Die Dritte Welt dürfe nicht als Umweltverschmutzungs-Oase mißbraucht werden. In Indien wurde nun festgestellt, daß die Lagerhaltung in Bhopal nicht den gleichen Sicherheitsstandards entsprach, wie sie Union Carbide in den Vereinigten Staaten einzuhalten hatte.

Die Errichtung des Werkes in einem Wohngebiet im Jahre 1978 hatte zu energischen Protesten seitens des Chefs der Kommunalverwaltung, M. N. Buch, geführt, eines Städteplaners von einiger Reputation in Indien. Er hatte dem Chemiekonzern einen Bescheid zugestellt, durch den dieser aufgefordert wurde, die Fabrik in ein Gebiet zu verlegen, in dem die erforderlichen Sicherheitsbestimmungen eingehalten werden konnten. Verlegt beziehungsweise versetzt aber wurde Buch, nicht die Fabrik der Union Carbide. Lecks in den Lagertanks hatte es bereits in den Jahren 1978, 1981 und 1983 gegeben, aber sie waren von Beamten und Politikern vertuscht worden, die auf der Gehaltsliste des multinationalen Konzerns standen. 1982 hatte der dem Kongreß angehörende indische Arbeitsminister, der nicht zuletzt die Interessen der Arbeitnehmer zu wahren hat, in einer Rede vor dem Parlament des Staates Madhya Pradesh erklärt: »Die Fabrik ist kein Kieselstein, den man einfach an einen anderen Ort legen kann. Für Bhopal besteht keine Gefahr, es wird auch in Zukunft keine Gefahr bestehen.« Die in Delhi erscheinende Wochenzeitung *Mainstream* kommentierte am 8. Dezember 1984:

Das Gewissen von Politikern versteinert oft, wenn es den Lockungen aus der Welt der Wirtschaft ausgesetzt wird, insbesondere dann, wenn sie von einem sehr reichen multinationalen Konzern ausgehen. Das Gästehaus von Union Carbide in Bhopal hat so manchen Bundes- und Provinzminister beherbergt; zugleich wird gemeldet, daß ein lokaler Kongreßpolitiker als Rechtsberater des Konzerns engagiert worden ist und daß der Neffe eines ehemaligen Erziehungsministers als Pressesprecher der Firma tätig ist. Es gibt viele andere, vielleicht weniger bekannte Nutznießer.

Die mörderische Wolke des Gases Methylisocyanat (MIC) hatte einen hohen Tribut an Menschen und Tieren gefordert. Es war wie in einem Horrorfilm. Ein Augenzeuge berichtete im Fernsehen: »Wir alle rangen nach Atem, und unsere Augen brannten. Wir konnten durch den Nebel hindurch kaum die Straße sehen, überall heulten Sirenen. Wir wußten nicht, in welche Richtung wir laufen sollten. Mütter wußten nicht, daß ihre Kinder schon tot waren, Kinder wußten nicht, daß ihre Mütter nicht mehr lebten, und Männer wußten nicht, daß ihre ganze Familie ausgelöscht worden war.« Bhopal war zu einer Stadt der Blinden geworden.

Rajiv begab sich kurz nach Bekanntwerden der Katastrophe an den

Unglücksort. Er war nicht blind. Er konnte sehen, was hier geschehen war. Er versprach eine karge Entschädigung. Union Carbide war nach Bhopal gekommen, weil es hier billige Arbeitskräfte in großer Zahl gab. Billig war auch ein Menschenleben. Kontrollen gab es nicht. Sicherheitsvorschriften waren bedeutungslos, da der größte Teil der Arbeiterschaft aus Analphabeten bestand. Falls Indiens Ministerpräsident Empörung oder Wut angesichts dieser brutalen Vergewaltigung einer Stadt der Dritten Welt empfand, dann unterdrückte er diese Gefühle perfekt. Nach einem Rundgang wusch er sich die Hände und flog zurück nach Delhi, um den Wahlkampf fortzusetzen. Den lokalen Kongreßfunktionären blieb es überlassen, die Masseneinäscherungen zu beaufsichtigen.

Einige westliche Zeitungen schrieben, daß die Verluste geringer an Zahl gewesen wären, wenn es das Elendsviertel rund um die Fabrik nicht gegeben hätte. Das ist Spekulation; Tatsache ist jedenfalls, daß die Fabrik von Anfang an in einem Wohngebiet gebaut worden war. Die Elendsviertel aus Wellblechhütten und primitiven Baracken waren später hinzugekommen als Unterkünfte für die armen, ungelernten und analphabetischen Arbeiter. Es gab keine Möglichkeit für sie, woanders zu wohnen. Am 12. Dezember 1984 wurde bekanntgegeben, daß die Fabrik schon bald die Produktion von Pflanzenschutzmitteln wiederaufnehmen werde.

Der Kongreß gewann die Wahlen vom Dezember 1984 mit überwältigendem Vorsprung. Rajiv war jetzt vom Volke gewählter Ministerpräsident von Indien. Die indische Bevölkerung hatte der Dynastie der Nehrus und Gandhis ein neues Mandat erteilt. Einige Fragen jedoch blieben. Warum hatte Indira unbedingt einen ihrer Söhne als Nachfolger haben wollen? Warum hatte sich der Kongreß mit diesem quasi feudalistischen Gehabe abgefunden? Zwei Ministerpräsidenten Nehru in der Safdarjung Road 1 konnten ja noch als historischer Zufall hingehen. Warum mußte ein dritter folgen? Die Dynastiefolge war mit Sanjays unerwartetem Tod in Frage gestellt. Sein Sohn war noch zu jung, seine Frau inakzeptabel. Rajiv hatte sich als Retter in der Not zur Verfügung gestellt. Er hatte sich bereit erklärt, ein schmutziges Hemd zu tragen, vorausgesetzt, er könne schon bald die Makel wieder abwaschen. Er sollte seine Chance früher bekommen, als irgend jemand geglaubt hatte. Seine Nachfolge hatte ein Element des Grotesken enthalten, eine Erinnerung an vergangene Zeiten.

Es hat eine Zeit gegeben, wo das dynastische Königreich die verbreitetste und akzeptierteste Herrschaftsform war. Erbliche Politik war als Selbstverständlichkeit hingenommen worden. Könige und Königinnen hatten regiert, wie sie es für richtig hielten. Ihr Volk hatte aus Untertanen, nicht aus Bürgern bestanden. Die gesamte Politik war in der Person des Herrschers konzentriert, der seine Berater nach Gutdünken auswählte und in die Wüste schickte. Der Erste Weltkrieg hatte diesem Zeitalter ein Ende bereitet. Das mächtige Habsburgerreich war zerbrochen, sein Sturz hatte halb Europa befreit. Die russische Revolution hatte den Zaren aller Reußen hinweggefegt. Der Sieg der Alliierten über Deutschland hatte zum Sturz des deutschen Kaisers geführt. Die skandinavischen Monarchien hatten sich demokratisiert, ihre Oberhäupter waren als Titularherrscher geblieben und fuhren mit dem Fahrrad in ihre Paläste. Der englische Monarch besaß zwar noch immer eine gewisse Macht, diente aber vor allem als ideologischer Totempfahl für die etablierte parlamentarische Ordnung. Nur Äthiopien und Thailand besaßen weiterhin Kaiser und Könige der alten Schule: Autokraten, die sowohl herrschten als auch regierten. Der eine wurde schließlich auch gestürzt, der andere war schwächer denn je. Dynastien gerieten zweifellos aus der Mode.

In der demokratischen Welt waren politische Dynastien ohnehin eine Rarität. Die Familie Roosevelt hatte zwar den Vereinigten Staaten zwei Präsidenten gegeben, Teddy und Franklin, aber sie hatten verschiedenen politischen Parteien angehört und verschiedene politische Programme durchgesetzt. Sie waren einander auch nicht nachgefolgt. Die Kennedys waren eher ein Clan als eine Dynastie. Die einzigen Fälle, wo eine Familie die politische Macht regelrecht vererbt hatte, waren Haiti und Nicaragua. Beides waren Familiendiktaturen. In Haiti hatte »Papa Doc« Duvalier Repression und primitive Magie benutzt, um die Nachfolge seines Sohnes sicherzustellen. »Baby Doc« Duvalier führte die Tradition auf einer Insel fort, deren Bevölkerung vollständig demoralisiert war. In Nicaragua hatte die Familie Somoza den Fehler begangen, ihr politisches Monopol auf ein solches des Grundbesitzes auszudehnen. Die Tatsache, daß ihr vierzig Prozent der reichsten Landgüter Nicaraguas gehörten, hatte die Bedingungen für eine soziale Revolution geschaffen, die 1979 ausbrach, die alte Ordnung hinwegfegte und die Sandinistas als die neuen Machthaber etablierte.

In Singapur hatte Ministerpräsident Lee Kuan Yew, ein Liebling des Westens, seinen Sohn, Brigadegeneral Lee Hsien Loong, aus der Armee genommen, wo er die Nummer zwei gewesen war, und in die Partei der Volksaktion und ins Parlament von Singapur gesteckt. Der

Ex-Brigadegeneral erklärte vor der Presse: »In Singapur entscheidet man sich nicht, in die Politik zu gehen – man wird dazu eingeladen.« In der Demokratischen Volksrepublik Korea hat der »Große und geliebte Führer« Kim Il Sung dafür gesorgt, daß sein Sohn der nächste »Große und geliebte Führer« werden kann, aber noch lebt Kim, und es ist nicht sicher, ob seinen Vorkehrungen Erfolg beschieden sein wird. Das alles waren natürlich Sonderfälle. Abirrungen. Sie konnten nicht lange Bestand haben. Die Geschichte bewegte sich in andere Richtungen.

Die alten Dynastien hatten den Sinn, die soziale Ordnung der Zeit zu erhalten, dem Vordringen neuer und unberechenbarer, namentlich in den Städten erstarkender Gruppen Widerstand entgegenzusetzen sowie den Grundbesitz nutzbar zu machen, um die Loyalität der ländlichen Hierarchie gegenüber dem jeweiligen Herrscher zu besiegeln. Sie waren, kurz gesagt, das gemeinsame Werkzeug eines besitzenden Kollektivs.

Indien fällt in keine dieser Kategorien, aber es sollte als Teil eines ganzen Subkontinents gesehen werden. Nepal, Sikkim und Bhutan sind Spielarten der Monarchie. Wäre Pakistan keine Militärdiktatur, dann wäre Bhuttos Tochter, Benazir, wahrscheinlich Ministerpräsidentin an der Spitze der Volkspartei. In Sri Lanka ist die regierende Vereinigte National-Partei seit vielen Jahrzehnten berühmt als die Onkel-Neffen-Partei. Ihr Hauptgegner, die Freiheitspartei, ist in drei einander bekriegende Gruppen gespalten: Mutter Bandaranaike hat zugesehen, wie ihr Sohn gegen ihre Tochter und deren Mann in die Schlacht zieht, die wiederum eine andere Tochter bekämpft haben, und das alles, um die Kontrolle über eine politische Partei zu erlangen! In Bangladesh sieht sich das Armee-Regime zwei möglichen Nachfolgern konfrontiert: Der Tochter des ermordeten Scheichs Mujib und der Frau des ermordeten Präsidenten Zia-ur Rahman.

Das ist zuviel, um noch als einfacher Zufall gelten zu können. Die Gründe für diese Koinzidenz dynastischer Spielarten sind in den erwähnten Ländern unterschiedlich. In Indien sind eine Reihe miteinander zusammenhängende Umstände zu nennen. Die Mehrheit der Bevölkerung lebt auf dem Lande, wo das Analphabetentum (mit Ausnahme von Kerala) noch sehr verbreitet ist. Das kulturelle Niveau ist entsprechend niedrig. Religion und Aberglaube aller Art schießen üppig ins Kraut. Der Glaube an religiöse Personen und Erscheinungen ist stark. Die Besitzenden sind noch immer die Herren des sozialen Lebens auf dem Lande. Der Persönlichkeitskult, der eine führende politische Familie umgibt, ist deshalb eine bequeme Möglichkeit, den politischen und sozialen Status quo zu erhalten. Zwei Drittel der Kongreß-Abgeordneten im Parlament von 1980 waren ländliche Notabeln, verglichen mit den städtischen Juristen, Lehrern und Ärzten, die den Kongreß in den Jahren nach 1947 repräsentierten. Das erklärt zum Teil die Bereitwilligkeit des Kongresses, die Nehru-Gandhi-Dynastie zu akzeptieren.

Als Erklärung für das Phänomen der Nehru-Gandhi-Dynastie ist das Argument zu hören, daß es in einem solch riesigen Land, das nahezu eine Milliarde Menschen verschiedener Glaubensbekenntnisse, Kasten und Sprachen umfaßt, nicht leicht sei, Führer zu finden, die »die Nation einen« können. Die Nehru-Gandhis, so hört man, seien deshalb so unentbehrlich, weil sie das Land zu einen vermögen. Dabei wird die Regierungszeit von Lal Bahadur Shastri, dem Nachfolger Jawaharlals, völlig ignoriert. Sein Tod stand am Anfang der Dynastie der Nehrus und Gandhis. Die traurige Wahrheit, weshalb sich diese Dynastie entwickeln konnte, lautet, daß der Kongreß als politische Partei verkommen war. Er hatte kein wirkliches Programm. Er war zu einer Koalition miteinander konkurrierender wirtschaftlicher Interessen degeneriert, die an ihrer Spitze einen Führer des populistischen Typs brauchte, um einen gewissen Kontakt zur Bevölkerung zu bewahren. Indiras diesbezügliche Talente hatten ihrer Partei enorm genützt, aber sie hatte einer anderen Generation angehört. Ihre Söhne waren Produkte der Periode nach Erlangung der Unabhängigkeit. Kapitän Rajiv wurde 1984 Ministerpräsident, zu einer Zeit, als das Land von Turbulenzen erschüttert wurde. Wie lange würde die indische Bevölkerung noch ruhig bleiben? Denn letztlich ist sie es, die Dynastien auf den Thron hebt und entthronisiert. Ein großer Teil von ihr mag analphabetisch sein, aber unwissend ist sie nicht.

Anmerkungen

Frühe Jahre (1889–1912)

1 Jawaharlal Nehru, *An Autobiography,* London 1936; deutsch: *Indiens Weg zur Freiheit,* Zürich 1948.
2 A. Gorev, V. Zimyanin, *Jawaharlal Nehru,* Moskau 1982 (in Englisch).
3 Ebd.
4 J. Nehru, a. a. O.
5 Ebd.
6 *Letters to and from Jawaharlal Nehru,* Delhi 1978.
7 Lewis D. Wurgaft, *The Imperial Imagination: Magic and Myth in Kipling's India,* Middletown, Conn. 1983.
8 Ebd.
9 A. Gorev, V. Zimyanin, a. a. O.
10 Bishwa Nath Pandey, *Nehru,* London 1976
11 A. Gorev, V. Zimyanin, a. a. O.
12 Ebd.
13 Ebd.
14 Ebd.
15 *Letters to and from Jawaharlal* Nehru, a. a. O.
16 Ebd.

Heirat, Politik, Gefängnis (1912–1926)

1 J. Nehru, a. a. O.
2 A. Gorev, V. Zimyanin, a. a. O.
3 B. N. Pandey, a. a. O.
4 J. Nehru, a. a. O.
5 Ebd.
6 Tariq Ali, *Can Pakistan Survive?,* London 1983.
7 J. Nehru, a. a. O.
8 Ebd.
9 A. Gorev, V. Zimyanin, a. a. O.
10 Ebd.
11 J. Nehru, a. a. O.

Nehru und Gandhi – zwei Wege, ein Ziel (1926–1936)

1 A. Gorev, V. Zimyanin, a. a. O.
2 J. Nehru, a. a. O.
3 Ebd.
4 Judith Brown, *Gandhi's rise to Power,* Cambridge 1972
5 Ebd.
6 Ebd.
7 Ebd.
8 Ebd.
9 Ebd.
10 Bipin Chandra, *J. Nehru and the Indian Capitalist Class,* Delhi 1974 (Referat auf dem Indischen Historikerkongreß).
11 J. Nehru, a. a. O.
12 Ders., *The Discovery of India,* London 1946; deutsch: *Entdeckung Indiens,* Berlin (Ost) 1959.
13 Ders., *Indiens Weg zur Freiheit,* a. a. O.
14 Ders., *Whither India?,* Allahabad 1933.
15 Ebd.
16 J. Nehru, *Entdeckung Indiens,* a. a. O.
17 A. Gorev, V. Zimyanin, a. a. O.
18 Siehe: J. Nehru, *Entdeckung Indiens,* a. a. O.
19 *Letters to and from Jawaharlal* Nehru, a. a. O.
20 Michael Foot gegenüber dem Autor.
21 Ralph Miliband, *Capitalist Democracy in Britain,* London 1983.
22 J. Nehru, *Entdeckung Indiens,* a. a. O.

Krieg, Repression, Unabhängigkeit (1937–1947)

1 *Letters to and from Jawaharlal Nehru,* a. a. O.
2 *Modern Review* (Kalkutta), November 1937.
3 A. Gorev, V. Zimyanin, a. a. O.
4 Ebd
5 Ebd.
6 B. N. Pandey, a. a. O.
7 Paul Scott, *Raj Quartet,* London 1976.
8 J. Nehru, *Indiens Weg zur Freiheit,* a. a. O.
9 T. Ali, a. a. O.
10 Richard Hough, *Edwina, Countess Mountbatten,* London 1981.
11 Ebd.
12 Constituent Assembly of India, *Records,* Delhi, 15. August 1947.
13 Faiz Ahmad Faiz, Subh-e-azadi (Der Freiheit Morgen); in ders., *Poems,* übersetzt und eingeleitet von V. G. Kiernau, London 1971. (Aus dem Urdu übers. v. Martin Pfeiffer).

Ministerpräsident von Indien (1947–1964)

1 A. Gorev, V. Zimyanin, a. a. O.
2 Ebd.
3 *Times of India,* 31. Januar 1948.
4 B. N. Pandey, a. a. O.
5 Ebd.
6 A. Mukherjee, *The Indian Capitalist Class,* Neu-Delhi 1983.
7 Ranajit Das Gupta, *Problems of Economic Transition,* Kalkutta 1970.
8 Daniel u. Alice Thorner, *Land and Labour in India,* Bombay 1962.
9 Zit. in: Selig S. Harrison, *India: The Most Dangerous Decades,* Princeton, N. J. 1960.
10 K. Damodaran, *The Tragedy of Indian Communism,* in: Tariq Ali (Hrsg.), *The Stalinist Legacy,* London 1984.
11 B. N. Pandey, a. a. O.
12 Simon Leys, *Broken Images:* Essays on Chinese Culture and Politics, London 1979.
13 B. N. Mullick, *My Years with Nehru,* Delhi 1971.
14 B. N. Pandey, a. a. O.
15 *Illustrated Weekly of India* (Bombay), Juni 1964.

Mutter und Tochter (1917–1947)

1 Zareer Masani, *Indira Gandhi: A Biography,* London 1975.
2 Ebd.
3 Krishan Bhatia, *Indira: A Biography of Prime Minister Gandhi,* New York 1974.
4 Indira Gandhi, *India: The Speeches and Reminicences of Indira Gandhi,* London 1975.
5 Z. Masani, a. a. O.
6 Ebd.
7 Ebd.
8 K. Bhatia, a. a. O.
9 Ebd.
10 Iris Murdoch in einem Interview mit dem Autor.
11 J. Nehru, *Glimpses of World History,* London 1949; deutsch: *Weltgeschichtliche Betrachtungen,* Düsseldorf 1957.
12 Ebd.
13 1. Gandhi, a. a. O.
14 Z. Masani, a. a. O.
15 Ebd.
16 Ebd.
17 Ebd.
18 J. Nehru, *The Unity of India,* London 1941.
19 *Letters to and from Jawaharlal Nehru,* a. a. O.
20 I. Gandhi, a. a. O.

Tochter und Vater (1947–1964)

1 I. Gandhi, a. a. O.
2 Z. Masani, a. a. O.
3 Ebd.
4 Indira Gandhi in *Illustrated Weekly of India* (Bombay), Juni 1957.
5 Betty Friedan in: *Ladies' Home Journal,* Mai 1966.
6 I. Gandhi, *India.- The Speeches and Reminicences of Indira Gandhi,* a. a. O.
7 K. Bhatia, a. a. O.
8 Z. Masani, a. a. O.
9 *Letters to and from Jawaharlal Nehru,* a. a. O.
10 K. Bhatia, a. a. O.

Die unabhängige Indira (1964–1974)

1 B. N. Pandey, a. a. O.
2 Ebd.
3 *Letters to and from Jawaharlal Nehru,* a. a. O.
4 Z. Masani, a. a. O.
5 *Economic and Political Weeekly* (Bombay), Februar 1966.
6 Z. Masani, a. a. O.
7 K. Bhatia, a. a. O.
8 Ebd.
9 Ebd.
10 Z. Masani, a. a. O.
11 Ebd.
12 Indira Gandhi in einem Interview mit Arnold Michaelis, *McCalls,* November 1966.
13 Z. Masani, a. a. O.
14 Ebd.
15 Ebd.
16 Zit. in: *Times of India,* 17. Dezember 1970.
17 Z. Masani, a. a. O.

Hochmut und Fall (1974–1979)

1 David Selbourne, *An Eye to India,* London 1977.
2 Zit. in: *Economic and Political Weekly* (Bombay), November 1981.
3 Andr Gunder Frank in: *Holiday Magazine* (Dhaka), 1981.
4 D. Selbourne, a. a. O.
5 Zit. in: *The Guardian,* 1978.
6 Zit. in: Donald E. Smith, *India as a Secular State,* London
7 Ebd.
8 Ebd.
9 Dom Moraes, *Mrs. Gandhi,* London 1980.
10 Ebd.
11 Ebd.
12 Ebd.
13 Indira Gandhi in einem Interview mit dem Autor.

Triumph und Tragik (1980–1984)

1 D. Moraes, a. a. O.
2 Klageschrift an den Obersten Gerichtshof (Gerichtsakten, Delhi 1982).
3 Urteil des Obersten Gerichtshofs (Gerichtsakten, 1983).
4 Günter Grass, *Der Butt,* Darmstadt 1978.
5 *Sunday Magazine* (Kalkutta), 1983.
6 Ebd.
7 Khushwant Singh, *A History of the Sikhs* (2 Bde.), Delhi 1977.
8 Karl Marx, »Der achtzehnte Brumaire des Louis Bonaparte«, in: Marx/Engels, *Werke,* Bd. 8, Berlin (Ost) 1969.
9 *Economic and Political Weekly* (Bombay), 1982.
10 *Andhra Pradesh Civil Liberties Report,* Delhi 1984.
11 *India Today* (Delhi), Februar 1984.
12 Elias Canetti, *Masse und Macht,* Frankfurt/Main 1983.
13 K. Bhatia, a. a. O.
14 Luigi Pirandello, *Sechs Personen suchen einen Autor,* Ditzingen o. J.

Die Enkel der Nation

1 I. Gandhi, a. a. O.
2 Ebd.
3 Ebd.
4 Mohammed Yunus, *Persons, Passions, and Politics,* Delhi 1980.
5 Z. Masani, a. a. O.

Sanjay und Mneka

1 Zit. in: *Illustrated Weekly of India* (Bombay), 1984
2 M. Yunus, a. a. O.
3 *Illustrated Weekly of India* (Bombay), 1984.
4 *Imprint* (Bombay), Juli 1980.
5 Ebd.
6 Ebd.
7 Maneka Gandhi, *Sanjay Gandhi,* Delhi 1980.
8 *Hindustan Times,* 1980.
9 *Frontier* (Kalkutta), 1980.

Rajiv Gandhi: Eine Dynastie wird geboren

1 *Imprint* (Bombay), 1981.
2 Ebd.